1991 1994 1997

◆ 1991年11月，中共中央政策研究室与农业部举行第六次全国农村固定观察点工作座谈会，会上提议筹备成立中国村社发展促进会。

◆ 1994年11月16日，中国村社发展促进会在北京宣告成立。

◆ 1997年3月30—31日，中国村社发展促进会在北京举办全国村社发展经验交流会。

中国村社发展促进会理事会合影

● 中国特色经济村年会

1999

浙江 方林村

第一届全国“村长”论坛暨第二届特色村年会

2000

重庆 民主村

长论坛暨特色村年会
村长论坛暨特色村年会

第二届全国“村长”论坛

2002

江苏 **章村**

全国“村长”论坛

第三届全国“村长”论坛

2003

云南 **福保村**

红山茶杯
农业厅(局)长与名村长对话

第三届全国
长” 论坛
TIVE OFFICER”FORUM
2003 昆明

王乐义
第四届全国“村长”

S110-26
宗田

第四届全国“村长”
THE FOURTH CHINA"VILLAGE EXECUTIVE
2004 中国·寿光
主办单位:
中国村社发展促进会
郭凤莲

第四届全国“村长”论坛

2004

山东

三元朱村

第五届全国“村长”论坛

2005

山西 大寨村

昔阳大寨人民祝全国“村长”论坛圆
功勋“村官”

坛

民族团

花园现象研讨会
第六届全国“村长”论坛

新农村……之路

当好带头人 建设新农村

一心当好农村建设领头雁
第六届全国“村长”论坛闭幕式
全面贯彻落实科学发展观

第六届全国“村长”论坛

2006

浙江 花园村

第七届全国“村长”论坛

2007

江西 **进顺村**

第七届全国“村长”论坛闭幕式

中国村社发展促进会

和谐发展” 主题报告会
主题报告会
HU TI BAO GAO HUI
皆发展
展促进会
委农工部
委员会、南昌市人民政府
青山湖区委员会、青山湖区人民政府
委农工部
青山湖区湖坊镇委员会、湖坊镇人民政府
湖坊镇进顺村委员会、进顺村委会

● 第八届全国“村长”论坛

2008

北京 **郑各庄村**

国“村长”论坛
national village head forum
开幕式暨主题报告会
发展 创新 为民

第八届全国“村长”论

● 第九届全国“村长”论坛

2009

山西 **皇城村**

第九届全国村长论坛
和谐家园

第十届全国“村长”论坛

2010

江苏 华西村

创先争优强村　转型发展富民
第十届全国『村长』论坛
10th Of National Village Head Forum
开幕式
主办单位：中国村社发展促进会
中宣部《党建》杂志
江苏省农业委员会
协办单位：中共江阴市委员会
江阴市人民政府
承办单位：华士镇党委、政府
华西村党委、村委
江苏华西集团公司

创先争优强村　转型发展富民
大学生村官座谈会

第十一届全国“村长”论坛

2011

山东

沈泉庄村

新奉献”
长”论坛开幕式
National Village Officials' Forum
临沂·沈泉庄
罗庄区委
区人民政府
承办单位：沈泉庄村党委、村委
华盛江泉集团
刘明祖
危朝安
贾万志
张少军

“新村官 新创造 新奉
十一届全国“村长”论坛
幕式暨会旗交接仪式
National Village Officials' Forum Closing
mony & the Flag Handing Over Ceremony

颁奖词

第十二届全国“村长”论坛

2012

湖北 八仙观村

村村和合 和合天下
中國村官之家

三届全国“村长”论

中国农民首创精神展开馆剪彩仪式

2013

● 第十三届全国“村长”论坛　安徽 小岗村

第十四届全国“村长”论坛举办地

2014

河南 干河陈村

◎ 河南省漯河市源汇区干河陈村党委书记、河南开源实业发展集团有限责任公司董事长兼总经理　林东风

走进全国“村长”论坛

ZOUJIN QUANGUO CUNZHANG LUNTAN

◎ 沈泽江　林东风　编著

中国农业出版社

图书在版编目（CIP）数据

走进全国“村长”论坛/沈泽江，林东风编著. --北京：中国农业出版社，2014.9

ISBN 978-7-109-19610-0

Ⅰ. ①走… Ⅱ. ①沈… ②林… Ⅲ. ①农村－基层干部－干部工作－中国 Ⅳ. ①F325.4

中国版本图书馆CIP数据核字(2014)第216190号

中国农业出版社出版
（北京市朝阳区麦子店街18号楼）
（邮政编码 100125）
责任编辑 孙鸣凤
文字编辑 王玉水 杨芳云

北京中科印刷有限公司印刷 新华书店北京发行所发行
2014年9月第1版 2014年9月北京第1次印刷

开本：700mm×1000mm 1/16 印张：24.5 插页：16
字数：488千字
定价：53.00元

序

《走进全国“村长”论坛》一书成稿，请我作序，我一时思绪万千，脑海中浮现岁月的点点滴滴……

20年前，1994年，我在中央财经领导小组办公室工作，深秋，参加了一个社团的成立会议，这个社团是中国村社发展促进会（以下简称村促会）。我担任了该会的顾问。当时，参会同志都有信心，这个会一定会在农村经济社会发展中发挥作用；也有激情，如同杜润生杜老所说，“成立团体的事情，要么就不成立，要成立，就要真刀真枪地干，干一两件事，干出个名堂”。之后，村促会就在1997年，召开了全国村社发展经验交流会，有近百个村社的代表参加。我也参加了这个会议，还陪同十几位村干部代表，走进中南海，与时任中共中央政治局候补委员、书记处书记的温家宝同志进行座谈。1999年，村促会又召开了中国特色经济村年会，这个会在台州的一个村庄里召开，一个全国性的专题会直接深入基层，是村促会踏实工作的表现。在这之后，村促会摸索出自己的重要工作方向，办起了全国“村长”论坛。

我记得：

2002年，我任中央农村工作领导小组办公室主任，参加了在南京举行的第二届全国“村长”论坛。我见到了很多农村基层干部，还利用会议间隙听取他们的建议意见，收获很大。我觉得，这个论坛为我提供了：在一个地方一次与全国各地众多村干部见面座谈的好机会。

2003年，我调到全国政协，任政协经济委员会副主任，还兼任国务院西部开发办副主任，参加了在昆明召开的第三届全国“村长”论坛，在会上做了有关农村改革发展几项任务的发言，与村干部继续近距离接触。

2005年，我参加了在山西大寨召开的第五届全国“村长”论坛。与以往不同的是，从这届论坛起我开始担任论坛的组委会主任，负责论坛的一些事务。我觉得担子不轻，但看到很多村干部从各地赶来参会，我由衷的高兴。

2006年，我参加了在浙江东阳召开的第六届全国“村长”论坛，在会上做了建设社会主义新农村的专题报告，还与村干部们探讨这一热络的话题，一起开心，欢笑。

2007年，在南昌召开的第七届全国“村长”论坛，我也参加了。我与一些“三农”问题专家学者一起研讨了进顺村的管理模式，个人在村庄的管理方面有了一些新认识。

2008年，在奥运会举办之后，我们在北京召开了第八届全国“村长”论坛。请来了时任中共中央政治局委员、全国政协副主席王刚同志，给我们村干部朋友做了一场报告，让他们收获很多，也让我们的论坛有了很大提升。

接下来：

2009年，我参加了在山西阳城举行的第九届全国“村长”论坛。

2011年，我参加了在山东临沂召开的第十一届全国“村长”论坛。

2012年，我参加了在湖北武当山特区召开的第十二届全国“村长”论坛。

2013年，我参加了在安徽凤阳召开的第十三届全国“村长”论坛。

算下来，已经举行的十三届全国“村长”论坛，我只是第一、四、十届没有参加，看来，我与论坛的渊源颇深。无论是早期论坛的主办单位中国村社发展促进会的成立筹划，还是后来直接参与论坛的举办，我已经与全国“村长”论坛无法分开。

全国“村长”论坛是村庄的舞台、基层干部的聚会。近年每一届论坛都有来自数百个村庄的千名左右代表与会（第十三届规模有所缩小），东西南北都有，差不多覆盖了31个省、自治区、直辖市。参会村庄的构成有着显著的代表性，它们中有欠发展的村庄，也有少数民族村寨，但大多还是各具不同特色的特色村，其中不乏经济强村和历史文化名村。参会的村干部也很有代表性，有普通的村干部，有55个少数民族的村官，也有刚入行的大学生村官，但闪烁其间难掩光芒的还是一批全国知名的党代表、人大代表、劳动模范村官，他们是农村基层干部的楷模。

全国“村长”论坛是一个转变村官观念、推进村庄产业转型、引导村域文化与环保意识提升的综合性服务平台。在历年论坛中，我和来自全国各地的村官进行交流，从中了解到，许多村官在没有参加论坛之前，自己认为在当地做得不错，地方领导也很重视，各种荣誉也获得不少。但一经参会，特别是与其他村官交流之后，他们受到很大震撼，觉得自己以前真是“夜郎自大”啊！由此，在认识上、观念上有了很大的转变。这种转变体现在村庄产业的转型方面，村庄以前大多靠单一产业致富，现在许多村都是多产业齐头并进，既规避了风险，又促进了多产业融合，形成新型产业，成为村庄经济发展新的突破口。同时，许多村官在互相学习交流中发现，有些村庄在发展经济的同时，保留着很强的村庄文化、村庄环境、村庄生态意识，让村庄美景如画，这让他们羡慕不已。因此，在发展经济的基础上，转变观念，提升村庄文化与开展环境保护，成为村庄可持续发展的动力。为此，论坛每年根据村官的需求，举行不同形式的研讨专题和分论坛，为村官提供综合发展服务合作、帮扶、宣传与咨询，并提供可学习参考的模式，避免村庄发展走弯路。

全国“村长”论坛是一个面向未来、服务村官的园地。论坛具有改革意识，不断提升自己，在信息获取、人才培养、投融资金、服务咨询等方面发挥着重要的作用，不断拓展延伸自己的发展空间，为广大农村基层干部、为各地村庄提供自己力所能及的服务。未来，论坛的服务更加全面，影响也更加深远。

这样的论坛是我们“三农”工作所急需的，我认为，农村基层干部的新观念与名村发展的新经验，造就了全国“村长”论坛的新平台。“三农”工作的一个落脚点是农村人才的培养与素质的提高，全国“村长”论坛正是在这方面发挥着重要的作用。

关心我们“三农”工作的人，应该关注下这个全国“村长”论坛。我想，要了解论坛，就要“走进论坛”——去阅读一下《走进全国“村长”论坛》这本书。这本书全面梳理了历届论坛的举行，将每一届论坛的重要内容编排出来，图文并茂地呈现在大家面前，让我们对它有全面而深入的了解。这是一本内容丰富的书籍，作者是下了功夫的。

那么，就让我们一起走进全国“村长”论坛，了解我们的农村基层干部，了解我们的村庄，激发我们的热情，投身于伟大祖国的“三农”事业中去吧。

段应碧

2014年8月于北京

前　言

本人作为服务村庄社区发展的工作者，真正了解村庄社区发展情况，始于20世纪90年代后期，也就是我加入中国村社发展促进会工作初期。当时全国有68万多个行政村，本人在不到两年时间内，选择部分省（直辖市）走访了上百个村庄之后，对经过近20年改革开放发展的村庄有了一个全新的认识。同样是村庄，同样是村民，但发展差异显著，特色各异，不同地区、不同村庄的村民生活水平更是有天壤之别。我在逐步深入调研的过程中，不断地思索：同样是以家庭联产承包为起点，在短短的20多年时间内，为什么不同地域、不同村庄间的生产与生活水平差异会如此之大？

经过不断思索，我认为：家庭联产承包使农户能够把自己所经营和掌握的手段用于个人目标的范围。也就是说，通过家庭联产承包，农户可以自己经营与管理自己的承包地，可以小范围内调整产业结构。如果他们经营与管理承包地水平较一般的，只能解决自身的温饱；如果他们经营与管理承包地水平较好的，就能发家致富。不管哪一种，都能改变农民自己的生产与生活状况，且农户的这种行为结果，也创造了当今中国农村经济与社会发展的秩序。

如果我们针对一个村庄而言，这种行为便是若干个家庭联产承包农户所组成的聚合体的行为，这个聚合体的发展在中国则需要一个好的带头人来带动，而带头人的观念转变是决定村庄发展的关键，这就是中国的国情。

美国著名经济学家哈耶克认为，“观念的转变和人类意志的力量，塑造了今天的世界”。我在调研过程中发现，村庄带头人观念的转变与创新在村庄发展过程中起到了决定性的作用，每一个发展较好的村庄，其带头人在指导村庄发展时都有自己的新理念。

“一人富了不算富，全村富了才算富；一村富了不算富，全国村庄富了才算富。”华西村老书记吴仁宝就是用这种理念，带领华西人将一个江南普通小村发展成为“天下第一村”。

“富了口袋，还要富脑袋；创新每一天，求实每一步。”九星村老书记吴恩福提出的贯穿于九星村成功发展史的核心理念。

"求实、创新、求强、共富。"花园村党委书记邵钦祥为花园村转型发展提出的花园精神。

"乡村，让城市更向往！"滕头村党委书记傅企平立足上海世博会滕头馆，提出的中国绿色村庄发展理念。

"钱是为事业开路的。"沈泉庄村党委书记王廷江把自己价值600万元的企业送给村集体，为集体经济发展奠定了基础，他用自己的钱为村集体发展事业开路。

"只为政府增光彩，不为政府添麻烦。"长江村"闷声发大财"的发展理念。

"困难是石头，精神是榔头。榔头敲石头，石头就低头。"杨王村党委书记孙跃明在上海国际大都市城郊发展村级工业园的创业理念。

……

这些理念看似简单、通俗，却都是村官们自己多年实践经验的积累与提炼，也正是这些简单的理念引领了中国名村的发展。同时，村官发展理念创新在成就村庄产业的基础上，也成就了村官个人，形成了中国村庄"旗帜"人物——华西村吴仁宝、大寨村郭凤莲、西沟村申纪兰……而不同的省份和区域，也以名村发展的影响力为依托，形成区域村官"三杰"。如江苏村官"三杰"的永联村吴栋材、蒋巷村常德盛、武家嘴村武继军；上海村官"三杰"的九星村吴恩福、杨王村孙跃明、太平村苏兴华；浙江村官"三杰"的航民村朱重庆、花园村邵钦祥、滕头村傅企平；北京村官"三杰"的郑各庄村黄福水、果园村陈重才、韩村河村田雄；山东村官"三杰"的南山村宋作文、沈泉庄村王廷江、三元朱村王乐义。同时出现村庄财富"三巨头"的有家家分黄金的江苏江阴长江村，人均占有财富最多的山东荣成西霞口村，以种植业为基础促使村民人均年收入达20万的安徽黄山猴坑村，等等。这些"旗帜"人物与"杰出"村官的创新理念，以及对村庄产业发展的执着，引领着区域特色村庄的发展，同时也引领着全国村庄的发展。

但是，依据现有的社会管理体制，村庄自身的影响范围是有限的，对发展理念的辐射面也有一定制约。如何打破这种局限，让更多的村庄从他们的发展经验中汲取更多有价值的东西？而发展较快的名村又如何提升自己的产业？这就需要一个平台，探讨、交流村庄发展的理念、经验、模式与路径。

20世纪的90年代，"论坛"的提法还很少，在大众的认知中，"论坛"一词属于"高、大、上"的范畴之中，而村干部的交流活动则属于人们理解范围内的实实在在的"基层"，将这种"阳春白雪"与"下里巴人"放在一个概念平台上，需要一定的沟通与理解。同时，农村改革开放之后经过多年的发展，许多村庄已远远不是我们记忆中的贫穷、落后、破旧不堪的样子。它们急切需要改变人们对村庄的老的印象，宣传新自我、推广新自我，更需要一个好的、有效的交流平台。基于此，村官的新理念和成功村庄的新经验的交流，创造了“村长”论坛的新平台。

“全国‘村长’论坛”作为中国村社发展促进会四大核心工作内容之一，其从无到有、从弱小到壮大，凝聚了太多人的心血，也备受各界关注。本人作为论坛的组织策划者之一，一路走来，对每届论坛的举办深有感触，更深有感悟。2000年年初，我们在1997年的村社交流会和1999年中国特色村年会的基础上，通过常务理事会的反复讨论，寻找论坛的最佳结合点，从搭建平台，服务村庄社区为出发点，从聚集人气，提高公众的认知的角度作为切入点，决定在重庆市巴南区民主村召开第一届全国“村长”论坛。这期间，得到了杜润生先生、朱厚泽先生和段应碧先生的大力支持，杜老为此以《自治、开放、开发》为题专门做了书面讲话。

自2000年第一届论坛的举办开始，到目前已经举行了十三届。在这十四年里，我认为全国“村长”论坛虽然借鉴了“论坛”之名，但相比其他论坛，却拥有自身“独一无二”的特点。

一是人气的聚集越来越大，交流的层面呈多元化。

1997年我们召开全国村社发展交流会时，仅有分布在部分省市的75名村官参加；1999年首届中国特色村年会的村官代表仅有230人；2000年在重庆民主村改为全国“村长”论坛时，与会村官达到280人；2010年在江苏省华西村举办第十届论坛时，参会村官达到1 800人。参会人员不断增加，足见社会对“村长”论坛的了解越来越多，希望参会的村官也逐年增加，“村长”论坛的社会认可度在逐年上升。

参会人员的逐年变化情况看，交流的层面也逐步打开。早期是村官之间的交流、村官与学者之间的交流、村官与政府代表的交流，现在逐步发展到两岸四地之间的村官交流、与少数民族村官之间的交流、与大学生村官之间的交流、村官与企业之间的交流、村官与地方政府的交流等，交流的范围越来越广，内容也越来越丰富，受益的层面也越来越多。

如此大的人气聚集与交流层面多方位的展开，是其他论坛无法可比的。而且“村长”论坛不是“富人俱乐部”，它是将不同层面、不同产业和不同发展方面、发展模式的村庄代表吸纳进来，并针对不同的村庄需求设立差异性的分论坛，让更多的村庄代表融入其中，在这里真正构筑了村庄最具有特色的交流经验、互通信息、对接帮扶、合作共赢的平台。

二是主题与时俱进，成果日益丰富。

“村长”论坛服务的对象虽然是基层的村官与村庄，但村庄是我国各项政策落实与经济发展的基石，所以，“村长”论坛要与时俱进，主题的确定成为论坛定位的核心。

1999年的特色村年会，根据当时村庄发展方向，我们确定主题为“发展特色经济，提高竞争力”，推出了第一个研究成果——特色经济村。会议通过“三百村”活动组委会的年度报告总结了特色经济村的成功实践，提出了发展特色经济是未来农村社会强村富民的必由之路。进入新世纪以来，中国农村的发展恰恰印证了这一成果的合理性。2000年第一届论坛的主题是“发挥比较优势，发展特色经济”。将比较优势的经济学概念引入到农村实践，提出各地农村要发展特色农业、特色经济，实施品牌战略；阐明了实施村社发展比较优势战略的基本原则；指出了村社怎样发挥比较资源优势的思路。论坛以这种开创性的举措，开拓出为促进中国农村社区发展服务的新途径。在其后的历届论坛中，根据村庄的发展需要，我们又率先将“小康社会”“农村社区”“新农村建设”“科学发展观”“现代农业”“农村城镇化”等融入到论坛的主题之中，将方向性、纲领性的政策与农村发展的实际需求，以论坛的形式，通过村官之间的探讨、村官与政策制定者之间的交流，让村官理解、认识、探索与运用。

正是因为主题的新颖性、创新性和实用性，历届论坛取得的了丰富的成果。从中国特色村的提出、中国绿色村庄、中国市场村、中国美丽村庄、中国农业公园等到《中国农村社区可持续发展公约》《福保共识》《大寨宣言》《小岗宣言》等，再到“村长林”“民族团结林”“村村合和碑”“百村图”“名村赋”等，无不彰显出内涵之新颖、形式之独特、成果之丰硕。并且，在每届论坛举办之余，将成果运用于全国各地，以经验的形式推广，如“全国‘村长’论坛走进水族三都”“全国‘村长’论坛走进谢家路”“全国‘村长’论坛走进临沧”等，让论坛成果惠及更多的村庄。

三是遵循“村长”论坛“村长”办的原则，让更多的村庄从中受益。

全国“村长”论坛一改其他活动中“我办会，你参加”的固化模式，坚持“村长”论坛“村长”办的原则，在2005年通过村长推选的形式，选出论坛执委、执行主席。每一个执委的推举过程，我们吸取地方涉农部门的建议，执委所在的村庄不一定是当地最富有的，但一定是最有特色的，当选的执委要有一定的社会责任感，能带动区域性村庄发展并起到示范与引领作用；执委的权利是让他们审议论坛申办地点、申办主题，商定每届论坛举办内容与创新方式，中国村社发展促进会只做协调和服务。因此，论坛越办越活，越办越有新意。

其实，论坛细节性的特点远不止这些。

全国“村长”论坛走到今天，已不仅仅是个纯粹意义上的交流平台，而是一个集多项功能于一体的综合性促进村庄发展的新体系。在原有的交流功能之外，其多项复合性功能在不断地完善：一是拓宽展示功能，让更多具有创新性村官企业家在交流平台上展示；二是打造广泛征求农村发展与政策意见的新平台；三是构建首长激励千名村官的大讲坛；四是建设传播新理念、新经验的新场所；五是搭建自由施展村官才能的新舞台；六是构筑合作和帮扶的新纽带。

此外，由于论坛的规模有限，就目前全国57万多个行政村而言，不可能每个村均有机会参加论坛，虽然我们也想让更多的村官来参与交流，但终不能顾及全面。从本人参与论坛活动的十几年工作中认识到，论坛历年所积累的丰富经验和成果，可以通过论坛之外的多种形式，让更多的村庄共享，惠及更多的村庄与村民。为此，本人将历年来组织与参与全国“村长”论坛的经验与成果编写成书，作为交流与学习的资料，以期为全国村庄的交流发展提供参考，让更多的村庄与村官从中受益。

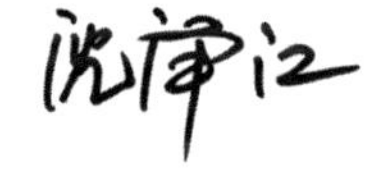

2014年8月丁北京

目 录

第一章
历届全国“村长”论坛回顾

序　曲

合作交流，帮扶对接，共富共赢，推进中国村域经济持续发展。

——全国“村长”论坛的宗旨

无论是国际性的论坛还是国内论坛，无论是综合性论坛还是专业性论坛，均是以交流促宣传，以合作促发展为基本目标。全国“村长”论坛作为全国性村社交流与发展的平台，其目标更是如此。

长期以来，全国“村长”论坛为全国基层村干部搭建了一个展示自我的平台，让来自全国各地的农村基层干部，站在同一个平台上，平等地开展多层面的交流与合作，同时又为他们打开了面向全国、面向世界的交流通道，并为政府、企业及专家学者等提供一个共同商讨和研究农村社区经济与社会管理等诸多问题的对话平台；通过论坛与政界、商界及学术界建立的工作网络，为村社会员之间、会员与非会员之间的交流合作提供服务。

这个平台，源于村社，服务于村社，成长于村社，壮大于村社，未来也必将腾飞于村社。

序曲一　中国村社发展促进会成立

1991年11月，浙江宁波，中共中央政策研究室与农业部举行第六次全国农村固定观察点工作座谈会，会上提议筹备成立中国村社发展促进会。

1992—1993年，中国村社发展促进会筹备委员会（以下简称筹委会）开始进行会员登记，分布于全国29个省、自治区、直辖市的300个固定观察点村庄，成为首批团体会员；协同全国农村固定观察点办公室在河北廊坊、海南海口举办了五期全国农村调查人员培训班。1992年12月，筹委会在海南省海口市举办了全国村域经济研讨会，与会代表70人。1993年年初，筹委会协同全国农村固定观察点办公室组织部分调查人员赴美考察美国农村社区。同年10月，筹委会正式向民政部申请办理社团登记手续，次年8月，民政部批复“准予注册登记”。

1994年11月16日，由中共中央政策研究室、农业部农村固定观察点办公室发起，农业部主管的全国性社团组织——中国村社发展促进会在北京宣告成立。原中央顾问委员会委员、中央农村政策研究室主任杜润生，原中央农村政策研究室副主任朱厚泽与谢华，全国政协委员刘堪，原国务院发展研究中心副主任吴象，中央政策研究室副主任肖万钧，中央财经领导小组办公室副主任段应碧等出席了成立大会。各省、自治区、直辖市农村固定观察点工作负责人也参加了成立会议。

在成立大会上，筹委会负责人余展报告了筹备工作的过程。经过酝酿，会议选出了中国村社发展促进会第一届理事会。一致推举，原国务院农村发展研究中心副主任郑重为会长，农业部政策法规司司长骆友生、中央政策研究室农村组组长张从明、民政部基层政权司司长白益华、全国农村固定观察点办公室负责人余展为副会长兼秘书长。会议选举了常务理事会，讨论通过了《中国村社发展促进会章程》，杜润生在会上讲了话。会后，《人民日报》《经济日报》和《农民日报》均报道了中国村社发展促进会成立的消息。

杜润生在中国村社发展促进会第一届理事会上的讲话

首先对中国村社发展促进会的成立表示祝贺！

原来我估计农村固定观察点能够坚持10年是比较困难的，现在看来坚持下来了。坚持下来这件事表明农村工作确有进步。这么多同志对这件事坚忍不拔、百折不挠是值得钦佩的。这是我要讲的第一点。

第二点，容易被人忽略的事情往往是重要的事情。村庄的发展是一切工作的基础。但是对这件事，研究的人不多，关心的程度也不够。有你们这样一个团体作为党政领导机关的助手，一个辅助的咨询系统，提供决策依据的系统，这是很好的，将来我们的农村社会必须有一些社会团体。农村有那么多老百姓，有那么多居民，占全国人口的70%多，而团体很少，这是一个缺陷。应有一个公民社会，现在没有，社会被国家吃掉了，而且这种趋势还在继续。现在为农民传达信息的中介组织，替他们说话的社会团体，似乎不足，可以多方面地解决这一问题。

第三点，我看了促进会的任务，感觉缺乏一个东西，就是研究村里的财政制度。如不解决好这个问题，进行工作是困难的。现在乡里干部待遇解决了，村一级、村民小组一级还未解决好，诸如此类有些公用事业需要开支，再加上上边的各种摊派接受下来，但解决自身的问题却没有财政来源。可见，这还是一个空白的问题。现在国家财政解决到乡一级，村这一级无人管。这个问题关系很大，如果解决不好，就会产生与农民的矛盾，而且队伍也稳定不住。村里如果有财政收入，干部待遇就好解决。应花的钱纳入财政预算，除此之外的任何摊派都可以拒绝接受。如果这个问题解决好了，村社发展促进会就会受到会员的欢迎，受到农民的欢迎。其他问题章程上都说了，都要干，但要干好，这是不容易的。

再一点，现在对村里情况的了解不是越来越清楚，而是越来越模糊。最近发现虚报成绩的情况，连乡镇企业的“水分”都那么大，我们做农村工作的人听到这个信息感觉如何呢？我们搞了这么多年，连这些情况都掌握不住，连浮夸和制造浮夸这个情况都反映不上来，而是从其他渠道反映上来，我的感觉是很惭愧的。这件事，有思想问题，也有指标测算方法和监测制度等方面的问题。我们的调查统计，应精益求精，有所改革，不断前进。

我认为，成立团体的事情，要么就不成立，要成立，就要真刀真枪地干，干一两件事，干出个名堂，取得大家的信任。

序曲二　全国村社发展经验交流会

由中国村社发展促进会主办的全国村社发展经验交流会于1997年3月30—31日在北京召开，交流探讨在社会主义市场经济条件下，促进村社全面发展的经验，以推动我国村社经济的市场化进程。出席会议的有各省、自治区、直辖市农村工作部门推荐的75个村社的代表，以及中国村社发展促进会的部分理事。

中国村社发展促进会顾问、原中央农村政策研究室主任杜润生和中央财经领导小组办公室副主任段应碧先后讲话。杜润生的讲话，以"农村的传统与现代化的关系"为题指出既要利用传统，发扬好的东西；又要突破传统，摈弃其不好的东西，关键是找到突破点，这是农村社区领导人值得认真思考和对待的问题。他提倡发展社区的自治体——村民委员会（以下简称村委会），指出这是培养农民独立经营、民主意识、掌握自己命运的重要手段。他还提倡农户间的自由联合，赞赏"公司＋农户"的形式，赞赏股份合作制的形式。他强调发展商品生产才能真正解放农民。但是，发展商品生产，第一要讲市场，没有市场的生产就不要搞；第二要有服务，没有服务系统保障的生产也不能搞；第三要讲成本，没有比较利益的生产不要搞。

段应碧在讲话中指出，这几年农村形势确实不错，主要是由于党中央、国务院采取了一系列措施加强农业，增加投入，改善流通，推广科技，增强农业的后劲。中央一再强调，农业丰收之后，一定要保持头脑清醒，对农业千万不能松劲。今天的农村工作，主要是四项任务：第一是保证粮食等主要农产品的继续增长。为防止粮食生产滑坡，国家采取了大量收购专储的办法，把农民手中准备出售的粮食收购上来，以保护农民的积极性。第二是保证农民收入的持续增长。增产不容易，增收难度更大。首先难在农产品价格上不去；其次难在乡镇企业效益低下；最后是农民进城就业的难度加大。所以，从全国来讲，农民增收还未找到新的增长点。第三是保证大江大河的安全度汛。我国现有的几大江河的防洪能力都不强，还需提高防洪能力，确保万无一失。第四是保持农村社会的稳定。目前农村最大的不稳定因素是农民负担过重，今年要好好抓一抓这个问题，切实把中央的指示精神贯彻下去。他说，把村里的同志请到北京来开会，相互交流发展经验，这是一件很有意义的事，因为村是基础，村级经济怎么发展确实值得认真研究总结。

中国村社发展促进会会长郑重向会议做了题为《我国村社经济加快市场化的步伐》的报告。

有8位代表在大会上做了发言，介绍他们各自所在的村社近几年社会经济全面发展的经验。他们是：河南省修武县小营村党总支书记刘伟铭、辽宁省大连市后石村党委书记陈玉圭、山西省大同市十里店村党支部副书记张润生、湖南省韶山市韶山村党支部书记毛雨时、上海市崇明县新州村党总支书记黄勇、山东省诸城市后官庄村党支部书记张志坊、四川省彭州市宝山村党支部副书记贾卿和江苏省丹徒县龙山村党委副书记时国庆。

国家食物与营养咨询委员会副主任蒋建平研究员，以《粮食形势与食品工业发展趋向》为题，向会议做了专题讲座，受到与会代表的热烈欢迎。

出席会议的代表还一致通过了向全国村社干部的倡议书。

会后，代表们兴致勃勃地参观了天津市静海县大邱庄镇和北京市房山区韩村河村。

出席这次经验交流会的还有：中国村社发展促进会顾问、全国政协常委王郁昭，中国村社发展促进会顾问、全国政协委员刘堪，中国村社发展促进会副会长骆友生（农业部政策法规司司长）、张从明（中央政策研究室农村组组长）、白益华（民政部社会福利司司长）、朱杰（国家计划委员会农村经济司司长），中国村社发展促进会常务理事黄道霞、姚监复、杨联芳、刘志仁、范德官、冉隆清，中国村社发展促进会理事姚力文、贾卫华、徐一卿等。

会议期间，时任中共中央政治局候补委员、书记处书记的温家宝邀请部分代表到中南海座谈，认真听取了他们的汇报，并做了重要讲话。他指出，搞好农村工作，县级是关键，村级是基础。把大家请到中南海来，就是想听听农村基层的情况。温家宝在讲到当前农村形势和今年工作任务问题时，他强调农业丰收之后，头脑一定要保持清醒。对农业生产力的发展水平、对农民的富裕程度、对农产品的供给能力，都不可做过高的估计。对农业受自然影响的程度、农村经济发展的不平衡性、农村工作中存在的问题，又不可估计过低。在讲到村级组织的作用和任务问题时，他指出集体经济要发挥生产服务、管理协调、资产积累和资源开发等“统”的职能。这个职能发挥得越好，家庭承包这一层次的经营就越有活力；家庭承包经营越有活力，越有利于在专业化、社会化生产的基础上发展集体统一经营。这两个方面不是相互对立，而是相互依存、相辅相成的统一整体。

在座谈会上，江苏省东海县太平村党支部书记徐家福、福建省福州市前屿村党支部书记王宗利、山西省大同市王家园村党支部书记封润、山东省诸城市后官庄村党支部书记张志坊、四川省彭州市宝山村党委副书记贾卿、辽宁省大连市后石村党委书记陈玉圭、安徽省萧县许岗村村委会主任王庆习、河南省修武县小营村党总支书记刘伟铭等，就各自村社的发展和农村形势及农村工作问题做了汇报发言。段应碧，农业部副部长万宝瑞，中国村社发展促进会顾问、国务院研究室副主任杨雍哲，郑重，中国村社发展促进会副会长兼秘书长余展，湖南省农村工作办公室副主任陈吉芳，新疆维吾尔自治区农村工作办公室副主任吕培天等也出席了座谈会。

温家宝同志与部分全国村社发展经验交流会代表的座谈讲话
（摘要）

今天很高兴和大家一起座谈。党的农村政策来源于实践，特别是来源于基层干部群众的实践。对于我们在中央工作的同志来说，直接听取农民群众的意见，和基层的同志交流情况和想法，是必要的，有益的，刚才听了大家的发言，了解到许多情况和问题，很受启发。下面，我谈几点看法，供参考。

一、当前农村形势（略）

二、充分认识村级组织的重要作用

农业是国民经济的基础，而这个基础的活力主要来自于群众，来自于基层，党在农村的各项工作，最终都要通过基层组织去落实。因此，要充分认识村级组织的作用，大力加强村级组织的建设。以党支部为核心的村级组织，是村里各项工作的组织者和带领者，在农村改革与发展中发挥着十分重要的作用。村级组织的任务，最重要的是:

第一，认真贯彻党在农村的各项方针政策。近两年，中央制定了一系列关于加快农业发展和加强农村工作的政策措施。贯彻落实这些政策措施要靠各级党组织特别是农村基层组织的工作。比如，完善新一轮土地承包，将土地承包期再延长30年，就是一项大政策，需要各级特别是村一级组织做深入细致的工作。我最近到山西寿阳县住了四天，到村里检查承包关系落实情况，看到那里落实得还比较好，农民承包的土地都发了证。但从全国来看，这方面还有许多工作要做。又如减轻农民负担，也是一项重大政策，中央专门下发了决定。我们一直要求建章、立制、建卡、公开，有的村做到了，有的村还没有做到，要一个村一个村地抓好落实。总之，把中央的方针政策向农民做好宣传，并一件一件在村里落实到位，是村级组织的一项最重要的工作。

第二，密切党与农民群众的联系。农民是通过两个方面来认识共产党，进而决定对党的态度的。一是党的政策能否给他们带来好处；二是党的干部能不能给他们办实事。因此，基层组织状况怎么样，党员干部的政策水平怎么样，都在一定程度上决定政策的落实程度，从而影响农民群众对党的态度和情绪。大多数农民是从村里党员和干部的言论、思想和行动来评价党组织的。党团结引导农民前进，除了靠正确的主张、方针、政策的感召，大量的、日常的还要靠置身于农民之中的基层组织、党员干部去影响和带动他们。所以，每个党员和干部都要牢记全心全意为人民服务的宗旨，起表率作用。

第三，带领群众深化农村改革，发展农村经济。以家庭联产承包为主的责任制和统分结合的双层经营体制，是我国农村集体经济的基本制度，是党在农村的一项基本政策，必须长期稳定并在实践中完善。集体经济要发挥生产服务、管理协调、资产积累和资源开发等“统”的职能。这个职能发挥得越好，家庭承包这一层次的经营就越有活力；家庭承包经营越有活力，越有利于在专业化、社会化生产的基础上发展集体统一经营。这两个方面不是相互对立，而是相互依存、相辅相成的统一整体。经济发展，带领群众脱贫致富奔小康，是村级组织的中心任务。这项工作抓好了，村干部才有威信，村里各项工作才有基础。村级组织和村干部，要帮助家家户户发展经济，发挥好农户的积极性。在此基础上，创造条件壮大集体经济实力。

第四，加强农村基层民主政治建设。现在全国不少地方实行村务公开制度，村里的事由村民代表会议讨论决定，办事的程序和结果向村民公开，接受群众监督。这种村务公开、财务公开的制度，符合集体经济的性质和民主管理的原则，体现村民委员会是群众自治的组织，还可以有效防止腐败现象的发生，有利于密切干群关系，很受农民欢迎。两公开，一监督，民主管理，这是我国农村社会主义民主政治建设的一个创造。

第五，搞好农村社会主义精神文明建设。近几年，许多地方农村按照“两个文明”建设一起抓的要求，开展群众性的精神文明创建活动。以热爱集体、勤劳致富、遵纪守法、计划生育、学用科技、家庭和睦、邻里团结、讲究卫生为主要内容，开展争创文明户的活动，取得了很好的成效。通过这些活动，形成群众自我管理、自我教育和自我激励的机制，有效地激发了群众积极向上的荣誉感。这种做法符合我国农村社区文化的传统，是农村社会主义精神文明建设的有效形式。

第六，维护农村社会稳定。农村基层组织对农村社会稳定起着特别重要的作用。只要每个村级组织认真履行自己的职责，充分发挥职能作用，村里的治安、村里的风气真正有人管，能够保持良好的秩序和风气，农村社会稳定就有了可靠的保证。

总之，加强以党支部为核心的村级组织建设，充分发挥村级组织的作用，关系到农村的经济改革和发展，关系到农村社会的稳定，关系到农村社会主义精神文明建设的成效，关系到能不能把广大农民群众团结在党的周围。所以，这是一项非抓好不可的基础性工程。因此，党的十四届四中全会对这个问题做出了重要决定，提出了明确要求。几年来，各级党委按照中央的部署，围绕着“五个好”的目标，做了大量工作，村级组织建设取得了明显成效。但是，就全国而言，还有一部分软弱涣散的村党支部，甚至还有一些处于瘫痪、半瘫痪的状态。加强村级组织建设，仍然是一项长期而艰巨的任务，必须坚持不懈地抓下去。

三、努力提高村干部的素质

总的看，农村基层干部队伍是好的。他们长期工作在基层第一线，直接面对亿万农民，工作条件艰苦，工作难度很大，多数干部任劳任怨，兢兢业业，认真贯彻落实党的方针政策，为农村改革、发展、稳定做出了重要贡献。没有广大基层干部的辛勤工作就没有农村的大好形势，保护农民的积极性也要保护广大农村基层干部的积极性。这两个方面，都关系到农村社会经济的发展，关系到农村基层政权的建设。

但是，也要看到，确实有一部分农村基层干部自身的素质与肩负的责任不相适应。有的思想作风不纯，以权谋私，作风粗暴，浮夸作假，脱离群众。因此，很有必要狠抓一下村干部的思想和作风建设，帮助他们提高素质。农村干部中的问题，虽然发生在基层，但反映出各级领导是不是认真抓了基层，是不是重视基层工作。从上级党委和政府来说，要着重做好以下几项工作：

（1）加强教育和引导。要加强经常性的政治思想工作，多和基层干部谈心，关心他们的疾苦，教育他们克服缺点，改进工作，帮助他们解决工作中的困难。我很赞成这样的建议，要经常组织村干部学习，包括定期轮训、进各类培训班和党校。

（2）建立和完善对村干部的管理制度，形成切实有效的激励机制和约束机制。使农村干部干有所为，退有所养。由于各地经济发展水平和情况不同，这方面不可能形成全国统一的管理制度。各地可从实际出发，积极探索，逐步建立符合当地实际情况的农村干部管理办法。

（3）为村干部创造良好的工作环境。近几年，各种名目繁多的达标升级、集资摊派不仅加重了农民的负担，也加重了基层干部的负担，使他们无所适从，不能集中精力抓好“两个文明”建设。所以，认真贯彻中央关于减轻农民负担的各项政策规定，不仅是保护农民的积极性，也是把农村基层干部解脱出来，保护和调动他们的积极性。还有那些形式主义的检查评比，兴师动众，劳民伤财，使基层干部疲于应付，也要坚决压下来。

在这里，我也想对农村基层干部提几点希望：

第一，希望大家加强学习。首先，是努力学习邓小平建设有中国特色的社会主义理论，这是当代中国的马克思主义，许多内容都是对基层、群众的实践经验的总结和提高，具有鲜明的时代特征和重大的现实意义。小平同志的著作，非常好懂，好读，管用。同时，还要认真学习党的方针、政策，凡是需要村干部知道的，都要不折不扣地传达给他们，县、乡两级党校培训干部，主要是组织村级干部学习理论和政策。此外，还要学习法律知识，明白什么能够做、什么不能做，该怎么做、不该怎么做；还要学习科学技术知识。这样才能增强我们发展生产、提高人民生活水平的能力。

第二，希望大家学会同农民商量办事，也就是学会同农民打交道。村里的大事，一定要同农民商量，要向农民公开，这样才能得到农民的理解、支持和拥护。当然，群众中有先进的、中间的、落后的，只要把政策、法律交给群众，自己又主持公道，就能把绝大多数群众团结在自己的周围，干部的威信也会得到提高。在农村会商量办事的干部，处事公道的干部，自身要求严格的干部，在群众中的威信最高，最能得到群众的拥戴。有些事情本来并不大，干部也没有从中捞什么好处，就是因为没有公开，群众思想有疑虑，久而久之，脱离了群众。事实证明，同群众商量，办事公开，主持公道，为政清廉，就会在群众中树立威信，工作就会容易得多。

第三，希望大家坚持实事求是的原则。一切从实际出发，农民最反感我们的干部说大话、说假话，摆花架子。其实农村干部中发生的虚假浮夸问题，有许多同上边的工作有关，或者说，在一定程度上是上边部门压出来的。向下布置任务，不加区别，不问条件，都下一下硬指标，就会逼着下边讲假话。1959年，毛泽东同志曾经给省、地、县、社、队的干部写过一封信，他在信里就讲到要讲真话的问题。他说："包产能包多少，就讲能包多少，不讲经过努力实在做不到而又勉强讲做得到的假话。收获多少，就讲多少，不可以讲不合实际情况的假话。各项增产措施，实行八字宪法，每项都不可讲假话。老实人，敢讲真话的人，归根到底，于人民事业有利，于自己也不吃亏。爱讲假话的人，一害人民，二害自己，总是吃亏，应当说，有许多假话是上面压出来的。上面'一吹二压三许愿'使下边很难办。因此，干劲一定要有，假话一定不可讲。"虽然后来的实践没有按照这个思想去做，但这段话还是讲得非常好的，现在看来还很有针对性。我们的村干部一定要讲真话，办不到的事情就是办不到，产量有多高就是多高，农民人均收入有多少就是多少，决不说假话，即使上边压也要讲真话。对我们的领导机关来说，则一定要保护讲真话的干部，要改进自己的作风，不要压下边讲假话。

第四，希望大家要保持自身的廉洁。群众选我们当干部是对我们的信任，自己要有责任感。除了公道正派，还要清正廉洁。做到这两条，既能得到群众拥护，又能得到党的信任。保持自身廉洁，自我约束是必要的，但也必须有一套可行的监督机制。要用村务公开、民主理财这些制度从外部来约束自己，把自我约束同外部监督综合起来。有的干部认为，村务公开太麻烦，甚至认为是对自己的不信任，这种看法是不对的。有群众监督，才能使群众对干部更加信任。

1997年3月31日

序曲三　首届中国特色经济村年会

◇时间：1999年12月21—23日
◇地点：浙江省台州市路桥区
◇主办：中国村社发展促进会，中共浙江省台州市路桥区委、区政府
◇承办：浙江省台州市路桥区方林村
◇主题：特色村的发展经验和趋势问题

◇　村庄介绍

方林村位于台州市路桥区南大门，总占地面积0.4平方千米，有村民285户936

人，239亩[①]可耕地，是浙江省社会主义新农村建设示范村之一。20世纪80年代初，方林村还是一个有名的穷村，集体没有半分钱的积累，人均年收入不到150元。村民住的是矮木房和稻草棚。改革开放后，全村面貌焕然一新，村民生活已向现代化之路迈进。1999年，特色经济村年会召开时，全村实现工农业总产值3亿元，市场成交额2.65亿元，村集体收入700多万元，人均收入8 680元，有1/3以上的村民住上了由村里统一规划建设的别墅式新居——方林苑。方林村党支部被授予“全国先进基层党组织”称号，村被评为“全国创建文明村镇工作先进村”。

一、年会概况

1999年12月21—23日，首届中国特色经济村年会在浙江省台州市路桥区方林村召开。

参加本届年会的代表有来自全国各地的村干部近160名，其中有全国人大代表、全国劳模，也有硕士村长；共有新闻媒体10余家；会议特别邀请了有关方面的专家教授20多名，部分省、自治区、直辖市的有关领导也出席了会议。中国村社发展促进会代会长朱厚泽同志和原中央农村政策研究室副主任刘堪、原国务院农村发展研究中心副主任吴象等同志出席会议并讲了话。

年会的中心议题是研究特色村的发展经验和趋势问题，探讨特色村的发展之路。围绕这一主题代表们认真总结和交流了20年来农村改革、经济发展取得的巨大成就，就特色村的发展、加入世界贸易组织后农产品如何提高竞争力等问题进行了深入的研讨，取得了有价值的成果。会上，中国村社发展促进会“三百村”活动组委会副主任义云航代表组委会做题为《迈入新世纪，树立新理念，建设新农村》的报告，总结了特色经济村的成功实践。与会代表还向全国各行政村发出《倡议书》。

浙江路桥方林村、广东省深圳市布吉镇南岭村、河南省新乡市京华村、黑龙江省牡丹江市兴隆镇大湾村、黑龙江省哈尔滨市太平区团结乡红光村、吉林省梨树县梨树乡霍家店村等七个村庄分别在会上做了典型经验介绍；中山大学、同济大学、中国农业大学、北京工商大学、中国绿色食品协会等单位的专家、教授分别做了关于互联网的发展与农村高科技、如何申请外国政府贷款、市场策划与农村经济、信息产业对农村经济的影响和小城镇大规划等10多个题目的报告，并于会后就科技项目洽谈、科教工程、外贸、加入世界贸易组织、企业策划等具体问题，召开专家咨询会。中国村社发展促进会“三百村”活动组委会表彰了73个经济特色村、农业精品村和民俗文化村。与会代表还参观了方林村、日用品商城和吉利集团。

① “亩”为非法定计量单位，1亩≈667米^2。下同。——编者注

经过广泛的经验交流、科技咨询和座谈讨论，与会代表对特色经济内涵的理解进一步深化，并达成共识：特色经济的崛起是新世纪农业战略调整中的一个新趋势；发展特色经济，不仅需要纵向的支持与联系，而且特别需要加强横向直接的交流与合作；发展特色经济要以市场为导向，因地制宜，充分发挥自身的比较优势；发展特色经济要以科技为先导，积极推进产、学、研直接结合。

会议也提出了发展特色村的建议。

（1）增强市场经济意识，树立参与国内外市场竞争理念。我们必须迎接市场竞争的挑战，更新观念，拓宽思路，尽快实现自身改造，树立信息、竞争、质量、品牌、风险、信誉和法制等现代市场经济意识，形成强有力的抗冲击能力。同时，结合各自实际，加强合作，携手共建区域性特色经济新构架，进一步提高抗风险能力和在国内外市场上的竞争力。

（2）继续深化农村改革，进一步完善农村社区管理制度。中国的改革始于农村，但农村深化改革面临新的难度。加快农村市场化、农业现代化以及产业化经营的进程和步伐，改革和消除当前农村存在的一些深层次矛盾已成当务之急。我们应尊重农民意愿，充分发挥农民的首创精神，尽快建立健全与现代市场经济相适应的高效率的农村社区管理制度，进一步释放农村生产力。同时，要从实际出发，按照市场经济规律不断完善农村社会保障体系，降低农民创业风险。

（3）坚持科教兴农，全面提高农村劳动者素质。当今世界的竞争很重要的是人才的竞争。实现农村现代化的关键，在于农村劳动者素质的提高。要培养、造就一批有文化、懂科学技术、会经营管理的农民企业家，包括农业产业化经营的龙头企业家、农业跨国经营企业家等。我们要把科教兴农作为农村发展的一项基本战略，高度重视和发展农村教育，大力开展适用技术培训推广，提高农村广大劳动者对现代科学技术的理解和应用能力，充分利用好农村丰富的人力资源。

（4）加快农村城镇化进程，增强现代农村社区功能。实现经济与社会协调发展、物质文明与精神文明齐头并进，是21世纪新农村建设的必然要求。我们要以农村城镇化为载体，充分借鉴大中城市社区发展的成功经验，系统规划，高标准建设，使农村社区成为对农民进行新知识教育、知识经济教育的中心，成为信息、科技、文化、知识的交流中心。

（5）调整和优化农村产业结构，走可持续发展道路。面对新世纪，为了适应我国即将加入世界贸易组织的新形势，我们迫切需要寻找一条使人口、经济、社会、环境和资源相互协调，兼顾当代人和子孙后代利益的可持续发展道路，进一步深化社会的全方位改革。各行政村应结合当地实情，加大农村产业结构的战略调整，从根本上改变高投入、低产出，高消耗、低效益的局面。大力推广集约化生产经营，选择资源集约型、质量效益型、科技先导型的发展模式，把经济建设、资源利用、生态保护和污染治理有机结合起来，既生产与国际市场直接接轨的产品，又创造适应可持续发展要求的环境。

（6）**加强东部和中西部村社合作，积极参与西部大开发战略。**加快中西部开发是我国21世纪发展的重大战略任务，是逐步缩小地区发展差距，最终实现共同富裕的重大战略举措。实施过程中，特色村要结合自身实际，加强相互联系与合作，实现资源共享和优势互补。东部发达村社应利用自身的资金、技术、信息和管理优势，加大对中西部欠发达村社的劳动力资源、自然资源、绿色资源的开发力度，建立互利互惠、灵活多样的合作机制。中西部地区要积极做好资源开发项目包装、劳动者技术培训等工作，为项目对接做充分的前期筹备工作。

二、精彩回顾

（一）倡议书

中国特色经济村年会全体代表倡议书

全国各行政村村委会：

在21世纪即将来临之际，在举国欢庆澳门回归的日子里，首届中国特色经济村年会于1999年12月21—23日在浙江台州市路桥区召开，会议认真总结和交流了20年来农村改革、经济发展取得的巨大成就，探讨了农村特色经济的发展之路，展望未来，充满信心，为此，我们特提出如下倡议：

(1) 增强市场经济意识，树立参与国内外市场竞争理念。近年来，随着市场经济的发展，全球经济一体化进程日益加快，信息、资源等要素的全球化配置和竞争国际化趋势日益明显。由此，我们必须迎接市场竞争的挑战：更新观念，拓宽思路，尽快实现自身改造，树立信息、竞争、质量、品牌、风险、信誉和法制等现代市场经济意识，形成强有力的抗冲击能力。同时，结合各自实际，加强合作，携手共建区域性特色经济新构架，进一步提高抗风险能力和在国内外市场上的竞争力。

(2) 继续深化农村改革，进一步完善农村社区管理制度。中国的改革始于农村，但农村深化改革面临新的难度。加快农村市场化、农业现代化以及产业化经营的进程和步伐，改革和消除当前农村存在的一些深层次矛盾已成当务之急。我们应尊重农民意愿，充分发挥农民的首创精神，尽快建立健全与现代市场经济相适应的高效率的农村社区管理制度，进一步释放农村生产力。同时，要从实际出发，按照市场经济规律不断完善农村社会保障体系，降低农民创业风险。

（3）坚持科教兴农，全面提高农村劳动者素质。当今世界的竞争很重要的是人才的竞争。实现农村现代化的关键，在于农村劳动者素质的提高。要培养、造就一批有文化、懂科学技术、会经营管理的农民企业家，包括农业产业化经营的龙头企业家、农业跨国经营企业家等。我们要把科教兴农作为农村发展的一项基本战略，高度重视和发展农村教育，大力开展适用技术培训推广，提高农村广大劳动者对现代科学技术的理解和应用能力，充分利用好农村丰富的人力资源。

（4）加快农村城镇化进程，增强现代农村社区功能。实现经济与社会协调发展、物质文明与精神文明齐头并进，是21世纪新农村建设的必然要求。我们要以农村城镇化为载体，充分借鉴大中城镇社区发展的成功经验，系统规划，高标准建设，使农村社区成为对农民进行新知识教育、知识经济教育的中心，成为信息、科技、文化、知识的交流中心。要切实保障社区成员依法享有民主权利，以科技进步引导农村生活方式转变，推进农村两个文明建设，使社区成为培养农民自主、自治、自强能力的社会学校。

（5）强调和优化农村产业结构，走可持续发展道路。面对新世纪，为了适应我国即将加入世界贸易组织的新形势，我们迫切需要寻找一条使人口、经济、社会、环境和资源相互协调，兼顾当代人和子孙后代利益的可持续发展道路，进一步深化社会的全方位改革。各行政村应结合当地实情，加大农村产业结构的战略调整，从根本上改变高投入、低产出，高消耗、低效益的局面。大力推广集约化生产经营，选择资源集约型、质量效益型、科技先导型的发展模式，把经济建设、资源利用、生态保护和污染治理有机结合起来，既生产与国际市场直接接轨的产品，又创造适应可持续发展要求的环境。

（6）加强东部和中西部村社合作，积极参与西部大开发战略。加快中西部开发是我国21世纪发展的重大战略任务，是逐步缩小地区发展差距，最终实现共同富裕的重大战略举措。实施过程中，特色经济村要结合自身实际，加强相互联系与合作，实现资源共享和优势互补。东部发达村社应利用自身的资金、技术、信息和管理优势，加大对中西部欠发达村社的劳动力资源、自然资源、绿色资源的开发力度，建立互利互惠、灵活多样的合作机制。中西部地区要积极做好资源开发项目包装、劳动者技术培训等工作，为项目对接做充分的前期筹备工作。

我们坚信，只要坚持走社会主义市场经济道路，搞好区域化布局，调优农村社区经济结构，大力发展特色经济，加快中国农村社区发展促进工程的实施，新世纪的中国农村一定会展现出美好的前景。

首届中国特色经济村年会全体代表

1999年12月22日

（二）年会共识

中国特色经济村年会共识

(1) 特色经济的崛起是我国农村发展的一个新趋势。实践经验表明在市场经济和世界经济一体化的环境下，特色在很大程度上就是优势，发展特色经济就是提高参与市场竞争的能力。发展各具特色的村庄经济是适应新世纪农村社会经济发展要求的，它不仅有利于推进农村经济结构的战略性调整，有利于充分发挥区域比较优势，有利于增加农民收入、帮助农民脱贫致富奔小康，而且有利于积极有效地应对加入世界贸易组织所带来的挑战。

(2) 特色经济的发展不仅需要纵向的支持，而且更需要横向的交流与合作。特色优势是动态的，也是相对的。这就需要直接加强横向交流与合作，让农民根据市场的需求调整产业结构，更好地发挥主观能动性，从而推动特色村的进一步发展。本届年会为特色村提供了合作与交流的机会和场所，与会代表对此产生了强烈的共鸣，深切地感受到了横向的直接交流对发挥优势和培育特色村将起到很大的促进作用。

(3) 特色经济的发展要以市场为导向，充分发挥自身的比较优势。我国幅员辽阔，自然资源和人文资源差别较大，为发展各具特色的农业和农村经济创造了良好的条件。目前我国已涌现出一批充满个性和有一定规模的特色村。这些村的成功，最关键的是坚持从实际出发，以市场为导向，因地制宜地找准并充分发挥了自身的特色优势，形成鲜明而有个性的区域特色，既促进了经济的发展，又推进了社会的进步。特色从另外一个角度来看，实际上就是个性，就是竞争力。有个性，才有生命力。

(4) 特色经济的发展要以科技为先导，积极推进产、学、研直接结合。我国农业生产的科技贡献率、科学管理水平和劳动者素质与世界发达地区相比还有较大的差距，必须把科教兴国、科教兴农放在战略的高度，积极努力地推进产、学、研直接结合，为特色村发展科技含量高的产品创造有利的外部空间。会上，有关大专院校推出的面向农村的科研项目，引起了与会代表的极大关注，为今后的进一步洽谈合作奠定了良好的基础。浙江省台州市路桥区方林村与同济大学签订了科技项目合作意向书。这也预示着科技在农村的应用具有广阔的前景，农村对科技的需求日益迫切。

三、年会声音

1.王挺革：不断开创农村经济工作新格局

中共台州市路桥区区委书记王挺革在论坛上说，改革开放20年来，特别是建区五年来，路桥农村发生了翻天覆地的变化，城乡体系从分散的农村集镇为主体转变为商贸城区为龙头的城市化格局，农村生活质量实现了由温饱到小康并开始向富裕迈进，农民主体格局由传统农民向现代农民或市民转变，经济结构由比较典型的农业经济转变为三大产业综合发展的农村经济，经济运行从传统封闭的自然经济和计划经济转变为比较开放的社会主义市场经济。目前，全区城镇化水平达35%，恩格尔系数降到44%，农村劳动力从事第二、第三产业的占56.6%。

王挺革对发展农村经济的主要体会是：发展农村经济，必须实事求是，因地制宜，不断探索发展的新路子；必须以产业为依托，加大产业培育和发展力度；必须把发展和壮大村级集体经济作为主要内容，不断巩固农村物质基础；必须加强基层组织建设，为经济发展提供强有力的组织保证。

他说，路桥在今后一段时期将重点推进以下几方面工作：一是大力推进经济增长方式转变，推进园区战略，提高农村经济整体素质和效益；二是加快小城镇建设，提高农村城镇化水平；三是全面提高人的素质，实现人的现代化。

2. 三年中实现"六个化"

浙江台州路桥区方林村村委会负责人在论坛上表示，面对农村所面临的跨世纪的机遇与挑战，将下定决心，鼓足干劲，力争在2003年基本实现本村的农村现代化。为了达成这个目标，该村计划在三年中实现以下"六个化"：

住宅别墅化——使285户方林群众家家户户都住上现代化的农民别墅。

生活城市化——完善社区内各项服务业，把方林村建设成一个乡村都市。

社区园林化——将居民住宅区和高效农业区构筑成一体，把方林苑发展成为一个园林化的旅游景点。

村民知识化——大力引进和培养高素质人才，创办家政学校，不断提高村民的思想文化素质。

管理科学化——引进现代企业管理制度和高级管理人才，探索村级经济企业化管理的有效途径，加快经济发展速度。

产业多元化——涉足房地产开发、花卉种植、汽车贸易，以及物业管理等新兴服务业，稳步拓展新的经济增长点。

3. 朝“六个村”奋进

为了以全新的面貌迎接新世纪，广东深圳南岭村在论坛上提出了未来一年的发展方向和目标——朝“六个村”奋进。

经济强村——力争到2004年，村集体经济收入和人均分配比1999年翻一番。

科技新村——办在国内有一定影响力、生命力、效益好的高科技企业。

旅游新村——发展以旅游业为主的第三产业，把南岭村建设成为深圳市一个新的旅游景点。

生态新村——全村无烟尘、无噪声、无废水污染，空气清新，鸟语花香，生态平衡，花木覆盖率达60%以上。

文化新村——40岁以下的青壮年全部都达到高中以上文化程度，大专以上文化程度的要占总人口的10%以上。

长寿新村——村民平均寿命要达到80岁以上。

论坛短评

——中国特色经济村年会的重要意义体现在：

（1）这是改革开放之后，首次在村庄里举办的全国性的农村基层干部会议，可谓全国性农村基层干部会议的“落地”。

（2）直接在村的舞台上展露村干部的风采，让他们脚踩实地互相交流经验、探讨基层实践工作。

（3）首次提出“特色村”的概念，将“特色”与“村庄”联系起来。

（4）为全国“村长”论坛举办奠定了坚实的基础，是论坛的先行探索，让全国“村长”论坛的举办成为可能。

——本次会议召开有两人做了重要贡献。其一是方林村的党支部书记方中华，方林是会议的承办村，为会议提供了现实的舞台，方中华书记为会议筹备做了许多具体的工作。其二是中国社会科学院马列所原副所长彭克宏，他对方林村的“解决温饱靠集体、发家致富靠自己”的特色实践有深入了解，做出较高评价；是他联系方中华书记与村促会，提出在方林村召开相关会议，总结推广方林经验，推动中国特色经济村的发展。

第一节 第一届全国“村长”论坛暨第二届特色村年会

◇时间：2000年10月14—16日

◇地点：重庆市巴南区

◇主办：中国村社发展促进会、农民日报社、重庆市人民政府农村工作办公室、巴南区区委和区人民政府

◇承办：重庆市巴南区花溪镇民主村

◇主题：发挥比较优势，发展特色经济

◇ 村庄介绍

重庆市巴南区花溪镇民主村位于重庆市市郊，距重庆市中心10千米，总人口5 647人，其中城镇人口2 314人。乡镇集体企业23家，个体私营企业243家。建有省级经济技术开发区——民主工贸园区。民主村被司法部评为“全国模范人民调解委员会”，工贸园区被市政府授予“重庆市乡镇企业示范区”。论坛召开之前的1999年，该村乡镇企业总产值达到13.18亿元，总收入7.09亿元，农民人均纯收入达到6 026元。

一、论坛概况

2000年10月14—16日，第一届全国“村长”论坛暨第二届特色村年会在重庆市巴南区花溪镇民主村举行。会议贯彻闭幕不久的十五届五中全会和“三个代表”的精神，为奋斗在中国农村最基层的村干部提供展示风采的舞台，探讨新世纪农村社区经济发展战略与村社之间的合作、交流，参与西部大开发。会议的主题是：新时期村社如何发挥比较优势战略，发展特色农业、特色经济，促进东中西部村社的共同发展。

全国政协副主席杨汝岱为会议发来了贺信。杜润生提供了书面发言。中国村社发展促进会代会长、原中央农村政策研究室副主任朱厚泽，中国扶贫基金会会长王郁昭，全国政协常委、农业部原副部长路明，中共重庆市委常委、市农工委

书记税正宽，重庆市政协副主席张国忠等出席了会议。重庆市委副书记刘志忠代表市委书记到会看望了北京到会的负责同志。

在14日上午的会议上，发布了《新时期村社发展比较优势战略》的报告。重庆市巴南区花溪镇民主村村长杨岱南介绍了民主村的发展经验。

在14日下午和15日的会议上，路明就中国加入世界贸易组织后农业面临的机遇和挑战问题、朱厚泽就村社发展的大环境问题、黄道霞就怎样提高村社的竞争力问题做了专题发言。发言的专家、学者还有：国家计划委员会农经司处长刘苏社、中国农业银行信贷部处长张一民、同济大学教授耿忠平、中国农业大学教授卢凤君、复旦大学教授石磊、西南农大党委书记戴恩锐等。20多位村官代表在会上做了发言，总结、交流、探讨了村社发展比较优势战略的情况和经验。

与会的上百个村庄的村官代表9亿农民挥笔签名，支持北京申办2008年奥运会。印有“百名‘村长’以奥运健儿拼搏精神奔向新世纪——祝北京申奥成功”字样的签名横幅，后由《农民日报》副总编辑李文学转交给北京奥申委。

“村长”们还在民主村亲手植下了一片“村长”林，它由120棵小叶榕组成，位于渝黔公路一侧。

代表们在重庆宗申摩托车集团与董事长兼总裁左宗申等企业家和专家、学者进行了座谈，开展了“村长”话品牌活动，并参观了宗申集团。该集团宣布，为支持农村社区的发展，向出席会议的每个村庄的村委会各赠送一辆宗申牌摩托车。

会议期间，东中西部的一些村庄在自愿互利、资源互补的基础上开展了友好交流活动，洽商了若干项目的合作意向。上海青浦区前明村和广东沿海经贸专业委员会分别向重庆民主村和青海乐都县深沟村各赠送一台电脑。

二、精彩回顾

1.全国政协副主席杨汝岱的贺信

中国“村长”论坛暨特色村年会的召开，对贯彻江泽民同志关于“三个代表”的要求和西部大开发战略具有重要意义，特表示热烈的祝贺！我是很乐意参加这个会议的，由于日程安排的原因，不能出席，错过了这次与来自农村基层同志们见面的机会，实为遗憾。我预祝你们的会议取得圆满成功，祝我国的村干部在农村结构战略性调整中取得新的成就！

2.原中央农村政策研究室主任杜润生书面讲话

自治、开放、开发

值金秋召开论坛暨年会，我未能赴会，深感遗憾，谨写出几点意见供参考，不妥之处，请予指正。以下讲三点：

一是自治。

一定要珍惜自治权，用好自治权。自治是国家民主政治的一项实现形式。我国宪法赋予村级自治权力，就是让村民大众自己组织起来，自己当家做主，靠自己的人力、物力、财力，发展公益事业，发展物质、精神文明，建设社会主义新农村；就是要提高农民政治自觉，摆脱封建宗法社会下养成的人身依附心态，提高参与管理政事的愿望和能力。通过村民会议民主选举，选出村民委员会，组成廉洁奉公的领导班子，实现民主决策、民主管理、民主监督，为村民谋福利，为国家做贡献。

可以预见：9亿农民通过村社自治的伟大实践，定会激发出他们潜在的积极性与创造性，形成无比强大的改造社会、改造自然界的物质力量，在新世纪的社会主义建设中，不断创造辉煌。

这是讲空话、放空炮吗？当然不是。让我们看看过去的历史吧。是农民大众在共产党领导下，推翻"三座大山"，建立了社会主义新中国。是农民大众竭尽全力发展了农业生产，以占世界7%的耕地，养活了22%的人口，并供养较多的人从事工业、文教、科学技术工作，向现代化目标进军，创造了"中国奇迹"。如果21世纪中叶，能有计划、有秩序地从农村转移出1亿人口，进入城市，农业规模化经营还会有更进一步的新发展，农民富裕程度将有更大幅度提高。

只要贯彻执行好村自治体制和党的其他正确的政策，包括农业在内的农村各项事业的发展，前景将是一片光明，这是毫无疑问的。

二是开放。

旧时代农村社区，一直保持封闭状态。这种状态，在历史上既是封建阶级维持宗法统治的环境条件，同时也是历代皇朝实行重本抑末政策，维护自然经济自给自足长期延续不变，抑制商品经济发展的后果。

新中国成立，时代不同了。20年的改革开放，农村已基本上实现了温饱，多数农户生产有了剩余，从而产生了发展商品交换、扩大再生产、增加投入品的需求。此时，整个农业部门对贸易、金融、技术支持系统的依赖程度日益增大，乃是经济发展的必然趋向。

村社必须适应这种趋势，打破封闭，发展对外交往，抓住机遇，引进资本，引进技术。寻求合作伙伴，收集信息，扩大见闻，学习村外的有益经验；同时，应围绕发展商品交换，建立某些经济联合体，有组织地走向市场，走向世界。

我国加入世界贸易组织，融入全球化，参与国际竞争，农业部门首当其冲，是有准备地主动对外开放，还是被动接受开放，后果是不同的。既然不可避免，就应该选择主动。村社虽小，但它是全国一个组成单位，也应做好准备，争取献技，进入世界贸易大潮。

三是开发。

村社主要的自然资源是土地，如何利用好土地，提高土地生产率，是头等大事。首先应适应市场需求，因地制宜，安排种植结构，发展比较优势，提供适销产品。其中包括可以出口换汇的农产品，借以加强市场竞争力，占据加入世界贸易组织后的有利地位。

为了提高农民收入，还要延长生产链，尽可能多地增加农产品的附加价值。为此，要搞好加工销售业，实现企业化经营；要重视发展服务于农业的商业，搞好水利、电力、交通、运输、通信基础设施。特别应重视创造条件，发展教育事业，培养人才，留住人才，善待人才，为利用生物技术、基因工程、互联网技术，创立新经济，做好准备。当前急中之急是减轻农民负担，第一步，先力争恢复到20世纪90年代初的税负水平。

这些，都是所有农户所必需，但又是一家一户无力兴办的事情，需要乡、村两级组织来张罗。家庭承包制，可得到收益内在性激励，利于保持农业持续发展，只可完善，不可动摇。但它有规模狭小、资本技术短缺的弱点，如果有村社经营相互补充，那就如虎添翼，实现新的飞跃。

三、论坛报告：新时期村社发展比较优势战略

为进一步推动农村社区经济的发展和西部大开发，会议把主题定为新时期村社发展比较优势战略。

（一）发展特色农业、特色经济，铸造村社发展比较优势

发挥村社比较优势战略的基本点就是：发展特色农业、特色经济。特色即是优势。特色农业、特色经济，本身就是一种发展优势。可以通俗地说，特色经济的运作，就是“人无我有，人有我早，人早我优”，换句话说，特色经济就是名、特、优、新、奇、鲜、香七个字，即与众不同，有特色。特色经济是多种多样、多层次的：在文化层面有特色的经济，可以称为文化型特色经济；在资源层面上有特色的经济，可称为资源型特色经济；在科技含量层面有特色的经济，可以称为高科技型特色经济；在早、中、晚时间层面上有特色的经济，可称为时间型特色经济；在风味层面上有特色的经济，可称为风味型特色经济；在生态环境层面上有特色的经济，可称为环保型特色经济；等等。

当然，对于特色经济的理解，要辩证地看待。第一，特色经济，不是固定不变的，而是动态的。特色经济是具有个性特征的经济。一方面，特色经济，是可以挖掘的，很多特色经济还有待于进一步开发。另一方面，在现代市场经济中，一旦有利可图，很多企业就要模仿和学习，特色就会被传播，甚至"青出于蓝而胜于蓝"。这样，某些特色经济就有可能在原来的发生地逐渐失去特色。在这种情况下，就要及时对比较优势战略进行优化调整。第二，特色经济是相对概念，它是与其他相比具有自己的特色。所以我们提出的是比较优势战略，而不是绝对优势战略。

发展特色经济，要树立品牌意识，搞品牌战略。特色经济也是一种无形资产。实施品牌战略，可以增强市场竞争能力。

现代特色经济，要形成一定规模。规模经济可以节约成本，提高质量，稳定地占领市场，从而获得规模效应。另外，在发展规模经济时，要注意不要贪大，大也会造成损失；要尊重农民意愿，不要搞强迫命令；要用经济办法、利益机制形成规模经营，而不能搞"财产归大堆"。另外，还要树立保护特色经济的观念，要进行商标注册。这些年，经常发生商标侵权案，造成重大经济损失，给人的教训是深刻的。

（二）实施村社发展比较优势的战略的基本原则

村社发展比较优势战略的制定，是一个复杂的系统工程。总的指导思想是，找准优势，实事求是，因地制宜，突出特色。具体而言，要遵循以下几项基本原则：

1.市场需求原则

市场需求是第一原则。树立市场需求观念，就是市场需要什么，才生产什么，不能先出产品，后找市场。有很多地方，没有找好市场，或者盲目追市场价格上涨，采取行政手段动员农民种养，结果卖不出去，给农民造成严重的经济损失。在这种情况下，一些地方就出现了政府让种什么，农民偏不种什么的现象。当然，这并不是说要守株待兔，坐等市场，实际上市场潜力是可以挖掘的，要主动去寻找市场，开拓市场。

2.资源优势原则

"靠山吃山，靠水吃水"，这在农产品短缺情况下，是人们解决温饱的好办法。在激烈的市场竞争条件下，这句话也同样适用，那就是要大念"山"字经、"水"字经、"海"字经，挖掘特色资源，变资源优势为经济优势，大力发展特色经济生产特色产品，以满足人们对山珍海味的需求。在开发利用资源优势时，既要加大已表现出较强优势的资源的开发利用，还要挖掘那些初露端倪，甚至是尚未被人发现或利用的资源，使其特色逐步挖掘出来，为繁荣当地经济服务。

在资源优势方面，要特别注意的是，传统文化也是一种重要的资源，要特别加以重视。过去有些地方对传统文化优势注意得还不够，甚至有所忽视。在有些地区，开发利用传统文化资源的潜力还很大，可以在这方面加大开发力度。

3.区位原则

我国经济区域，大致分为东、中、西三大经济地带。三大地带，各自有自身的比较优势。

东部地区靠海，有海域的优势、经济技术基础条件好的优势、市场化程度高的优势。虽然是人多地少，劳动力价格较中西部地区高，但人的素质、文化、社会发育程度较高。这一地区的村社要进行产业结构升级，发展节约劳动型经济，面向国内外两个市场，大力调整和优化农村产业结构，逐步提高产业素质和整体经济效益，发展外向型、效益型农业，率先在全国建立起比较发达的农业，率先实现农业现代化，从而构筑起更为强大的优势。

中西部地区有市场潜力的优势、劳动力充裕的优势和自然资源丰富的优势，村社要抓住东部地区产业结构升级的机会，因地制宜发展大宗农产品和名特优产品生产，发展绿色健康食品，大力发展农产品加工业、劳动密集型或资源依赖程度高的乡镇企业，推行贸工农一体化，实行产业化经营，提高产品质量和效益，使特色农业、特色经济有一个长足的发展。

4.顺应历史发展趋势原则

在实施村社发展比较优势战略村，必须与新世纪中国农业和农村经济发展的走势相符合。21世纪中国农业和农村经济发展，现在看来有9个转变：一是由传统的粗放经营方式向现代集约经营方式转变；二是由城乡分割的经济结构向城乡结合的一体化经济转变；三是由传统的种养业向农工商综合经营转变；四是由分散经营向现代贸工农一体化的产业化经营转变；五是由传统的粮食观念向现代食物观念转变；六是种植业由传统的二维结构向三维结构转变；七是由传统的农产品加工业向现代食品制造业转变；八是由资源型产业向更重视智力投入的知识型产业转变；九是由封闭低效产业向现代化高效产业转变。这些转变虽然是一个长期的过程，但是必须转变是一个大潮流。我们在考虑村社发展比较优势战略时，如果逆时代潮流而行，必然会遭受挫折，因而必须要把握住这些重大转变，顺应历史发展潮流，尽可能走在其前列，这就是站得高、看得远，其结果就会是获得不断发展。

5.科技优先原则

未来农产品的市场竞争，在很大程度上是科技含量的竞争。因此，要牢固树立科技优先原则，促进传统农业向优质、高效的现代农业发展，加速农业由资源依附型向知识依附型的转变。知识型农业是要通过大量的投资才能实现的。很多实行产业化经营的企业，通过多种途径和多种方式，引进人才，研制新技术、新品种，建立起适应社会化、专业化、商品化和现代化需要的农业教育、科研与技术推广体系，大量培训农民，提高农民的文化科技水平，为农户提供高水平的标准化的技术服务。这些，都对提高产品的科技含量、品质有着重要的作用，并为当地农民科技素质的提高做出贡献，从而使农业发展建立在依靠科技进步和提高劳动者素质的基础上。同时，要强调提高农村的经营管理水平。管理是科学，管理出水平，管理出效益。

村社发挥比较优势战略，要关注最新的科研成果。这次会议邀请了中国农业大学、中山大学、同济大学、西南农业大学等代表参会，这几所大学具有多方面的优势，为中国农村社区发展促进工程做了许多工作。以同济大学为例，专门成立村镇建设发展研究中心，投资开展村镇规划及农村安全饮用水的研究。他们的与会，为会议增添了科技光彩。"村长"们要抓住这一机遇，通过他们在各学科上的网络联系解决村社发展的关键技术难题。大家可以与他们建立比较稳定的联系，携手合作，实际操作发展比较优势战略，把特色村提高到一个新的水平。

6.走产业化经营道路原则

发展特色农业、特色经济，必须因地制宜地建立起发挥资源优势的主导产业和优势产业。实行产业化经营，是村社发展比较优势战略的重要组成部分，是关键环节、突破口。开拓市场，需要产业化经营。提高产品的质量，要靠产业化经营。有了市场，有了资源，这只是初始条件，还需要贸工农一体化的产业链组织形式。在实践中要以农业为基础，以工业为依托，以商业为纽带，构建产供销一体化经营模式，把资源配置、产业发展和市场空间扩大统一起来，把农产品生产、加工、销售的利益有效结合在一起，把农户、企业与市场紧联系在一起，形成从生产初级产品到最终产品的利益共享和风险共担的经济联合体，使农业在市场竞争中发展成为高效益的现代化产业。

四、论坛声音

1.李科：深化和促进农村的改革与发展

重庆市巴南区人民政府代区长李科介绍，巴南区的前身是千年历史名邑巴县。她自古以来就是巴人劳动、生息、繁衍的故土。距今3 000多年前的商代，巴人就在此立国建都。历史源远流长，文化典籍丰富，物产资源充沛，人文景观璀璨。改革开放20年来，巴南区两个文明建设取得了丰硕的成果，先后建成了全国食品工业重点县、国家商品粮基地县、国家瘦肉型商品猪基地县，跨入了全国产粮、产肉、农业生产总产值、乡镇企业总产值和财政收入"百强"大县行列，曾被四川省评为综合经济实力十强县之一。巴南区1 827平方千米土地壮丽舒卷在重庆市南郊，地理条件优越，交通便捷。巴南属于重庆市的都市发达经济圈，重庆南部城区的重要组成部分，也是三峡库区淹没区，具有独特的区位优势和政策优势。

他表示，在新世纪即将来临之际，力争经过五年的艰苦奋斗，把巴南区建成重庆市南部的商贸中心、科技中心和交通枢纽，以及重庆南部新兴工业园区、近郊短程旅游大区和重要的农副产品生产加工基地。他真诚希望大家到巴南区来投资发展，共襄西部创业盛举，同建重庆南部新城！

李科认为，一百多个村庄的代表相聚巴南，交流经验，携手合作，共论发展，必将深化和促进农村的改革与发展，进步与繁荣。

2.黄道霞：怎样提高村社竞争力

国务院发展研究中心研究员黄道霞在论坛上说，发挥比较资源优势，提高国家竞争力，提高产业竞争力，这是从我国现行的经验中总结出来的，应该说算是一种竞争新思路。这种思路，可以用于一个国家、一个产业、一个企业、一个产品的竞争，也可以用于一个区域、一个乡、一个村或一个村社的竞争。这种比较资源优势竞争力，是综合性的，是成本竞争、质量竞争、价格竞争、品牌竞争、科技竞争、信息竞争、智能竞争等的综合体现。

黄道霞对开发竞争力、创造竞争力和发展竞争力做了详细阐述。

开发竞争力——村社都有一比较资源优势，都存在潜在的竞争力，关键在于把握机遇，善于开发。村社可以从开发劳动力，开发土地，开发特殊气候，开发有利区位，开发特种种植、养殖，开发传统工艺、工匠，开发特色农产品，开发村社文化、旅游资源等发掘出效力。这些资源的比较优势，既特殊，又普遍，贵在开发。开发的要素是要瞄准市场，有需求，卖得了（县乡政府要为此服务，提供准确的信息）；有能力开发（开发者的素质基本能适应）；能赚钱；先试，可以小打小闹开头；不怕失败，失败了再来。

创造竞争力——村社开发农业"初级产品"的竞争力，已很不易（现在没有实现小康的村社，就是其发展进程，未能跨越这一步），但要进一步提高竞争力则更难，必须通过生产、经营、产品、技术、管理、组织、人力资源等方面的创新，创造竞争力。我国乡镇企业异军突起，是农业效力创新、创造竞争力的动力，它已成为农村最具有竞争力的产业。

发展竞争力——创造竞争力的村社，都是已经实现小康、先富起来的村社。从新世纪开始，我国已经实现了现代化建设的前两步战略目标，将进入加快推进社会主义现代化，开始实施第三步战略目标的新的发展阶段，因此，村社在新形势下，必须加速发展竞争力，实现农业现代化。

黄道霞表示，我国现有的数十万个行政村（村社），其发展程度（也即其竞争力水平）的估计是：20%左右已经率先基本实现宽裕型小康或全面小康水平，正在加快推进、争取率先实现农业现代化；35%左右已经实现小康、富裕起来，进入了全面建设小康、为实现现代化打基础；25%左右已经解决温饱，正在实现小康和富起来；12%左右已经脱贫，但易“返贫”，正在稳定脱贫、解决温饱；8%左右尚未脱贫，还在努力脱贫。

他强调，以上5种发展程度不同的村社，要因“村”制宜、提高竞争力；前两种村社要发展竞争力，第三种村社要创造竞争力，后两种村社要开发竞争力。

3.刘苏社：开发西部农业的两点思考

国家计划委员会农经司处长刘苏社在论坛上说，东部与西部农业发展的差距，很重要的一个表现是农民收入水平的差距。开发西部农业，必须始终把提高农民收入水平，改善农民生活质量，逐步缩小与东部地区的发展差距，最终实现共同富裕作为中心任务和最终目标。把加快农业发展同增加农民收入、实现农业现代化、建设新农村结合起来，抓紧研究和考虑关系西部农业和农村经济发展全局的八个问题：实施科教兴农战略，推进农业新的科技革命；加快农业结构的战略性调整；积极推进农业信息化；实施乡镇企业大发展战略；推进农业产业化经营；开发西部农业，千万不可忽视粮食生产；推动农村社会全面发展。

他认为，应结合西部地区农业发展现状，突出重点，力争在以下方面取得进展：切实加强生态环境保护和建设；加强以水利为重点的农业基础设施建设；大力发展特色农业；不断巩固扶贫开发成果，加快贫困地区经济发展；以改革促发展，以开放促开发；以人为本，把维护农民利益作为农业和农村工作出发点。

4.张一民：更好地发挥资金的综合效益

中国农业银行信贷管理三部处长张一民在论坛上说，村级经济和企业虽然走过一段时期的发展之路，有了一定的积累，但从总体上讲还是一个发展资金相对不足，产品、市场有待进一步开发、升级换代的局面。面对这样一种情况，如何做到量体裁衣，少花钱多办事，办好事，办出更有经济效益的事，就是在座各位头脑中经常思考的问题，也是大家在寻求发展和壮大的前进道路上急迫要解决的问题。为此，他感到有必要做好以下三方面工作：

（1）要把有限的资金用在刀刃上，即投在最有发展前途的项目上。也就是说，一定要选好、选准项目，在最有发展潜力和市场广阔的项目上投资，切不可草率决定投资办厂，浪费自己有限的宝贵资金。投资一定要慎重。

（2）要把自己的钱和银行、财政及有关方面的钱统筹规划，协调使用。现在正是农业产业化调整和实施西部大开发战略的初期，为实现上述目标，除银行外，国家财政和产（行）业主管部门都有大量的资金向这方面倾斜，以支持上述目标和任务的完成。为此，企业在寻求发展资金时，一定要眼界开阔，信息灵通，力求得到多方面资金的支持，协调各方面利益，推动村级经济发展。

（3）要把各种优惠政策及相关配套资金用活用好。无论是发展企业，还是上新项目，资金是基本保证。为此，企业一定要认真了解和掌握与自己有关的各种优惠政策，将相关资金配套使用。如西部大开发项目和农业综合开发项目，完全可以将银行的农业综合开发贷款和财政的农业综合开发资金配套使用，在用活用好政策和资金的同时，最大限度地发挥各方面资金的综合效益。

5.余展：提高对新世纪农村社区发展比较优势战略的认识

中国村社发展促进会副会长兼秘书长余展在论坛上表示，中国“村长”论坛暨特色村年会是在一个重要的时刻举行的一次有意义的会议。会议主要收获是，交流了经验，提高了认识，为村社之间的合作交流，开了一个好头。认识上的提高，集中反映在对新世纪农村社区发展比较优势战略的认识上。他认为，参会人员在以下三个问题上，有了更多的共识：

其一，在国内外激烈的市场竞争中，在推进经济全球化的进程中，农村社区只有实施比较优势战略才能求得自身的生存与发展。换句话说，就国际而言，要适应我国加入世界贸易组织之后面临的激烈竞争；就国内而言，在农业发展由单一的资源约束，变为资源与市场双重约束的条件下，农村社区经济的发展，必须实施比较优势战略。因为，市场的竞争实际是优势的竞争。村社只有发挥自身的比较优势，全面提高农业综合竞争力，才能确保本社区在未来日益激烈的竞争中牢牢把握主动权。

其二，对科学技术在发挥比较优势战略中的地位和作用，有了进一步的认识。资源、区位等方面的优势，只有同先进的科技结合起来，才能得到充分的发挥。没有先进科学技术的不断注入，原有的优势也可能逐渐丧失。

其三，深化对特色农业、特色经济的认识。什么叫特色，特色就是优势，就是竞争力，就是生命力。如何对待特色，首先要发现、发掘特色，从诸多因素中找出自身的特色，即自身的比较优势，如果对自身的特色视而不见，则无从谈起；其次是发挥、发扬特色，看到了自身的特色，明确了自身的比较优势，如果不加以发挥、发扬，也显现不出特色的优势；最后是创造特色，特色不是一成不变的，在一定条件下可以转化，当原有的特色不成其为特色的时候，就要创造新的特色。

五、论坛感悟

1.杨岱南：构筑开发快车道

重庆市巴南区花溪镇民主村村委会主任杨岱南说，民主村在发展经济、促进社会进步、提高村民收入，大步流星地向城市化发展的工作中，体会到：一个村要在西部开发中有所作为，必须以争先的姿态，举全村之力，铺就起飞跑道，构筑腾飞平台；必须在大力营造开发环境上狠下功夫，努力为村的各类资源优势开发营造好氛围，创造好条件，搭好平台；必须在大胆创新开发思路上狠下功夫，确保开发主体明确，开发对象正确，开发方式准确；必须在突破开发重点上狠下功夫，保证全村能够集中财力、人力打好攻坚战，打好总体战，围绕实现绿化、工业化、城市化总体目标进行开发；必须在基础设施建设上狠下功夫，坚持“软硬件”齐头并进，建设城市化新农村；必须在富民强村上狠下功夫，全面提高村的经济实力和村民素质。

杨岱南表示，民主村将按照占地4平方千米的巴南经济技术开发区民主工贸区总体规划，通过三五年的努力，建好占地1 200亩的工业园区，占地2 000亩的旅游区，占地1 300亩的商贸区，占地700亩的住宅区，占地300亩的高效优质农业区。

2.宗申集团赠车在各地引起强烈反响

在论坛暨特色村年会上，重庆宗申集团宣布为出席会议的每个村庄赠送一辆摩托车。

青海省参加会议的湟中县小磨村，贵德县大史家村，刚察县压秀村，互助县高羌村、塘拉村，乌兰县河东村获得捐赠。2000年11月28日，宗申集团西宁销售公司举行了隆重的赠车仪式。青海省委政策研究室农牧处副处长、小磨村等6个村的村委会主任、宗申集团驻西宁销售公司的代表等参加了仪式。小磨村村委会主任代表受赠村发言，他激动地说：“小磨村是一个贫困山村，宗申集团的赠车体现了对西部落后地区的关怀和照顾，我们表示衷心感谢，并在今后的工作中要认真抓好农牧业生产，带领全村脱贫致富奔小康。”西宁各新闻媒体对此事做了报道，在青海高原引起反响。

2000年12月1—6日，宗申集团驻海南办事处和海南承销商一起，分别将13辆摩托车送到出席会议的村庄，对宗申集团的义举，“村长”们既激动，又十分感谢。

2000年12月18日，宗申集团在山西大同市举行了赠车仪式。大同市南郊区北村乡北村、西韩岭乡茶坊村、平旺乡王家园村、西万庄乡上窝寨村等四个参会的村获得摩托车。

论坛短评

——本届论坛与特色村年会的重要意义体现在：

（1）第一个“村长”论坛正式诞生，是开启农村基层干部交流新的里程碑。

（2）论坛上，黄道霞研究员论述的比较优势理论，提出发展特色经济，作为当年论坛的交流重点内容之一，为村社经济发展指明了方向。这个比较优势理论现在仍在发挥着作用，为村社经济发展提供了理论依据。

（3）首次在论坛上，开展公益支持项目。即全体代表与宗申公司5 000多员工一起联合支持申奥，体现了拳拳爱国心；在上海市农村工作委员会干部顾吾浩的推动下，上海的名村与西部两个村庄进行对接，提供电脑。这是论坛对公益活动的最初尝试。

——本届论坛的贡献人物是重庆民主村村委会主任杨岱南，他主动参加了在方林村召开的中国特色经济村年会，并提出要求，在民主村召开第二届特色经济村年会。论坛接受了他的请求。作为承办村的主要负责人，他为首届论坛的筹备与运行做了大量工作。

第二节　第二届全国“村长”论坛

◇时间：2002年11月23—25日

◇地点：南京市江宁区

◇主办：中国村社发展促进会、农民日报社、中国农村杂志社、江苏省农林厅、中共南京市委农村工作办公室、南京市经济协作区、江宁区委和区政府

◇承办：南京市江宁区章村

◇主题：优化产业结构，促进农民增收和农村社会进步

◇村庄介绍

章村原本是一片荒山洼地，1984年村集体年收入10.3万元，村民人均收入只有479元，集体存款1.06万元。章村依托地处城郊结合部的区位优势，招商引资，请能人进村，分别办起了板材、家具、电线、皮鞋、汽配、传感器、金属清洗剂、铸造等10多家工业企业。1990年，章村实现三业总产值1亿多元，最早进入南京地区亿元村行列。随后章村学华西建设工业集中区，吸引一大批企业先后进驻工业集中区。工业集中区的建成使用，每年为集体创造数百万元的纯收入，同时又使一批批的村民变成工人，有力地推动了群众致富。2002年，章村集体收入突破1 000万元大关。

一、论坛概况

2002年11月23—25日，来自全国25个省、自治区、直辖市100多个村庄的村官代表聚集在历史名城南京，举行了第二届全国“村长”论坛。论坛中心议题是，在新世纪新阶段，如何贯彻十六大精神，加强农村社区建设，发挥比较优势，优化产业结构，促进农民增收和农村社会进步，以加快农村全面建设小康社会的步伐。

全国政协副主席杨汝岱为会议题词：“实行村民自治，建设全面小康”，并为会议发来贺信。原中央农村政策研究室主任杜润生也为会议发来贺信。出席会议的有：中央财经领导小组办公室副主任、中央农村工作领导小组办公室主任段应碧，国务院发展研究中心副主任陈锡文，中国扶贫基金会会长王郁昭，江苏省委副书记许仲林，江苏省政府副秘书长姜道远，江苏省农林厅厅长刘立仁，南京市委副书记陈家宝，南京市委常委、江宁区区委书记王建华，南京市政府副市长

盛金隆，民政部计财司司长白益华，国家林业局政策法规司司长陈根长，国家计划委员会农经司副司长胡恒洋，农业部农研中心副主任宋洪远，中国农村杂志社副总编辑李文学，农业部产业与政策法规司处长黄延信，中国村社发展促进会副会长张从明、余展，中国村社发展促进会常务理事黄道霞、艾云航等。出席会议的还有，湖北省农村工作办公室副主任严官金，上海市农村工作委员会副局长顾吾浩等。

开幕式由余展主持。段应碧就2003年的农村工作问题讲了几点设想。陈锡文以农村工作如何贯彻十六大精神为题讲了话。在论坛上发言的还有：刘立仁、黄道霞、宋洪远、黄延信等。王建华就江宁区如何全力打造高科技花园城市的问题做了专题发言。

以如何全面建设小康社会为题，与会“村长”进行了对话。江苏华西村吴仁宝、辽宁后石村陈玉圭、山东刘庄村刘耀、北京草桥村牛放、重庆民主村杨岱南、云南福保村杨正宽、河南张武店村霍清廉、江苏大洋村严祝信等十几位“村长”做了生动简短的发言，并回答了与会代表提出的问题。李文学、黄延信和广西蒙山县县长黎伟就“村长”们的介绍进行了点评。内容生动、形式活泼的对话，激起了全场的阵阵掌声。

会议还就农村社区的可持续发展问题进行了专题讨论，签署了《中国农村社区可持续发展公约》，并通过了《江宁共识》。全体代表在章村的农民公园亲手种植了一片“村长”林。

南京市江宁区与重庆市巴南区还签订了友好协议，缔结为友好区。

会议期间，段应碧用了三个半天的时间与东中西部的14个村庄的负责人，就当前农村基层工作的情况和问题，进行了广泛的座谈。

二、精彩回顾

（一）《江宁共识》

自觉实践“三个代表”重要思想

努力开创农村社区全面小康建设新局面

（第二届全国“村长”论坛2002年11月25日通过）

在党的十六大胜利闭幕之际，第二届全国“村长”论坛于2002年11月23—25日，在江苏省南京市江宁区召开。会议期间，代表们就贯彻落实党的十六大精神，在农村全面建设小康社会进行了深入讨论，并就近年来各地农村社区经济发展的经验进行了广泛交流。与会代表一致认为，党的十六大报告提出全面建设小康社会的奋斗目标，为今后的农村社区发展指明了方向。代表表示，一定要深入学习、准确领会和全面贯彻党的十六大精神，进一步统一思想，调动一切积极因素，做好农村社区的各项工作，为会面建设小康社会做出新的贡献。

通过研讨，代表们达成了以下共识：

1.全面建设小康社会，是新时期村社发展的首要任务

在党中央的正确领导和全国人民的共同努力下，我国已经胜利实现了现代化建设“三步走”战略的第一步和第二步目标，人民生活总体上达到了小康水平。但是，正如党的十六大报告所指出：“我国正处于并将长期处于社会主义初级阶段，现在达到的小康还是低水平、不全面的、发展很不平衡的小康。”可以说，全面建设小康，难点不在东部而在中西部，不在城市而在农村，特别是西部的落后农村。提高农村小康水平，需要社会各方面特别是广大农村社区的共同努力。没有村社社会经济的发展，农村的小康目标无从实现；没有亿万农民的全面小康，我国全面建设小康社会的目标也无从谈起。村社干部必须清醒地意识到新时期肩负的历史使命，努力探索村社发展的新思路，推进农村社区各项事业的发展，加快农村社区小康建设步伐。不断提高农村的小康水平。

2.全面建设农村小康社会，首要的是加快农业和农村经济发展

农业和农村经济的发展，是农村各项事业发展的基础，也是全面建设农村小康社会的基石。现在，我国的农业和农村经济已经进入了一个新的发展阶段，农业发展面临着资源和市场的双重约束；同时，随着我国加入世界贸易组织，国内农业还面临着国外农业强有力的竞争。新时期农业和农村经济的发展，还有许多困难和障碍需要克服，经济建设的任务要比以往更加艰巨。在新形势下，村社干部必须树立“发展是第一要务”的观念，必须“聚精会神搞建设，一心一意谋发展”。在建设小康社会的过程中，要统筹城乡经济社会发展，紧抓建设现代农业不放松，千方百计地拓宽生产门路，广辟就业渠道，不断提高农民的收入水平。要与时俱进，锐意创新，用发展的办法来解决前进道路上的困难和问题，使新时期农业和农村经济不断向更高的发展阶段迈进。

3.发挥比较优势，发展特色经济，是新时期村社经济发展的重要途径

新时期的农村社区经济发展，必须要探索一条适合本地情况的发展道路。在市场竞争日趋激烈的今天，能否面向市场、充分发挥比较优势，是

决定村社经济能否持续、快速、健康发展的重要因素。对农业和农村经济结构进行战略性调整的时候充分发挥比较优势更应当成为村社经济发展的必然选择。发挥比较优势的一个突破口和立足点，就是发展特色农业、特色经济。各地村社应因地制宜，广开思路，把当地的资源优势、区位优势发挥出来，形成有市场竞争力的特色产品和拳头产品。在发挥比较优势、发展特色产业的过程中，要找准市场优势与资源优势的结合点，将资源优势转化为经济优势；要依靠科技进步，不断提高农业的科技含量；要同国家的总体规划结合起来，实现村社经济与整个农村经济的共同发展。

4.在发展村社经济过程中要进一步增强环境意识，走可持续发展之路

生态环境是人类生存和发展的基本条件，是经济、社会发展的基础。保护生态环境、实现可持续发展是我国社会经济发展的重大战略。但在过去相当长的一段时期内，许多地区包括一些村社为追求短期效益，采取了以牺牲环境为代价发展经济的做法，结果付出了沉重的代价。经济的发展与生态环境的严重冲突，已经到了必须深切关注的地步。近几年来，我国尽管在生态环境建设方面的力度不断加大，但从目前来看，生态环境的基础仍然相当脆弱，生态环境进一步恶化的趋势在整体上尚未得到遏制。加强生态环境的保护，既是长远之计，又是当务之急。扭转这一局面，每个村社都应当从自身做起，提高环境保护意识，自觉保护生态资源，树立经济必须归属于生态的观点。在今后的发展进程中，应当将环境保护作为一个重要内容，纳入村社经济发展的总体规划，并切实采取措施，探索促进经济发展与保护生态环境相结合的增长方式，从而实现可持续发展。还要引导农民惜水、节水、循环用水和保护水资源，使有限的水资源得到可持续利用。

5.增强实践“三个代表”的自觉性，当好新时期富民兴村的带头人

全面建设小康社会，开创中国特色社会主义事业新局面，必须坚决贯彻“三个代表”重要思想，这是我们党的立党之本、执政之基、力量之源。作为农村基层的领导者和带头人，村社干部以及农村广大党员，肩负着发展农村经济、做好农村工作、带领群众致富的艰巨任务。全面建设小康社会目标在农村的实现，最终也要靠广大农村基层干部的模范带头作用，把亿万农民群众的力量动员起来，组织起来，凝聚到完成这一宏伟目标上来。要完成这一任务，必须充分发挥党支部的核心作用和村委会的带头作用。村社干部必须要深入学习和领会“三个代表”重要思想，始终保持与时俱进的精神状态，不断开拓创新，自觉地把思想认

识从那些不合时宜的观念、做法和体制的束缚中解放出来；要切实转变工作方式和工作作风，充分发扬民主，充分尊重农民的意愿和自主权；要努力提高科技文化水平，增强驾驭市场经济的能力和带领群众致富的本领。

与会代表坚信，在十六大精神的指引下，在以胡锦涛为总书记的党中央领导集体的带领下，我国农村社区在物质文明、政治文明和精神文明建设中，一定能抓住机遇，应对挑战，不断迈向更高的水平，实现全面建设小康社会的宏伟目标。

（二）江宁公约

中国农村社区可持续发展公约

（第二届全国“村长”论坛2002年11月25日通过）

三个代表，时代精神。解放思想，与时俱进。
人与自然，密不可分。保护环境，人人有份。
养护水源，耕地是金。爱护家园，我是主人。
野生动物，人类友人。自觉护养，利国利民。
百行百业，生态先论。绿色产业，做强做新。
发挥特色，科技兴村。升华素质，培育新人。
计划生育，国策定论。优生优育，造福子孙。
建设小康，历史重任。持续发展，铭记在心。
江宁公约，富民强村。行动起来，争当先进。

（三）贺信

1.全国政协副主席杨汝岱贺信

第二届全国“村长”论坛组委会并全体代表同志们：

在党的十六大胜利闭幕之后，第二届全国“村长”论坛紧接着在南京市江宁区召开，这对于学习和贯彻十六大精神，大力加强农村社区建设，促进农民增收和农村稳定，都具有积极的意义。在此，谨对论坛的举行表示热烈的祝贺！向出席会议的代表致以亲切的问候！

“村长”作为农村基层干部，你们是农民群众直接选举的“官”，也是人数最多、管事最具体、接触群众最广泛、工作又最辛苦的“官”。可以这样说，如果没有广大农村基层干部的辛勤努力，没有广大农村基层干部的带头作用，就没有农村经济的发展，就没有农民的富裕，也就没有农村的长治久安，一句话，“三农”问题的解决需要你们的出色工作和积极奉献！

加入世界贸易组织，是我国进一步改革开放的需要。第二届全国“村长”论坛，探讨加入世界贸易组织后的农村社区发展问题，很有必要。对农业来说，加入世界贸易组织既是挑战又是机遇，应当积极地加以应对。增强农业应对加入世界贸易组织能力的根本途径，在于农业和农村经济实行战略性的结构调整。各地农村社区，都要进一步发挥比较优势，发展特色经济、特色农业，加快形成产业带，延长产业链，抓好科技进步和质量安全，逐步提高我国农业的市场竞争力。

祝同志们在贯彻党的十六大做出的战略部署和重大决策的实践中，在落实“三个代表”重要思想的实践中，取得更大的成绩！

祝论坛圆满成功！

2.原中央农村政策研究室主任杜润生的贺信

余展同志转“村长”论坛：

因身体不适，未能参加会议，谨写几点意见，供参考。

第一，我国农村，以村庄为单位，形成居民生活共同体，依然还保留着历代相延的社区文化传统，正向现代化目标前进。

这些社区各自拥有一定数量耕地，满足生存需要，并提供剩余，支持社会工商、文教事业发展，繁衍了一个十几亿人口的中华民族。

第二，《中华人民共和国宪法》赋予村级组织实行自治的权利，应该做出全面发展规划。当前，应该抓紧做好以下三项工作：

生产：不断提高土地生产率，发展农产品加工业与服务设施，实现增产增效增收。

民主：民主选举，民主监督，试办农民协会和服务性合作组织，保护农民权益。教育：办好义务教育和成年教育，提高农民文化素质。

教育：办好义务教育和成年教育，提高农民文化素质。

（四）夫子庙旅游输出到大理

2002年11月24日，在南京江宁区举办的第二届全国“村长”论坛尚在热论中，善抓机遇的南京夫子庙秦淮风光带主动出击，与具有“中国最美的农村”之称的江西婺源县、“中国白族第一村”的云南大理周城村相互交流发展旅游经济的经验，促成了三地的对接交流并互相签订了“对接意向书”。

南京夫子庙秦淮风光带是在海内外非常知名的旅游风景区，熔秦淮传统文化、民俗风情于一炉；江西婺源是全国十六个生态农业先进县之一，全县犹如一个大公园，被海内外媒体誉为“中国最美的农村”；云南大理周城被称为“中国白族第一村”，村中的旅游资源丰富，草绿花繁、四季如春的周城是一个“蜜蜂飞来不想回家”的地方。

本次对接活动中，南京夫子庙与婺源和周城达成一系列合作协议，即夫子庙向两个旅游村提供先进的管理模式和经验，同时婺源和周城向夫子庙提供绿色农产品及特色产品。

有关人士称，三方以此打破区域界限，在全国首创历史文化风景区与历史文化名镇（村）的对接交流，共同发展旅游业，将推动和加快国内旅游市场资源内容更加广泛，形式更加多样的整合。

三、论坛声音

1.许仲林：村级组织是联系农民群众的桥梁和纽带

中共江苏省委副书记许仲林在论坛上表示，第二届全国“村长”论坛，对于深入学习贯彻党的十六大精神，进一步做好农业和农村工作，是一件很有意义的事。

许仲林说，江苏既是一个经济大省，也是一个农业大省。江苏的国土面积占全国的1.06%，耕地面积约占全国的3.9%。2001年粮、棉、油产量分别占全国的6.5%、8.6%和8.1%。江苏是我国乡镇企业的主要发源地之一，“九五”以来，乡镇企业在改革创新中不断焕发出新的生机和活力；农村私营个体经济蓬勃发展，2001年私营个体企业完成增加值占乡镇企业增加值的63%。目前，全省工业增加值的56%、地方财政收入的48%、农村社会总产值的80%，农民收入增收部分的2/3均来自乡镇企业，乡镇企业已成为江苏省国民经济的重要支柱、农村经济的中坚力量。

许仲林认为，村级组织是党和政府联系农民群众的桥梁和纽带，是党的领导和国家政权的重要基础。村党组织的书记和村民委员会主任，是农村两个文明建设的“指挥官”，是农村改革、发展的“领头雁”。改革开放以来，我国各地的村级组织，带领广大农民群众，艰苦奋斗，开拓创新，在发展农村经济、致富农村、维护稳定方面发挥了重用作用，涌现了一大批具有远见卓识、精于经营管理、乐于无私奉献的优秀农村基层干部，这次全国各地的“村长”代表欢聚江苏，学习党的十六大精神，交流工作经验，研究我国加入世界贸易组织后农村社区发展的新战略，探讨如何加快全面建设小康社会的步伐，以及加强农村社区之间的合作与交流，这对于贯彻落实好党的十六大精神，全面加强村级组织建设，做好村务工作，繁荣农村经济具有重要意义。“村长”论坛的举办，为奋斗在中国农村基层的“村官”提供了展示风采的舞台，为村社、城乡之间的沟通架起了桥梁。论坛在江苏举办，为江苏学习借鉴兄弟省、自治区、直辖市的经验提供了难得的机遇。论坛的举办必将对江苏省深入贯彻党的十六大精神，进一步加强村级组织建设，促进农村的改革发展稳定起到有力的推动作用。

2.陈家宝：壮大村级经济、强化村级基础

中共南京市委副书记陈家宝说，南京农村经济和社会正在发生深刻的变化。一是由城乡割裂的二元结构加速向城乡一体化发展转变，郊县发展从城市带动型进入了城乡互动型。二是农村工业由“村村冒烟、镇镇办厂”遍地开花的散乱布局，加速向园区化、特色化、规模化转变，整体实力不断增强。三是农业由城郊型加速向都市型转变，优势产业开始形成，农业增效、农民增收。四是农民从“离土不离乡”“进厂不进镇”加速向城镇非农产业转移，农村进入城市化快速发展阶段。

他表示，南京郊县农村要按照全面建设小康社会的要求，加快发展，与时俱进，使郊县成为做强南京经济实力的重要增长极，成为做大南京城市规模的组合板块区，成为做优南京城市功能的服务大平台，成为做美南京城市环境的绿色生态圈。他强调，村一级是农村工作最基本的单元，实现南京郊县未来发展目标，村是基础，南京将致力于发展壮大村级经济，强化村级基础设施配套，完善村民自治制度，大力建设中国特色社会主义新农村。

3.陈锡文：促进农村的全面进步

国务院发展研究中心副主任陈锡文在论坛上做了主题报告，他认为，贯彻十六大应把主要精力放在促进农村的全面进步上。十六大的创新之处就在于提出了“统筹城乡经济社会发展”的要求，这是把握全面建设小康阶段如何解决“三农”问题的一把钥匙。统筹城乡经济和社会的发展，并不是说可以减轻从事农业和农村工作同志的责任，而是不做“三农”工作的同志和部门应该增强对中国农业、农民和农村问题重大意义的认识，形成全国上下的合力，很好地解决“三农”问题。要充分认识这个问题的重要性，需要解决很多感情上的问题，观念上的问题，体制上的问题。正如十六大报告中提出的，对于一切不利于发展的、束缚发展的、影响发展的观念、体制和管理办法都应该彻底地改变。这是贯彻十六大精神所需要做的一件大事。

陈锡文强调，对于农业、农村、农民以及对于全面建设小康社会，一定要有个全新的观念。如果不能全面地认识“三农”问题，全面地认识建设小康社会的含义，观念和认识上带有很大片面性的话，那么解决问题的难度是很大的。在很多人眼里，把以经济建设为中心简化为国内生产总值（GDP）增长和财政增收。当然，这两个指标确实很重要。但问题在于把农业放在什么位置？温家宝同志多次讲过，农业在GDP中的比重下降，这是经济发展的必然规律，但不管农业占几个百分点，在保障人们的基本生活方面，它始终占百分之百的地位，因为还没有任何一个产业能保证人们吃饱饭，只有农业。这几年经济发展很快，农业在GDP中的比重平均每年以0.6～0.7个百分点在下降。2000年，农业占GDP15.9%，2001占15.2%，估计2002年占14.5%左右。按“十五”计划的要求，到“十五”期末，农业占GDP的比重将降到13%。这是经济发展的规律。但是如果误以为农业在GDP中的比重下降，它在国民经济中的地位也下降，因此不去重视农业，那就会出大问题。这是个必须解决的认识问题。

关于土地流转和集中的问题，陈锡文说，现在有些地方出现的土地流转，大部分是正常的，是农民自愿的，是符合政策和法律的，也是符合经济发展要求的，但是确实有些地方的土地流转，存在着非常明显的与民争利的倾向，有人甚至歪曲中央的农村土地政策是不允许流转和集中。中央从来没有说过不允许承包地的转让和集中，关键问题是谁去转让，怎么转让，转让后的好处给谁？要解决好这三个问题。如果有些地方，农民不想转，干部要转，转让的过程不让农民自己参与，代他们做决策，而转让的好处又不全部留给农民，那就出问题了。说句实话，“18号文件”要解决的就是这个问题。这里除了有个对政策的理解和工作的方法问题外，还有很重要的一条就是对农民的感情问题。现在在土地问题上，从基层来看，通过土地流转和集中，可能效益提高了，但问题是失去土地使用权的农民，怎么来增加收入？这个问题不解决好要出大问题。此外，城市的发展、工业化的进程，不可避免地要征用土地，但是征地后出现大量无地的、失地的农民，他们怎么安身立命，他们的生计在哪里？这个问题不解决好也要出大问题。从这个角度说，无论是发展经济还是建设现代化城市，都涉及对待农民的感情问题。拿走农民的财产，拿走农民的利益，不解决农民的问题，那实际上是在制造社会的不安定因素。当然，涉及农民的很多政策之所以落实难，除了理解能力和工作方法外，非常重要的一条是对农业和农村工作没有感情，因此就做不好。十六大报告，对“三个代表”的重要思想做了高度的概括和深刻的论述，关键是坚持与时俱进，核心是坚持党的先进性，本质是坚持执政为民。说来说去，“大官”“小官”不管是做什么职务，都是为人民在执政，做农村工作的就是为农民执政。怎么为农民执好政，农民心里也有他自己的尺子：一是发展经济了没有，老百姓得到实惠了没有，到底谁得的多；二是看你这个领导班子有没有能力比别人发展得快一点。你这里的发展能比别人更快，当地老百姓得到的实惠更多，他就说你是执政为民，就是这么两个标准。而做成这两件事，没有对农民深厚的感情是做不到的。

陈锡文指出，要同样重视体制上的问题。当前农村中很多矛盾的解决，不仅仅需要广大从事农村工作干部的努力，更需要有一系列的体制和政策相配套，否则问题不好办。农村存在很多的问题，单纯依靠农民一家一户去解决难度很大，需要有各种相关的配套政策，为农村的发展创造一个好的条件，一个好的环境。比如说，大家都强调减轻农民负担。目前进行的税费改革，既要减轻农民负担又要保障农村基础教育的投入和运行，保障农村基层政府的运行。这些要求都是对的，但如果资金出现缺口怎么办？基层干部经常被陷在既不得加重农民负担，又不能减少对教育投入这样的困境中，那就需要有一个完善的公共财政制度，一个完善的财政支付转移制度。没有这套制度，光靠农村基层去筹措，当然不好办。到那些贫困地区的农村去，经常听到一句话，叫做“负担围着教育转”，指最大的负担是教育，对乡镇开支来说，百分之六七十或七八十是教育，农民交的各项名目的费用中，很大一块也是教育。但是农民都很关心自己的下一代，即使是很沉重的负担，也希望他们的孩子有文化、懂科学，将来有出息。那么财政对于教育的开支，就必须向义务教育倾斜，因为义务教育是法定的，其他就叫做非义务教育，谁愿意学就学，不愿意学可以不学，学得进就学，学不进就不学。但是义务教育，作为中华民族未来的希望和方向，必须让我们的后代至少要接受九年的文化教育，这是最基本的。现在的九年义务教育，全国在校生是1.9亿孩子，其中70%在农村，因此义务教育的经费应当向农村倾斜。但实际上并非如此。城里的很多学校，都是瞄着世界一流的水平在建设，用的往往是财政的钱。财政的钱本来应该是保义务教育的。在贫困地区，有两二万元就可以建一所希望小学，一千多元就可以解决一个孩子从小学一年级到六年级的全部费用。中国有句俗话“好钢要用在刀刃上”。可见，如果没有一个好的教育经费投入体制，好的公共财政体制，把这套东西都推给基层同志自己解决，那是解决不了的。那种“又要马儿跑，又要马儿不吃草”的办法是不行的。政策应当是既要马儿跑，又要给它草，这样的政策才能解决农村的问题。

陈锡文特别强调，在新阶段、在全面建设小康社会的新时期，各级政府、各个部门都应该认真地审视一下自己的各项政策，与全面实现小康社会，与解决“三农”问题这个难点，有无相背离的地方。认真研究如何促进农业和农村经济的顺利发展，这样才能使我们整个国家经过18年的努力，包括农业、农村，农民在内，到2020年的时候，可以骄傲地向全世界宣布：我们已经实现了全面建设小康社会的宏伟目标！

4.刘立仁：推进农业从数量型向质量型转变

江苏省农林厅厅长刘立仁向论坛介绍了江苏农村经济的发展情况。江苏正大力推进"三资"开发农业，即推动民间资本、工商资本、外商资本进军开发农业。这是推进农村经济的发展，特别是推进村一级发展的比较好的思路。农业、农村经济的发展要投入，钱从哪里来？只有动员社会资金来投入开发农业。"三资"开发农业，带来的不仅是投入，而且带来了新的经营理念。"三资"开发农业使全省经济也呈现出三大亮点，即民营企业的发展、外向型企业的发展和城市化的发展。"九五"期间，江苏省"三资"开发农业引进资金162亿元；2002年第一季度到第三季度，全省引进"三资"开发农业项目达到1 700多个，引进的资金达到59亿元。

他说江苏还在推进整个农业从数量型向质量型转变。在这个推进过程当中，适应我国加入世界贸易组织的需要，江苏提出农产品"要入世，先进超市"的要求，农产品要打入国际市场，必须首先在国内推向超市。这是推进农业从数量型向质量型发展阶段提出的一个"进向思维"。过去农业长期处于短缺阶段，现在变成供过于求了。这个时候要特别注意质量，要加强农产品的质量建设。把农产品的质量建设推上去，根据发达国家的经验，就是要想办法把农产品推上超市经营平台。把农产品推上超市经营是对传统农业生产方式、经营方式、领导方式的一次革命，是提高农产品质量的有效途径，是外向型农业和农业加入世界贸易组织的一个前奏。

5.余展：办好"村长"论坛

中国村社发展促进会副会长兼秘书长余展表示，作为全国"村长"交流经验、互通有无、获取信息、合作洽谈的场所，"村长"论坛一定要办下去，而且要越办越好，越办越红火。办好"村长"论坛，主要是充实内容，扩大信息量。除交流工作经验、提供交往平台外，要更多地为"村长"们提供做好下一年农村基层工作所需要的信息，包括政策信息、生产信息、价格信息、科技信息、金融信息、农产品进出口信息等。因此，论坛有必要每年召开一次，时间安排在下半年。为准备好每年的"村长"论坛，拟协商有关发起单位，组建相对稳定的论坛组委会，以便做好经常性的筹备工作。欢迎有兴趣的单位、企业和村庄，参加组委会的工作。只有把论坛办得越来越符合"村长"的需要，其影响才会越来越大，凝聚力才会越来越强，生命力也才会越来越旺盛。

四、论坛感悟

2002年12月15日出版的《人民日报》，专门刊文《全面建小康，村官想什么》。文章说，第二届全国"村长"论坛，来自25个省、自治区、直辖市的100多位村官聚集一堂，畅谈了在全面建设小康社会的宏伟蓝图中，农村社区发展和农村现代化建设的美好将来。

文章提到，记者采访中发现，村官们说得最多的一个词是“发展”，与此相关的另一个词就是“特色”。以特色求发展，以特色促发展，已经成为他们在发展村级经济时特有的清晰理念。

山东省聊城市的刘庄村过去是一个一不靠城、二不临路的贫困村，可如今的刘庄却是家家户户住上了小康楼、看上了有线电视、用上了程控电话，人均年收入超过5 000多元的富裕村。谈起变化的原因，村委会主任刘耀将其概括为因地制宜，找准优势，突出特色。他们村在发展蔬菜脱水厂、速冻食品厂等企业时，挑的全部是立足本地资源的项目。

近年来在农村产业结构调整的过程中，与刘庄村相似的广东省广州市槎龙村、江苏省盐城市大洋村、河南省卫辉市张武店村、江苏省徐州市马庄村一大批各具特色的特色经济村、农业精品村和民俗文化村像一朵朵色彩艳丽的鲜花绽放在祖国各地，它们所显示出的蓬勃生命力说明了发挥比较优势、发展特色经济，的确有利于加快村级经济的发展，促进农民增收。

文章说，另一个出现频率颇高的词是可持续发展，这不仅仅因为坚持可持续发展是此次论坛的一个重要主题，更重要的是因为可持续发展的确是村官们的心中所系。

辽宁省大连市后石村党支部书记陈玉圭在谈起村里的发展时说：“现在干啥都得想着点儿将来，老辈儿留给咱们的是青山绿水，咱不能啥也不给后人留吧。所以我们村里在办企业时是宁可不挣钱，也不能有污染。”与他有着同样想法的“村官”还有很多，而且有些地方已经开始这样做了。广东省广州市沙东新村党支部书记杨锦兴介绍说，如今的沙东新村是绿树成荫、山清水秀，村民在美好的环境中享受着富足的生活。

村官们在此次论坛上倡导并最终签署了《中国农村社区可持续发展公约》：人与自然，密不可分；保护环境，人人有份；养护水源，耕地是金；百行百业，生态先论；优生优育，造福子孙……这字字句句都描绘了中国农村社区建设的“绿色”将来。

文章认为，实现全面小康，农村发展是关键。谈起全面小康，各位村官的认识既清晰又惊人的相似，广西壮族自治区梧州市龙新村党支部书记严醒智说：“我们村去年人均收入3 500元，说来已经实现了小康，但这个小康并不全面，而且我知道现在还有很多村连我们这个水平还没达到，想实现全面小康任务不轻啊。”当记者问起“你心里的全面小康是什么样儿”时，他说那时候不仅我们的生活应该达到一定水平，村民素质也有很大程度的提高，农村社会稳定，村民不仅有知识有文化，还应该知法懂法。当记者将同样的问题问到河南省卫辉张武店村党支部书记霍清廉时，这位硕士村官描绘了一幅“衣食富庶、精神充实、空气清新、没有污染、村民安居乐业”的美好图景。

如何实现农村的全面小康，江苏省徐州市马庄村党支部书记孟庆喜谈道，要加快发展村级经济，一方面要引进信息、技术，另一方面要培养并留住自己的人才；要增强村民的公民意识，丰富他们的文化生活，让他们的生活向城市化靠拢；提高村民的思想道德素质，加强农村的精神文明建设；走可持续发展之路，让人与自然和谐相处。

文章最后表示，听了这些村官的想法，让人相信建设经济兴旺发达、社会全面进步、人民生活富有、民主法制健全、村民素质优化、生态环境优良的社会主义新农村的伟业必将实现。

论坛短评

——本届论坛的重要意义体现在：

（1）打通了基层集中向上反映心声的通道。在本届论坛上，时任中央财经领导小组办公室副主任、中央农村工作领导小组办公室主任的段应碧出席，并利用论坛期间的三个半天时间，与农村基层干部进行了座谈，掌握农村基层的具体情况。农村基层干部也利用论坛的平台将自己的意见向高层进行了转达。这是群众路线的真实实践。

（2）名村官创新发展理念公开提出。华西村的吴仁宝书记是第一次参加论坛，他的“个人富不算富，集体富了才算富”的理念激励了与会村官。

（3）提出了拉动内需的新观点。江苏省农林厅厅长刘立仁在论坛上倡导“牛奶+鸡蛋”的早餐革命，对国人观念是一个撞击，另一方面也带动了内需。

（4）发布了《江宁公约》，聚焦可持续发展，影响深远。

——本届论坛的贡献人物是薛红星。他在南京工作时，特别关注南京地区的村域经济发展，对章村的快速崛起有较高评价，联系了江宁区与章村，促进了论坛在江宁召开。

第三节　第三届全国“村长”论坛

◇时间：2003年11月8—10日

◇地点：云南省昆明市官渡区

◇主办：中国村社发展促进会、农民日报社、中国农村杂志社、云南省政府研究室、昆明市委和市政府、官渡区委和区政府

◇承办：昆明市官渡区六甲乡福保村

◇主题：促进农村全面小康建设

◇村庄介绍

福保村位于云南省昆明市城南，滇池之滨，三面环水，北距市区12.5千米。福保村因地制宜，从实际出发，坚持以公有制为主体，发展农村经济，实现了由传统单一的农业向现代化农业转变，形成农工商综合经营的经济实体。改革开放以来，福保村实现了两次跨越：一是由“农业福保”向“工业福保”的转变；二是由“工业福保”向“文化福保”迈进。发展文化产业为福保新农村建设注入新的不竭动力。福保村已经拥有彩印包装厂等六家文化企业。其中，福保文化城现已发展成为西南地区规模较大的集休闲度假、会议接待、文化交流为一体的文化旅游企业，拥有亚洲最大的室内温泉娱乐场所，荣获“大世界吉尼斯之最”。文化产业的兴起，增强了福保村综合实力。

一、论坛概况

第三届全国“村长”论坛，于2003年11月8—10日在云南省昆明市官渡区举行。

原中央政治局委员、第九届全国政协副主席、全国“村长”论坛组委会名誉主席杨汝岱出席开幕式并发表了热情洋溢的讲话。原中央顾问委员会委员、中央农村政策研究室主任杜润生就农村社区的制度创新问题做了书面发言。云南省政府负责同志在致词中介绍了云南省经济社会发展情况。

中国扶贫基金会会长王郁昭，全国政协经济委员会副主任委员、国务院西部开发办公室副主任段应碧，农业部产业与政策法规司司长陈晓华也在开幕式上做

了讲话。科技部原副部长韩德乾、云南省政协副主席孟继尧，第一至十届全国人大代表、山西省平顺县西沟村党支部书记、全国“村长”论坛组委会名誉主任申纪兰，以及中央和省、自治区、直辖市有关部门负责人及专家、学者和来自各地的200多位村社代表，共400余人出席了会议。

在8日下午的会议上，国家发展和改革委员会农经司司长杜鹰同志分别就粮食安全问题、农民收入问题、结构调整问题和国家对农业的支持问题做专题发言，向与会代表通报了情况，引起了热烈反响。

随后举行的“农业厅（局）长与‘村长’对话”活动，将气氛推向了高潮。云南省农业厅厅长段兴祥、天津市农业局党委书记张树明、华南农业大学党委书记江惠生和陈晓华司长等政府官员和学者，与申纪兰、北京市新发地农产品批发市场总经理张玉玺、湖北省保康县尧治河村党支部书记孙开林，以及北京市留民营村党支部书记张占林、江苏省徐州市马庄村党支部书记孟庆喜等村官，就农民增收和减负的话题展开了热烈的对话，激起了与会代表的阵阵掌声。

9日上午，论坛分两个专题进行：农产品流通及批发市场建设，农业科技教育。当日下午，全体代表参观了福保村，听取了村党总支书记杨明的介绍。代表们在福保文化城进行了广泛的交流，并亲手植下了一株株常青树。

10日在对官渡区进行考察之后，论坛会议继续举行。代表们认真听取了中共江苏南京市委派出的“优秀村干部李元龙事迹宣讲团”所做的关于大泉村原党支部书记李元龙同志先进事迹的报告，通过了“学习李元龙，做个好村官”的倡议书，号召全国农村基层干部向李元龙学习，带领群众向全面建设小康社会的目标迈进。

会议还通过了本次论坛对村官的评述，指出村官水平高低与农村社会经济的发展息息相关。有志气、有历史责任感的村官，只有与时俱进，不断解放思想，不断提高理论水平、道德修养、法律意识、科学文化素质和为人民服务的本领，才能在新的历史时期创新业、建新功。

在闭幕会上，山东省寿光市三元朱村接过了下届论坛举办会旗，寿光市政府秘书长李宝华在会上做了表态发言。

二、精彩回顾

1.官渡论村官

官渡论村官

在中国，有这样一群人：他们身怀富民报国的志愿，执着而富于奉献精神，日复一日、年复一年地为改变农村面貌奋斗不止。他们的名字叫村官。

村官在中国官员序列中排不上号，他们算不得真正意义上的官员，多数情况下，聚光灯不容易照在他们身上；但在现实生活中，村官却发挥着不可或缺的作用。贯彻党和政府的决策，离不开他们；带领群众增收致富，离不开他们……村官是农村真正的主流人物，是中国农村的脊梁。

作为农村基层组织的当家人，村官身兼党的路线、方针、政策的具体执行者和农村自治组织的管理者双重身份，上连党和政府，下系农民群众，他们根在农村，性属农民，深知农民所想所急，忠诚地实践着“三个代表”重要思想，让贫穷落后的农村发生了翻天覆地的巨变，使亿万农民摆脱贫困走向富裕。中国社会进步辉煌里，处处闪耀着村官的光芒：是他们，首创了家庭承包责任制，吹响了农村改革的号角；是他们，创造出乡镇企业的新鲜事物，推动了农村经济、社会的繁荣和发展；是他们，明确地提出“致富思源、富而思进”的口号，挑起全面建设小康社会的历史重担。

村官的水平高低与农村社会经济的发展息息相关。村官强，则村强民富，好村官是村民的福分，华西村、大寨村、西沟村、福保村……一部部明星村的创业史就是一个个好村官、名“村长”的奋斗史、英雄史。

党的十六大提出了全面建设小康社会的宏伟蓝图和奋斗目标，全国百万村官重任在肩。他们深知：没有全体农民的小康就没有全国人民的小康，没有农村的现代化就没有全国的现代化。有志气、有历史责任感的村官，只有与时俱进，不断地解放思想，不断地提高理论水平、道德修养、法律意识、科学文化素质和为民服务的本领，才能在新的历史时期创新业、建新功，撰写新的历史。

村官小？村官不小！村官连着亿万伟大的农民。村官微？村官不微！村官系着全面建设小康社会的伟大事业。村官伟大！百万平凡而伟大的村官在党的哺育下，在群众的拥戴下，必将托起一个伟大的社会主义现代化的中国。

2.倡议书

关于“学习李元龙，做个好村官”的倡议书

李元龙是中国共产党人学习实践“三个代表”重要思想的先进典型，作为农村基层党支部书记，他也是全国村官的光辉代表，是全体村官的光荣与骄傲。李元龙离我们最近，就在我们身边，就在我们这支劳

碌的队伍当中。他的事迹孕育伟大于平凡，可歌可泣、可钦可敬、可亲可信、可学可做，生动体现了当代共产党人立党为公、执政为民的优秀品质，体现了新时期村官发展经济、敬事群众的精神追求，具有鲜明的时代特征。李元龙是一面光辉的旗帜，是一代光辉的楷模，学习李元龙必将把学习贯彻"三个代表"重要思想的热潮推向新的高度，把农村基层干部队伍素质引上新的境界。

为贯彻落实党的十六大精神，繁荣农村经济，全面建设小康社会，我们来自全国各地参加全国"村长"论坛的代表，向战斗在农村基层的同志们，郑重发出"学习李元龙，做个好村官"的倡议：

第一，学习李元龙，时刻牢记共产党立党为公、执政为民的宗旨，提高学习和实践"三个代表"重要思想的自觉性和坚定性，树立正确的世界观、人生观和价值观，加强党性修养，严筑思想防线。

第二，学习李元龙，紧密团结群众，艰苦创业，发展农村经济，优化产业与就业结构，增加农民收入，做致富发展的领路人，努力做到"权为民所用，情为民所系，利为民所谋"，当一任村官，兴一村经济，富一村农民，为建设小康尽心尽力。

第三，学习李元龙，密切联系群众，关心群众冷暖，把村民当亲人，体现群众的愿望，维护群众的利益，千方百计为群众排忧解难，鞠躬尽瘁做群众的带头人。

第四，学习李元龙，忠实履行职责，改进工作作风，讲究工作方法，察民心、体民意，重视思想工作，公开村务、财务，结合村情实际，把实事做实，把好事办好，做党的路线方针政策的模范执行者。

第五，学习李元龙，高标准要求自己，严于律己，勇于奉献，舍己为公，克己奉公，清正廉洁。做政治上靠得住，发展上有本事，老百姓信得过的好干部，努力把党的基层组织巩固好、建设好，把村民委员会建立好、健全好，把领导班子团结好、带领好，加快农村全面小康社会的建设。

第三届全国"村长"论坛与会代表

2003年11月于昆明

三、论坛声音

1.杨汝岱：我的心是与你们相通的

原中央政治局委员、第九届全国政协副主席、全国"村长"论坛组委会名誉主席杨汝岱在论坛上表示，能够与在农村经济社会发展中建功立业的各位“村长”相见，感到格外高兴。他说自己在20世纪五六十年代，曾经长期从事农村工作，对农村基层工作的烦琐艰辛，对农村基层干部的酸甜苦辣，是深有体会的，“我的心是与你们相通的，同志们辛苦了”。他要在2002年致第二届全国“村长”论坛的贺词“‘村长’等农村基层干部是人数最多，管事最具体，接触群众最广泛，工作又最辛苦的‘官’”中，再加上一句话：“村长”也是全面建设农村小康社会的前线“指挥官”。他指出，全面建设小康社会，是十六大提出的奋斗目标，也是全国人民的共同愿望。能不能如期达到这个目标、实现这个愿望，重点和难点都在农村。这是因为我们广大农村经济与社会的发展都明显滞后。作为“村长”，应当懂得这一点，历史的重任责无旁贷地落到了自己的肩上。“如果没有你们的带头作用，没有你们的辛勤付出，就不会有农民的富裕，不会有农村的小康，也就不会有现代化的新农村。”

杨汝岱希望“村长”们在党的指引下，努力学习与实践“三个代表”重要思想，与时俱进，不断提高自身素质，带领亿万农民，为全面建设小康社会的伟大事业做出更大的贡献。

2.杜润生：农村社区的制度创新

原中央农村政策研究室主任杜润生专门为第三届全国“村长”论坛，写下书面讲话，以示祝贺和期望。他说，农村社区发展，面临着制度创新的任务。

其一是明晰产权。农民取得的土地承包权，必须是长期而有保障的使用权。借以激励农民向土地增加投入，发展生产。为适应人口流动，允许土地有偿转让，逐步形成土地市场。现在一些村庄流行“三年大调整，一年小调整”的做法，必须禁止，应坚持“生不添，死不减”的政策。可倡导以户为基础，创立联合体，推行产业化经营。

其二是保障民权。宪法赋予人民各项自由权利，如言论自由、学术讨论自由、批评政府官员自由、谋求幸福生活自由等权利。这些权利不容来自任何方面的侵犯。每个公民的人身权利，都应得到法律保障，除由司法部门提起诉讼，其他政府机关不得任意羁押公民，要遵守刑事诉讼法“无罪推定”“疑罪从无”的原则。以事实为依据，以法律为准绳。

其三是人文关怀。一个社区内所有公民，为本身利益扩大化自由发展是正常现象。由于主客观条件差异，经济收入上出现差别，也是不可避免的。作为农村社区，作为自治组织和基层政权组织，都应该关怀那些低收入群体和弱势群体（如老、弱、病、残者）。农村社区还应当参与政府社会保障行动，建立社会援助机制，使改革成果能公平分配，避免两极分化。

3.韩德乾：科技应用于农业领域

科技部原副部长韩德乾在论坛上说，科技在农产品的世界里展现出令人惊奇的魔力。用高新科技应用的农业至少可以在以下几大领域实现增产增值：可以大力发展效益高的优质绿色农产品；发展有机花卉和水果；可以加大力度发展奶业和乳制品产业；加大力度进行农副产品深加工的研发和产业化；大力推进农村信息化的研发和产业化，不断化解小生产与大市场的矛盾问题；不断创新，发展中药现代化；等等。

4.何有德：昆明市的"双喜临门"

昆明市副市长何有德说，中国共产党昆明市第八次代表大会和第三届全国"村长"论坛在昆明同时隆重开幕，是昆明人民倍感鼓舞的一天，双喜临门。"村长"论坛是全国500万名村官的盛会，也是全国8亿农民的盛会。昆明市官渡区荣幸地成为第三届全国"村长"论坛的举办地，是昆明市的殊荣。昆明一定珍惜这次难得的机会，虚心向与会代表学习，与大家一起交流和探讨不同类型、不同发展水平和不同地区全面建设小康社会的宝贵经验和体会。他相信，通过这次论坛的广泛交流，必将对全面建设我国农村小康社会产生深远而积极的影响。

5.王郁昭：改革发展的重心应向农村倾斜

中国扶贫基金会会长王郁昭在论坛上提出了几项建议：

第一，要大力推进农业和农村经济结构的战略性调整，这是促进农民增收的根本途径，是新阶段农业和农村经济发展的中心任务。

第二，要加大农村基础设施建设的投入，加强农村中小型基础设施建设，包括农田水利、道路、电网电视电话建设，市场建设，污水处理工程和植树造林、环境建设等，不仅可以明显改善农业生产条件和农民生活条件，增强抵抗自然灾害的能力，而且还可以使农民从这些工程中获得一部分劳务收入。

第三，就业是民生之本，要进一步拓展农村富余劳动力转移的渠道，促使富余劳动力向非农产业和城镇转移，加强小城镇建设，加速农村城镇化的步伐，要切实保护农民工的合法权益，取消农民进城就业的限制和歧视农民工的规定，对户籍制度进行相应的改革，加强对民工的培训和子女教育，为农民创造更多的就业机会，这是增加农民收入的又一个重要渠道。

第四，要继续做好农村改革工作，切实减轻农民负担。在农村财政开支和税费的设置方面深化改革，进行必要的调整，对县以下的财政收入（特别是中西部地区）要适当放宽，实行阳光财政政策，加强农村公共财政的支出，使基层的日子能过得去。化解乡村两级组织的债务负担，保证基层工作正常运转，促进农村稳定发展。

第五，进一步加强农村国民教育和农村医疗卫生事业的建设，提高农民的综合素质和能力建设水平、健康水平，真正按国务院的规定把每年新增的教育、卫生和文化等事业经费主要用于农村，促进农村社会健康发展。

第六，进一步加强西部大开发的力度，坚持不懈地搞好扶贫开发工作。深化农村金融改革，推进土地征用改革，以保护基本农田，加强粮食综合能力建设，保护国家粮食安全。健全农村农业社会化服务体系，农产品市场服务体系和对农业的支持保护体系，促进农村经济社会各项工作统筹协调发展。

6.段应碧：农村改革发展的几项任务

全国政协经济委员会副主任委员、国务院西部开发办公室副主任段应碧在论坛上提出，农村改革发展有几项主要任务：

第一项是土地制度的改革，或者称征地制度的改革。这些年来，各种各样的开发区到处在建，其中相当大的一部分是有名无实的。这些开发区，一方面占了大量的好地，威胁着国家的粮食安全；另一方面给农民的补偿很低，侵犯了农民的土地权益，甚至形成了一批无地、无业、无保障的“三无”农民，影响了农村的稳定、社会的稳定。所以到处滥占土地，说来说去还是土地征用制度本身有缺陷，已是非改不可了。根据十六届三中全会的精神，既要保护农民利益，又要保护耕地，以此为出发点来改革征地制度。他认为，要把公益性征地和经营性用地分开，公益性的可以由政府征地，经营性的就要由买卖双方协商；公益性的征地也要提高补偿标准，因为，土地对于农民，既是生产资料又具有社会保障功能；征地的程序也要改，至少要经过协商；要加强对土地的管理。

第二项是粮食流通体制的改革，方向是市场化。改革要有利于调动粮食主产区农民的种粮积极性，全国12亿人吃饭还要靠他们，因此要特别注重提高他们的收益；要建立一个畅通的粮食流通体系，形成有序的粮食市场；要把现在用于流通环节的财政补贴改为直接补贴生产农民，就粮食来说，要直接补给粮农，而且是出售商品粮的粮农。

第三项是搞好税费改革。这方面的改革，已搞了几年，效果不错。目前还是称作“试点”，意思是说现在这个改革是个过渡性的方案，目标是要取消一切不应该由农民负担的税费。当然，实现这个目标要有个过程，比如农业税，改革就要有个过程。目标是按照统筹城乡发展的原则，逐步实现城乡统一的税制。与此相关联的就是政府职能的转变和政府机构的改革，这些都是需要相配套进行的。

7.陈晓华：全面建设农村小康社会

农业部产业政策与法规司司长陈晓华说，全面建设农村小康社会，是一个历史的命题，是一项艰巨的任务，必须从农村经济发展的角度和整个国民经济发展的角度来看待。他认为，在农村全面建设小康社会，要从两个方面考虑：一是搞活农村经济，经济是基础。没有农村经济的发展，小康建设就会缺乏坚实的物质基础。只有农村经济发展了，农村小康才能建得成。这是一个支撑点，也是建设农村小康社会的内在动力。二是统筹城乡社会经济发展，改变城乡分割的二元结构体制，否则农村小康也很难建成。

全面建设小康社会，一定要在"全面"和"社会"方面多做考虑。农村小康建设应坚持三个标准：第一是物质文明，也就是说农村经济要高度发展；第二是精神文明，农民素质要提高；第三是政治文明，广大农民群众真正参与村务政务，真正发挥当家做主的作用。离开这三条标准是不全面的，三条标准是统一的，需要全面把握，缺一不可。

陈晓华强调全面建设小康社会进程中，至少有四个方面要把握好：第一要以农民为主体。农村小康是农民的小康，不是领导的小康，要靠农民群众去认可、去感受、去实现，所以，关键在于调动农民的积极性。这就要在政治上尊重农民的民主权利，经济上保障农民的物质利益，尊重、发动、组织农民，来完成这项历史任务。第二要以村社为基础，农村小康不是建在城里、镇上，而是建在农村社区。村社是农村非常重要的单元，工作着力点要放在发展农村社区上，以它的繁荣带动整个农村的繁荣。第三要以活动为载体。农村建设小康不是一句口号，而要有实实在在的行动，要有一浪接一浪的行动。从一些国家的经验看，明确一些目标，制订一些规划，建设一些工程是非常重要的，希望各地在这方面创造一些好的经验。第四农村建设小康社会的出发点和落脚点都要有利于繁荣农村，包括繁荣农村的经济和文化以及社会各个领域。要以农民是否得利、农村是否繁荣，作为衡量建设小康社会的标准。我们应当把小康建设看成一个过程，一个不断推进发展的过程，一个群众广泛参与的过程。

8.杜鹰：从七方面推进农村改革

国家发展和改革委员会农经司司长杜鹰认为我国应在以下几个方面继续推进农村改革：

继续推进农村税费改革。2003年，农村税费改革已在除西藏外的30个省、自治区、直辖市启动，除了烟叶税，其他农牧业特产税将取消，农业税的税率也将逐步降低，转为增值税，地方财政因此减收的部分由中央财政转移支付。仅这两项税收就将减少农民负担118亿元，税费改革的发展方向是实现城乡统一税制。

对粮食流动领域的间接补贴将改为对农民的直接补贴，粮食市场全面放开，实行按计税田亩补贴或按所缴商品粮的目标价格补差，预计中央用于粮食直接补贴的经费将达到100亿元。

加大对农业直接的生产性补贴，如目前实施的对大豆良种和退耕还林的补贴将继续增加，此外对于农民购买大型农业机械将适当给予补助。

继续加大农村基础设施投入。从2001年开始实施的节水灌溉、人畜饮水、沼气推广、小水电建设、草场围栏、乡村道路硬化等“农村六小工程”将继续推进，预计2003年这一项目投资将达到280亿元。

完善农村金融体制。继续推进农村信用社改革，允许有条件的地方在社区建立资金互助组织，以财政为后盾，商业保险公司为主体，选择试点实施政策性的农业保险，以帮助农民规避市场风险。

改革现有的征地制度。土地是农村最重要的生产资料，要严格区分公益用地和商业用地，公益用地可由政府征取，但必须提高补偿标准，解决好农民的就业问题；商业用地不能征取，只能向农民购买，土地价格由双方协商确定。

善待进城农民工。要保护农民工的合法权益，实施“农民培训、政府埋单”的政策，针对可能的就业方向对农民开展技术培训。

9.黄道霞：“村长”要办好教育

国务院发展研究中心研究员黄道霞说，我国改革开放的25年间，农村陆续有几千万初步实现“两基”教育的农民，先后流动到了以珠三角、长三角为中心的东部地区打工，使东部地区得以用劳动力“低薪”、产品“低成本”作为投资吸引力和市场竞争力，从而引进了几千亿美元的外资及几十万家加工、制造企业，创造了中国的经济发展奇迹。这说明，我国人力资源优势发挥所取得的成绩很大。但是，这一资源优势还没有得到最大限度的激发、开发和发挥。从宏观管理上看，这一资源优势现在基本上仍处于自发运行的初级阶段。他预测：随着我国农村教育的进一步发展，农民文化素质更广泛地提高，农村劳动力组织管理服务机制和制度的逐步完善，我国人力资源优势，将在参与国内外市场竞争中，发挥出更大效益。

黄道霞预计到2006年前后，我国农村劳动力流动规模将达到1.5亿人次左右，农村劳动力受教育的程度较低，不能适应劳动力市场的需求。他希望“村长”们办好教育，教育决定一个村、一个乡乃至整个农村的前途命运。同时，要鼓励农民走出乡村去创业，并要千方百计帮助村子里的富余劳动力找出路，开展家庭多种经营，搞小商品的家庭制造。开发人力资源优势，应该成为全面小康村建设的支点、亮点。

四、论坛感悟

1.郭凤莲：我们的使命就是带领父老乡亲一起过上小康生活

山西省昔阳县大寨村党总支书记郭凤莲虽没有直接参加本届论坛，却关注着论坛，并在论坛举行后到福保村参观考察，她为此写下了自己的感言：

作为奋斗在农村基层政权的村官，几十年的风风雨雨，多少酸甜苦辣，多少艰辛坎坷，随着岁月的流逝，已成为自己人生的“年轮”。但有些数字却是历久不衰，时常鲜活地出现在自己的脑海。这是关于我们农业、农村、农民的一组数字：我国是一个农业大国，有80%的人口生活在农村，在十几亿人口中有八亿多农民。由于历史和自然原因，我国现在还有一亿左右的贫困人口。就是我们山西也有三四百万的贫困人口，这是一组揪心的数字。

为了改变这一现状，我们大寨已付出了两代人的艰辛。托党的政策的福，在老一辈所创基业的基础上，这十几年我们结合自己的实际情况，利用和挖掘各方面的资源，紧紧抓住发展主题，一业为主，多业并举，先后开办了煤矿、水泥厂、酒业公司；发展了饮品加工、建材、运输等企业；还利用“大寨森林公园”和农民家庭搞起了旅游业。“大寨春”酒和大寨牌“核桃露”已成了知名品牌。如今，我们大寨的老百姓富裕了，拿群众的话说，现在城里人的“时兴”我们村里人也能赶上了。从1993年起我们大寨村60岁以上的老人实现了养老金制度，娃娃们从上幼儿园到上小学全部免费，上了大学的还可以享受到奖学金。

我认为，大寨的发展同全国成千上万的农村的发展一样，都是一部艰苦创业、锐意进取的奋斗史。这次在昆明举行的全国第三届“村长”论坛会议上，介绍了许多这样的感人事迹。特别是各级领导、各位专家把党和政府对“三农”的重视和关怀直接传递给了农民脱贫致富奔小康的带头人，使我们更明白了自己的责任和义务。我虽然没有直接参加会议，但我还是感受到了这次论坛的意义。我觉得应该感谢中国村社发展促进会，感谢论坛的主办单位，是你们使我们全国500万村级带头人有了“官”的封号，是“官”就有责任。我们的使命就是带领父老乡亲一起过上小康生活。

只有我们的父老乡亲都实现了小康，才有全民族的小康。而且，全面建设小康社会，要在“全面”上下功夫。

这就是说为了改写那些数字，自己要做的事情还有很多很多！

2.新华网：中国优秀村官展现开放务实风采

新华网云南频道2003年11月11日报道说，200多位来自全国各地的村党支部书记和村委会主任及政府部门代表、专家学者，聚集昆明共同探讨不同类型地区农村如何建设小康社会。出席论坛的村官谈吐中流露着精明，举止中挥洒着自信，展现出开放务实的实干家风采。

文章说，全国最大的富贵竹生产销售基地广东省湛江市世乔村，家家户户靠栽培加工富贵竹致富，每年出口创汇近1 000万美元，不少人家买了桑塔纳轿车。但村党支部书记兼村委会主任许荣生的“坐骑”仍然是摩托车。他坦言，村里大大小小的事太多，他自己没时间多种一些富贵竹，不然也开得上桑塔纳的。“但是做村干部不能只管自家，带领全村人都富起来才是本事”，他说。

文章提到一至十届全国人大代表、年逾70的山西省平顺县西沟村党支部书记申纪兰，她几天来一直认真地听取讲座，与其他村官交流经验，并对记者说：“我这次来就是要向东部农村多学习，和他们相比我们的差距还很大。”

村官们大多给自己此行加了任务：自我推销，寻找商机。不少村官带来了宣传本村的精美材料，面对新闻记者，他们落落大方，侃侃而谈，抓住每一个自我推销的机会。“我们湛江以生产亚热带的瓜果蔬菜和海洋水产闻名。中国生产的五只对虾中，应有一只来自湛江。记者同志，你要到湛江，会越吃越漂亮的。”在采访湛江来的村长时，记者又一次成了被推销的对象。

文章认为，200多位村长并不能完全代表中国500多万农村基层干部，但从他们身上，我们看到了中国农村充满生机与希望的今天与明天。

3.农家女自费"闯"官渡取经

《云南经济日报》报道了出席第三届全国"村长"论坛最年轻的村官、27岁耿芳的故事。

耿芳来自安徽涡阳县花沟镇杨元村，是个土生土长的农家女，她自修了中专，攻读了大专，后来1999年从安徽大学毕业后，落脚杨元村，从村干部到党支部书记，一干就是四年多。在这四年多的时间里，耿芳带领群众修路、办学、创办"巾帼之家"，栽树、养羊、搞立体种养殖，使多年贫穷、落后的杨元村迅速成为远近闻名的富裕村。当记者问到这位有大学学历的村官家人支持她的工作吗？她的脸上不由自主显得很难过的样子。她说刚开始，她的家人都以为她的脑子有毛病，很不理解她的这一做法。办"巾帼之家"，她把家里值钱的东西都拿来了，为筹建"杨元村红盾希望小学"、为了让杨元村的农民过上好日子，她把家里仅有的几千块钱拿去买波尔山羊，她的丈夫问她："我们的日子还过不过了？"为此，丈夫好久都不理她。说到这，耿芳说，她有可能不是一个称职的妻子，不是一个优秀的母亲，但她可以自豪地说，她无愧于她的生命，无愧于她的事业，无愧于一个共产党员的光荣称号。

杨元村经济发展，社会安定，连续三年被上级评为红旗村、文明村和富裕村，耿芳也因政绩突出而被评为县镇先进个人，2001年荣获安徽省优秀共产党员、亳州市优秀共产党员的光荣称号。她和杨元村的名字频频出现在新闻媒体上。耿芳，这位充满青春朝气的女大学生，以自己心血和智慧，已经和正在谱写一曲现代新农村的希望之歌！

耿芳告诉记者，她此次主要的目的就是带回其他地方的好经验，争取让老百姓的日子过得更好一点。这次她来昆明是卖了5只羊做路费，自费赶来参加论坛的。云南在她心目中是一个遥远而又美丽的地方，头一次出这么远的门，对她来说简直就像一次冒险一样，但是为了村里的发展，为了学习更好的经验，不能坐失良机，冒再大的险也值得。耿芳说，她一见到来自全国这么多的名"村长"，就好像进入了一座"金矿"，这里的一点一滴经验对杨元村来说都异常宝贵。她希望此次来云南能够与云南方面进行多方位的交流与合作，她相信她会满载而归。

论坛短评

——本届论坛的重要意义体现在：

（1）对村官做了一次综合性评价。《官渡论村官》利用了官渡的“官”来评村官，为村官鼓励打气，让村官知道自己的肩上担子的分量，努力有所作为。

（2）开展了农业厅（局）长与村官对话，让行业主管者与基层干部相互交流，共话工作苦衷，这是一次有益尝试，也为后来论坛的多层对话奠定了基础。

——本届论坛贡献人物是杨明与杨正宽。他们分别是云南福保村的党支部书记与村委会副主任。杨正宽参加了第二届全国“村长”论坛，代表福保村提出申办第三届全国“村长”论坛。作为论坛承办村的负责同志，他们两位为论坛的筹备和各项具体工作尽心尽力，做了许多事情。另外，时任昆明市官渡区区委副书记吴长坤，作为本届论坛执行秘书长之一，高度重视此次会议的召开，为会议高标准、高质量的进行做了充分的准备和大量工作。

第四节　第四届全国“村长”论坛

◇时间：2004年10月30日—11月1日

◇地点：山东省寿光市

◇主办：中国村社发展促进会、农民日报社、中国农村杂志社、山东省人民政府办公厅、山东省农业厅、大众日报社、山东电视台、山东人民广播电台、中共潍坊市委、潍坊市人民政府、中共寿光市委、寿光市人民政府

◇承办：寿光市孙家集街道三元朱村

◇主题：加强基层组织建设，带领农民增收致富、奔小康

◇村庄介绍

三元朱村是冬暖式大棚发祥地，中国特色经济村。1989年，三元朱村17名党员干部在村党支部书记王乐义的带领下，历艰辛、冒风险，克服重重困难，一举试验成功了“冬暖式蔬菜大棚”，当年棚均收入27 000元。从而引发了一场改变大半个中国农业产业结构的“绿色革命”，大幅度提升了城乡居民生活，促进了农民的经济增收，为中国亿万农民开辟了一条科技致富的新道路。自冬暖式大棚及大棚蔬菜种植技术试验成功后，三元朱人无私地把技术传授给了全国农民兄弟，足迹遍布全国26个省、自治区、直辖市。

一、论坛概况

2004年10月30日—11月1日，第四届全国“村长”论坛在“蔬菜之乡”山东省寿光市举行。300多名代表，围绕当好“村长”、加强基层组织建设，带领农民增收致富、奔小康的主题，展开了热烈的对话，进行了广泛的交流。

第九届全国政协副主席杨汝岱，原中央农村政策研究室主任杜润生向论坛发来贺信。山东省政协副主席齐乃贵代表山东省致词，祝贺会议的召开。

30日上午的开幕式，由中华农业科教基金会副会长骆友生主持。中国扶贫基金会会长、全国“村长”论坛组委会名誉主任王郁昭就“关心基层干部，爱护基层干部”问题，进行了报告。寿光市副市长马金涛以《发展现代农业，增加农民

收入》为题，做了专题发言。

国务院研究室副主任李炳坤在题为《在宏观调控中加强农业》的报告中，向代表们介绍了农业和农村经济的发展状况。在论坛会议上做专题发言的还有：国家发展和改革委员会农经司副司长胡恒洋、农业部农村经济研究中心副主任宋洪远、中央党校教授冯秋婷。

论坛分别就“加强党的执政能力在基层”“绿色蔬菜产业链探讨”“全国知名村官对话”等专题进行了研讨。30多位“村长”在研讨中发了言。

论坛会上，交流了三元朱村党支部书记王乐义的先进事迹和经验，交流了江苏华西村新老两代党委书记吴仁宝和吴协恩、辽宁大梨树村党支部书记毛凤美、河南耿庄村党支部书记耿瑞先、北京韩村河党支部书记田秀娥、云南福保村党总支书记杨明等同志的先进事迹和经验。在听取了王乐义的事迹报告后，论坛做出了“关于向王乐义同志学习的决定”，并聘请王乐义为中国农村社区发展促进工程首席专家。为学习、宣传、表彰吴仁宝的先进事迹，中国村社发展促进会推出吴仁宝同志为中国功勋村官。论坛闭幕会上，上届论坛举办地昆明市官渡区与本届论坛举办地寿光市结为友好城市。

二、精彩回顾

1.第九届全国政协副主席杨汝岱的贺信

第四届全国“村长”论坛在寿光召开，我表示热烈的祝贺，并向各位代表致以诚挚的问候！

寿光是中国著名的蔬菜之乡，是中国蔬菜产业接轨世界的桥梁，也是创造了全国农业奇迹的地方。“蔬菜兴寿光，一业兴百业旺”。大家有机会到这里参观学习，必将对各地农业的发展起到推动作用。

我们这次论坛的召开，恰逢党的十六届四中全会胜利闭幕。全会通过的决定，是加强党的执政能力建设的纲领性文件。加强党的执政能力是指党的整体能力，当然包括党员个体能力，特别是党的基层组织能力。因为，党的基层组织是党的全部工作和战斗力的基础。出席论坛的许多代表，都是农村基层党组织的负责人，应肩负起提高执政水平、加强执政能力这一历史赋予我们当代共产党人的使命。希望大家认真学习贯彻全会的决定，不断增强基层党组织的创造力、凝聚力和战斗力。

全国“村长”论坛，是“村长”们交流经验、探讨问题、沟通信息、洽谈合作的舞台。希望它越办越好，在农村全面建设小康社会的进程中发挥积极的作用。

祝论坛圆满成功！

2.原中央顾问委员会委员、中央农村政策研究室主任杜润生的贺信

人们一向认为社区与市场是相互排斥的，近年来的实践证明二者具有互补性。市场的竞争性，有助于阻止少数当权的政治精英垄断社区资源；社区人际关系，则可以强化市场发展所必需的合约守信的执行。社区内部的互信传统和住处通道，有利于组织贸易网络，发展劳动密集型农产品，提高农产品附加值，增加农民收入，促进全面建设小康社会的进程。

第四届全国“村长”论坛在山东寿光召开，我因事不能赴会，特提供以上论述，供与会同志们参考。

谨祝会议成功！

三、论坛声音

1.齐乃贵：共创美好的未来

山东省政协副主席齐乃贵说，山东是一个农业大省，特别是潍坊市、寿光市是全国农业产业化起步较早的地区，寿光作为全国著名的“蔬菜之乡”，多年来，经济社会保持了持续快速发展的良好态势。借助举办这次“村长”论坛，来自全国各地的代表欢聚山东省，交流发展农村小康社会的经验，探讨解决在农村经济发展中的难点和重点问题，对于全面加强村级组织建设，繁荣农村经济具有重要的意义。论坛尤其为山东学习借鉴兄弟省、自治区、直辖市的好经验提供了难得的机会，必将促进本省农村经济的更快发展。他欢迎全国各地和海内外朋友来山东投资创业、携手并进，共创美好的未来！

2.王郁昭：关心基层干部、爱护基层干部

中国扶贫基金会会长王郁昭在论坛上说，党的政策、方针和各项任务，是否能真正落实到位，让上级组织放心、人民群众满意、老百姓得到实惠，基层干部是关键。他们在艰巨的任务和复杂的环境下，任劳任怨、默默无闻、辛勤工作，为人民群众解决了大量的实际问题。他们是党和国家的宝贵财富，应当处处关心和爱护基层干部。

王郁昭提到了几项关心和爱护的措施：

首先，加强对基层干部的培训工作。基层干部的工作虽然很繁忙，很辛苦，但每年都要集中一定的时期，分批对干部进行培训，学习邓小平理论和“三个代表”重要思想，使干部牢记加强党的执政能力建设的指导思想，提高自身的综合素质，真正为群众谋福利。

其次，要善于通过总结工作经验提高干部的能力。对基层干部布置工作下达任务的同时，不能只是简单下达任务、下达指标，还要注意研究和教授如何完成任务的工作方法，采用什么手段，在完成任务的过程中要注意哪些问题等。

再次，要坚持以表扬和正面教育为主的方针。对基层干部的工作要首先看到他们的成绩、优点和长处。在年终工作总结时，对他们的成绩要大力进行表扬，帮助他们总结经验。对后进的单位要帮助他们对照先进、找出差距，制订出新的发展计划，迎头赶上。

最后，发展是党执政兴国的第一要务。要帮助基层在科学发展观的指导下发展经济，特别是在农村要重视解决好“三农”的问题，把“三农”问题作为重中之重，按统筹发展的方针，促进农村经济全面振兴，增加农民收入，向全面建设小康社会迈进。要尊重群众的首创精神，鼓励大胆探索、勇于实践，破除一切妨碍发展和体制机制的弊端。

3.骆友生：“村长”论坛越来越成熟

中华农业科教基金会副会长骆友生认为本次论坛与前几次论坛有几点不同：其一，前三次论坛都是在大城市，省会城市召开的，这次是在县级市的山东寿光召开，开会的地方更贴近农村和农民；其二，这次研讨的问题，如实施科学发展观，发展现代农业，促进农民增收等问题，比前几次更切中农村的实际，是与会者和农民更关心的问题；其三，参会的代表人数及其构成在变化，人数越来越多，过去主要是经济发达和比较发达的村庄代表，代表的面相对比较窄，这次有较广泛的代表；其四，提供参观学习的典型不一样，这次寿光可学的东西可能更多，寿光是全国著名的蔬菜生产基地和集散中心，她的农业产业结构调整、产业化经营，依靠科技与利用现代信息手段发展大生产、大市场、大流通的经验，第一、二、三产业协调发展的经验，对与会者都会有很好的启发。

几点不同正说明“村长”论坛越来越贴近基层，越来越贴近实际，越来越切中农村小康建设的实质问题。“村长”论坛越来越成熟，越来越受欢迎。

4.胡恒洋：当前政府支农投资中需要研究的若干问题

国家发展和改革委员会农经司副司长胡恒洋在论坛上提到当前政府支农投资中需要研究的几个问题：

其一，增加农业投资总量、建立长期稳定的农业投资增长机制。按照《中华人民共和国农业法》的要求，适应农业进入新阶段的形势，进一步调整国民收入分配格局，逐年增加中央预算内农业投资，确保预算内农业投资逐年增长；结合粮食流通体制改革，逐步减少财政对农产品流通环节的巨额补贴，相应转为农业基础设施投资，变间接支持为对农业的直接支持；多渠道、多层次增加对“三农”的支持；加快农业投资立法，根据新形势的需要，在目前《中华人民共和国农业法》等法律法规的基础上，尽快研究制定更明确和更具有约束力的《中华人民共和国农业投资法》，对各级政府的农业投资职责、投资方向和领域、农业投资增长机制、管理体制等进行明确的法律规定和硬约束，建立政府农业投资依法正常增长机制。

其二，调整和优化结构，增加对农民直接受益项目的支持。要着力解决政府农业投资领域突出存在的“三多三少”问题：政府农业投资中，中央政府投资多，地方政府投资少。在中央政府投资中，国债投资多，正常预算内投资少，没有建立起农业投资稳定增长的机制。农业投资结构不合理，用于全社会受益的水利和生态等大型工程项目的投资多，直接用于改善农村生产条件的中小型基础设施项目的投资少。

其三，整合资源，提高投资效率。整合支农投资涉及有关部门的职责分工和多方面利益关系的重大调整，又与投资体制改革、财政体制改革、行政审批制度改革等密切相关。因此，既要看到整合支农投资的必要性和紧迫性，又要充分认识到这项工作的艰巨性、复杂性和长期性，坚持统一规划、明确分工、统筹考虑、稳步推进。进一步规范各项支农投资的使用方向和范围，规范政府各职能分工，规范中央与地方政府的投资及项目管理职责。把整合支农投资与建立完善国家对农业的支持保护体系结合起来，与投资体制改革和行政审批制度改革结合起来，与财政体制和行政管理体制改革结合起来。

其四，加强农业投资项目管理，提高工程质量。高度重视项目建设规划工作，规范农业项目建设程序，建立健全项目管理制度，创新农业投资项目管理体制。

5.宋洪远：当前农村政策的若干问题

农业部农村经济研究中心副主任宋洪远围绕着如何加快农村经济发展，谈到应注意的几个问题：

第一个问题是如何推进农业产业化经营。农业产业化经营是一个中国化的概念，它的内容是指贸工农一体化，产加销一条龙，种养加相结合，也就是国际上所说的农业一体化经营。要进一步确立农业产业化经营发展的重点，扶持龙头企业。

第二个问题是如何加快农村第二、三产业发展。从改革开放以来的实践看，农村第二、三产业的发展上经历了三个阶段：从1978年到1984年，农村第二、三产业发展的途径主要是靠发展个体工商业；到1984年之后，明确了发展乡镇企业是一个基本的方针，此后农村第二、三产业的发展就主要靠乡镇企业；到了20世纪90年代中期以后，特别是从1997年开始，乡镇企业的发展出现了一些新情况和新问题，主要是市场空间缩小、资金供应紧张、机制优势减退，所以乡镇企业出现了增速减缓、吸纳就业能力下降的情况。在这种形势下，政策提出了要推进乡镇企业的结构调整、技术创新和体制创新，这就是1998年中共中央十五届三中全会决定的基本要求。今后要加快农村第二、三产业的发展，还是要像过去那样坚持“两个轮子”一起转，也就是在继续促进乡镇企业持续发展的同时，大力发展农村个体私营经济，加快发展农村个体工商业。

第三个问题是如何加快农村小城镇建设。1998年党的十五届三中全会决定提出，“发展小城镇，是带动农村经济和社会发展的一个大战略，要制定和完善促进小城镇健康发展的政策措施”。十五届五中全会在《中共中央关于制定国民经济和社会发展第十个五年计划的建议》中提出“发展小城镇是推进我国城镇化的重要途径”，并提出了一系列政策措施。国家出台的促进小城镇发展的政策措施，重要的有四份文件：第一份文件是1995年国家体制改革委员会等11个部委联合下发的《小城镇综合改革试点指导意见》。第二份文件是1997年国务院转发公安部《关于小城镇户籍管理制度改革试点方案》。第三份文件是2000年中共中央、国务院《关于促进小城镇健康发展的若干意见》。第四份文件是2001年国务院转发公安部《关于推进小城镇户籍管理制度改革的意见》。这四份文件把小城镇发展面临的体制和政策性问题都提出来了，为解决这些体制和政策性问题制定了相应的政策措施。如果把这四份文件的精神都落实了，小城镇的体制和政策性障碍基本上没有了，换句话说，从中央的角度看，关键是在落实。

第四个问题是如何促进农村劳动力转移。中央对农村劳动力转移政策做出重大调整，是从2002年开始的。这一年，中央提出了十六字方针，2003年又发了几个文件和修改了一个条例。2002年在中央农村工作会议上温家宝总理第一次提出，对农民进城务工要“公平对待、合理引导、完善管理、搞好服务”。按照这个要求，2003年国务院办公厅针对农民进城就业发了三个文件，并修改了一个条例。这三个文件是：国办发2003年1号文件、78号文件和79号文件。三个文件对农民进城务工有这样六条政策措施：第一条是取消针对农民工的不合理收费和歧视性政策规定；第二条是切实解决拖欠、克扣农民工工资问题，保障农民工的权益；第三条是改善农民工进城就业的生产、生活条件；第四条是切实解决农民工子女的义务教育问题；第五条是认真组织农民工的职业技能培训；第六条就是要做好农民工进城的服务和管理工作。一个条例，就是国务院把从1982年开始实施的《城市流浪乞讨人员收容遣送办法》改为《城市生活无着的流浪乞讨人员的救助管理办法》。由“收容遣送”改为“救助管理”，说明在指导思想和政策取向上有了很大的变化，就是把暂时找不到职业者作为一个弱势群体来对待，政府要采取救助和服务，而不是像过去那样，把他们收容遣送。正是这样一个修改，国际上把它看作中国人权事业的一个重大进展。如果把十六字方针、三个文件、一个条例的精神落到实处，应该说现在农民工进城就业的体制和政策性障碍也没有了。

第五个问题是如何发展县域经济。十六大提出壮大县域经济，十六届三中全会提出大力发展县域经济，是根据20世纪90年代中期由于政策调整出现的县乡财政困难，县域经济发展缓慢的问题提出来的。那么怎样发展县域经济呢？最重要的是解决好两个问题：第一个就是认识问题，要明确发展县域经济不是发展县城经济，而是把整个县的范围作为一个区域来对待，把各个乡镇的发展、各个村的发展整合起来考虑。第二个问题就是解决认识问题后怎么样发展县域经济。不用找人做什么规划，只要把前面讲的四个问题，再加上一个培育市场个体，这五个方面抓好了，县域经济就发展起来了。

四、论坛感悟

1.杨德峰：寿光一定能建设得更加美好

寿光市委副书记杨德峰说，寿光近年创造了辉煌的业绩，连续七届进入全国农村经济综合实力百强县，三年排名提升43个位次，2003年跃居53位，农业增加值列全国第19位，全国县域经济基本竞争力百强县列第38位，全省县域经济30强列第6位。他认为，举办"村长"论坛，为新时代农村基层干部提供了展示风采的舞台，为村社之间加强沟通架起了桥梁。重庆市巴南区、南京市江宁区、昆明市官渡区的名字已载入"村长"论坛的史册，此次全国"村长"论坛把历史的机遇给予了寿光。相信寿光人民十分愿意把自己改革开放以来辛勤走过的历程以及积累的经验与广大与会者共勉。这次论坛交流，必将推动寿光农村经济和社会的快速发展，对全国农村小康社会建设产生深远而积极的影响。

2.范元平：实现跨越式发展

中共赫章县委书记范元平表示，"村长"论坛是面向农村、面向农业、面向农民的全国性的高规格的盛会，它自巴南而江宁至官渡到寿光，始终以一种生动的、蓬勃的、充盈着生命力的力量吸引着全国优秀的村官。各位村官从长城内外、大江南北到这里相聚，目的就是共商农村发展大计，探讨和交流如何最大限度地调动农民生产积极性，如何最大限度地挖掘土地中蕴含的财富，如何最大限度地发挥绿色产业链条对农业增效、农民增收的积极带动作用。参加历届全国"村长"论坛的，不仅有发达地区的富裕村、发达地区的企业集团，而且还有来自西部贫困山区的贫困村，这对于加强东、中、西部合作，推动西部贫困地区经

山西大寨村党总支书记郭凤莲与山东三元朱村党支部书记王乐义合影

济社会的发展，必将起到积极的促进作用。

通过三天的学习与交流，在思想的碰撞和交融中，范元平感触颇深，受益匪浅。他认为，贫困地区要实现跨越式发展，必须要有一套好的机制，必须要有一种好的模式，必须要有一批好的产业，必须要有一个好的村级班子。村官强则村强民富，村官好则村社发展好，村官是农村真正的主流人物，是中国农村的脊梁。他说，参加论坛将使他在今后带领农民脱贫致富奔小康的道路上，信心会更足，干劲会更大，路子会更宽，办法会更多。

3.王正全：贫困村村官的心里话

贵州省赫章县哲庄乡中心村王正全在论坛上谈了自己的参会感受。他来自贵州乌蒙腹地一个偏僻、贫穷的小山村，是第一次出远门参加隆重的大会，也是第一次见到较大的场面。他带着村里所有渴望摆脱贫困的乡亲们的重托参加论坛。想脱贫，是贫困山区农民的最大愿望。村民希望他通过这次会议把先进地区的好经验、好做法带回去，加快家乡脱贫致富的步伐。他对向他免费提供参加论坛机会的主办单位表示最衷心的感谢！

王正全认为自己可能是参加论坛的所有村庄中最贫穷村的村委会主任，2003年自己村的农民人均收入只有960元，赫章类似这种情况的村大概占70%左右。为改变村里的贫穷面貌，他表示要和在座的村官一样，立足开发本村资源，实现脱贫致富。初步设想是利用秸秆氨化和草坡饲养300余头黄牛，以每头牛年获利500元计算，全村159户均可增收几百元。如果说3年内能实现户均存栏2头牛，则能发展成为养牛专业村，人均就能增收300元。他希望外界能为贫困小山村的经济发展助一臂之力。

论坛短评

——本届论坛的重要意义体现在：

（1）就举办地发展模式进行深入剖析，为与会村官实地学习提供了参考。本届论坛在寿光三元朱村召开，针对三元朱村蔬菜特色经济进行了详细解剖，并对其带动寿光的蔬菜产业发展进行了分析，体现了论坛在推动村域经济发展方面的作用。

（2）首次推出了十大杰出村官，并且颁授了首个功勋村官，在农村基层干部里树立典型，对提高农村基层干部素质有促进作用。

——本届论坛有突出贡献人物是姚力文。他是中国村社发展促进会常务理事，曾任《人民日报》农村部主任。他将"村长"论坛的信息传递给了时任山东省副省长陈延明，提议在寿光召开论坛，以探讨蔬菜产业等特色经济发展经验。此外，三元朱村党支部书记王乐义也为本届论坛的筹备与运行做了大量工作。

第五节　第五届全国"村长"论坛

◇时间：2005年9月3—5日

◇地点：山西省晋中市

◇主办：中国村社发展促进会、农村日报社、中国农村杂志社、山西省人民政府办公厅、山西省农业厅、中共晋中市委、晋中市人民政府、中共昔阳县委、昔阳县人民政府、山西省乡镇经济发展促进会

◇承办：山西昔阳县大寨村

◇主题：构建农村和谐社区

◇村庄介绍

大寨村原是一个穷山村，自然条件十分恶劣。新中国成立后，在陈永贵、郭凤莲的领导下，大寨人治山治水，在"七沟八梁一面坡"上用了十年的工夫开辟层层梯田，引水浇地，改变了靠天吃饭的状况，孕育出了自力更生、艰苦奋斗的"大寨精神"。"大寨精神"得到了中央的肯定和表扬，1964年向全国发出了"农业学大寨"的号召，从而成为全国农业的一面旗帜。改革开放后，大寨继续发扬"大寨精神"，借助大寨品牌，兴办企业，发展旅游业，让大寨成为一个优美的公园山村，一个成熟的农业旅游区。

一、论坛概况

第五届全国"村长"论坛于2005年9月3—5日在具有丰厚历史遗存和光荣革命传统的山西省晋中市隆重举行。

开幕式由全国"村长"论坛执委会主任、江苏省华西村党委书记吴协恩主持。第八届全国政协常委、论坛组委会名誉主任王郁昭，全国政协经济委员会副主任、全国"村长"论坛组委会主任段应碧，山西省委常委、常务副省长范堆相，省政协副主席吕日周，省长助理刘俊谦，省农业厅厅长杨文宪，民政部计财司司长白益华，农业部农村经济研究中心主任柯炳生，中国村社发展促进会副会长余展，中国农业经济法研究会会长骆友生，晋中市领导王雅安、李永宏、熊丙

英、李儒敏、李苏平、刘志宏、郝秀珍、程锡景、蒋德宁，全国著名“村官”吴仁宝、申纪兰、郭凤莲、吴协恩、王乐义、邵钦祥，全国部分省、自治区、直辖市农村工作部门领导、专家和新闻记者700余人参加了开幕式。第九届全国政协副主席杨汝岱、原中央农村政策研究室主任杜润生发来贺词，对论坛的召开表示热烈的祝贺。

本届论坛以探讨如何构建农村和谐社区为主题，交流了各地农村社区的发展经验，包括如何实施科学发展观，以特色兴村、产业兴村、市场兴村、文化兴村，以及建设农村精神文明和政治文明等方面的经验。

来自全国各地的500多名村官代表，围绕着“构建农村和谐社区”这一主题，进行了积极的深入的探讨。会议期间，举行了著名村官吴仁宝、王乐义、邵钦祥的专场报告会，《中华人民共和国农民合作经济组织法》（草案）征求意见座谈会，与会代表与知名村官面对面谈“三农”，中国十大名村、山西十大名村村官畅谈新思维，优秀劳模、人大代表村官介绍新经验，签署《村官宣言》，500多名村官看大寨，56个民族村官代表在大寨“团结沟”共同栽植“民族团结林”等一系列活动。新华社、《人民日报》、《农民日报》、中央电视台、中国农村杂志社、《解放日报》、《山西日报》等数十家中央级新闻媒体及山西省报纸、广播电视等新闻单位，对会议进行了多角度、全方位的采访报道。

9月3日下午进行的两项活动成为本届论坛的一大亮点。一是《中华人民共和国农民合作经济组织法》征求意见座谈会召开。全国人大农业与农村委员会《中华人民共和国农民合作经济组织法》起草小组负责人向与会者介绍了该法的起草过程及起草的指导思想，然后分组进行了热烈的讨论。为了客观、真实地反映农村经济、社会情况，论坛组委会向与会村官征求了意见。二是在晋中市委、市政府报告厅举行了“与村官面对面谈‘三农’”活动。各名村的村官以及优秀劳模、人大代表村官出席了会议。江苏省华西村、北京市韩村河村、山西省大寨村、上海市九星村、浙江省花园村、河南省南街村等全国名村先后介绍了各自在改革开放中的新思维、新经验。华西的“村企分开”“一分五统”，韩村河的“走共同富裕道路一百年不动摇”，九星村的“以市场兴村”的思路，大寨村与时俱进的自力更生、艰苦奋斗的精神，南街村的“共同致富奔小康”，花园村的依托高科技、发展现代农业的创新思维和成功经验，给与会者诸多有益的启示。

在与名村官对话交流的过程中，与会者争先发言，特别是来自中西部地区和少数民族的村官代表，谈到了当前备受关注的“三农”热点问题，诸如农村班子换届选举过快导致基层干部的短期行为、土地流转过程中出现的问题、农民素质偏低的实际情况、老少边穷地区的农村发展中遇到的难题等，引起了与会者的强烈共鸣。

9月4日下午举行的《村官宣言》签字仪式上，吴仁宝、郭凤莲、申纪兰及数百名村官一道郑重签名，立志践行《村官宣言》内容，为构建农村和谐社区发挥积极的作用。下午4时许，大寨“团结沟”一片沸腾，56个民族的村官代表在这里亲手栽下了象征民族团结的56棵树。

9月5日上午，第五届全国“村长”论坛分别举行了“构建和谐农村社区”“中国特色村村官话说产业兴村”“名村与贫困村共同探讨扶贫创新模式”三个分论坛，与会者分别就农村和谐社区的特征、村官在构建活动中应该发挥的作用、特色经济在农村经济中的地位和作用、农村产业的开发、名村帮扶贫困村的新模式等进行了深入的探讨，收到了预期的效果。国务院发展研究中心研究员黄道霞、农业部农村经济研究中心副主任宋洪远分别就大寨的经验和当前农村形势做了专题发言，受到代表们的热烈欢迎。

在圆满地完成了各项议程之后，第五届全国“村长”论坛于9月5日下午在榆次老城举行了闭幕式。

二、精彩回顾

（一）《大寨宣言》

大　寨　宣　言

科学发展　以人为本
社会和谐　重在农村
自力更生　艰苦奋斗
特色经济　富民强村
公平正义　友爱诚信
干群同心　黄土变金
人与自然　相互依存
持续发展　造福子孙
前村名村　扶持贫困
齐奔小康　中华昌运

2005年9月5日

（二）中国十大名村揭晓

第五届全国“村长”论坛推出了十大名村，它们是：推出村庄兼并新模式、年产值300亿元的“华夏第一村”江苏华西村；高举艰苦奋斗和开拓创新两面旗帜，以产业与生态旅游重铸辉煌的山西大寨村；产业兴村的京郊第一村北京韩村河村；走工业化集团道路的红色亿元村河南南街村；以市场兴村的上海亿元第一村九星河村；改革先行者、不断寻求新突破的安徽小岗村；实施高科技兴村的浙江花园村；因地制宜开发产业的云南福保村；着力打造生态名村的浙江滕头村；将园区产业做大做强、推行民主管理的江西进顺村。

（三）贺信

1.九届全国政协副主席杨汝岱贺信

一年一度的全国“村长”论坛，今年在晋商故里——山西省晋中市召开。我因事不能到会，特向来自农村第一线的“村长”们致以真挚的问候！

本次论坛，来自全国各地56个民族村的“村长”们聚焦一堂，共同探讨如何构建农村和谐社区，是很有意义的事情。大家知道，社区就是社会小区。和谐社会的建设是以和谐社区的建设为基础的，农村社区的和谐则是农村社会和谐的基础。建设和谐的农村社区，应当是我国建设和谐社会的重要切入点。只要一个个“小村庄”，基本实现“大和谐”，构建中国和谐社会的目标就一定能够实现。

预祝论坛取得成功。

2.原中央农村政策研究室主任杜润生贺信

建议村镇领导更多关注办好九年义务教育，让新生一代青年，取得初步学习机会，有条件进学校深造，或加强在职学习，接受现代科技知识，群策群力，搞好经济建设。

众所周知，我国经济处于快速增长时期，可是经济增长方式并不理想。投入产出比中物质资源消耗比发达国家高出4倍以上，是一种不经济的经济。究其原因主要是科学技术落后，国民生产总值越高，资源消耗率越高。

从儿童抓起，养成终身勤于学习的好习惯，形成学习型社会，有利于国家进入全面小康社会，达到中等发达国家水平，进而向当代发达国家进军。

第五届全国“村长”论坛在晋中召开，我因故未能赴会，谨写以上建议供大家参考。

三、论坛声音

1.范堆相：希望大寨的经验能够有新借鉴

中共山西省委常委、常务副省长范堆相认为，全国村长论坛作为农村基层干部交流发展经验、展示时代风采的平台，对推动农村改革发展、改进基层工作，全面建设小康社会产生了积极的影响，受到社会和媒体特别是广大农民兄弟越来越多的关注。从第一届的发挥比较优势、发展特色经济，到第二届贯彻十六大精神、加快农村全面建设小康社会；再从第三届的贯彻“三个代表”重要思想，探讨不同地区、不同类型、不同发展水平小康建设的成功实践经验，到第四届加强基层组织建设、促进农民增收奔小康，每一届都紧紧抓住了时代的主题，扣住了发展脉搏。今年的主题定为“坚持科学发展观、构建农村和谐社区”，这是统筹城乡发展方略的具体体现，也是全面建设小康社会的必然要求，具有鲜明的时代特征和很强的现实针对性。可以预见，本届全国“村长”论坛的成功举办，必将对推进构建社会主义和谐农村产生重大而深远的影响。

他说，改革开放以来，山西和全国一样，发生了翻天覆地的巨大变化，不仅城市面貌日新月异，而且农村充满着生机与活力。大寨是整个山西农村的一个缩影，从大寨的变化可以管窥山西农村的发展。他希望大寨的经验能够为兄弟省份提供新借鉴，同时也希望能够学到兄弟省份更多、更好的经验，以推动山西农村更快的发展。

2.王雅安：一次极好的机遇

中共晋中市委书记王雅安说，2004年10月，大寨村申办论坛成功后，晋中就设立了专门的机构，动员各方面的力量，进行了精心的筹备，希望能使本届论坛办得顺利、成功，达到预期的目的。第五届全国“村长”论坛在晋中举办，不仅为宣传晋中、展示大寨、提升晋中市“村长”的文化理念和管理水平提供了一次极好的机遇，而且对促进晋中市农村社区构建民主法治、公平正义、诚信友爱、充满活力、人与自然和谐相处的新农村以及推进农业现代化等，都将产生积极的作用。论坛同时也给本市各级干部特别是农村基层干部提供了一次向先进学习、同外界交流的机会。

3.王郁昭：乡镇机构改革和转变政府职能

八届全国政协常委王郁昭在论坛上说，我国农村经济发展进入新阶段。新中国成立以后，中国农村大体经历了三个阶段。第一阶段：土地改革和互助组、初级社时期。第二阶段：高级社和人民公社化时期。第三阶段：推行家庭联产承包制时期。最近胡锦涛同志关于“两个趋向”重要论断的提出，标志着我国农村经济发展已开始进入“工业反哺农业，城市带动农村”、城乡统筹发展的新阶段。

他认为，中国农民为发展做出了伟大贡献，这体现在“三个‘剪刀差’、一条鸿沟”上。第一个“剪刀差”：为了实现工业化和城市化，国家通过工农产品价格“剪刀差”的办法，从农村积累了巨额的资金用于工业化、城市化建设。在工业化初期采取这种办法，是正常的，是完全可以理解的……但是，我国工业化从农村积累资金的时间拉得太长。从20世纪50年代起的计划经济到90年代实行社会主义市场经济，经历了40多年的时间。第二个“剪刀差”：改革开放后，特别是90年代突破了计划经济体制的束缚，开始实行社会主义市场经济体制，为了加快工业化、城市化的建设，全国各地出现了建设各类开发区和房地产热，因而形成了大量圈地的执法。中国的土地政策规定，农村的土地不能进入一级市场，建设开发区和开发房地产的用地，必须先由政府征用，然后才能进入一级市场。由于征用价格低，而出售给开发商的价格高，形成了第二个“剪刀差”。这个“剪刀差”比第一个“剪刀差”大得多，积累资金更多，因而圈地热一浪高过一浪，席卷全国。第三个“剪刀差”：中国已有1.4亿农民离开家乡到城市打工，他们的工资和城市职工的工资存在着一个很大的“剪刀差”。他们为国家创造了巨大的财富，却不能同城市职工享受同等待遇。

论坛现场

王郁昭还提出，城乡统筹发展，要注意“多予、少取、放活”，关键在“放活”。实现“工业反哺农业，城市带动农村”的方略，必须按照科学发展观，实行城乡统筹发展，坚持“多予、少取、放活”的方针，促进农村经济社会全面发展。“多予”，就是要不断加大财政对农村的投入，如果不增加投入，“工业反哺农业”就是一句空话。“少取”，也就是“多予”。过去是向农民索取甚至是剥夺，现少取或不取了，减轻农民负担，取消农业税和各种收费，也就等于“多予”了。他认为，当前我们面临的任务不仅是要求国家加强“多予”“少取”的力度，更重要的是针对当前“三农”工作中存在的问题和困难，应从各地的实际出发，继续深化改革，在“放活”上下功夫。

4.白益华：共商构建和谐农村社区的盛会

中国村社发展促进会常务理事、民政部计财司司长白益华认为，就全国而言，构建社会主义和谐社会的重点显然是在农村。这不仅因为农村区域辽阔，人口众多，而且同城市相比，农村距离和谐社会的目标差距更大。经济、社会、文化发展水平，农村都远远落后于城市，不和谐的因素更多，因此构建和谐社会的难度比城市更大。

他说，本届论坛上，全国人大农业和农村委员会就农业立法，直接听取农村基层干部的意见，是一件很有意义的事情。同时向几百位来自第一线的农村基层干部，直接地面对面地征询有关农村立法的意见，既是对基层干部的尊重，也可以说是立法工作的新举措。

他还认为，本届论坛由大寨村承办，使大家获得了一次新的向大寨学习的机会。党的十一届三中全会以后，大寨人在党的改革开放政策的感召下，与时俱进，认真总结经验教训，揭去那种神秘面纱，回归劳动纯朴的本色，在郭凤莲同志的带动下，重铸辉煌。在发展“两高一优”农业的同时，发挥比较优势，建起了一批骨干企业和以虎头山森林公园为主要标志的大寨生态园区。几十年来，变化的是岁月的沧桑，是日新月异的面貌，不变的是大寨人的精神，是与时俱进的自力更生、艰苦奋斗的旗帜。

5.柯炳生：细解小康“新农村”

农业部农村经济研究中心主任柯炳生认为，所谓的“新农村”应该包括五个方面：即新房舍、新设施、新环境、新农民、新风尚。这五者缺一不可，共同构成小康社会“新农村”的范畴。社会主义“新农村”与建设和谐社会、小康社会息息相关。

“新房舍”就是农村要因地制宜地建设各具民族和地域风情的居住房，而且房屋建设要符合“节约型社会”的要求，体现节约土地、材料和能源的特征。部分农村出现的“农民豪宅”，看起来讲究，其实有土地和资源浪费之嫌。在建设新民居时要加强管理、统一规划、广泛采用节约的新技术。

“新设施”就是要完善基础设施，道路、水电、通信等配套设施要齐全。让现代农村共享信息文明，这是新农村的重要“硬件”，往往成为制约农村小康社会建设的基础“瓶颈”。

“新环境”主要体现在生态环境良好、生活环境优美。尤其是在环境卫生的处理能力上要体现出新的时代特征。像农村的生活垃圾区、污水沟、厕所、畜禽住所应按照卫生标准规划和建设。这也正是我国农村和发达国家农村的主要差距。

“新农民”，有了新的设施和环境远远不够，关键要有具备现代化素质的新农民，即“四有农民”，有理想、有文化、有道德、有纪律。在农村教育、农民培训和文化道德建设上，我国农村还有很长的路要走。我国农民人均受教育只有7.3年，40%多没有接受九年义务教育。

“新风尚”就是要移风易俗，提倡科学、文明、法治的生活观，加强农村的社会主义精神文明建设。

6.刘立仁：现代“三农”看华西

江苏省农林厅厅长刘立仁介绍了近几年江苏在“三农”建设上出现的“三个新的亮点”。

第一个新亮点是：发展现代农业，推进传统农业向现代农业战略转型。在建设现代农业的过程中，主要考虑三个问题：①把现代农业的发展定位到“高效、外向、生态及观光”上来。“高效”就是要把农业做成农业经济，促进农业增效、农民增收；“外向”就是要大力推进外向型农业，不断拓展国内、国际市场；“生态”就是要加强农业的生态功能，促进社会的可持续发展；“观光”就是要发展旅游农业，充分发挥农业的多功能性。②提出用工业的理念指导农业，发展农业企业，发展农业项目。特别是要培育壮大农业市场竞争主体，通过发展龙头企业、农民合作经济组织、专业大户、农民经纪人和科研教育推广组织来提高带领农民进入市场的组织化程度。③发展现代农业的动力。大力引进民间资本、工商资本、外商资本来开发农业。江苏近年来“三资”开发农业取得了比较好的成效，可以形象地概括为“一资带三资、农业展新资”。

第二个新亮点是：培育现代农民，推动农民从“务工潮”向“创业潮”转变。培育现代农民的内容很广，最深刻的内涵和最具推动力的是让农民自主创业，并在创业中接受工业化、城市化、产业化的洗礼，从而推动中国的农民从传统走向现代。农民的创业是推进农村劳动力转移的又一个战略平台，是农村经济发展的内生动力，是建立农民增收长效机制的一个支点。

第三个新亮点是：建设现代农村，推进“三个集中”，即工业向园区集中、人口向城市集中、住宅向社区集中。“三集中”在农村经济发展中，在农村与城市融合的过程中，在统筹城乡经济社会发展中是一个深层的启动。工业向园区集中，集聚产业，节约资源；人口向城市集中，致富农民必须减少农民；住宅向社区集中，解决农村环境建设的根本途径。

刘立仁认为，发展现代农业、培育现代农民、建设现代农村“三个亮点”在江苏华西村得到了充分体现。现代农业，华西村已是初具雏形，目前一个现代化的农业示范园区也正在建设之中；现代农民，华西村的农民创业获得了巨大的成功，今年华西村的经济总量将达到300亿元，这是农民创业的一个伟大成果，更是全国农民创业的成功典范；现代农村，推行“三个集中”，在华西村更是锦上添花，厂房林立，别墅成群，绿树成荫，社会和谐。

7.黄道霞：大寨的组织制度创新

国务院发展研究中心研究员黄道霞认为，大寨崛起中的组织创新、制度创新有：

首要的是村级基层党组织的执政、行政能力的增强、创新。在绝对坚持党支部的核心、领导制度下，转变党的领导方式、方法，把传统的行政式、政治式的方式、方法，转型为现代的经济式、社会式的方式、方法，把党的后台决策，与前台的管理、执行分开。这是郭凤莲这样党的优秀基层第一把手、高水平管理人才、懂经济的行家里手、联系群众的社会活动家、道德意识强的共产党员、女实干家，在实践中创新的。

合作制的“双层经营”机制的新发挥。现在大寨全村经济总收入中，“集体统一经营”部分，大约占70%，“家庭分散经营”部分，大约占30%。这是一个老题目，但大寨现在是在实绩上（不是在文件、口头上）做出了新文章。20多年来，全国做成文章的较少，要么只有集体统一经营（沿海），要么家庭分散经营（中西部）。

新型的村级“公司制”——大寨经济开发总公司。大寨经济开发总公司体现了村级单位真正是以经济为中心，经济在村里的定位、地位。尽管这个公司的董事长、总经理都是党支部书记兼任、统领的，但党务、商务、政务的边界分明、公开，对村民们透明，得到了他们的认同。

新型“乡镇企业”制度。大寨现在办成的工商企业，不是传统意义的乡镇企业。其创新之处在于打破了原来办企业的封闭性，即只是由村内的经营者创办，现在则是开放性的，向村外经营者敞开大门，现在的村办企业，多是外面的经济伙伴“协作”办的企业。

社会进步方面的制度建立。建立了村民医疗补贴制度、住宅建筑标准和补贴制度、社会保障制度等。特别是全村建立了配套的“少有教”（幼儿到小学免费上学）、“老有靠”（60岁以上者实行养老保险制度）、“考有奖”（新考上中专以上的学生由村集体发奖学金）这样的社会制度。这些以人为本的村级组织制度，使得大寨人充分就业，生活改善，共同富裕，家庭幸福，邻里亲善，治安良好，民主、法治、自治、文明。大寨完全从“穷”村落，变成了“富”村落，大寨称得上是一个经济、社会协调发展的和谐村。

8.余展：多方面的发展与创新

中国村社发展促进会副会长余展认为，与前几届论坛相比，第五届论坛又有新的发展和创新。

他说，本届论坛首次在晋商故里晋中，在虎头山下的大寨召开，这是大家向往的地方，特别是大寨这个老新风采，更是人们仰慕。论坛规模空前，来自各个村庄的代表500多人，加上有关方面的人士达700人，代表性更为广泛。论坛恰逢新中国成立56周年前夕，全国56个民族村的“村长”代表，相聚虎头山，共议“三农”话题，同植“民族团结林”。

他认为，本届论坛首次以探讨如何构建农村和谐社区为主题，紧扣时代脉搏。如何坚持科学发展观，构建农村和谐社区，是需要深入持续探讨的话题。全国人大农业和农村委员会，首次就农业方面的立法（《中华人民共和国农民合作经济组织法》）向数百位村官咨询意见。这既是对农村基层干部的尊重，也是人大立法工作民主性、科学性的体现。他还表示，“村长”论坛坚持了“村长”办原则。上届论坛之后，在全国“村长”论坛组委会下设立了执行委员会，由华西村党委书记吴协恩任执委主任，十几位村官任执委。本届论坛的许多会议，都由他们主持。

四、论坛感悟

1.顾松圃：先富要帮后富

顾松圃作为“中国农村贫困与发展捐助工程”的志愿者，参加了第五届全国“村长”论坛，并亲身参与了“名村与贫困村共同扶贫创新模式”和“专家与名村官话‘三农’”两个分论坛，听取了全国知名村官的经验介绍，这让他深受启发，对农村扶贫创新也有了新认识。为此，他整理出几种村庄帮扶的方式：

（1）通过捐助来帮助贫困山区农村。帮助欠发达村庄致富，传播经营、管理村庄的创新理念，全面构建农村和谐社会，需要社会各界更多的关注和支持。而先进村和知名村官率先起到了示范作用。浙江台州良一村和山西太原亲贤村村长史国良分别为“中国农村贫困与发展捐助工程”捐助70头黄牛和10头黄牛，来帮助贵州省赫章县贫困山区的农民通过黄牛产业脱贫致富。良一村还与赫章县哲庄乡中心村结成帮扶对子，进行重点帮扶。

（2）*输入技术和人才，先富带动后富*。输入技术和人才，帮助欠发达村庄发展经济，最典型的是山东寿光三元朱村和江苏华西村。三元朱村在15年里不断向各地农村输送蔬菜种植技术，造福亿万农民。华西村以“不忘国家、不忘集体、不忘左邻右舍和欠发达地区”的理想，在宁夏、黑龙江复制“省外华西村”，派出得力干部，带动当地村域经济发展。

（3）*扶贫式兼并*。扶贫式兼并主要指有组织地将一些地处边远山区、生产生活条件恶劣、脱贫致富无望的弱村，合并到城市郊区或本乡镇的富村、大村，整村或部分人口迁户转移，走第二、三产业致富的道路。

（4）*发展龙头企业带动农民致富*。通过将有效益、有信誉的民营龙头企业与贫困地区群众结成利益共享、风险共担的产业化经营体系，用“公司＋基地＋农户”的模式，带动农民脱贫致富。

2.李全胜：少数民族村官零距离

李全胜曾在中国村社发展促进会负责少数民族村官参会工作，与少数民族村官结下了深厚友谊。

“下次论坛什么时间开？一定别忘了通知我们！记住我的电话，保持联系！”李全胜觉得，每当论坛结束和与会代表依依惜别时听到的嘱托是那么的朴实，没有半点的造作。这些质朴的语言汇集了来自各省、自治区、直辖市56个民族村官的声音。

新疆维吾尔族的代表买买提·玉素甫在发言中介绍了新疆疏勒县阿拉不乡十三村在提高农民素质，增进民族团结，引导农民掌握科学种田技术的同时，狠抓设施农业、林果业和畜牧业；并计划在现有日光温室暖棚的基础上再建60座日光温室暖棚，发展300亩林果业，以此增加农民收入的经验。此时，全然看不出他和新疆另外几位与会少数民族村官代表在买不到卧铺车票的情况下，坐了三天三夜火车硬座赶到会场的疲惫。

云南贡山县独龙山乡独龙族村官江良参会的故事：清晨备好干粮开始跋涉，两天后赶到乡里汇报完近期村里的情况和开会期间的工作安排，继续向山外进发至公路边，脱下走山路时的旧鞋安置于草丛中，从包中取出一双只有重大活动时才穿的新鞋换上，搭车到城里，然后乘坐汽车到省城报到。翻开他填写的报名表，我们看到在“对此次会议的希望和要求”一栏中是这样填的：“通过此次会议提高思想素质，学习发达地区村级管理经验，增强带动群众脱贫致富的能力。”就是这个山里汉子，在会议结束后当问他有什么要求时，他急切地说：“能不能安排我们去发达地区的村短期学习？”

高山族的陈俊亮是买高价站票赶到会场的；鄂伦春族的孟蒙从村里赶到最近的火车站也要几百里路……和他们类似的情况太多了。

李全胜看到，少数民族村官们在论坛上踊跃发言，热烈讨论，虚心地向发达村的村官请教。在与专家探讨“三农”问题的分论坛上，当主持人不得不结束一再延长时间的会议时，意犹未尽的村官们才很不情愿地走出了会场。这让他很感动。

论坛短评

——本届论坛的重要意义表现在：

（1）首次实现了56个民族村官聚首，恰逢新中国成立56周年，他们相逢在大寨，发扬大寨自力更生、艰苦奋斗精神，栽植团结林，意义重大，影响深远。时至今日，这一聚集仍在延续，且交流内容日益丰富。

（2）在中国村庄发展中最有影响力的“三巨头”首次聚集。在此次论坛上，华西村的吴仁宝书记、大寨村郭凤莲书记、西沟村申纪兰书记，这三位最有影响力的村官也首次在论坛上相会，让人感慨颇多。

（3）发布《大寨共识》，并就《中华人民共和国农民合作经济组织法》发表看法，都是积极作为的表现。

（4）推出了中国十大名村，当时在社会上引起较大的反响，并得到社会各界的认可，直到现在，这种影响依然是深远的。

（5）落实了“‘村长’论坛‘村长’办”原则，首次由村官执委来参与论坛的各项事宜。这一原则，一直贯穿论坛举办的始终，直至现在。

——本届论坛的突出贡献人物是时任山西省乡镇经济发展促进会秘书长李峰。他在参加第三届全国“村长”论坛后，提出希望山西举办该论坛。经过他在山西省与晋中市的协调，促成了第五届全国“村长”论坛在大寨的举办。郭凤莲作为全国最著名的农村基层干部，为开好此次会议做了充分的准备和大量工作。

第六节　第六届全国“村长”论坛

◇时间：2006年10月14—15日

◇地点：浙江东阳市

◇主办：中国村社发展促进会，浙江省农业和农村工作办公室,金华市委、市政府，东阳市委、市政府

◇承办：浙江东阳市花园村

◇主题：当好带头人、建设新农村

◇村庄介绍

花园村，地处浙江中部的东阳市南马镇，最初面积只有0.99平方千米。村中典型的丘陵地貌造成的山多、地少、水缺等自然条件的限制，使得花园村几百年来一直承受着艰苦岁月的磨砺。1978年，花园村人均收入只有87元，人均口粮120千克。花园村通过办工业起步，向高科技生物产业转型，形成了以高科技产业为主导，医药化工、房地产开发、建筑建材、纺织服装、火腿食品、木线木材、电子器材、商贸、外贸出口、旅游休闲和教育等多元化产业发展格局。2004年10月，花园村与周边9个行政村合并组建成大花园村，现花园村农户1 636户，总人口4 310人，耕地1 200亩，总面积5平方千米。并村后，将全村划分为村民生活区、高效生态农业区、三产服务区、高科技工业区四个区，将原10个行政村改为10个小区。总长10.5千米的9条马路连接10个小区；饮食一条街、建材一条街、工艺品一条街等各具特色的商业街已基本形成；三产服务区内有大型的花园粮油农贸城、购物广场、医院和木材木线市场；旅游观光区有十大景点和占地1 200多亩的花园高效农业观光区，包括玻璃温室、塑料薄膜温室和蔬菜、瓜果、苗木花卉基地等，形成了一个庞大的生态旅游观光区。2005年，花园村全村实现销售收入20.86亿元，实现利税1.61亿元，村民人均收入16 520元。

一、论坛概况

2006年10月14—15日，第六届全国“村长”论坛在浙江东阳花园村成功举行。

10月，浙中大地暑热渐消，稻穗饱满、豆荚含香，原野一片缤纷色彩，正

期待金秋的收获。天高云淡好展翅、物美情真宜待客。14—15日，东阳市花园村迎来了四方宾朋，来自全国各地的农村第一线的“村长”代表近千人，汇聚到一起，隆重举行第六届全国“村长”论坛。

“当好带头人、建设新农村”是本届论坛主题。论坛期间，举办了社会主义新农村建设报告会、“当好带头人、建设新农村报告会”、中国名村村官报告会、“联众模式”新农村建设规划论坛、新农村特色产业发展论坛和花园现象研讨会，开展了“带头人新思维三方对话”、大学生服务新农村建设大赛、中华百村图揭碑、东西部村庄对接、种植“村长”林和支持西部新农村建设助跑行动等活动。内容紧凑而精彩。

《人民日报》、新华社、中央电视台、《经济日报》、《光明日报》、《农民日报》、《人民政协报》、《中华新闻报》、香港《大公报》、香港《文汇报》、中国农村杂志社、《浙江日报》、《钱江晚报》、《都市快报》、浙江电视台、江西电视台等数十家媒体到会对论坛做了全面报道，报道内容被近200家地方媒体和网站转载。第六届“全国村长”论坛一时成为社会热议话题。

10月14日上午，论坛开幕式举行。开幕式由全国“村长”论坛执委会主任、江苏省华西村党委书记吴协恩主持。全国政协原副主席杨汝岱宣布开幕。全国政协经济委员会副主任、中国扶贫基金会会长段应碧，国务院研究室原副主任杨雍哲，全国人大常委会委员、农业和农村工作委员会副主任路明，中央财经领导小组办公室副主任、中央农村工作领导小组办公室副主任唐仁建，浙江省副省长茅临生，中华农业科教基金会副会长骆友生，民政部计财司原司长白益华，农业部农村经济研究中心副主任宋洪远、殷希保，中国村社发展促进会副会长余展，金华与东阳市领导葛慧君、陈昆忠、蒋永志、江跃进等，全国著名村官郭凤莲、王乐义、吴协恩、吴恩福、宋作文、田雄、朱重庆、傅企平等，全国55个少数民族村官代表，全国部分省、自治区、直辖市农村工作部门领导、农研院所专家学者，及来自全国数十家媒体的新闻记者，共1 200多人，出席开幕式。参会人数和规模为历届全国“村长”论坛之最。全国政协副主席张怀西向会议发来贺信。

中共金华市委常委、东阳市委书记蒋永志致欢迎词。浙江省副省长茅临生代表浙江省政府政府讲话，结合浙江新农村建设情况对与会广大村官搞好新农村建设提出勉励。

开幕式结束后，在花园村剧院举行了“社会主义新农村建设报告会”。段应碧，唐仁建，全国“村长”论坛名誉主任、全国人大常委、大寨村党总支书记郭凤莲，北京市房山区人大副主任、韩建集团党委书记田雄，浙江花园村党委书记邵钦祥等给与会村官做报告，受到欢迎。报告谈到建设社会主义新农村是一项长期而艰巨的任务，各位村官要勇担重担，当好带头人。

14日下午，主论坛召开。山东省三元朱村党委书记王乐义、大连市后石村党委副书记陈玉圭、西安市和平村党总支书记白世峰，分别结合各自经历和成功经验，做了“当好带头人、建设新农村”的主题发言。给与会村官以很大启示。随之论坛进行了“带头人新思维三方对话”。来自北京的村官代表韩建集团党委书记田雄、新发地批发市场党委书记张玉玺、郑各庄村党委书记黄福水，来自浙江的村官代表航民村党委书记朱重庆、滕头村党委书记傅企平、花园村党委书记邵钦祥，来自西部的村官代表西藏拉萨市色玛村村委会主任米玛、四川省农科村村委会主任侯云秀、新疆尉犁县达西村党支部书记芒力克，分别代表了北京（北方）、东部和西部，接受与会村官的点名提问，自由选择论坛确定的角色、定位、战略、管理、特色、创新、人才、和谐八个问题中的一个进行回答，场面热烈。特色村工作委员会秘书长、山西皇城村党委书记张家胜宣读了“中国十大特色村”的决定，根据特色村工作委员会推荐，山东三元朱村、山东南山村、北京郑各庄村、山西皇城村、浙江航民村、辽宁大梨树村、江苏蒋巷村、上海前卫村、四川农科村、黑龙江兴十四村10个村庄被确定为富有中国特色的十大村庄。

14日下午同一时间，在东阳市影剧院，举办了“新农村建设中国名村村官报告会”。山西大寨村党总支书记郭凤莲、华西村党委书记吴协恩、山东南山村党委书记宋作文、上海九星村党总支书记吴恩福、上海太平村党委书记苏兴华给东阳市的市、乡、村三级干部做报告。各位名村官结合当地新农村建设实际，就如何当好带头人进行讲演。丰富的实例和精彩的话语，得到东阳市干部的认同。

14日晚上，花园人民精心准备的一场盛大晚会——“新农村之路”大型文艺晚会开演。晚会时间长达三个小时，节目精彩纷呈，掌声阵阵。晚会上，为2006年度中国功勋村官和十大杰出村官颁奖。山东三元朱村党委书记王乐义被授予中国功勋村官，以表扬他为中国温室大棚农业、为中国新农村建设事业做出的突出贡献。北京韩建集团党委书记田雄、河南南街村党委书记王宏斌、浙江花园村党委书记邵钦祥、山东南山村党委书记宋作文、江西进顺村党委书记罗玉英、北京新发地村党支部书记张玉玺、江苏马庄村党支部书记孟庆喜、辽宁省四家村党支部书记张文成、甘肃省庞磨村党支部书记禹宏、新疆达西村党支部副书记买买提·沙吾尔等被授予“2006年度十大杰出村官”称号。晚会还颁发了“农村社区发展奉献奖”，浙江省花园村和河南省耿庄村因为为中国农村社区发展做出了突出贡献而获得该奖项。

15日上午，论坛紧锣密鼓，进入分论坛阶段。“联众模式”新农村建设规划论坛、新农村建设产业发展论坛、“滕头杯大学生服务新农村建设大赛”、花园现象研讨会同时举行。“联众模式”是浙江联众乡村资源开发有限公司针对农村建设创导和实践的一种模式，该模式在农村建立“农村社区型景区”，引起与会村官的兴趣。

新农村建设特色产业发展论坛上，全国人大常委、农业和农村工作委员会副主任路明就新农村建设做了深刻阐述。来自广东、北京、上海等地的名村官讲解了本村的新农村建设做法。作为回应，来自浙江的中国名村——谢家路、小路下、东冠和方林村代表向与会的村官讲解了浙江省新农村建设的作为。

花园现象研讨会引人关注。部分省市农办主任和来自高校或农业研究机构的专家学者分析了花园村的崛起，对花园创造的成绩与带动周边发展的做法给予了高度评价。

大学生服务新农村建设大赛是当天的一个亮点，来自中国农业大学、中国人民大学、复旦大学和华南农业大学的同学开展了创意大赛和辩论大赛，创意大赛是围绕浙江滕头村的发展规划提出战略性方案，辩论赛决赛的题目是“大学生做村官是利大于弊还是弊大于利”。大赛由来自基层的名村官做评委。经过激烈比赛，中国人民大学队获得辩论大赛冠军，中国农业大学队获得创意大赛冠军。

15日下午，与会村官集体参观了花园村，为“中华百村图”剪彩揭幕，并种植“村官林”。“中华百村图”登载全国的名村、55个少数民族村等共100个村庄，用100个不同的字体表现，郭凤莲、吴仁宝和邵钦祥分别在其上面题词。“当好带头人、建设新农村”的题词使本届论坛的主题得以强化。论坛组委会特意安排了东西部对接活动和支持西部新农村建设公益“助跑”行动。浙江台州河西村和四川省乐山黄天坡村结成“帮扶”对子，河西村向黄天坡村赞助了一笔发展启动资金。为支持西部新农村建设，中国村社发展促进会发起“牛背上的希望”公益活动。公益使者薛景华在近千名村官注目下，缓缓起程，他以花园村为起点，将单骑走遍中国进行宣传。

15日下午4时，在圆满进行完所有预定议程后，论坛举行了闭幕式。

二、精彩回顾

（一）题词

10月14日，九届全国政协副主席杨汝岱在参加第六届全国“村长”论坛开幕式后，在金华市、东阳市党政领导的陪同下视察了花园的新农村建设，并欣然题词：“建设新农村，甘当孺子牛”。

（二）贺信

1.全国政协副主席张怀西的贺信

“村长”论坛组委会：

欣悉第六届全国“村长”论坛在浙江东阳召开，我谨致以热烈祝贺！并向来自全国各地的“村长”们致以真诚的问候！衷心祝愿论坛取得圆满成功！祝各位“村长”为建设社会主义新农村做出新的更大贡献！

2.中国科学院的贺信

第六届全国“村长”论坛在东阳市花园村隆重召开，特此表示衷心的祝贺，并向来自全国农村第一线的“村长”们致以诚挚的问候！

建设社会主义新农村是党的十六届五中全会提出的一项重要历史任务。本届论坛以“当好带头人，建设新农村”为主题，是全国社会主义新农村建设带头人的群英会，具有鲜明的时代特征和历史意义。

提高自主创新能力、建设创新型国家是我国新时期的重大决策。花园村于20世纪90年代中期率先与大专院校、科研院所合作，走科技兴村之路，而今高科技产业已经成为花园村的主导产业，可喜可贺！

我们相信，在与会嘉宾、专家学者的共同努力下，必将对提高广大村官素质、推进社会主义新农村建设产生积极的影响。衷心希望广大村官们按照“生产发展、生活宽裕、乡风文明、村容整洁、管理民主”的要求，加大科技富村、科技富民的力度，不断推动社会全面、协调、可持续发展，为加快推进社会主义新农村建设、建设创新型国家做出更大的贡献！

预祝第六届全国“村长”论坛取得圆满成功！

3.浙江横店集团创始人徐文荣的贺信

第六届全国“村长”论坛：

正当党的十六届六中全会胜利闭幕，全国人民满怀信心地建设美好家园，构建和谐社会的时候，在花园村邵钦祥书记的推动下，迎来了第六届全国“村长”论坛，在东阳市的花园村隆重举行，我谨代表横店社团经济企业联合会、横店集团，并以我个人的名义，对本届论坛的举行表示热烈的祝贺！向前来出席本次论坛的全国各地的老模范、老“村官”和各民族代表们，表示真挚的问候！

花园村在邵钦祥书记带领下，通过二十多年的努力，从一个穷山村发展成为设施齐全、功能完善的农村新型社会，成为全面体现小康社会发展水准、文明向上、和谐共富的新农村。花园村是全国十大名村之一，是全国小康建设明星村和示范村。我相信，本届论坛在花园村举办，一定会办成一次成功的盛会，一次全国“村长”的群英会。

预祝第六届全国“村长”论坛取得圆满成功！

（三）三方村官对话新思维

10月14日下午，举行了“三方名村官对话带头人新思维”活动。由北京韩建集团党委书记田雄、北京郑各庄村党委书记黄福水代表的北京村官，由新疆达西村党支部书记沙吾尔·芒力克、西藏色玛村党支部书记米玛、四川农科村村委会主任侯云秀为代表的西部村官，由浙江花园村党委书记邵钦祥、浙江滕头村党委书记傅企平、浙江航民村党委书记朱重庆代表的浙江村官进行了对话。组委会准备了定位、战略、管理、特色、创新、人才、和谐八个关键词，由下面代表自由点名选村官，再由村官任选关键词进行阐述。

1.田雄（战略）

战略是农村持续发展的核心。韩建集团在发展过程之中，经历过几个阶段。每个阶段都有它发展的战略、发展的要求、发展的目标。北京市建筑市场在前五六年放开之后，全国建筑业都涌向了北京，施工队伍达4 000家，如果韩建集团还继续在原来的施工上去进行竞争的话，那么我们就要落后甚至被淘汰出局。

我提出，韩建集团必须调整发展战略。怎么调整，向技术难度高、含量高的去发展，向资质比较高、要求比较高的去发展。新的发展战略调整之后，后劲十足，发展态势非常好。原来只有施工，现在向房地产业、水利水电、市政园林、绿化、扩建以及管道、高速路等施工领域拓展。这些门槛都很高的，外面的队伍，要想打入这些领域，是很难的。

我希望大家要根据自己的不同情况制定发展战略，也就是根据自己的优势决定怎样去一步步发展。发展是要分阶段的，在不同的阶段有不同的内容、不同的目标、不同的特点。一个阶段内容的目标完成之后，下一个阶段的目标还需要重新确定，这样才能持续发展。

2.黄福水（管理）

今天参会的都是村官，我们的职责，就是经营好土地，经营好劳动力。“世界上没有垃圾，只有摆错地方的资源”，只要对资源经营得当，管理和利用有效，创新土地利用和流转机制，就没有发展不起来的村庄，更没有致富不了的农民！我们郑各庄村的变化，是从改变农民住房状况入手的。中国农民的一个传统消费观念是有了钱就盖房，如果说土地是农民不得不依附的生存条件，建造住房就是农民世世代代难以摆脱的生活压力。用郑各庄村民的话来说：好容易积累的一点钱，最后都用到盖房上去了。为了解决村民无休止的住房投资和攀比现象，从1998年开始，我们首先对村民的宅基地进行统一规划，在村委会的组织协助下，集资500多万元，盖了4栋楼，根据自愿“上楼”和旧房估价折抵楼房的原则，第一批144户首先搬进了楼房，开始了农民“上楼”的过程。通过这种平房置换楼房的方式，从1998年到2003年，全村共建设村民住宅23幢，全村村民分四批上楼，实现了村民居住方式的转变。通过农民“上楼”，共置换宅基地1 050亩，为土地资源的合理利用提供了必要条件。

农民“上楼”后，我们采取了土地经营集中化、个人收入工资化、社会保障集体化的方式，将村民原来单一的土地经营收入转变为“土地股权收益＋工资＋社会保障收入”，确保了村民“上楼”与收入增加同步实现。土地股权收入是指在全体村民同意的基础上，把“上楼”农民的宅基地的使用权委托给村委会，村委会再以土地入股的方式将原宅基地的使用权交给本村经济实体宏福集团公司，公司在国家政策允许的范围内，在不改变土地性质的前提下，通过统一招商引资的方式，引入各类经济效益好、能耗低、环境污染少的企业。农民不参与这部分土地的经营，但每年都享受土地收益分红和工资收入，全村“上楼”农民在生活用水、燃气、取暖、医疗保险、教育等方面的社会保障也由村里统一补贴。

在尝试土地股权，实现土地流转的过程中，我们以保护农民的根本利益为前提，不搞土地转让，全部采取土地租赁形式。村委会与企业建立土地租用关系，不论是自办企业还是引进企业，其用地一律实行有偿使用。至于收取租金的标准，已不再用粮食产量的价值去换算，而是通过对企业效益的评估来确定。村集体向企业收取每年每亩5 000～10 000元的土地租金。企业的盈亏不影响农民的收益，不让村民承担经营风险。在分配方式上我们先按全村耕地总面积和本村现有的农业人口计算出人均耕地面积，即为每人拥有的耕地“股份”。每年收益分配前，根据人口变化情况进行一次调整。股份分红形式为：将土地经营利润的60%作为集体股红利，用于来年的生产发展基金；40%作为个人股红利；再从集体股和个人股的红利中分别提取10%作为以丰补歉的储备基金，专款专用；剩余90%的个人股份红利作为当年的股金分红，每年1月上旬向全村村民以现金的形式兑现。

还有就是在企业股权方面，1999年我们将村经济实体宏福集团公司完成了由原来村办集体所有制企业向村办集体股份有限责任公司的转换。公司股份结构为：公司持法人（控）股，占66.67%；村委会持集体股（集体原始资产折抵），占16.66%；村民持个人股（在自愿的前提下以现金购买），占16.67%。在转制中，我们坚持了两个原则：①突出维护集体利益。为防止集体资产因转制而流失，我们把企业总股本的66.67%作为企业法人控股，法人股的红利直接用于资本积累和扩大再生产；同时，把村委会列为企业的第二大股东，其目的，一方面是对公司的决策和管理实施有效的监督，另一方面是将所得红利投入公益设施的建设方面，以保证集体公益事业得到巩固和加强。②让村民得实惠。个人股一律面向村民发售，对个人股份的量化，既不派股又不配股，完全是以现金的方式由个人自愿认购。村民对这种股份配置方式十分满意。企业在1999年和2003年分别投放的个人股，都在一周之内被村民认购一空。目前，全村共有189户村民成为企业股东，占全村总户数的46%，其中，股份最高的近百万元，最少的2 000元。他们每年都从企业中得到相当于股本15%的红利回报。

土地是农民赖以生存的基础，也是农民的根本利益所在。如果土地的利用和流转损害了农民的利益，不仅农民不会答应，流转也不可能成功，甚至会带来更大的社会问题。我们的做法应该是比较好地解决了这一难题，又获得了发展，希望这些能给各位村官一些启发。

3.傅企平（创新）

创新，从我们村来看，主要是两方面：一是基础农业的创新，二是制度的创新。

几十年前，我们发扬“一犁耕到头，开拓创新永不休”的滕头精神，历时15个冬夏，投工43万个，把1 200多块高低不一、亩产只有100多千克的低产田，改造成大小划一、排灌畅通的高产吨粮田。通过“改土造田”奠定农业基础。近10年间，村级经济完成了由单一农业向三次产业协调发展的调整跨越。我们的4个工业区内建成60多家企业，形成了以服装为龙头，建材、机械、电子设备等共同发展的工业格局，并重点开发生态旅游、房地产等第三产业，追求可持续发展，从而打破了农村传统单一的农业发展模式，拓宽了农业产业发展领域。

在制度方面，我们也实现了三大创新：①由单一集体经济向所有制结构多元化的跨越。靠集体经济起飞的我们，不失时机地改革土地流转机制和明晰集体企业产权，改编成一支由“股份制、股份合作制、外商融资、中外合资、私有、集体企业”组成的“混合所有制联合舰队”，在市场经济的大海里游弋自如。目前，全村企业资产中，集体、个体和外资比例为5∶3∶2。全村工业经济总量由改制前的2亿多元跃升到2005年的近10亿元，跨入了全国最大经营规模、最高利税总额乡镇企业行列。②由内向经济向国际化的跨越。我们的三大产业，都有一个“洋”字——以苗木果蔬为主的农业赚的是美元；“爱伊美”品牌稳坐国内最大羊绒服饰出口企业的交椅；作为第三产业的生态旅游景点，吸引了许多海外游客。③由农村向城镇化的跨越。村民没有离乡，便成了城里人，享受少有教、病有医、老有靠、户户有保险的福利保障，待遇超过当地的城里人。村庄变成一个温馨便利的社区，高标准的学校、图书馆、天文台、科技馆、文化馆、星级宾馆一应俱全，俨然一座乡村里的都市。

4.米玛（特色）

我们村地处西藏欠发达地区，能走在前列，很关键的一点是在“特色”上做文章。我总结为五个特色：

特色一是搞粮食作物深加工。村有耕地1 000余亩，粮食作物播种面积占相当大的比重，良种覆盖面达100%，产量连年攀高，但面向市场销售的不再是单纯的小麦青稞，相当部分是经过加工的成品和半成品，带来的经济收益远非粮食销售能比。

特色二是经济作物种植订单化。经济作物种植不再是简单的搭棚种菜。“藏油五号”优质双低油菜、优质蚕豆等经济作物大多在播种前就已联系好销路，种植专业户不用过多考虑销售问题，可以集中精力在科技人员的指导下精耕细作，以求提高产品品质和产量。经济作物种植结构选择也不再是简单的萝卜白菜或一味求新，市场需求是调整种植结构的唯一指标，一切从拉萨城区的实际需要出发，什么品种销路好就种什么，种植方式也在逐步实现无公害化。

特色三是畜禽养殖规模化。通过“拉萨市特色农业养殖示范项目”基地，带动群众发展特色养殖，品种以市场需求量大的鲤鱼、鲫鱼、鸭、兔、肉鸽、藏鸡为主，重点扶持养殖专业户，扩大规模、增加科技含量，避免分散经营造成的高成本、低产出和内部恶性竞争。

特色四是综合加工产业化。要提高经济作物、畜禽产品的附加值，进行加工是必然出路，而以户为单位的分散加工、分散经营成本高、效率低、产出少，不能适应激烈的市场竞争，在此情况下，我们村规模化、产业化的综合加工应运而生，目前以产品分级、包装、保鲜等初级加工为主，正在向深加工化发展。

特色五是利用民俗度假村积极发展旅游业，壮大农牧民特色经济来源及收入。仅靠农业，不可能实现经济的快速发展。要加速迈向小康，就必须充分利用自身优势，发展非农产业。色玛村距城区近，交通便利，信息畅通，发展非农经济有其得天独厚的优势，对此村"两委"有清醒地认识，并已带领全村群众迈出了坚实的步伐。以土坯制作、砂石开采、绿化工程、商品流通、餐饮服务为主的第二、三产业迅猛发展。

综合上述观点，我觉得，在新农村建设中，发挥比较优势，建立农村特色产业经济，是目前大多数欠发达农村最应该注重的。

5.侯云秀（定位）

定位是村庄发展的关键，我们农科村是专门做"农家乐"旅游的，是"农家乐"的发源地。"农家乐"在今天能产生这样大的经济效益与社会效益，说明定位是很关键的。农科村从一个名不见经传的小村发展到被誉为"蜀中第一，全国知名"的乡村旅游胜地，关键是定位于发展"农家乐"，开创了一种新的乡村旅游模式。

20世纪70年代末到80年代初，村民们种植苗木吸引大批周边农民的考察，也吸引了大批城里人的好奇，同时更吸引了各地采购商和中介商的到来，大量人群的到来便产生了经常性的农家接待，这一时期的农家接待不是农民们的主要盈利，而是服务于苗木产业的配套内容，这便是早期"农家乐"旅游的雏形。

在20世纪90年代，城里人到较远的地方去旅游还有时间和空间障碍，而到农科村来观赏苗木，吃农家饭、购农产品逐渐成为一种消费热潮，县、镇政府瞄准成都休闲旅游市场，引导我们村充分利用种植花卉营造的良好环境，搞起了乡村休闲旅游，开创了"农家乐"这一旅游新模式。我们的"农家乐"体现了"古蜀文化之乡、川西民居风格"两大特色，突出了"全国农业旅游示范点、中国盆景之乡和东方兰花艺术"三大主题。同时，还按照"食、住、行、游、购、娱"六要素进行功能配套，饮食上突出农家特色、乡村风味；环境营造突出绿化、美化；配套设施和住宿条件尽量与酒店接轨。并开展书画、垂钓、棋艺、曲艺、座唱、骑马、游园和劳动体验等各种活动。为提高"农家乐"旅游的组织化程度，我们还成立旅游协会，制定了行业自律管理规范，实现优势整合、资源共享。就这样，一种新的乡村旅游形式——“农家乐”旅游在我们村诞生了。现在，单户年均产值已达50万元以上，“农家乐”旅游也成为与苗木收入并驾齐驱的第二大产业收入。

“农家乐”火了，我们村也火了。后来，我们村的“农家乐”模式像浪潮一样，以成都市为中心，迅速遍布周边区县。全国众多地方纷纷借鉴效仿。我想我们村的定位是相当正确的，正是有了当年对“农家乐”乡村旅游模式的定位，才有了今天的农科村。也正是定位所产生的乡村旅游模式，不仅产生了巨大的经济效益，也产生了巨大的社会效益。

6.朱重庆（和谐）

我认为主要是三个方面的和谐：一是产业发展与生态环境的和谐；二是引进人才的和谐；三是农村生活的和谐。

我们航民村是以工业，确切地说是以印染起家的，迄今已经成为全国最大规模的印染基地，产品质量与国际主流市场接轨，1/4的产品销往国外，日生产能力达到1 500千米，可以铺到北京天安门，有“航民印染，一日千里”之说。由于印染以及与其配套的热电等项目都是有污染的，随着村级经济的发展，村里的生态环境受到较为严重的影响，终日扬尘满天，对生活质量日益注重的村民怨言四起。于是我们提出了“发展循环经济”的口号，实现可持续发展战略，走上了一条生态治污的道路。经过建设6万吨的污水处理厂，将污泥转变为肥料；通过更新环保设施，关停水泥厂立窑等粉尘大的工厂，大大减少了空气中的粉尘；大量种草植绿，有力地改善了村中的整体环境。在我们航民集团的不懈努力下，村内生态环境得到了极大改善，逐渐实现了产业发展与生态环境的和谐。

关于引进人才的和谐，这是我们的特色之一。为了更好吸引人才和留住高学历人才，一般提供给他高收入和很好的晋升机会，安排好住所，而且给配备空调、电话、电视和网线等配套设施。我们专门为外来人才建造了2.7万平方米的职工宿舍和住宅。还有就是语言环境的问题，这里农村有土话，一般的外来人才很难适应当地语言。我们积极在员工中推广普通话，要求企业中高层领导和负责人都说普通话，特别是和外地员工沟通的时候，更要注意。这样，在人才的引进上，也实现了和谐。

关于生活的和谐，我的理解是既包括生活和环境层面的，也包括财富分配和社会保障方面的。我们这里没有贫困户，也没有暴发户，家家都是万元户，村民们少有所教，壮有所用，老有所养，病有所医。从幼儿到高中，全部实行免费教育，考上大学每月发给80元奖学金，职工夜校长年开课，考入大专班免收学费；

村里青壮年人人有事做，个个觉得搞集体经济有奔头；55岁以上的老人每月可领到80元养老金，企业职工退休按工资额70%发给退休金，外加菜金补贴，春节还可多领一个月的养老金和退休金，有病住院医疗费实行报销。全体村民享有养老保险和医疗保障，还有各种生活福利。现在全村人住的大多都是单家独院的三层多种颜色非常漂亮的小洋楼，人均住房面积80多平方米，户均250～300平方米，液化气、自来水、电话、有线电视已普及全村。可以说，我们创造了一个"充分就业+按劳分配+按资（股份）分配（股金红利）+社会福利+宜居环境"的和谐新农村。

7.沙吾尔·芒力克（人才）

每个村庄的发展都离不开人才，特别是西部的农村，人才起着决定性的作用。

那么人才从哪里来呢？主要有两个方面：一是外来人才的引进，通过各种方式，将人才直接引进村里；第二个是本土人才，就是通过自我培养，采用帮、教、培等方式提高村民的素质，发挥他们的作用，建设自己的家园。我们村之所以有今天，关键一点是培养了自身的人才。

20世纪80年代，对村子进行了详细的调研后，我们得出这样一个结论，自然条件差并不是造成达西村贫困的主要原因。主要原因是老百姓的思想都很陈旧，干什么事情都使用老办法，工作效率低下。种地没有先进的技术，产量自然很低。要想富，首先要改变村民观念。为达到这一目标，我们很早就大胆启用有思想的年轻人进入村委会，聘请技术人员为农民讲解种植知识，并深入到田间地头，为村民进行技术指导。同时，号召大家打破传统，相互学习、相互帮助。互相学习带来的直接变化是，村里的汉族人成了养殖牲畜、种植果树的好手，维吾尔族群众则成了种菜、种棉的能手。另外，还在村里办起了学习班。冬天农闲时期，对村民进行培训，让大家了解国内外大事尤其是一些农业方面的科技信息。1997年，村里已经没有一个文盲了。

对外界了解多了，学到的科技知识多了，一部分有文化的青年人逐渐意识到：单靠种地、养殖是过不上好日子的。他们到新疆各地了解市场信息，办起了面粉加工厂、制砖厂、养殖场、农贸市场、温室大棚蔬菜基地等，这些依托当地农业资源和矿产资源开办起的厂子，投入小，市场需求量大，很快便兴旺发达起来。

2005年5月4日，胡锦涛总书记给我们回了一封信，让我们备受鼓舞。如何加快社会主义新农村建设步伐，让我们村再跃上一个新台阶？我们认为科技是第一生产力，应该让有知识、有技术的青年，带领全村农民科技致富。按照这个思路，我们划出一块科技示范田，并想法为村青年中心配备了10台电脑。同时，主动联系县科技局和农业技术推广学校，出资2万元，办起了“农广校”。请州、县农业技术专家和有关方面的专业人员，进行种植、养殖、市场经营、技能服务等方面的培训，全村400余名青年农民参加了培训。一年来，通过定期不定期的学习，95%以上的团员青年学会了一到两门实用技术；184名农民获得技术员资格证书，50人当上了致富能手。通过学科学、学技术，村里一批年轻人成了林果种植能手，在他们的影响下，村里的种植结构发生了变化。2005年，全村果园面积达4 600亩，人均达3.6亩。今年，村集体又为种植香梨的农户提供每亩250元的贴息资金，林果业迅速壮大，成为我们村新的支柱产业。

根据我们村发展的经验，我们能够成功，主要得益于我们培养了大量本土的种植、养殖等专业人才，不仅在过去他们发挥巨大的影响力，而且在新农村建设中，也将成为最主要的动力。

8.邵钦祥（角色）

关于这个话题，我打个不恰当的比方，村官就像足球运动场内场外的灵魂人物一样，要扮演着球星、队长甚至是教练的角色。

作为带头人，在全体村民中表现是较为突出的，他的作为就像足球队里的球星，引人注目，这才是成功的村官。他同样像一个队长，球队离开了队长就缺少了核心。农村是一个小社会，所涉及面广，如：生产、文化、家庭关系、村民素质的提高、人才的培养与引进等。如果说村官什么都不懂，或者说只懂某一个方面，既不会启发农民，也不会引导农民，能带领农民致富么？作为新农村建设合格的村官，我认为，既要当球星，又要当队长，更要当教练。把全村老百姓带领好、教育好，这才是真正合格的村官。

在新农村建设的今天，特别是欠发达地区或发展农业产业的村庄，其村官更要懂经营、会管理、有技术。比如说他能扮演经纪人的角色，帮助农民销售农产品；为了提高农民的收入，促使农业增产，村官就更要懂技术，用技术来带领农民增收致富；村官必须要充当农民的知心人，帮助农民转变观念，解放思想。

三、论坛声音

1.茅临生：发挥村级带头人的先锋模范作用

浙江省人民政府副省长茅临生认为建设社会主义新农村是我国现代化进程中的重大历史任务，是实现现代化和全面建设小康的重大战略部署，是统筹城乡发展、缩小城乡差距的重大举措，也是新时期“三农”工作的总任务、总抓手。他说，在全国各地深入推进新农村建设之际，来自全国各地新农村建设的精英带头人和一批“三农”专家、学者聚集一堂，共商建设新农村大计，是一件十分有意义的事情。本届论坛以“当好带头人、建设新农村”为主题，紧紧抓住了新农村建设的实质，对于提高广大村级带头人素质、扎实推进新农村建设必将产生积极的影响。

茅临生说，浙江省历届省委、省政府一直高度重视“三农”工作，党的十六届五中全会以来，浙江省和全国其他地方一样，按照党中央、国务院全面推进社会主义新农村建设的重大决策和部署，加强领导，周密部署，真抓实干，扎实推进新农村建设的深入开展，取得了明显成效。主要表现在：大力发展高效生态农业，农业产业化和竞争力水平得到新提高；做大做强块状经济，农村第二、三产业得到新发展；大力实施“千村示范、万村整治”等工程，农村社区环境呈现新面貌；大力推进农民职业教育和农村劳动力培训转移，农民就业能力和整体素质得到新提高；高度重视农村基层建设和精神文明建设，农村民主政治和社会风尚建设取得新进展；深化城乡配套改革，着力构建“三农”发展新体制、新机制。

茅临生指出，建设社会主义新农村是一项长期而艰巨的任务，也是一项十分复杂的系统工程。既需要加强党委领导和政府主导，也需要发挥工业对农业的反哺作用和城市对农村的带动作用，还需要调动和发挥农民群众的积极性、主动性和创造性。而村级带头人的素质和能力以及他们的先锋模范作用发挥得如何，直接影响农民群众建设社会主义新农村的积极性、主动性和创造性。因此，他认为，发挥村级带头人的先锋模范作用，需要发挥其在推动产业新发展方面的引导作用、建设新社区方面的推动作用、培育新农民方面的组织作用、树立新风尚方面的模范作用。

他强调，社会主义新农村建设给广大干部提供了施展才华的广阔舞台，特别是作为新农村建设的第一线实践者，村党支部书记、村委会主任要严格要求自己，切实履行好职责，当好带头人，努力增强自身素质和能力，把群众的福祉放到最高位置，干出经得起历史检验的政绩。

2.段应碧：新农村建设要符合农民的意愿

全国政协经济委员会副主任、中国扶贫基金会会长段应碧强调，新农村建设要符合农民的意愿。首先要了解农民的需要，弄清楚农民需要什么。各个村庄情况是不一样的，地方是不一样的。20世纪50年代掀起的农村改造运动，全国搞了不少试点，结果都不了了之。为什么会这样？当然大环境起了些作用，但最根本的就是没有满足农民的需要。他表示，自己做了40年的农村工作，有的工作是起了些作用，有的是没有达到效果；凡是起了一点效果的，就是符合农民需要的，凡是不符合农民需要的，就做不好。

他指出，建设新农村要有敢闯敢干的精神，要敢于突破现有的某些不符合实际的规定。金融是我国农村发展的最大的瓶颈，现行体制中不少是不符合农村情况的。例如贷款需要抵押，农民拿什么去抵押呢？要房子他没房产证，要存款也没有，或者有也不多。再就是短期贷款，四个月，农民贷款是来搞农业生产的，而农业生产是有周期的。养猪需要半年，果树要几年才能结果，果子没有成熟，没有卖出去，他拿什么来还你呢？农村信贷一定要符合农村、农业和农民的实际，而现在的很多规定不符合农村的情况。因此建设新农村要敢于突破，要敢于创新。当然也不能乱突破，凡事要从实际出发。

3.唐仁建：新农村建设要处理好四对关系

中央财经领导小组办公室副主任、中央农村工作领导小组办公室副主任唐仁建在论坛上发言，提出新农村建设要处理好四对关系：

第一要处理好城和乡的关系。首先，建设新农村不要就农村谈农村、就“三农”谈“三农”，应当站在十六大提出的统筹城乡经济社会发展这个大的方略之下来考虑；不要就城镇化搞城镇化、就新农村搞新农村，这样会产生诸如城镇化战略不管用了、步子要放慢了等想法，这两点是不矛盾的。其次，城和乡的关系，如果单方面地、一味地、持续不断地把农村劳动力往城市输送，城镇化道路恐怕走不通。也就是说在相当长的一段时期里，国情决定了今后城镇化的水平，恐怕很难达到欧美发达国家的程度。有人测算，到2030年，人口高峰16亿的时候，尽管按照浙江60%的水平来算，农村也还有6亿多人口。今后打工的要增加到2亿多，相当一部分只能是双向流动，也不可能到城里就不回来了。这就决定了我们必须把新农村建设好，把家园建设好，这不是权宜之计。

第二就是治坡和治窝的关系。治坡就是发展生产，治窝就是改善生活条件、改善生活环境。十六届五中全会，特别是中央的1号文件，做了很明确的部署，就是要以农村经济为中心。最近在调研中发现，比如四川和重庆，虽然有些地方相对比较偏僻，也对村容村貌进行了一些整治，有人就说你这里是要以生产发展为主。其实生产发展的主题不光是对中西部，也包括在座的很有发展基础的村庄和村官们，都要以经济建设为中心。但是反过来说，是不是在那些暂时不那么发达的地区，一点整治村容村貌的事都不能干？也不是。关键是把这个决策权交给农民。生产发展也好，生活宽裕也好，村容整洁也好，只要生产力水平具备，有一定的实力，群众又愿意，就没有什么绝对的该干不该干的问题。

第三是“钱”和“权”的关系。这里所讲的“权”，不是以权谋私的“权”，是讲的产权，是讲的企业机制改革创新。要明确政府、集体、农民、社会几个方面在推进新农村建设进程当中，在资金筹集方面，到底应当发挥什么样的作用。浙江省概括的一句话非常好，叫做“发挥农民的主体作用，发挥政府的主导作用，社会各方面要主动参与”，就是“农民主体，政府主导，社会主动”。农村的绝大多数基础设施建设和几乎所有的社会事业都应当是政府的主要责任。即使是那些应该由农民自己干的事情，政府也应当根据情况力所能及地采取民办公助的形式给予支持。

第四是“官”和“民”的关系，这里包括政府和农民的关系，也包括在座各位村官与农民的关系。主要是指目前新农村建设当中，到底哪些事该干还是不该干，哪些事干得快一点还是慢一点，以及在实施过程中具体怎么干，都要尊重农民的意见，取得农民的支持。这就要求我们要扩大基层民主。可以说，新农村建设为落实村民自治提供了一次很好的机遇，也提供了一个很好的舞台。要珍惜这个机遇，认真地抓好村民自治工作。

4.葛慧君：重视新农村建设

中共金华市委副书记、金华市市长葛慧君说，改革开放以来，金华同全国其他地方一样，经济社会快速发展，人民生活水平不断提高。2005年，全市农民人均纯收入5516元，城镇化水平为55%左右。金华在经济社会发展中形成了比较鲜明的特色：一是区位优势明显；二是块状经济鲜明；三是商品市场兴旺；四是人居环境宜人。

她认为，本届“村长”论坛以“当好带头人、建设新农村”为主题，这既充分体现了中央关于建设社会主义新农村和构建社会主义和谐社会的战略部署，又充分反映了村党组织书记和村委会主任作为新农村建设领航者的重要位置和重要作用，具有很强时代性和现实针对性。这些年来，金华市坚持统筹城乡发展，高度重视新农村建设，取得了较大的成效，花园村可以说是整个金华市新农村建设的一个缩影。第六届全国“村长”论坛在花园村举办，既是宣传金华、展示花园的一次极好机会，同时也为金华各级干部特别是农村基层干部学习先进经验、扩大地区交流提供了重要机遇。

5.郭凤莲：建设社会主义新农村是一项长期的任务

全国人大常委、山西大寨村党总支书记郭凤莲说，建设社会主义新农村是一项长期的任务，也是一项宏大的系统工程。胡锦涛同志在省部级领导干部建设社会主义新农村研讨班上的讲话中指出：要调动广大农民群众的积极性和创造性，充分发挥广大农民群众的主体作用。广大农民群众是推动生产力发展最活跃、最积极的因素，是确保建设社会主义新农村成功的关键。温家宝总理在讲话中指出：要坚持尊重农民的意愿。农民群众是社会主义新农村建设的主体，是主要参与者和直接受益者，要尊重他们的首创精神，充分发挥他们的作用。要通过规划引导、政策扶持、典型示范等方式，动员和组织农民群众建设新农村，但不能包办代替，更不能强迫命令。这些重要论述，既是在新农村建设工作中必须把握的重要原则，同时也是做好新农村建设十分重要的工作方法。我们必须要贯穿于实际工作中。

郭凤莲提出，建设社会主义新农村，必须发展生产、壮大经济实力。建设社会主义新农村，首要的是农民有可靠的经济支撑和保障，如果村里没有优势明显的特色产业、集体没有稳定的收入来源，群众没有经济收入保障，建设社会主义新农村就会成为无源之水、无本之木，大寨地处太行山麓土石山区，全村1.88平方千米的面积形成了七沟八梁一面坡的形状，发展经济受到了条件制约，这是历史的、固定的、改变不了的客观因素。“学大寨”年间，只有单一的农业收入，当时全村每年最高收入为20多万元。改革开放以来，大寨党支部、村委会带领群众支撑起大寨金字品牌，大胆走经济强村之路。引项目、找投资、结伙伴、建立和发展时代新型经济产业链，先后创办各类企业十多家，现在已有30多种大寨牌产品走出了昔阳、走出了山西。

她认为，建设社会主义新农村，必须发挥农民群众的主体作用，尊重农民意愿，实事求是，因地制宜。大寨是历史的，也是现实的，更是开放的，在规划建设大寨的事业中，既保护了历史的大寨，又满足了现在大寨人的意愿；既保留了20世纪六七十年代建设大寨村时用一块块石头砌成的富有山西特色的石窑洞、砖瓦房，又建设了一批大寨特色的时代农家别墅，宽敞舒适，群众非常满意。大家团结一心积极投身于社会主义新农村建设事业中。推进社会主义新农村建设一定要坚持群众自愿，群众受益的原则，要坚持因地制宜，量力而行的原则，不给群众增加负担，不给政府增加麻烦，不讲排场、摆阔气，不搞政绩工程，只有实事求是地做，一点一滴地做，扎扎实实地做，才能让祖辈人放心。

郭凤莲强调，建设社会主义新农村，必须抓住基层党组织建设不放松。几十年大寨几经风雨的实践证明，党组织建设不能放松。20世纪60年代大寨曾遭受过百年不遇洪灾的洗劫，大寨党支部带领群众坚持艰苦奋斗、自力更生的精神，战胜了洪涝灾害，取得了新成绩。“学大寨”年间，大寨人硬是靠自己的双手改变了贫穷落后的旧大寨，建设起了新大寨。改革开放以来，大寨更新观念，紧紧抓住发展经济这一要务，以建设社会主义新大寨为目标，使大寨踏上了发展经济之路。在这之中大寨党员都充分发挥了先锋模范带头作用。省委组织部把大寨列为山西省农村基层党组织先进性教育的首批试点村，支部的各项工作受到了中央、省、市、县各级党组织的表彰。

6.吴协恩：当好带头人

江苏华西村党委书记吴协恩认为，建设社会主义新农村，既是党的十六届五中全会提出的一项重大历史任务，也是落实科学发展观的一项新的工作举措；既是现阶段深化农村改革的一次新探索，也是破解“三农”难题的一个新途径。这不仅为农村未来的发展指明了方向，而且对全面建设小康社会具有重大的现实意义。结合华西的实际，感到十六届五中全会对建设社会主义新农村所提出的“二十字”标准，确实非常具体、非常准确。他指出，当好带头人，必须榜样示范，必须科学决策，必须目光长远。建设社会主义新农村，关键要靠党支部、要靠带头人。村官在这场伟大的社会变革中，所处的地位十分重要，所肩负的担子不轻。要做好新时期的农村工作，需要共同携起手来，为全面的新农村建设，做出应有的贡献。

7.宋作文：为地方经济和社会发展做出新的贡献

山东龙口市南山村党委书记、南山集团董事长宋作文认为，花园村在邵钦祥书记的带领下，走以工富农、以工强村之路，经过不断发展，将花园村建设成为经济发达、百姓富裕、设施齐全、功能完善的农村新型社区，成为全面体现小康社会发展水准、城乡一体化文明向上、和谐共富的新农村，创造了“求实、创新、求强、共富”的花园精神，呈现出美好的发展前景。第六届“村长”论坛安排到花园村召开，为各地学习建设新农村的经验提供了难得的机会。南山集团是一个民营股份制国家级企业集团。改革开放以来，南山人经过二十多年的艰苦创业，逐步发展成为一座经济实力雄厚、社会文明进步、生态环境优美、群众安居乐业的现代化“农民新城”，并先后兼并周围11个村，实现了共同富裕。他说，南山集团下步将按照胡锦涛总书记提出的“生产发展、生活富裕、乡风文明、村容整洁、管理民主”的要求，持续不懈地解放思想，脚踏实地真抓实干，全力以赴加快发展，争取尽快把南山建成一个产业多元化、经营国际化、布局城市化、管理现代化的特大型企业集团，为地方经济和社会发展做出新的贡献。

8.吴恩福：走出一条通向和谐社会的康庄大道

上海市闵行区七宝镇九星村党总支书记吴恩福说，十多年前，九星村还是一个贫穷落后的村庄。好在领导班子团结奋进，几十位党员发挥了先进模范作用，广大村民群众同样具有坚忍不拔的创业毅力和与时俱进的创新精神，通过十多年的探索和奋斗，办成了上海最大的综合市场，终于使一个穷村一跃而成为综合经济实力居上海市首位的“首富村”。在中共上海市委八届九次全会上，九星村依靠发展第三产业建立富民强村的长效机制，得到了充分的肯定。九星村的实践在农村特别是在大中城市近郊，具有典型意义。吴恩福提出，九星已经做出现有

1 600亩非农用地的新发展规划，以提升综合市场的档次、功能和规模。今后五年，自主开发10万平方米的餐饮、娱乐服务业，20万平方米的商品住宅，30万平方米的商务楼，50万平方米的展柜式商厦，80万平方米的物流业。将走出一条全体村民共同富裕通向和谐社会的康庄大道。

9.白世峰:当好带头人需要关注的十大问题

陕西省西安市和平村党总支书记、村委会主任白世峰根据自己多年农村一线工作的实践，认为当好带头人不仅需要发挥带头作用，更要有新想法、新思维。他提出了当前农村尤其西部农村存在的十个方面的问题和自己的想法:

农村规划缺位和严重滞后问题。多年来，国家规划仅限于国有土地领域内即我们常说的“城市规划”，而农村土地属集体用地，政府规划一直没有延伸到这里。新农村建设，无规划显然不行，就是规划滞后也会直接影响到新农村建设的质量和发展速度。这一问题延续多年，截至目前仍摆在我们面前。农村要实现科学持续发展，这是一个亟待突破的瓶颈。

土地经营问题。分田到户、土地承包，三十年不变，诸如此类的国家大政方针，在农村必然形成了土地以户为单位、小面积分散种植经营的局面。而在当前形势下，这个曾解放生产力、解决农民温饱、促进农村发展的模式，与市场经济大环境中呼唤的“统筹资源、规模发展”的规律显然是相悖的，很不利于进一步发展生产力、解放农民。从改革开放到现在，政府对土地扮演的主要是“经营者”的角色。如果政府能够转变职能，变“经营型”的政府为“服务型”的政府，发挥引导而非主导作用，发挥农民的主动性、能动性，让农民自己来决定如何经营农村土地，并为农村、农民做好服务工作，关于土地经营方面的一些难题可以迎刃而解。

换届选举问题。主要表现为国家对于农村村委会换届相应的配套政策不完善或缺失，在某些实际操作中出现“管理真空”，从而在实践中出现了一系列的矛盾和问题，直接影响农村的稳定和发展。比如，上级党委、政府（包括司法部门）不能主动介入、有效监控农村换届工作，以致贿选等一些不良现象大面积滋生、蔓延，在某些地方甚至出现了失控的局面。看似形式上民主，实则与换届政策初衷相距甚远，这一不健康的“换届社会现象”已经上升为严重影响农村稳定和发展、需要高度重视和认真解决的大问题。

用老规矩处理农村发展中新问题的问题。农村发展了，出现了一些新矛盾和新问题，而国家在农村相应的政策调整又没跟上，目前农村处理诸如计划生育问题、姑娘户问题、大学生上学转户问题等，都是沿用老政策、老办法，一把尺子量到底，不能与时俱进，这往往直接引发新的更严峻的问题。这一问题特别应该引起政府和相关法律部门的高度重视。

农民教育问题。新农村建设的主体是农民，农民综合素质如何直接影响新农村建设的成效。目前农村的现状是人力资源培养与教育投资严重缺乏和不足，在市场经济和一些追求短期利益、金钱至上等不良社会风气影响下，农民素质现状有继续恶化的趋势，直接导致农村发展后劲不足。广大农村急需开展系统、持久、较规范的教育，以提升整体素质，这样才能从根本上实现农村科学持续发展。

集体经济缺乏引导和扶持问题。村级集体经济是社会主义公有制在农村的具体实现形式，是实现共同富裕的重要途径，对于农民减负、兴办农村各种公益事业、协调农民各类内部矛盾、巩固国家政权的村级基础，都具有不可替代的作用。目前，政府对农村发展集体经济缺乏科学的指导和扶持，集体经济没有相应的保障措施，农村集体经济总体发展缓慢，这将成为制约新农村建设的一个重要因素。

农村的稳定问题。目前，现行的法律法规在农村存在执行不力的弊端，而农民由于自身文化素质低、法律意识淡薄，直接导致部分地方黑、恶势力猖獗，正义、公平、和谐缺失，严重影响着农村的稳定和健康。没有稳定就没有新农村的和谐与发展，这一问题应该引起高度重视。

农村管理不规范问题。目前绝大多数农村的村政村务管理监督制度和民主决策机制不健全，财务管理缺乏专业知识的人员，上级政府平时监督普遍缺位，贪污、乱支、以权谋利的行为在一些村子相当严重，损害了集体和群众利益，影响了持续发展，对干部的健康成长也极为不利。这一问题亟待相关政府协调、综合各方力量进行解决。要实现农村可持续健康发展，首先要坚持村级党组织的领导核心地位；其次村级党组织要避免分散主义，防止重大失误，统一全体党员意志，科学决策，畅通政令。

农村难留人才问题。目前，广大农村的发展主要建立在自主的基础上，而新时期经济发展靠的是知识、科技和文化，发展的核心是人才。目前农村不仅缺人才，就是出了人才也难以留住，"农村孔雀城市飞"的问题如不能从根本上加以解决，必将影响今后的新农村建设。

加强调研问题。农村工作千头万绪，各相关部门应做好新时期农村转型阶段的调研工作，吃透底子，摸清问题，按不同地区、不同情况科学分类，有针对性地进行指导，理顺疏通，调动各方积极性，才能切实推进新农村建设。

10.杨雍哲：花园现象的内涵及价值

国务院研究室原副主任杨雍哲认为，花园村依托原来中心村的增长极，扩大社区，带动周边经济社会发展，值得高度评价。他指出，花园村的核心价值之一，就是正确处理了先富、后富与共同富裕的关系。这是中国社会进步的一个大问题，也是建设有特色社会主义的本质问题。花园值得借鉴的经验有：第一，发展花园集团，为共同富裕创造物质基础；第二，企业股份制，中层干部都有股份；第三，最值得肯定的做法就是建立了村民共享的十大福利工程，有住房工程、供水工程、交通工程、绿化工程、医疗工程、养老工程、信息工程、教育工程、修建工程、安全工程；第四，周边九村并入花园，带动更多的人走上共同富裕道路；第五，本村富裕之后，回报社会。

他还认为，花园村在外来务工人员融入当地方面做得好。花园村现在外来人已经八千多，其中多数应该是农民工。他们在花园，政治上受到平等对待；工作上，享受着与原来村民同样的待遇，同工同酬，没有歧视；住房上，同样拥有宽敞的公寓；学习上，与本村人同样享受着成人教育，既可以学习文化，也可以学习技术。更重要的是，他们与本村人同样享受医疗、养老保险，子女教育、过年过节的福利待遇。这五条就构成了外来工融入花园村，客体变主体的现象。将来这些外来工如果能在花园新村安家立业，就是花园人，他们就可以彻底从农业领域转到非农领域，成为城镇居民。

11.黄道霞：“浙江现象”的缩影及启示

国务院发展研究中心研究员黄道霞认为，“花园现象”是“浙江现象”的缩影。“浙江现象”自2001年11月29日全国经济工作会议浙江大会发言提出来以后，受到广泛关注，当时主要指的是多种经济、民营经济共同发展的现象。2006年7月4日，新加坡《联合早报》发表了《“浙江模式”值得深思》的文章，又把“浙江现象”称为“浙江模式”，进一步阐述了浙江经验，提出民营经济是可持续发展的主动力，民营资本使技术创新的自主性更高，本地资本创造了社会关系的和谐。10月9日，美国《金融时报》又发表了《浙江私营企业家乃中国之榜样》的文章，也阐述了“浙江模式”及其“奇迹”。文章称：“20世纪70年代，浙江的人均国内生产总值仅到全国中游，今天却已排名全国第四（仅次于京、津、沪）。”“中国政府公布的数据显示，2004年，浙江城镇居民的利息收入是上海的4.5倍，股息收入是上海的5.3倍。尽管上海的人均GDP更高，受到外国人称赞的摩天大楼更多，但在浙江和上海却存在这样的差距，这是为什么呢？答案是，在浙江，更多的人拥有并经营着成功的小企业。”“20世纪80年代，全国60%以上的小城镇企业家都来自农村，到了90年代，这些颇有成效的农村改革政策在别的地方有所倒退，但在浙江仍在继续实行。”“花园现象”是展现“浙江现象”“浙江模式”的一个“精品”。它立基于农民家庭民营“小企业”的“内生型”动力，自下而上地创业，全村农民能够获益于自己的创业才华和独立经营能力。"花园现象"是村民在领头人邵钦祥的领导下创造出来的。邵钦祥现任花园村党委书记、花园集团公司总经理，是一个有智力、有魄力、有毅力、有活力和有魅力的"一品"村官。花园村是出类拔萃的。它为我们的新农村建设，提供了不少重要启示。

12.骆友生：村官的榜样

中国农业经济法研究会会长、原农业部政策法规司司长骆友生认为，邵钦祥的创业精神和他的成功，很好地实践了毛主席的一句诗：世上无难事，只要肯登攀。花园村地处浙中山地，土地贫瘠，资源缺乏。以前，这里交通不便，经济落后，世代受穷。在中国实行改革开放的大形势下，花园村的村民穷而思变，决心改变山村面貌。邵钦祥受命于贫困之际，他走上村官的岗位后，立志改变花园的贫困面貌。他认为花园村地少人多，光靠农业，绝大多数村民不可能富裕起来。因此，他选择了以工富农、以工兴村的发展道路。从小做起，从小工厂到村级工业园，再到国家级集团公司。在这条发展道路上，他有两个突出的特点：一是不嫌小。从小做起，脚踏实地，从挣几百元到挣几万元钱，历尽千辛万苦，这一艰难的创业实践，却"激起村民纷纷要求入股办厂和自办厂的热情，全村140多户，居然办起了50多家户办联办企业"，为花园的发展挣到一些原始资本，从此走上长足发展之路。此乃"泰山不让寸土而成其事，长江纳百川而成其大"之理。二是不怕大。花园的工业有了相当的基础，从1996年开始，为了做大做强产业，开始进行产业结构调整，把产业发展锁定在高科技产品上。与中国科学院合作，成功开发维生素D_3项目，并建立了全球最大的维生素D_3生产基地，实现了企业发展战略的全面升级。

作为企业家，特别是民营企业家，在创业的道路上，不嫌小这一点，可能许多人能做到。不怕大这一点，能做到的就很少。邵钦祥为什么能做到呢？因为他"有胆有识，志于创新，敢于拼搏，喜于开拓，乐于奉献，实在是不可多得的企业家！"这是中国科学院院长路甬祥对他的评价。我理解这句话有几层意思：一是他有科学的头脑，"有胆有识"，装着他的睿智，"老在创新"。这在他整个创业过程中体现得十分突出，他总是有极强的超前意识。他的胆识来自何处？来自勤奋好学。他向书本学，向实践学，向专家、科学家学。这对企业家来说，特别是对农民企业家来说是成功的捷径。二是他无私。心底无私天地宽，他敢于拼搏，敢于以高投入去赢得高回报。三是他乐于奉献。他心里装着花园。他说"建设社会主义新农村是我一生的追求"。为了花村的共同富裕，为了花园村更美好的明天，他在不断开拓，不断创新，不断拼搏。除此之外，他还有一个突出的特点，就是他的倔强、好胜。这种倔强、好胜的性格来自他的自信。他说：“最难的事是人做的，碰到难的事，做事中碰到难做的问题时，特别需要自信。”再深一步说，这倔强、好胜的性格，原于他的人生观。他说过“人生的价值在于不断开拓、拼搏、奉献。”

贫穷的花园村变成农民的乐园，成为全国的模范村、浙江省小康示范村、浙江省农村现代化榜样，它的第一功臣是邵钦祥。

13.余展：花园现象的本质及普遍意义

中国村社发展促进会副会长兼秘书长余展说，花园村在邵钦祥这样一位有见识、有远见、有创新精神和有奉献精神的带头人的带领下，循序渐进，由一个贫穷落后的小山村变成了现在富裕文明的村庄，这种现象值得好好探讨。这个现象反映的实质是把农村、农民和现代文明、现代科学知识的成果结合起来。杜润生同志在《建设社会主义新农村的路径选择》中说：“建设社会主义新农村，重要的不在于增加投资，搞基本建设，改建住宅，重要的是培育提高作为主体的农民的文化水平，让广大农民会利用现代知识成果。借助市场，搭起农民和知识的桥梁。”按照杜老所讲的意思，农业和现代工业的脱节，农民和人类知识进步的脱节，农村和现代技术革命的脱节，是目前中国农村的主要问题。然而，花园村却很好地做到了以上的“三个”结合。当然，从花园村来说，也只是一个很好的开始。在某些领域，花园村已经跟上了、赶上了，甚至超过了世界发展水平，如维生素D_3项目。在农业方面，花园村也在逐渐发展。

余展还认为，花园现象的普遍意义并不在于都要办工业，特别是医药工业以及都要搞高精技术，而是引导农民学习运用先进的科学文化技术，利用现代文明的知识成果解决“三农”问题，让现代化新型农民来改变农村的面貌。

14.艾云航：花园是新农村建设的楷模

中共中央政策研究室研究员艾云航认为，花园村是新农村建设的楷模，是全面小康建设的榜样。全国的新农村建设步伐很不平衡，花园村的新农村建设已经远远走在全国的前列。花园村的新农村建设之所以发展得这么好，主要是因为走了一条以工富农、以工强村的路子。花园村原来很穷，靠什么富起来的呢？就是靠搞工业，从小工业到大工业。光是这条对全国来讲就有很好的借鉴意义。全国的许多名村之所以能富起来，走的就是发展工业的路子，同时又不扔掉农业，所以这些经验对全国来说都有很好的借鉴意义。如果不发展工业、商业，光靠一亩三分地是不可能带领农民共同富裕的。花园很重视高科技，自主创新，走高科技发展的路子。花园维生素D_3占到了国际市场的大头，就是因为他们和中科院合作，发展高科技的结果。目前我们国家的科技水平还很低，而花园村在这方面

中国名村格言墙

先行了一步。花园村的规划做得特别好，特别合理。花园村有一个很好的带头人——邵钦祥，他的风格高，事业心强，奉献大。

15.江惠生：花园是农村剩余劳动力转移的模式范本

广东农村经济研究中心主任江惠生认为，花园现象的确值得好好探讨。目前新农村建设的一个很大问题，就是如何完成农村剩余劳动力的战略大转移，而花园村提供了一种很好的模式，那就是发展工业，让更多的农民完成从农民到工人的转变。东部发达地区应该联合起来，对农村剩余劳动力进行异地转移。花园村在如何实现农村现代化，实现农民转移的方面提供了一个成功的可喜的经验。在推进社会主义新农村建设过程中要注意一些问题，比如说搞好绿化、基础设施建设、农村体制改革等。花园村很好地解决了在农村城镇化过程中造成的失地农民安置问题。

16.黄祖辉:花园村新农村建设启示

浙江大学中国农村发展研究院院长黄祖辉认为，花园村经验有几点启示：

其一，我国农村发展差异很大，村的类型也多，建设新农村应该从各自实际出发，不能搞一个模式和一种标准。花园村的实践体现了这点。花园村的新农村建设不是停留在已有的成绩上，不是小富即安，而是起点高、标准高、效率高，并且在具体的实践中，从自身实际条件出发，大胆探索和创新，充分体现了科学发展观、统筹发展观、和谐发展观和创新发展观。

其二，经济发达的村如何带动周边相对欠发达的村，共建社会主义新农村，是值得探索的问题。花园村在实践中进行了有效的探索和实践。在对周边9个村的合并过程中，花园村不搞差别政策，而是搞“五湖四海”，推进五个统一，即：财政统一、干部统一、规划统一、福利统一、用工统一，这一做法不仅凝聚了人心，调动了人的积极性，而且改变了花园村的面貌，拓展了花园村的发展空间。

其三，花园村的发展既源于国家改革开放的政策，又源于花园集团与花园村的相互协调。在体制上、利益分配上很好地处理了民营企业发展和乡村社区发展的关系，这种通过自身发展，自我积累，进而直接“以工哺农、以工哺村”，推动新农村建设和社区良性发展的道路和模式，不仅值得鼓励，而且需要总结和推广。

其四，花园村的发展和新农村建设，尽管力度很大，但群众满意度仍很高，重要的一条经验是不让老百姓吃亏。除了推行“五统一”的政策，还有不少做法值得借鉴。比如，用科学的规划引领新农村建设，将村庄的整治和公共设施的投入紧密结合、同步推进。这样做，既使村容村貌大为改观，百姓的住房条件和生活环境保护大为改善，同时又增加了农地面积，提高了土地的利用率。

其五，花园村的发展和新农村建设，之所以成效显著，除了上述原因，还取决于有一个团结一致、不断进取的领导班子和一位敢于创新、愿意奉献、善于管理、追求卓越的班子带头人。他们所确立的，并且带头进行的“先富带后富、共同富裕”的理念以及“奉献、公正、公平、公开”的行为准则，是该村不断发展的关键和精神财富。

四、论坛感悟

1.顾益康：论坛让我们开阔了思路

浙江省农业和农村工作办公室副主任顾益康在论坛后接受媒体采访，谈了对论谈的感受。他说这次论坛给与会人员留下了深刻印象，大家普遍认为这是全国“村长”论坛举办以来规模最大、主题最突出、效果最好的一届。全国最优秀的“村官”都集聚到东阳，集聚到花园，他们是我国社会主义新农村建设的排头兵，他们的到来，给大家提供了一个交流新农村建设经验的平台，这是一个新农村建设的群英大会，起到了互相学习、互相借鉴、互相启发的效果。如华西村的吴协恩、大寨村的郭凤莲、韩村河村的田雄以及浙江省花园村的邵钦祥、滕头村的傅企平等村官，都在全国有相当大的知名度，在新农村建设方面都有丰富的经验、独特的见解。这次“村长”论坛的一个显著特点是，与会人员大大超过了预期人数，千名村官聚一村，名村、强村、好村荟萃，前所未有，效果之好也出乎预料；更值得一提的是，55个少数民族的村官代表也参与其中，这对全国的新农村建设是一个很好的推动。通过论坛的举行，既宣传了浙江新农村建设的成果，也展示了东阳花园、横店等新农村建设先进典型，让与会人员充分体会到了花园村的魅力与风采。

他认为，本次论的主题是“当好带头人、建设新农村”，充分说明了带头人的作用。花园等名村之所以好，就在于有一个好的领头人，他们的共同特点是既有搏击市场风云的能力，又有无私奉献的崇高思想境界；花园等村的实践也表明，新农村建设要靠新农民，新农村建设要靠领头人，领头人的奉献精神、领头人的高素质是最重要的。全国媒体集聚东阳，通过媒体宣传，打响了花园品牌，打响了横店品牌，也打响了东阳新农村建设品牌，东阳花了很大精力举办本届论坛，是值得的。

他指出，通过论坛召开，让我们看到了新农村建设的美好前景，只要努力，更美好的新农村就在我们面前，同时也让我们看到了不足。新农村建设的星星之火不少，如何把星星之火变成燎原之火，还有很多的事情要做；论坛让我们开阔了思路，新农村建设既要从实际出发，又要博采众长，独树一帜。三人行必有我师，无论是南方还是北方，无论是发达地区还是欠发达地区，都有各自好的经验，论坛不仅仅使东阳受益，对全国各地新农村建设也起到了很好的推动作用。

2.蒋永志：以论坛召开为契机

中共金华市委常委、东阳市委书记蒋永志说，近年来，东阳新农村建设取得了显著成效，农村面貌大大改观，农民综合素质不断提高，2005年全市农民人均收入已达6 903元。实现了村村通广播电视、村村通等级公路、村村通公交汽车，涌现出了一批以花园村为代表的全面小康建设示范村。“十一五”期间，东阳人民将继续以科学发展观为指导，励精图治，奋发进取，积极实施工业经济、商贸流通、影视旅游多头并进战略，为把东阳建设成为“工业强市、商贸新市、影视名市、建筑大市、文教优市”而努力奋斗。

他认为，全国“村长”论坛是农村基层干部交流经验、探讨问题、沟通信息、洽谈合作、共商发展的平台。第六届全国“村长”论坛是在党的十六届六中全会胜利闭幕之际召开的一次盛会，也是在全国全面掀起社会主义新农村建设新高潮之际召开的一次盛会，意义非同寻常。论坛以“当好带头人、建设新农村”为主题，将进一步推动农村经济、政治、社会和文化建设。论坛也是一次全国社会主义新农村建设带头人的群英大会，东阳将以论坛召开为契机，虚心学习、借鉴各地先进经验，进一步加强农村基层干部的教育培训，提高他们的综合素质，促进东阳市社会主义新农村建设再上新台阶。

3.少数民族村官感受论坛

哈萨克族村官、新疆塔城地区乌苏市古尔图镇牧业四队党支部书记恰里木拉提说，参加全国“村长”论坛及会后的少数民族考察团，先后考察了浙江滕头村、航民村，江苏蒋巷村、华西村，上海前卫村、九星村。让他大开眼界，所到之处都感到新鲜，收获很大。新疆地处边远，自然和交通等方面的条件虽然比不上东部地区，但是有一种不甘落后的精神，新农村究竟怎么个建法？关键是因地制宜。

土家族村官、重庆市万州区恒合土家族乡国兴村的党支部书记蒲承明，认为参加论坛对他有很大的启发，觉得落在肩上的担子更重，对家乡村民的致富，应向名村、兄弟村学习。村里的基础条件差，但资源相当丰富。如，村子山地美丽如画，可做“农家乐”。参观崇明县前卫村看到他们从草本植物提取香水，这里的草本植物90%以上在他家乡都有，在这里是“宝”，在自己家乡却是“草”，他希望有识之士能去自己家乡开发。并告诉大家，他们家乡有天然的矿泉水，那就是家乡有一眼山涧泉水，冬天是温水，而夏天凉得刺骨。

4.高校学生感受论坛

参加全国“村长”论坛有感

2006年10月11日，我们一行六人代表中国农业大学来到了浙江东阳市，参加由中国村社发展促进会等单位主办、东阳市花园村承办的第六届全国“村长”论坛。我们在主办方的热情欢迎下开始了为期一周的调研和比赛活动。

对于一个在校大学生，这次能有幸参加全国“村长”论坛，可谓是难得的机会。他让我们更深入地了解了当前中国农村的发展状况，对农村现阶段的建设发展有了更新的认识，也为以后更好地为我国的新农村建设和发展服务，打下了一个坚实的基础。在此，不能不感谢筹办方的大力支持，钦佩他们的长远眼光。

在浙江的时间虽然就短短一周，但是回想这一周的种种经历和见闻，真是感慨颇多，受益匪浅。在滕头村，我们见识到了作为中国第一生态村的风采，整洁干净的街道，美丽如画的村容，热情质朴的村民，种种的见闻，使我们不得不在惊叹之余又有着阵阵欣喜。我们惊叹滕头村的发展，欣喜着国家的农村发展又上了一个新的台阶。我们参观花园村，不禁为之深深震撼，作为一个小小的村庄，居然能达到工农业总产值16.5亿元，这不能不说是一个巨大的飞跃。看着一排排美丽宽敞的别墅，看着一座座高耸的大楼，走在曲径通幽的小区路上，欣赏一栋栋整齐划一的楼房，你不禁感叹，这还是在中国的村庄里吗？传统的观念为之打破。可以说，无论滕头，还是花园，还是其他的各个名村，我感觉，能有今天的成绩，最为关键的应该是人，正是有着一个个一心为农村发展着想、带领农民吃苦耐劳、坚持奋斗的带头人，才会有今天的可喜面貌。所以说，人的因素最为重要。现在国家大力发展农村，大力实行改革，积极探索着发展之路，但我个人认为，一定要从人开始，农民本身要打破僵化的思维方式，要有一个开拓进取的奋斗意识，而作为“村官”也要思维转变，积极探索，寻求发展，为农民谋福利，如何做一个好的带头人，做一个合格的带头人，对农村的发展至关重要。现在国家大力提倡大学生深入农村当“村官”，这是个好的举措，我个人认为，虽然目前会有一些困难，但是从长远看，意义重大。而且，大学生当“村官”不是就单单一个人，他的后面是整个高等学校，是整个知识系统，这样，在如何把理论和实际完美结合上具有不可估量的作用，而且在解放思想、改善农村农民的思维意识和文化气息上更是具有强的优势。在不断的深入结合后，还可以把最新的科研成果、各方面信息与实际农业生产紧密联系在一起，使资源更好地利用和最大利用。这在国家的农村产业结构调整和发展上有着不可忽视的作用。

在这次的论坛上，我感觉对于农村发展和农村建设，定期地举办这种论坛和交流活动至关重要，它不但互通信息、交流经验，而且可以为农村的未来发展建设建立一个平台，互通有无，思想碰撞，定将会有新的成果和启示。而且，不断地接触和交流，可以让资源最大的合理利用并发挥其最大的效益。中国村社发展促进会的经验和做法是应该值得我们重视和发扬的。

最后，再次感谢中国村社发展促进会，感谢他们在中国新农村建设上的不懈努力和辛勤耕耘。祝愿他们在以后的探索中前景光明，硕果累累，祝愿我们的伟大祖国繁荣昌盛！

中国农业大学　赵汉青

论坛短评

——本届论坛的重要意义体现在：

（1）首次以乡村文化建设为背景，开展大学生专题辩论赛，为论坛注入了新活力，同时也开阔了村官新视野。

（2）推出了《中华百村图》，留存了以全国村庄为背景的独特景观，目前已成为“乡村文化地标性遗产”，并成为花园村主要景点，供人参观学习。

（3）开辟了少数民族村官的新农村建设学习考察之旅。在论坛结束之后，参会的55个少数民族村官历时一周考察了浙、沪、苏七个名村，这种形式，在国内是第一次。

（4）开展了独特的公益活动。即启动了“公益单骑万里行”活动，宣传新农村建设。同时，浙江新农村建设经验也由本届论坛向全国进行了传播。

——本届论坛的突出贡献人物是花园村的党委书记邵钦祥。他在第三届论坛上就提出承办“村长”论坛，由于其他原因，邵钦祥书记高风亮节，将第五届举办权让与大寨，继而承办了本届论坛。花园村为本次论坛提供了完好的后勤保障，并为少数民族村官的学习考察之旅提供了资金支持。

第七节　第七届全国“村长”论坛

◇时间：2007年11月2—4日

◇地点：江西省南昌市

◇主办：中国村社发展促进会，中共江西省委农村工作部，中共南昌市委、市人民政府，中共南昌市青山湖区委、区人民政府

◇承办：南昌市青山湖区湖坊镇进顺村

◇主题：关注民生，和谐发展

◇村庄介绍

进顺村是南昌市青山湖区湖坊镇的一个行政村。全村占地面积1.68平方千米，6个村民小组419户1 441人。村党委下设三个党支部（服务业总支、工业支部、农业支部），共98名中共党员。改革开放近三十年来，进顺村通过“盘活资产打基础、以地换地拓空间、招商引资谋发展”的三个发展阶段，实现了从第一产业到第二、三产业，从农业经济向工业经济，从乡村到城市，从农民到职工，从职工到股东的历史性转变。2006年，村集体固定资产5亿元，实现总产值20.5亿元，利税7 309万元，其中村级收入2 663万元，村民人均收入9 547元（不包括村民享受的16种福利待遇）。

一、论坛概况

2007年11月2—4日，第七届全国“村长”论坛在英雄城江西省南昌市隆重召开。中央有关部门及省、自治区、直辖市的有关领导、专家，来自全国各地的名村官、百亿元村村官、党代表村官、人大代表村官、八大革命老区村官、55个少数民族村官，以及国内6所大学的大学生代表汇聚洪城，欢度年度村官盛会。

论坛围绕“关注民生，和谐发展”的主题，探讨交流村官如何坚持科学发展观，推进新农村建设，关注农村的民生问题，构建农村和谐社区，实现全面小康。

11月3日上午，第七届全国“村长”论坛开幕式在南昌市红谷滩市行政中心广场举行。原中央政治局委员、第九届全国政协副主席杨汝岱，全国政协经济委员会副主任、全国“村长”论坛组委会主任段应碧，国务院研究室原副主任杨雍

哲，全国人大常委、农业和农村委员会副主任路明，江西省委常委、南昌市委书记余欣荣，江西省委常委、省委秘书长陈达恒，江西省副省长熊盛文，中共南昌市委副书记、市长胡宪，南昌市人大常委会主任李豆罗，南昌市政协主席王样生，中共江西省委副秘书长、省委农村工作部部长吕滨，中国村社发展促进会副会长兼秘书长余展，以及吴仁宝、王乐义、田雄等名村官出席会议。全国“村长”论坛执委会主任、江苏华西村党委书记吴协恩主持会议。余欣荣、陈达恒和南昌市青山湖区委书记熊桂金等领导分别发表讲话。杨汝岱同志宣布论坛开幕。

开幕式后，在红谷滩会展中心大厅举行了“关注民生、和谐发展”的主题报告会。代表们听取了吴仁宝、王乐义的讲话，特别是党的十七大代表吴仁宝老书记就十七大精神和参会的感受，以及如何贯彻十七大精神的讲话，受到了与会代表的热烈欢迎。全国人大农业和农村委员会副主任路明、国务院发展研究中心农村经济研究部部长韩俊等做了精彩的主题发言。

11月3日下午，会议分论坛进行：

名村官演讲。在农业部农村经济研究中心副主任赵泽琨主持下，吴协恩代表全国“村长”论坛执委、山东沈泉庄村党委书记王廷江代表百亿元村和八大革命老区村官、陕西东岭村党委副书记赵卫平代表西部村官、吉林红嘴村党委书记卢志民代表东部村官、山西龙门村党委书记原贵生代表参加本届论坛的十七大代表村官、福建龙岩西安村党支部书记章联生代表参加本届论坛的全国人大代表村官进行了精彩的讲演。

开展联村互动活动。联村村是中国村社发展促进会特色村工作委员为组织特色村交流，联合名村、强村、特色村，研究并提出有关特色村的发展战略，实现特色村产业发展与升级的全国性网络和信息平台。王乐义、吴恩福、黄福水、邵钦祥等名村官与农博网、旭农网等网络媒体共同启动开通了联村村网，服务中国特色村产业发展。

农村产权制度改革研讨。为总结农村改革的成果，特别是改革近30年来农村产权制度的发展与创新，本届论坛对此进行了探讨，并奖励在这方面做出贡献的村官和学者。

进行东西部村庄的对接。主要是就果蔬特色产业的对接，中国蔬菜产业技术标准化基地、蔬菜大棚的发源地三元朱村，北方、南方具有影响力的农副产品批发市场村——新发地村和槎龙村，与来自各地的8个果蔬特色产业村联合，以技术和市场为依托，以果菜产业专业村为基地，共同推进中国果蔬特色产业的发展。

进顺管理模式研讨会。会议由农业部农村经济研究中心副主任宋洪远主持，段应碧、杨雍哲、国务院发展研究中心研究员黄道霞、广东省农村政策研究中心主任江惠生、中央政策研究室研究员艾云航、中国村社发展促进会副会长骆友生和副会长兼秘书长余展、中国村社发展促进会民营经济专业委员会主任宋洪福、江西省新农村建设办公室副主任王志、南昌市副市长刘建洋等领导和专家出席了研讨会。进顺村党委书记罗玉英就进顺村的发展做了介绍，专家们就进顺村的管理模式进行了深入的探讨和分析，总结了进顺管理的若干经验和启示。

此外，分论坛会上还发布了中国名村影响力研究成果。此项研究是中国村社发展促进会特色村工作委员会咨商有关单位的专家学者，对名村的发展竞争指数、民生福祉指数、社区管理指数、文化形象指数、生态环境指数、公众影响指数的研究与评价。会上，向西部村庄赠送了《中国特色村实践探索》一书。

11月4日上午，召开了果蔬特色产业研讨会，“乐义果菜产业合作联合社”的发起成员王乐义、中国南北两个最大的农村市场领军人物张玉玺和张国浩、果菜特色产业村的代表，以及南昌市的几十个果菜特色产业村代表出席了研讨会。会议深入探讨了果菜产业存在的问题、背景、联合的方式方法等，取得了积极的成果。

同时进行的还有生态与“农家乐”旅游合作研讨会。刚刚被联合国评为“世界十佳和谐乡村”的浙江滕头村、“全球生态500佳”中的上海前卫村和河北前南峪村，中国“农家乐”的发源地——四川农科村，南昌市的生态村和“农家乐”旅游村庄参加了会议。会议探讨了生态旅游的发展优势和“农家乐”存在的普遍问题，提出了生态与“农家乐”村庄联合发展的新思路，提出了建立生态与“农家乐”合作组织的新思路。

此外，论坛还举办了“皇城相府杯”第二届全国大学生服务新农村建设大赛和全国民主法制示范村座谈。第二届大学生服务新农村建设大赛有中国人民大学、中国农业大学、中央司法警官学院、郑州大学、同济大学和复旦大学等六所高校参加，分创意赛和辩论赛展开，为样板村庄制定发展战略意见，辩论“三农”方面疑难问题。经过辩论和剖析，开拓了村官们的思路，有利于推进新农村建设的发展。全国民主法制示范村座谈是基层民主建设专题讨论会，主要探讨如何贯彻十七大精神，推进基层民主制度建设，近40余位村官代表参加了讨论。

11月4日下午，代表们参观了八一起义纪念馆、昌东工业园区和进顺小康家园。在进顺小康家园，刻有全国名村官格言的“中国名村格言墙”揭开了它神秘的面纱。“中国名村格言墙”记录了吴仁宝、郭凤莲、吴协恩、王乐义、田雄、王宏斌、吴恩福、傅企平、张家胜、邵钦祥、杨明、罗玉英等12位名村官的人生体会与箴言，浓缩了中国村官的思想、行为以及切身体验，是名村官实践探索和智慧的结晶，是全国村官学习的榜样。

在代表们种植“村官林”后，论坛迎来了它的闭幕式。第八届全国“村长”论坛的承办方北京昌平区郑各庄村党委书记黄福水从进顺村党委书记罗玉英手中接过了全国“村长”论坛会旗。

论坛闭幕后，组委会专门组织了参会的55个少数民族代表和部分八大革命老区村官代表到井冈山学习。

二、精彩回顾

1.名村格言催人奋进

为迎接论坛召开，进顺村建起了中国名村村官格言墙。格言墙选登了吴仁宝、郭凤莲、王乐义、田雄、吴协恩、王宏斌、吴恩福、邵钦祥、张家胜、傅企平、杨明、罗玉英的格言。这12位名村官，活跃在中国农村舞台、影响着中国农村话语，可谓中国当代最杰出村官代表。他们名誉多多：全国劳模、全国人大代表、十七大代表。他们功绩多多：百亿元村、数十亿元村、村民收入万元村。

格言是思想的精华。吴仁宝的“有福民先享，有难官先当”，郭凤莲的“全心全意地为老百姓谋利益，这一点到任何时候都不能改变”，王乐义的“群众的利益高于一切，党员的责任重于泰山”，这三句格言中都折射出一个“利”字，这个“利”字是为民谋，它反映出村官们浓厚的“民”之情结。三位村官是往届的中国功勋村官，他们的品质在本年度中国功勋村官田雄的格言上有一个显示——“自强不息，厚德载物”。这反映村官们是仁者、是强者，仁者爱人、强者奋争。

格言是实践的升华。吴协恩的“发展为先，富民为本”，是华西“天下第一村”四百多亿元年产值的见证；王宏斌的“发展集体经济，铸造共同富裕”，是红色南街村的集体道路写照；傅企平的“一犁耕到头，创业永不休”，是生态第一村滕头村的创业历史回顾；罗玉英的“勇于创新、敢为人先、和谐发展、富民强村”，则是江西第一村的发展道路概括。把这些格言总结一下，就得出这么几个词汇：发展、创新、富裕。这是中国名村庄所走的道路标志，它提示我们要创新、要发展、要走向富裕。凝结在当中的是一个字：干。

格言是励志标杆。吴恩福的“铁肩担负民生、爱心营造和谐，当村官，首当其冲的是责任，是为一方的发展与稳定、繁荣与和谐尽自己的责任”，邵钦祥的“公开公正讲奉献，为民谋利永不变”，张家胜的“作为带头人，就要为老百姓办实事谋幸福，当群众没有想到，我们必须先想到、先做到”，杨明的“村的发展比自己的生命更重要”，这些格言延续和拓展了中国功勋村官的思想理念，它向广大村官们提出了一个标杆，激励村官们要心有百姓、勇于担责，为民谋利。做村官不容易，做一个好村官更是“难上加难”。但好村官要迎难而上，自我加压，不如此，何以对父老、为村官？

秉承名村格言，踏实以求进，奋争以求富！

2.中国名村影响力排行榜正式发布

2006年12月，中国村社发展促进会特色村工作委员会、同济大学现代村镇发展研究中心、亚太农村社区发展促进会（APCRD）中国委员会、中华口碑中心（CPPC），联合成立“中国名村影响力研究评价课题组”，着力开展中国名村的研究评价工作，旨在促进名村的示范与带动作用，提升名村的竞争力与影响力。

经过半年多的研究，课题组制定出了较为科学的“中国名村影响力研究评价体系”（CVI，简称中村指数），对全国1 200个村庄进行筛选，确定500个名村作为首次研究评价对象，并按中村指数（CVI）研究评价出中国具有较高影响力的300个村庄。

2007年11月3日，在第七届全国“村长”论坛上，中国名村影响力研究评价课题组正式发布了中国名村影响力排行榜。

为全面、综合评价村庄的整体发展水平及其影响力，评委会选用了六大指标，包括发展竞争指数、民生福祉指数、社区管理指数、文化形象指数、生态环境指数、公众影响指数。所选用的指标涉及了村庄发展的各个重要方面，强调了村庄发展的协调与均衡，它们相互联系，各有特点，构成一个完整的评价名村影

响力的指标体系。

对于指标数据，一方面通过地方政府部门、媒体等渠道获得，另一方面以资料查询、调查问卷等形式获得，根据排行榜中的各项指标对每个村庄的数据进行评分。在本评价体系中，对于大多数指数采取了定量评价方法，其余指标采取了模糊评价方法，最终通过加权计算，得出了村庄发展的综合指数（CVI）（表1）。同时，此次排名评价指标体系注重了指数数据的时效性，注重积累性指数与年度指标相结合，可以较为真实、全面地反映各个名村发展积累的成果和发展潜力及影响效果。

表1 中国名村影响力排行榜综合排名

名次	名村	综合指数（CVI）
1	江苏省江阴市华士镇华西村	95.79
2	山西省昔阳县大寨镇大寨村	95.21
3	山东省龙口市东江镇南山村	95.18
4	上海市闵行区七宝镇九星村	95.04
5	浙江省东阳市南马镇花园村	95.00
6	北京市房山区韩村河镇韩村河村	94.90
7	江西省南昌市青山湖区湖坊镇进顺村	94.72
8	河南省临颍县城关镇南街村	94.71
9	云南省昆明市官渡区六甲乡福保村	94.65
10	浙江省奉化市萧王庙镇滕头村	94.62

3.少数民族村官上井冈宣誓发展民族地区

2007年11月5日，第七届全国“村长”论坛闭幕的第二天，论坛组委会组织参会的55个少数民族村官和部分革命老区村官前往井冈山参观考察，进行红色之旅，接受传统教育。进顺村为此次活动进行了精心安排，村领导专门陪同，细心周到。

11月6日，少数民族和革命老区村官第一站来到著名的黄洋界景点。这里是当年红军抗击敌军围剿取得胜利的地方，毛泽东主席曾写下一首著名诗词《西江月·井冈山》庆祝这场胜利：“山下旌旗在望，山头鼓角相闻。敌军围困万千重，我自岿然不动。早已森严壁垒，更加众志成城。黄洋界上炮声隆，报道敌军宵遁。”使得黄洋界成为井冈山代表景点。现在在黄洋界建起了诗词牌和纪念牌，纪念牌上镌刻着毛泽东的手迹“星星之火，可以燎原”。少数民族村官们聚集在诗词牌前合影，在纪念牌前集体宣誓：“星星之火，可以燎原；学习先进经验，发展民族地区。”青山苍茫，历史作证。当年的革命先烈奋战之地，如今又留下祖国各民族村官的誓言，革命先烈的精神激励着村官们奋发图强，发展民族地区。

接下来的时间，少数民族与革命老区村官参观了红军造币厂、红军医院旧址、大井毛泽东旧居、井冈山革命博物馆和烈士陵园，缅怀先烈精神，接受红色洗礼。11月7日，少数民族和革命老区村官们带着收获返回南昌。

4.乐义果菜合作体村庄对接

11月3日下午，在第七届全国“村长”论坛的分论坛上，中国村社发展促进会特色村工作委员会，中国蔬菜产业技术标准化基地、蔬菜大棚的发源地三元朱村，北方最大农产品批发市场——北京新发地农副产品批发市场，华南地区最大的准国际农产品批发市场——广州槎龙村增槎路农产品批发市场，携手共同与来自东、中、西部的8个果菜特色产业村，发起“乐义果菜合作体”，旨在通过联合社的形式，打破行业和地域的限制，建立“果菜技术中心＋农产品批发市场＋信息支持单位＋果菜生产专业村”的强强联合，以标准化的种植技术为基础，以中国顶级的农产品批发市场为支撑，以强大的信息服务为双翼，帮助更多发展果菜的村庄农民致富，推动更多果菜村的跨越式发展，实现中国果菜产业的整体改造升级。

首批参与对接的八个村分别是：山西绿色无公害蔬菜专业村——山西省洪洞县秦壁村；川西蔬菜生产专业村——四川省茂县凤仪镇坪头村；苏北蔬菜种植专业村——江苏省徐州市贾旺区紫庄镇石庄村；温室大棚专业村——山西省晋中市榆次区北田镇张胡村；果菜种植专业村——山西省晋中市任村乡东贾村；东北“一村一业”果菜名村——辽宁省盘锦市兴隆台锡伯族镇新民村；渝西蔬菜示范村——重庆市大足县雍溪镇石堡村；天府果菜种植示范村——四川省双流县彭镇羊坪新村。

三、论坛声音

1.陈达恒：努力谱写中国农村发展最新美的绚丽篇章

中共江西省委常委、秘书长陈达恒说，进入新世纪以后，江西坚持科学发展观，虚心学习兄弟省市先进经验，确立发展思路不动摇。大力实施生态立省，既要金山银山更要绿水青山，形成观念就是财富。全省实现工业产值三年翻一番，财税收入四年翻一番，国民生产总值五年翻一番。着力解决“三农”问题，实现城乡统一发展。但江西的发展还是初步的，还是经济欠发达省份，特别是江西农业和农村发展与兄弟省市相比，还有很大差距。实现江西真正崛起，全面建设小康社会还任重道远，还有赖于全省一万七千个行政村加速奋起。全国村长论坛以

“关注民生，和谐发展”为主题，抓住了当前农村工作热点，顺应了时代发展潮流。他倡导共同携手、共同推动、共同进步，努力谱写中国农村发展最新美的绚丽篇章。

2.余欣荣：在新农村建设上迈上一个新的台阶

中共江西省委常委、南昌市委书记余欣荣说，第七届全国“村长”论坛在南昌隆重召开，这是南昌市的一件大喜事。南昌是一座历史名城，迄今有2 200多年的历史。南昌也是一座山水都城，大山大水，真山真水。山水交融，城在湖中，湖在城中，是一座美丽的花园城市。南昌也是一个快速崛起发展的现代新城。新世纪以来，南昌城乡日新月异，人民生活水平不断提高，社会和谐稳定。他欢迎各位代表到南昌四处走走，寻找新的合作机会、交流商机。他希望通过会议的召开，南昌在新农村建设上将迈上一个新的台阶。

3.韩俊：农业与农村发展的新趋势

国务院发展研究中心农村经济研究部部长韩俊在论坛上说，本届全国“村长”论坛的主题是“关注民生，和谐发展”，这是社会主义新农村建设的根本。

韩俊认为，现在农业发展已步入新的阶段。必须看到农业新阶段的三大新趋势：一是农产品成本越来越高，收益越来越少；二是农资价格越来越高，财政支农资金越来越多；三是农业市场越来越大，但生产手段仍然十分落后。为此要处理好三个关系：结构调整与粮食安全问题的关系；政府补贴与农资涨价的关系；农业增效与农产品质量安全问题的关系。家庭承包经营的基础不能动摇，但要引导农民组织起来，搞集约经营。

韩俊说，农村劳动力结构也出现重大变化。虽然总体上青壮年劳动力仍存在过剩的现象，但经过二十多年的持续转移，越来越多的地区农村青年剩余劳动力的存量正在被吸纳殆尽。不能抽象地从总量角度看待农村劳动力的供求关系，更应该重视从结构角度看待农村劳动力的供求关系。农村劳动力供求关系正从长期“供过于求”转向“既过剩，又不足”。“过剩”是指总量上劳动力按时间衡量，折算成劳动力仍然是供大于求的；“不足”是指结构上有技能的、年轻的农村劳动力的供求正在逐步向供不应求转变。在劳动力供求关系出现新变化的背景下，许多重大政策问题需要研究。例如，如何培养合格的农业经营者；如何营造有利于农民工回乡创业的政策和制度环境；如何使义务教育、公共卫生等基本公共服务逐步覆盖到农民工；如何允许长期进城务工农民工尽快融入城市；等等。

韩俊提到，集体经济发展也进入新的阶段。村庄一定要发展集体经济，就是村办集体的村办企业，但要从传统的思维走出来。集体经济的存在和土地集体所有制是连在一块的。将来的产业要由沿海向西部转移，要为农民留一点可持续发展的基础、来源。对发展集体经济，应该抱着实事求是的态度，要客观地看待集体经济组织的作用。集体经济的发展，首先以保障农民的利益为前提，以深化集体产权制度改革为动力。集体资产管理还要完善，对农民的集体资产要平等保护，土地权益要平等保护，公共服务要平等享受，就业也要平等保证。那种不把土地看作农民既定的财产，更不把土地承包权看作一种应该保护的财产权利，是不对的。

韩俊指出，国家与农民的关系也进入了一个新阶段。过去在计划经济时期，国家对农民是只取不予。现在进入了建设全面小康社会阶段，是少取多予。这两年从中央到地方，加大了公共财政对农业，对农村基础设施、公共服务事业，以及对农民社会保障的投入。农民需要政策激励，更需要制度公平。在制度上保障农民权益，已成为新形势下国家与农民关系的焦点。注重建立起城乡公平的制度框架，是解决好"三农"问题的根本要求。他提出，要保障农民的土地权益，建立城乡平等的就业制度和统一的劳动力市场，保障农民平等享受公共服务的权利，保障农民享受社会保障的权利。

4.王乐义：坚定不移地走社会主义道路

三元朱村党支部书记王乐义说，江西南昌是革命之地，为全国解放做了巨大的贡献，这次论坛是一次受教育的会议，我们这些村官代表参会是来受教育的，要不忘老前辈的革命精神。要坚定信心，高举中国特色社会主义伟大旗帜，坚定不移地走社会主义道路。

他介绍说，三元朱村经过两年的时间，成功研究了第五代日光温室大棚。在零下25℃左右，只要光照好，大棚不需要加温。这一成功又为中国北方扩大了冬季蔬菜种植面积，为更多农民致富开辟道路。

他提到十七大报告要求发展现代化农业，培养有文化、懂技术、会经营的新型农民。三元朱村为建设社会主义新农村建立了一个现代化农村培训基地，一次能培训300多人。他在会上表示向北方的村官，奉献出这个技术。

5.吴仁宝：贯彻十七大精神、务实求真谋发展

华西村老书记吴仁宝在论坛上介绍了自己参加党的十七大的情况，他说华西的发展就是走自己的路，创造了五个"五"：美丽的华西村，建设了山容、河容、田容、厂容、村容"五容"；幸福的华西人，建设了票子、车子、房子、孩子、面子"五子"；就经济来说，发展了农业、工业、商业、建筑业、旅游业"五业"；管理形式上说，创造了"一分五统"；华西的朋友则是五湖四海，国内国外都有许多朋友。

吴仁宝强调，一定要实事求是，从实际出发。十七大报告中肯定坚持两个毫不动摇：坚持巩固发展公有制经济毫不动摇，坚持支持鼓励引导非公有制经济发展毫不动摇。中央对“三农”多予、少取、放活，少取不单纯是农业上的少取，还有其他方面，包括农村企业。“创造条件让更多群众拥有财产性收入”都写进了报告，华西村里就有财产性收入，原来大家还不理解。报告还提出了要探索新的合作经济方式等大家关心的问题，真是个好报告，自己衷心拥护。

吴仁宝提到，要有效益的发展才叫科学发展，如果粗放式发展，老百姓没有得什么益，子孙后代还要受害的，就不叫科学发展。发展就要解放思想，解放思想就是要实事求是。华西有两句话：发展是硬道理，有条件不发展是没有道理，没有条件创造条件发展才是真道理。如果村书记说我们没有条件不能发展，那老百姓就会说你不行让行的人来吧。这样干部身上才会有压力。对于实事求是，《华西村歌》有体现：“华西的天，是共产党的天，华西的地，是社会主义的地，华西人民艰苦奋斗团结奋进，锦绣三化三园，社会主义的新华西；华西的天，是共产党的天，华西的地，是社会主义的地，实践检验华西，社会主义定能富华西。”这个村歌是1969年编的，那时有些人不要共产党的领导，他就编了这个村歌。这里有一个定位，就是信仰共产主义；有一个实干，社会主义不是喊出来的，是要干出来的。怎么干出来？就是艰苦奋斗，团结奋进。

吴仁宝认为，落实十七大精神，就要发展为民，发展是要让老百姓富起来，要让老百姓的物质、精神、环境都要好起来，这就叫为民。但不能说富得快就是十七大精神落实得好，有些地方条件确实差，比较难做到。这就要讲“特色”，快的也好慢的也好，总之是要加快，关键还是要发展，而且发展一定要为老百姓，改革发展的成果让老百姓共享。

吴仁宝说，自己工作了五十多年，遇到“三个最难”：千难万难，实事求是最难；千难万难，当头把手最难；千难万难，上面不团结下面办事更难。班子一定要团结，团结非常重要。这话他曾在十七大会议上向胡锦涛总书记说过，总书记表示同意。

6.吴协恩：目标是明确的

作为全国“村长”论坛执委会的主任，也作为华西村发展中的实践者，华西村党委书记吴协恩认为，农村要改变面貌，要建设社会主义新农村，要全面建设小康社会，困难是有的，但目标也是明确的。

他提出要始终坚持经济发展不动摇。一个村要想改变面貌，要想百姓富裕，没有经济的发展是办不到的。要实事求是分析本村的现状，从实际出发，明确发展的目标，制定切实可行并留有余地的规划；长期坚持经济发展作为村建的中心工作，从小到大，从弱到强，以大创优，以强创精，逐步壮大村级经济总量；创造条件发展集体经济，有了集体积累，发展的能力会更扎实，用于村级公益事业的资金来源才会有保障。

还要始终坚持致富百姓不动摇。以人为本的理念，就是一切为了老百姓。发展经济需要“村官”带头，更需要全体村民的合力。只有村民思想统一，发展经济才能切实可行。反之，发展经济的成果，也必须同步惠及全村老百姓。要让老百姓看得见、摸得着经济发展的实惠，要让大部分老百姓的纯收入逐年增长，让村民看到村干部发展经济不是为了自己，是为了全村老百姓，那他们就会全心全意地支持我们的工作，支持我们一心一意谋发展。

吴协恩另外强调，要始终坚持执政为民不动摇。一个村官的带头作用是一个村发展与否、富裕与否的关键。作为村级一把手，他必须具备大公无私、一心为民的思想，必须具备发展经济、与时俱进的能力，必须具备民主管理、统筹兼顾的方法。立党为公、执政为民不是口号，是一句实实在在而又必须做的座右铭。

7.杨雍哲：进顺村成功的秘诀何在?

国务院研究室原副主任杨雍哲认为，“进顺管理模式”有五个特点：

第一个特点是审时度势抓发展。发展机遇对每个村都是平等的，但是能不能抓住，情况就不尽相同了。党的十七大再次强调：抓住和用好重要战略机遇期，全面建设小康社会，加快推进社会主义现代化。学习贯彻十七大精神，就要像进顺村那样，抓住近郊村变成城中村的机遇，好好发展自己。

第二个特点是从产业结构的薄弱环节突破。抓发展也大有学问，也要审时度势，找准切入点，抓住突破口。进顺村取胜的战略告诉我们，经济发展要从当地的实际出发，从社会上产业结构的薄弱环节入手，从市场供不应求的产品突破，这样易于切入、立足、取胜，再以一业取胜所积蓄的实力，有条件地发展其他相关产业，逐步做大做强。进顺这样的发展思路、发展战略，值得城市近郊农村特别是城中村借鉴。

第三个特点是走股份合作制道路。理顺了发展方向、路线以后，就要充分调动村民的积极性，也就是最大限度地解放和发展生产力，去实现既定的目标。进顺村在这方面的重大举措是：对集体所有制资产实行股份制改造，按一定比例量化给村民，让村民持有集体资产股份，走股份合作制道路。这就适当地调整了生产关系，使村民实实在在地感受到自己是村集体经济的主人，实实在在地获得“月月有工资，年年有分红”的双重实惠，其结果必将进一步解放和发展生产力。

党的十七大报告讲到要坚持和完善按劳分配为主体、多种分配方式并存的分配制度时，提出要“健全劳动、资本、技术、管理等生产要素按贡献参与分配的制度”。进顺的股份合作制，就是为村民增加了一份按资本分配的收入。至此，进顺的村民在变为职工的基础上，又实现了第二个有历史意义的变化——职工兼股东。这第二个变化无疑会给集体经济带来强大的凝聚力、强大的活力。

第四个特点是物质与精神文明双发展。随着集体经济发展，逐步建立起一套完善的社会事业，最大限度满足村民对物质文化的需求，体现了经济发展是以人为本的真实目的。村集体经济发展给村民带来的幸福生活，必然转化为热爱集体、热爱国家的精神力量，这种精神力量又会反作用于集体经济，转化为更大的物质财富。

第五个特点是具有现代气息的领导班子。以罗玉英同志为首的具有现代气息的村级领导班子，是进顺走上成功之路的一个决定性因素。说他们具有现代气息，主要表现在三个方面：①他们用现代思维观察形势，决策未来。②他们用现代知识营运经济，发展社会事业。③他们用现代模式来管理进顺事务，使集体经济和社区又好又快发展。

8.王志：进顺之路是具有时代先进性的成功之路

江西省新农村建设办公室副主任王志认为，从发展方向上看，进顺村的发展模式，彰显出中部欠发达地区城郊型农村经济发展的正确方向。他说，进顺村按照“依托城市、服务城市、致富农民”的发展思路，充分利用区位优势，打城市牌、打服务牌。进顺村的发展，关键在于能够坚持从实际出发，抢抓改革开放和城市化、工业化进程给城中村带来的发展机遇，在夹缝中求发展，在挑战中找机遇，在服务城市上做文章，探索并走出了一条适合自身经济健康快速发展的崛起之路。进顺村的发展路子，在发展城郊型农村经济方面，是有典型性和代表性的，对城郊型农村经济发展具有启示和借鉴的作用。

王志指出，从发展方式上看，进顺村的发展模式，走出了一条显示出集体经济增强与农民收入增加，统分结合、协调发展的成功之路。进顺村经济能够长期可持续高速增长的内因，就在于适时地推进了集体企业全民股份制改革，在于探索出坚持村级管理两条线：一条是以村民代表大会为最高决策机构的村民自治管理；一条是以股东大会为最高决策机构的现代企业管理。实现了村企管理优势互补、和谐统一，形成了村级管理企业化的进顺管理模式。

他同时认为，从发展目标看，进顺村的发展模式，探索出了经济发展、政治民主、文化创新、社会和谐的经济建设、政治建设、文化建设、社会建设全面发展之路。进顺村致富思源、富而思进，坚持做到发展不忘群众，发展不忘民生，发展不忘扶贫济困，不忘帮助弱势群体。真正体现了发展依靠人民群众，发展为了人民群众，发展成果让人民群众共享。进顺村关注民生、造福群众的实践，体现了社会主义关于效率优先、兼顾公平的本质要求，有效地化解了村民在生活、工作上遇到的各种困难，大大提高了村民的幸福指数。这与建设社会主义和谐社会、和谐乡村的要求完全吻合，是具有时代先进性的成功之路。

9.骆友生：守住区位优势，顺风使舵，勇往直前

中国村社发展促进会副会长、中国农业经济法研究会会长骆友生认为，随城市发展，摆在城郊村面前有两个前途、两种命运：一种是随着城市的扩大，农村的土地被征用，给村民适当的补偿或者给安排个工作。这种补偿的标准都是很低的，几年就会花光；这种工作大多是边缘性的，很不稳固，没几年就下岗，从而变成无地、无业、无社保之民。这种命运很值得同情，但这种情况在全国各大城市到处可见。另一种，与此相反，他们把命运掌握在自己手中，发挥区位优势，借城市发展之势，排除多种困难，开拓前进，为自己争取到光辉灿烂的前途，以罗玉英为代表的进顺人就是这样。

他认为进顺人具有超前眼光，巧借城市发展的东风，顺风使舵。把城市的发展之势力作为自身发展的推动力。不是一味地等别人来征用土地，而是通过土地的置换和购进，不断扩大自己的领地。在自己的地盘上实施符合城市发展需要、服务于城市发展的发展战略。即“以第三产业为发展主体，举龙头、拓空间、多门类、跨行业、大发展”的发展战略。随着产业领域的不断延伸和拓展，进顺村逐步形成一个以第三产为龙头的庞大产业格局，创造出发展的奇迹。

10.余展：进顺管理模式实质是推进城市化进程的管理模式

中国村社发展促进会副会长兼秘书长余展说，进顺管理模式用一句话概括，实质是城郊村和城中村推进城市化进程的管理模式，或者称作城郊型农村社区融入城市社区进程中的管理模式。

由于城市化进程的加快，使城郊型的进顺村成为城中村。在这一进程中，在进顺村领导班子的带领下，特别是罗玉英同志的带领下，进顺适应城市进程的需要，围绕这一目标，制定和实施了一套相应的管理制度，使这个村庄正在不断融入城市社区，农民和农村都在实现角色的转换。

城市中的村庄向城市的融入，村民向居民的转变，不仅表现在城乡户籍的转换上，更重要的在于产业转换、资产转换、职业转换、社会保障的转换和公共产品的转换。可以说，在这几方面，进顺都有成功的做法和值得借鉴的经验。

产业的转换，即由第一产业为主，向第二、三产业为主的转换，其前提是适应由城郊型农村向城中村转变的需要。随着城市化进程的步伐加快，本来土地资源就较少的进顺村，靠种地卖菜已无法生存。这时，村的领导意识到城市化机遇和挑战的到来，进顺村所处位置具有发展第三产业的得天独厚优势，萌发出新的创业冲动，果断地选择了以第三产业为发展方向，进军旅游服务业。以完成村民向职工的转变为标志，进顺的发展进入了初级阶段；当进顺村完成由职工向股东的转变时，这个村的发展进入了提高阶段；当进顺村的社会福利体系形成的时候，这个村的发展又进入了升华阶段。

资产的转换，就是对原有的集体资产的股份制改造。这方面进顺解决得较早、较好。早在1999年，在罗玉英同志的倡导下，村民代表大会即决定了实行股份合作制改造。这是适应城市进程的需要，明晰产权，落实原有集体资产的管理制度，增强村民的主人翁意识。从进顺的做法看，主要包括：准确评估，即对原有集体资产的清产核资和科学评估；公平量化，从进顺看，分为成员股（即人头股）、工龄股（即工作年限股）、岗位股（即职务年功股）、优扶股（即优待股）、贡献股（即奖励股）；方案可行，在借鉴外地经验的基础上，结合本村情况，拟订改制方案，请专家论证，交村民讨论；坚持实施，本着公平、公正、公开的原则，将量化方案公布，使村民胸中有数。这些规定和做法，较好地实现了原有集体资产的股份制改造。

职业的转换，即农民以从事农作物种植为生转变为以靠工资为生的职业转换，即就业岗位的转换。这方面进顺进展更快，早在1989年鄱阳湖大酒店竣工开业之后，进顺村民就已基本上脱离了土地，走进村属企业当上了工人，过上了靠工资为生的工人生活。

社会保障的转换，过去农民所拥有的土地不仅具有生产的功能，即提供农产品以维持生计的功能，而且具有某种社会保障的功能，即为农民提供某种社会保障，可以依靠出租或转让土地获得一定收入。在失去土地之后，农民成为城市居民但又未被纳入城市社会保障的体系。在进顺，村民们依靠原来的集体经济享受着十几项的福利待遇，包括社会统筹养老保险、退休工资、购房优惠、医疗补贴、大病救助，以及义务教育、职业培训等。

公共产品的转换，即各项基础设施建设费用，在进顺全部由村集体负担。在转为城市居民之后，城中村的各项基础设施建设，同样未纳入城市基础设施建设体系，这些公共品的提供，仍需由原集体经济组织提供。进顺在这方面同样做了大量工作，包括道路硬化、村庄亮化、绿化、水电煤气设施，全由村里支出。为此，全省在此开了现场会。

从这几个方面来看，进顺村的管理模式，实质上是城中村加快城市化进程的管理模式，它代表了这一种进程中管理模式的转换。

进顺村的经验证明，一个好的村庄、一个好的集团，除了必须有好的领导、好的班子外，同时，必须有一套规范性与创新性的管理制度作为支撑，规范化地管理着日常的生产、生活活动，保证运作的正常流程和效率。其重点是：对职责的明确，对工作的投入和对团队的认同。

区别于传统的家长制管理，现代的科层制管理，把管理的权利和义务分散于各个科层，分科执掌、分层负责。现代组织管理理论，把组织看成一个系统，要实现组织目标和提高组织效率，取决于组织系统内各子系统及各部门之间的有机联系。同时，一套好的制度规范，应当是稳定和动态的统一。一成不变的规范，肯定是不适应不断变化的现状的规范；而经常变化的规范，也不一定是好的规范。任何切合实际的规范，应当是稳定和动态的统一。

11.黄道霞：进顺村的六次优化资源管理配置

国务院发展研究中心研究员黄道霞认为，进顺的发展有个最显著的特点，就是管理有方。这个管理有方表现在，改革开放以来，随着本村经济发展、环境变化，不断适时地对自己拥有的土地、劳动力、资金等主要资源（生产要素），按市场运行规律，进行了六次较大规模的调整和优化配置，取得了村域经济和社会的又快又好发展。

他指出，进顺村在优化资源配置中，把管理的一般职能，即管理的计划、组织、领导、控制、激励、创新等职能，贯穿到了全村的经济建设、社会建设、政治思想建设、文化建设等工作的全过程；一项工作，从制定目标开始，到实现目标，全过程都有强的管理，“全都依照现代企业管理制度规范运行”。进顺村把工业现代企业管理，移植到了农业的一个基层行政村，这是一个创举，比较独特。这对全国绝大多数“管理缺乏”村来说，是个“启蒙”。

他还认为，进顺形成了独特的社会主义管理理念主要体现在以下几个方面：

在优化资源配置中，坚定不移地进行了民主管理。依靠村民自治制度，充分发挥村民代表以及村民代表大会议事机制的作用，动员全村村民参与村务管理，保证了各项管理工作能够在发扬民主的基础上进行，实现管理民主。

在优化资源配置中，坚定不移地走集体致富道路。始终坚持把全村资源真正作为全村村民整体所有，全村是一个牢不可破的命运体，全体村民利益及其“民生问题”，重于一切。千方百计改善民生、加快全村社会建设。

在优化资源配置中，敏锐地应对区域经济社会环境的快速变迁，完全没有受变化的消极影响，而是趁“变”带领全体村民，不断攀登发展高峰。这是风险应对管理好。

在优化资源配置中，始终充满“谋发展”“创财富”的强烈意志和上进精神，敢于向新领域、新产业进军，敢于淘汰落后，敢于不断调整结构。“敢为天下先”。

在优化资源配置中，珍惜土地，把土地当成发展的最重要基础。当本村土地被征用后，能够利用城区土地市场机制，千万百计到村外购置土地，“跳出进顺发展进顺”。

在优化资源配置中，善于对外开放。进顺村“农民”与中外客户，进行了成功的合作。进顺村不仅是改革、发展中的进顺村，而且也是开放中的进顺村。

四、论坛感悟

胡小洪：再掀全区新农村建设的新高潮

南昌市青山湖区区长胡小洪说，村官是带领广大农民群众投身社会主义新农村建设的领头雁，是社会主义新农村建设的中坚力量。本届论坛的成功举办，带来了全国各地知名村官发展理念的交融，发展思想的对话，发展实践的探讨。它必将有力地促进广大村官在推进社会主义新农村建设新的伟大征程中，成为生产发展的带头人、生活宽裕的领路人、乡风文明的倡导人、村容整洁的维护人、管理民主的践行人。论坛成功举办，使青山湖区广大基层干部启迪了思维，开阔了视野，增长了知识。青山湖区将充分汲取各地宝贵经验，借鉴各地先进做法，再掀全区新农村建设的新高潮。

论坛短评

——本次论坛的重要意义体现在：

（1）首次发布了中国名村影响力排行榜，依托评价体系，将村庄的综合实力与各方面建设做出了排名，村庄间有了可比性，这对村庄发展有着强力推动作用。

（2）以公益支持为依托，落实了胡锦涛总书记视察三元朱村时的嘱托，联合了三元朱村、一批蔬菜村和南北两个主要批发市场，共同在推广蔬菜技术、培养蔬菜技术人才方面做了探索。

（3）56个民族村官汇集井冈山，以革命先烈的事迹，鼓舞村官们团结起来，万众一心，共同为发展农村做出贡献。

——本次论坛突出贡献人物是进顺村党委书记罗玉英和时任中国村社发展促进会办公室副主任张金文。作为论坛承办村领导，罗玉英书记为论坛的举行呕心沥血，做了很多工作。张金文是江西人，他在论坛筹备和举行期间，始终工作在第一线，迎难而上，使论坛顺利举行。

第八节　第八届全国“村长”论坛

◇时间：2008年9月27—28日

◇地点：北京市昌平区

◇主办：中国村社发展促进会，北京市农村工作委员会，中共北京市昌平区委、区人民政府

◇承办：昌平区北七家镇郑各庄村

◇主题：科学发展、创新为民

◇村庄介绍

郑各庄村有568户，1 500人，村域面积4 432亩。宏福集团是郑各庄村的经济实体。十多年来，郑各庄村积极推进新型城镇化建设。创建了以村为基础、宏福集团为经营实体的“村企合一、以企带村”的经济运行体系。通过产业结构调整升级，实现了由传统农业向现代化的第二、三产业的跨越。郑各庄创新土地流转经营机制，将农地置换为集体建设用地，为推进城镇化和工业化提供了建设用地保证。推行自主城镇化，依托村民自治，以自主投资、自我建设、自我管理、自我服务方式实施了旧村改造工程，村民搬迁上楼，完善了幼儿园，大、中、小学校，休闲娱乐，商业服务等公共服务设施以及道路、交通、水、电、气、热、污水处理厂等市政基础设施。

一、论坛概况

2008年9月27—28日，第八届全国“村长”论坛在北京市昌平区北七家镇郑各庄村召开！来自全国各地的知名村官，党代表、人大代表、政协委员和全国劳模中的代表村官，55个少数民族村官代表等近800人相会聚首，共话“农”事，共叙村情，共谋发展。

为纪念中国农村改革30周年，交流农村改革发展创新经验，加快社会主义新农村建设步伐，论坛以“科学发展、创新为民”为主题，探讨在新的起点上如何坚持科学发展观，推进村庄观念、组织、产业、人才、文化等方面的创新与发展，使村民得以最大限度地享受改革发展带来的成果。

27日上午，论坛举行开幕式。中共中央政治局委员、全国政协副主席王刚，原中共中央政治局委员、第九届全国政协副主席、全国“村长”论坛组委会名誉主任杨汝岱出席开幕式。中央财经领导小组办公室原副主任、全国“村长”论坛组委会主任段应碧，全国政协副秘书长全广成，农业部副部长高鸿宾，北京市副市长赵凤桐，北京市政协副主席熊大新，农业部原副部长路明，北京市农村工作委员会主任王孝东，北京市昌平区委书记关成华，中国村社发展促进会副会长兼秘书长余展，全国“村长”论坛执委会主任、江苏华西村党委书记吴协恩，全国人大常委、山西大寨村党总支书记郭凤莲，十七大代表、山东三元朱村党支部书记王乐义等人在主席台就座。赵凤桐、关成华分别代表北京市委、市政府与昌平区委、区政府致欢迎词。在热烈的气氛中，杨汝岱宣布论坛开幕。

王刚做了重要讲话。他指出，全国“村长”论坛是农村干部交流和沟通的平台。自论坛召开以来，坚持“‘村长’论坛‘村长’办”，始终致力于加强经验交流，实现优势互补，促进共同发展，受到广大农村干部的普遍欢迎，为促进我国农村经济发展和社会进步做出了积极贡献。他相信在有关方面的大力支持下，在大家的共同努力下，全国“村长”论坛将越办越好，发挥更大的作用。开幕式前，王刚与杨汝岱会见了部分村官代表并与全体代表合影。

开幕式后，论坛进行“科学发展、创新为民”的主报告。北京市农村工作委员会副主任高华介绍了京郊社会主义新农村建设情况，京郊农村在过去30年取得了突飞猛进的发展。农业部政策法规司原司长郭书田做了《村官的历史任务》报告，向村官提出了维护农民合法权益、推进农业现代化建设、发展有特色的乡镇企业、办好合作经济、推进生态文明建设等五项重任。

随后，全体代表参观了部分村庄改革发展成就展，数十个村庄的近百幅展板，用简洁的文字、生动的图片折射了30年农村改革发展的巨大成就。

27日下午，主论坛召开。中央政策研究室副主任郑新立到会畅谈30年改革我国农村的快速发展，指出发展比较好的村子，都有一个好的领导班子。他还宣读了原中央顾问委员会委员、中央农村政策研究室主任杜润生给论坛发来的贺信。吴协恩、江苏省张家港市永联村党委书记吴栋材、上海市闵行区九星村党总支书记吴恩福、河北省滦平县周台子村党总支书记范振喜分别发言，他们结合自己村庄的发展轨迹，畅谈了村庄如何改变思路，加快发展步伐，引起代表们的共鸣。

全国“村长”论坛关心四川地震灾区村庄重建家园情况。主论坛上，四川彭州市宝山村村委会主任、宝山企业集团董事长贾卿和阿坝州汶川县萝卜寨党支部书记马前国先后发言，介绍了村干部带领群众英勇抗震救灾的事迹。这两个村的党组织都被中组部表彰为“抗震救灾先进党组织”。在地震发生后，许多村庄纷纷慷慨解囊，对灾区村庄进行了重建支持，仅全国“村长”论坛49个执委所在的村庄捐赠就超过了6 000万元。受灾村庄代表特地制作了感谢锦旗，在论坛上赠送给提供支持的名村代表。上海杨王村、福建溪南村分别向四川省都江堰市禹王村、彭州市宝山村捐助20万元，支援两村的生产自救。论坛还为郑各庄黄福水书记颁赠农村建设社会公益奖。民政部社会福利和救济司司长王振耀到会发言，他充分肯定了中国村社发展促进会做了一件好事，指出这种“村对村”的对口扶持定能减缓受灾村庄的灾情，帮助他们尽快恢复发展。

论坛向与会代表推出一种全新村庄发展模式——村企集团合作。浙江省花园村党委书记邵钦祥介绍了花园村与浙江省航民村、滕头村、方林村、上海九星村“五村合作”。浙江省农业和农村工作办公室原副主任顾益康对“五村合作”模式进行了点评，认为市场经济面前，村庄共闯市场，需要一种合作，尤其是强村之间村企集团的合作，以利于做大村庄经济。

随后进行了名村影响力的发布，并且推介了“中国经济十强村”，它们是：华西村、南山村、长江村、沈泉庄村、九星村、永联村、东岭村、红嘴村、航民村、西王村。

9月27日晚上，与会村官在温都水城观看了盛大的文艺演出，关牧村、马玉涛等知名艺术家为代表们奉献了精彩的节目。晚会上，表彰了三位“功勋村官”和2008年“十大杰出村官”。

9月28日上午，论坛召开四个分论坛。“郑各庄现象”研讨，探讨了郑各庄的发展特点及其共性意义；中国村庄蔬菜产业发展大会，讨论了村庄如何发展壮大蔬菜产业；“星光工程”全国少数民族村庄发展交流会，讨论了少数民族村庄如何发展问题；全国生态500佳暨中国绿色村庄高端论坛，探讨了生态型村庄发展与合作问题。各个论坛都取得了积极效果。

9月28日下午，论坛举行了“国之基石、民之丰碑”主题村官雕塑墙揭幕仪式。历届“十大杰出村官”和“功勋村官”的肖像被雕塑在一起，他们作为农村干部的杰出代表，深刻反映了雕塑的主题。

随后，论坛举行闭幕式，全国人大原副委员长何鲁丽同志出席。北京市昌平区区长金树东、吴协恩分别在会上讲话，肯定本届论坛取得的成绩。十一届全国人大代表、云南昆明市福保村党委书记杨明代表出席论坛的全体村官宣读了《北京·郑各庄宣言》，宣言倡导进一步解放思想、锐意改革，关注粮食安全与农产品安全，发展农村经济，带领农民致富。金树东、黄福水向山西省阳城县县委副书记贾二庆、阳城县皇城村党总支书记张家胜交接了全国“村长”论坛会旗。第九届全国“村长”论坛将在皇城村举办。论坛闭幕后，全体代表来到奥林匹克公园，参观了鸟巢和水立方等奥运场馆。

二、精彩回顾

1.贺信

论坛召开之际，年届95岁高龄的原中央农村政策研究室主任杜润生同志专门发来贺信：

（1）一村之长，要提高自身文化素质。

（2）办事认真。天下无难事，只怕不认真。

（3）要挤时间读书，最近几年出版的《读书》《百年湖》《炎黄春秋》，介绍给大家。

祝第八届全国“村长”论坛召开！

2.郑各庄宣言

出席第八届全国“村长”论坛的全体代表达成共识，以《北京·郑各庄宣言》的形式公布，以与全国村官共勉。

北京·郑各庄宣言

（1）解放思想，锐意进取，坚定不移推进社会主义新农村建设，坚定不移走中国特色农业现代化道路，坚定不移加快形成城乡经济社会一体化格局。

（2）坚持家庭承包责任制，积极引导农民组织各种专业合作，提高农民市场竞争能力，发展壮大村域特色产业，形成规模化经济。

（3）重视粮食生产，为国家粮食安全尽职责，调动农民种粮积极性，提高粮食综合生产能力。严格规范使用各种农资，切实保证农产品安全。

（4）牢记全心全意为人民服务宗旨，勤勤恳恳地工作，任劳任怨地服务，积极探索更多带领农民致富的新路子，创造更多发展村庄经济的新模式。

我们有一种共同信念：在党的领导下，在新的征程中，我们将不负历史赋予当代村官的光荣使命，深入学习实践科学发展观，在实践中创新，在创新中发展，努力开创农村改革发展的新局面！

3.中国名村影响力排行榜

9月27日，第八届全国“村长”论坛上，中国名村影响力联合研究评价课题组发布了第二届中国名村影响力排行榜。华西村、大寨村、南山村、九星村等300个村庄依次入选本届综合指数排名300佳；此外，还评选出以华西村为榜首的发展指数前十佳、民生指数前十佳，以上海太平村为榜首的管理指数前十佳，以滕头村为榜首的绿色指数前十佳，以皇城村为榜首的魅力指数前十佳，以大寨村为榜首的口碑指数前十佳。

该项研究评价工作，由中国村社发展促进会特色村工作委员会、同济大学现代村镇发展研究中心、亚太农村社区发展促进会（APCRD）中国委员会、中华口碑中心（CPPC）联合成立的中国名村影响力研究评价课题组具体承担。根据有关建议，课题组在进行2008年名村影响力研究评价过程中，对评价体系中个别指数进行了适当修订：加强了对经济指数的考量，将发展指数二级指标中的经济实力指数的权重值上调为15%；考虑到民生指数与经济指数有着很强的相关性，因此减少了5个百分点的权重值；魅力指数是村庄对外界综合影响的直观反映，因此增加了5个百分点的权重值；而社会责任感指标，原来体系中未列，考虑到社会责任感是反映村庄在发展自身之外，对社会责任的承担，在评价其社会贡献力、影响力方面有着重要意义，因此，增加了社会责任感评价指数，并设定其权重为10%。

三、论坛声音

1.王刚：全国“村长”论坛是农村干部交流和沟通的平台

中共中央政治局委员、全国政协副主席王刚在论坛上说，他受贾庆林主席的委托，出席第八届全国“村长”论坛开幕式，首先代表全国政协和贾庆林主席，向第八届“村长”论坛开幕表示热烈的祝贺！并向出席会议的代表，向长期辛勤工作在“三农”第一线的广大农村干部致以亲切的问候！

他指出，全国“村长”论坛是农村干部交流和沟通的平台。自论坛召开以来，坚持“‘村长’论坛‘村长’办”，始终致力于加强经验交流，实现优势互补，促进共同发展，受到广大农村干部的普遍欢迎，为促进我国农村经济发展和社会进步做出了积极贡献。相信在有关方面的大力支持下，在大家的共同努力下，全国“村长”论坛将越办越好，发挥更大的作用。他希望全国“村长”论坛进一步加强与政协组织和政协委员的联系。

在讲到30年农村改革取得的巨大成就时，王刚指出，这是我们坚定不移贯彻党的路线方针政策的结果，是亿万农民群众发扬首创精神、共同团结奋斗的结果，也与长期在最基层、默默无闻、埋头苦干的广大农村干部的拼搏奉献是分不开的，党和人民不会忘记你们为农村改革发展所建立的历史功绩！王刚对广大农村干部提出了进一步加强学习、进一步发扬首创精神、进一步强化民主法制意识、进一步增强创新观念等要求。

2.赵凤桐：交流、学习和合作的一次盛会

北京市副市长赵凤桐说，农业丰则基础强，农民富则国家盛，农村稳则社会安。近年来，北京市委、市政府坚持以科学发展观为指导，认真贯彻党中央、国务院的决策部署，扎实推进社会主义新农村建设，努力促进城乡统筹发展，使全市农业发生了突破性变化，农民发生了观念性变化，农村发生了由表及里的变化。这其中，凝聚着我们广大农村基层干部特别是村级党政带头人的心血。他深深地体会到，加强农村基层组织建设，培育和造就一大批忠于党的事业、有思想、懂经营、善管理的农村基层领导干部，对加快农村经济发展、维护农民利益、促进农村和谐意义重大、影响深远，是建设社会主义新农村最基础、最重要的工作。

他认为，全国“村长”论坛是广大农村基层领导干部之间开展交流、学习和合作的一次盛会，也是展示社会主义新农村建设成果的一个重要舞台。本届论坛以党的十七大精神为指导，以“科学发展、创新为民”为主题，是深入学习实践科学发展观的一次实际行动，必将对进一步推进全国社会主义新农村建设产生深远而积极的影响。

3.关成华：开拓新农村建设更广阔的思想天地

中共北京市昌平区委书记关成华说，昌平是首都城市发展新区，近年来，按照科教创新基地、人文生态景区、和谐宜居新城的发展定位和建设新型的现代化城市发展新区的发展目标，加快推进各项事业发展。区域环境不断优化，人们素质不断提升，产业和人口聚集程度越来越高，经济和社会保持了平稳较快的发展。

他提到，昌平按照城乡一体化发展思路，不断加快推进社会主义新农村建设，努力做到创新发展、统筹发展、和谐发展。在昌平区内有首都最美丽的乡村，有明十三陵、小汤山温泉等特色旅游资源；有都市型现代农业，有郑各庄这个京郊璀璨明珠、村级旅游文化产业基地，可以说，昌平的农村大地同样是一块多姿多彩充满希望的沃土。

他认为，全国“村长”论坛是农村基层干部精英的盛会，是中国村官的经验交流和思想碰撞的舞台。这样大型活动能在昌平举办，倍感荣幸和光荣，会认真做好服务工作，努力为论坛的顺利举办提供良好环境，为各位“村长”参与论坛提供便利条件。他祝愿来自全国各地的“村长”朋友们，在论坛期间以畅所欲言、真诚交流、努力凝聚、面向未来的认真思考，开拓新农村建设更广阔的思想天地。

4.郭书田：村官的历史重任

农业部政策法规司原司长郭书田认为，党中央提出“统筹城乡经济社会发展、建设现代农业、发展农村经济、增加农民收入、全面建设小康社会”以及建设社会主义新农村，基础在村。实现这个任务既是各级党政领导的重大责任，又是亿万农民的殷切希望，也是村官的光荣使命。

他将村官的使命定义为：

第一，把维护农民的合法权益放在首位。农民说，过去基层干部对农民有“三要”（计划生育——要命、征购粮食——要粮、征收税费——要钱），现在是要地。土地是农民的命根子，土地是乡村农民集体所有，承包经营权永远归农民，要维护农民的承包经营权。有的地方在推进工业化与城镇化以及农业产业化经营中，实行土地股份合作制，承包户在不丧失承包权的前提下，采取土地入股的形式，既能获得工资性劳务收入，又能获得土地股份分红的财产性收入，还能免除农民的后患，是值得推广的。

第二，努力推进农业现代化建设。一定要防止在工业化过程中出现发达的工业和繁荣的城镇，而萎缩的农业。工业越发达，城镇越繁荣，越要强调农业的基础地位不能动摇和削弱。现代农业的特点是不仅有高产出的生产率和商品率，还要有高的劳动生产率。除了使用现代的技术手段提高农业的科技含量外，还必须扩大经营规模，提高规模效益。这就要求根据十七大提出“健全土地承包经营权流转市场”，在依法、自愿、有偿的原则下，促进土地经营使用权的流转，扩大经营规模，形成经营大户和农业企业，解决“农业副业化与农业劳动力老龄化”问题，由“两栖农民”转为“现代农民”，也就是农业企业家。

第三，大力发展有特色的乡镇企业。进一步发挥乡镇企业“以工补农、以工促农、以工建农”与促进公共服务的两项功能。在乡镇企业改制中，有的地方把乡镇企业与城市中小企业等同对待，强调企业就是追求利润最大化，因而削弱甚至取消为农业与社会服务的功能。乡镇企业是农民的企业，服务农业与社会是它的天职，政府在财政、税收、信贷方面应给予必要的支持。

第四，认真办好合作经济。解决小生产与大市场的矛盾，只能走合作制的道路。在这方面曾经走过许多弯路，付出了沉重的代价。十七大提出“探索集体经济产权的有效实现形式”十分重要。土地实行家庭承包制后所有权如何实现，尚未解决。林业的产权制度改革政策已经到位，效果很好。《中华人民共和国专业合作社法》的颁布，推动了各类专业合作社的发展。而专业合作不能代替社区合作。社区集体所有的资产有两部分：一是土地；二是集体企业。不少地方采取建立社区股份合作社的办法，把资产变为资本，量化给所有者成员，使农民获得了知情话语权、决策参与权、资产处置权、收益分配权、管理人员选择权，使农民真正成为主人，行使当家做主的权利。社区合作组织同村民自治组织的干部交叉任职由社员与村民选举产生，农村基层民主政治建设对建设有中国特色的社会主义具有重大的实践意义与理论意义。特别是中西部地区，发展乡镇企业是一项重大而紧迫的任务。

第五，积极推进生态文明建设。党的十七大首次提出建设生态文明，成为物质、精神、政治、生态四大文明之一，强调建设资源节约型和环境友好型社会，建立资源有偿使用制度和生态环境补偿机制。奥运会强调绿色奥运。这些都表明中央的治国理念有重大调整。如何使这些理念落实到千万个村的生产建设中，村官肩负着重大的责任。不能再走以牺牲资源与环境为代价高速发展经济的老路。

郭书田特别强调，建设有中国特色社会主义新农村，实现小康目标与和谐社会，主体是农民，关键在村官。每个村都拥有丰富的自然资源、人文资源、人力资源，需要有一个科学的中长期发展规划，确定具有优势与特色的主导产业。村官在这三大资源的配置与实现规划中起至关重要的作用。毛泽东说过，路线和政策确定以后，干部是决定因素。村官虽不是上级任命的官，而是由村民选出来的领头人，责任重大。村官是中央确定的路线、方针、政策的实现者，在实践中还要从本地的实际情况出发，有所创新，也可以说村官是经验的创造者。贵在“不唯书、不唯上、只唯实”，发扬自强不息和勇于克服困难的精神，才会有创造性。56个民族的村，有各具特色的文化传统，把中华民族的传统文化与现代化建设融为一体，就会创造出万紫千红的社会主义新文化。

5.刘守英：“郑各庄现象”所引发的政策诉求

国务院发展研究中心农村经济研究部研究员刘守英认为，郑各庄现象体现了改革开放30年的成就，也反映出取得成就过程中仍然存在的阶段性制度缺陷，但是最重要的是她代表了农民继续建设自己美好家园前进的呼声。他发问：改革的下一个30年，我们是否应当更加关注郑各庄现象所蕴含的农民自主创新的心愿，解决他们在自主创新中所遭遇到的难处，按照他们的意愿、从为黄福水们建造一个更加容易创新的环境的出发点，去进行更为积极的制度创新？为此他提出建议：

（1）抓紧给农民自主建造的城市上“户口”。应当尊重农民最基本的土地权益，紧随农民在改革中走出的在自己土地上从造田、造厂到造城的阶段性进步，从政策和制度层面承认并支持集体土地上造城的创举，从规划和管理层面确认这些创举所造成的新的格局，给集体土地上造城以合法的“通行证”和“身份证”，从而调动广大农民群众建设新农村、实现城市化、促进城乡一体化的积极性。考虑到在集体土地上建设城市是农村城市化和新农村建设的必然趋势，应当在法规和政策层面率先承认这个现实情况，及时做出顺应历史发展趋势的积极回应。

（2）制定区域性的土地政策。在将国土划分东中西、都市地区与乡村地区以及不同功能区的基础上，进一步强化区域政策，支持较为发达的东部地区、都市地区、先行工业化地区自行出台一些政策和制度，充分调动地方各级的积极性，进行进一步改革的探索和试验；自下而上地及时反馈群众和基础创造出的好的经验，上升到各级政策和制度层面，形成适合当地发展阶段、地方特色的规制。实施城乡一体化的都市区发展战略。在较为发达的都市地区，以国家支持、地方为主规划逐步取消城乡分治的体制，在不改变原有集体所有制财产关系的前提下，将有条件的农村社区管理体制过渡到城市社区管理体制，将规划范围内的城市化村庄的大型基础设施纳入城市基础设施投资体系，将规划范围内的城市化村庄的主要公共品投入纳入城市公共投资体系，将农村居民纳入城市的生活保障与福利体系。

（3）在进入工业化后期的发达地区，按照城乡一体化方向，统一规划土地利用。一方面，实行严格的保护农业、保护农地制度，严格耕地转为集体建设用地的管理，加大非法转用的处罚力度。通过严格控制耕地转为建设用地来控制粗放型增长速度。但是应改变过去那种着眼于靠“禁止”来限制的办法，在“禁止”的同时，采取加强对农业的补贴、加强对农业从业者的补助、加强对以农业为主地区的补贴的办法，逐步改变农村从事农业与非农业之间劳动者之间收入差距、福利差距和生活条件差距过于悬殊的局面，弱化将农地转为非农的动机。另一方面，利用各种政策性、制度性手段来支持农民集约利用集体土地，调动他们集约使用集体建设用地的积极性。实现节约集体建设用地的核心问题，是把农民群众作为城市建设的参与者，赋予他们参与城市建设的功能、任务和权益，把他们的积极创造纳入规划，给他们以选择的余地，留地于民，留权于民，使他们可以在规划指导下自主地使用那些节约出来的集体土地去发展产业，解决稳定就业和取得长期收益的生活大计；使他们能够从节约和集约使用土地的行为中得到好处，受到鼓励。这是保护好农业生存与发展的根本路径选择。

（4）支持农民盘活农村资产、加快农村发展，尽快出台规范宅基地商品化的相关政策规定。分区域改革宅基地福利分配制度，在传统农区仍实行以各省制定的宅基地福利分配制度，在大中城市郊区及东部沿海土地非农化程度较高的地区，试行取消宅基地福利分配制度，对于仍保留农民身份的家庭，可以宅基地有偿使用方式配置宅基地。鼓励农村集体经济组织、村属企业通过宅基地的商品化进行旧村改造，在符合规划和用途管制条件下，将节约出来的宅基地以自用、厂房出租、土地出租方式集约利用，也可以进行商品房开发。宅基地上所产生的土地租金、物业收入和房屋销售收入主要归村农民集体所有。向宅基地上建设的物业和房产，参照国有土地上的物业和房产，颁发不动产权证。允许宅基地上的物业和房产可出租、出让、可抵押。

（5）*制定加强集体建设用地管理的政策法规*。在用途管制和符合规划条件下，允许集体建设用地出租、出让、转让、可抵押。加快建立集体建设用地交易市场，允许省内地区之间集体建设用地指标的交易。出台鼓励地方进行存量集体建设用地整理的政策，使用存量集体建设用地进行建设的，只需办理用途审批手续，不再占用年度建设用地指标。实行与国有建设用地相同的集体建设用地有偿使用制度，包括协议出让和招拍挂出让方式。对于合法进入集体建设用地市场的土地、物业，颁发集体建设用地使用权证和物业权证。

（6）*建立城乡统一的房地产市场*。在都市城郊地区，适应现阶段已经出现的城市工业、就业和人口向外离心扩展的趋势，允许宅基地和集体建设用地上进行房屋建设，并对外出租、出售。鼓励在城郊集体建设用地上盖农民工公寓，解决外来人口居住问题。建立农村集体建设用地住房建设准入制度，对于合规的房产颁发集体房屋权证。研究出台城里人到农村购房或租房的管理办法。

（7）*出台农村集体建设用地级差收益分配办法*。明确农民集体是土地级差收益的主要获得者，允许农民集体有权获得宅基地和集体建设用地出租、出让后的级差收益；允许企业与农民集体合股、合作开发集体建设用地，但企业只获取物业和房产投资的销售利润，保留一定比例的物业或房产给农民集体，以出租方式永久获得一笔收益，解决村庄公共投资和村民福利。制定集体建设用地级差收益管理办法，保障农民土地权益。试行地方政府征收集体建设用地土地税。

6.黄道霞：“村企合一”使基层组织力量重心向村经济主体移动

国务院发展研究中心研究员黄道霞提出，郑各庄“村企合一”村级组织新形式，是郑各庄人在1996—1999年，对村管集体所有制经济单位，进行深化改革“改制”，村域经济大发展，“经济强村”已经形成的基础上，村组织相应变革，实现了村级组织制度的创新。其实质，是提高村经济的支撑企业宏福集团公司的地位，使它支撑其企业化、市场化现代管理功能，即全村公司化，统筹全村经济一体化发展，推动全村新农村建设，全面小康建设，农业现代化建设的发展，全村的发展能够以经济建设为中心。这样，“村企合一”已经在郑各庄村经历了十来年的实践。它使郑各庄村实现了“企业富、村富、村民富”的共同富裕局面。

他认为郑各庄“村企合一”实现了村的三个一体化：

政治的一体化：通过宏福集团公司设立党总支，下设村庄农村支部、企业支部双支部，由总支副书记二人分任农村、企业支部书记，党总支书记兼村委会主任和企业经理，实现了全村各个实体的政治一体化。但这不意味着各个实体不能独立存在；而各个实体的职能、民主集中机制，都是独立、自主发挥的。只有当涉及村整体利益以及各方相互关联利益发生冲突的时候，它能够统筹一体化解决。

经济的一体化：对全村经济资源、道路土地、劳动力、资本等，能够优化能量，提高经济效益。即资源共享，优势互补，集约经营。所以，“村企合一”，实际上解放了生产力，发展了生产力。

社会的一体化：对郑各庄社区内的人群，不论是本村人、外来人（引进的精英人才、打工等），不论是农民、工人，一视同仁，实现了一体化的社会福利、社会保障、社会服务，促进了社会的进步。

7.余展：村庄与企业的关系

中国村社发展促进会副会长兼秘书长余展认为，在推进农村的工业化、城市化进程中，许多村庄都出现了数量和规模不等的企业，形成了一定规模的非农资产。但是，以血缘和地缘关系为纽带的村庄，同与追求利润最大化为目标的企业，本不属同一范畴的组织。前者代表村民的利益，对村民负责，寻求内部的收益稳定和福利增加；后者代表投资者的利益，对投资者负责，寻求投资利益的最大化。如何处理村庄与企业的关系，郑各庄采取了一种“村庄公司化”的模式，为村庄和企业的共同发展形成一种独特的体制框架、收益分配和利益格局，形成既有分工又有合作的村企关系。在明晰村庄和企业各自产权的基础上，建立以村为基础、以企业为经济支柱的“村企合一”的经济体制，实现资源共享和优势互补。同时，理清农民集体与企业关系的股权结构。改制后的郑各庄宏福集团，以改组前的宏福机械化施工集团的实物出资2 000万元，占66.6%的股份；村委会以实物出资500万元，占16.6%的股份；116位自然人出资500万元，占16.6%的股份。改制后，形成了公司利用村庄资源谋求发展，为公司资本形成和发展壮大做出贡献；村庄使公司的发展得到不断提升，村民的生活福利大大提高。

他指出，郑各庄的做法，实际上是采取合约形式，将村庄、村民从原来的村办企业中剥离出来，保证农民的承包地以远高于务农的收益取得固定报酬，在企业工作再获取一份工资；企业则获得了农村资源的使用权，企业管理摆脱了原来村庄的地缘、血缘、人缘关系的影响，节制了乡村家族文化的影响，以及传统的家长式管理体制，得以广泛吸纳现代管理人才，形成现代管理制度，保障了企业按现代经营制度和发展，以适应国内外激烈地市场竞争。

8.杨雍哲：新农村建设实质上是农村的现代化建设

国务院研究室原副主任杨雍哲认为，新农村建设实质上是农村的现代化建设。郑各庄村在这个方面发挥了示范作用。党的十六届五中全会指出：“建设社会主义新农村是我国现代化进程中的重大历史任务。”这句话是对新农村建设的定义，它说明了三点：一是新农村建设是与国家现代化建设同步发展，结伴而行，共始共终的；二是新农村建设是长期的艰巨的历史任务，起码要半个世纪，因为我国到本世纪中叶基本实现现代化；三是新农村建设实质上是农村的现代化建设，因为没有农村的现代化就没有国家的现代化，农村现代化是国家现代化的前提。说新农村建设实质上是农村的现代化建设，可以从三个方面来看其内在联系：一方面，建设新农村是要依靠现代科学技术，来引领农业和农村经济发展，以建设现代农业、农村经济和农民致富为追求目标；另一方面，建设新农村是要以现代生活水准，来引领农村宜居环境的改善，以建设优良的乡村风貌和生态环境为追求目标；此外，建设新农村是要用现代社会文明成果，来引领农村文化、教育、卫生、社保等社会事业发展和民主法制的完备，以培植高素质的农民队伍和完善农村长治久安的社会体制为追求目标。这三个引领，逐步把农村引上现代化。新农村的新字，实质上就是新在现代化，即把贫困落后的传统农村建设成现代化的新农村。

他提到，今日的郑各庄，村域产业工业化，村民生活城市化，是一个颇具现代气息的新村庄。从经济发展来看，他们凭借大城市近郊区的区位优势，已经从过去以种地为生的农业村转型为以非农产业为主体的工业村。村级资产由30年前的20万元发展到现在的32亿元，人均年收入达到21 000元，生产力得到空前发展。从社会发展来看，已经从昔日的传统农村转型为事实上的“乡间小城镇”。他们拥有全套城市标准的基础设施、公寓楼房、绿色环境、公共事业、福利保障、社区管理、物业服务，社会全面进步，村民生活城市化了。由于经济的快速发展和社会的不断进步，使这个过去的千人小村创造出三大重要贡献：一是为社会创造了6 500个就业岗位；二是每年为国家创造7 000万元税收；三是更重要的是他们依靠自己的力量，创建了一个有一万多居民的事实上的“乡间小城镇”。这个“小城镇”是一个具有相当潜力的增长极，是产业和人口的汇集点，今后将为带动周围经济社会现代化做出新的贡献。

9.黄小虎：《中华人民共和国物权法》中的几个土地权利问题

中国土地学会副理事长黄小虎说，2007年3月16日十届人大五次会议通过、2007年10月1日实施的《中华人民共和国物权法》（以下简称《物权法》），立法过程历时13年。从一开始就引起土地理论与政策研究界的高度关注，主要关注点：农村土地承包经营权的物权地位；农村集体建设用地包括宅基地的物权地位。这些内容集中体现在第三篇用益物权中，同时在第二篇所有权和第四篇担保物权中也有涉及。总体感觉，《物权法》对这些问题解决得不够理想。

他认为，《物权法》明确了土地承包经营权为用益物权，这是对2002年8月29日第九届全国人大常委会二十九次会议通过、2003年3月1日实施的《中华人民共和国农村土地承包法》有关规定的发展。《中华人民共和国农村土地承包法》规定，承包方"依法享有承包地使用、收益和土地承包经营权流转的权利，有权自主组织生产经营和处置产品"，这实际上就是用益物权的权能（占有、使用、收益、处分），但并未使用物权的概念。《物权法》第三篇（用益物权）则把这一点明确了，是一个重大的进展。但是，《物权法》第四篇（担保物权）又规定了耕地不得抵押，也就是说耕地的承包经营权不能抵押。这样，承包经营权的物权权能就是不完整的。相当多数的研究者认为，这是《物权法》关于承包经营权问题的一个重要不足。

同时，《物权法》第三篇（用益物权）关于建设用地使用权的规定，专指"建设用地使用权人依法对国家所有的土地享有占有、使用和收益的权利"。并在第四篇（担保物权）中明确规定，"乡镇村企业的建设用地使用权不得单独抵押"。同时规定，"以乡镇、村企业的厂房等建筑物抵押的，其占用范围内的建设用地使用权一并抵押"。这就表明：农村集体建设用地没有物权权能，不能进入市场交易，交易了也不受法律保护。

他提到，从经济理论角度看，农村宅基地属于农村建设用地的一种，但《物权法》第三篇（用益物权）单列一章，规定："宅基地使用权人依法对集体所有土地享有占有和使用的权利"，这里没有收益的权利。第四篇（担保物权）规定，宅基地不得抵押。就是说，宅基地的物权权能也是不完整的，不能进入市场。相关规定还表明，只有集体土地才有宅基地使用权，而国有土地没有宅基地使用权，意味着在城镇私人建独立的住宅是受限制的。

《物权法》立法过程历时13年，土地制度、土地经济、土地政策研究者始终积极参与，希望对以上问题能有所突破。最终却未能有根本突破，大家为之遗憾。但是不能因此抹杀《物权法》在社会主义市场经济秩序建设上的重要作用，不能否认其在中国立法史上具有重大意义。

10.顾益康：联合打造中国绿色村庄的品牌

浙江省农业和农村工作办公室原副主任顾益康认为，中国绿色村庄向世界展示的是中国新农村的品牌。如何沿着符合联合国《21世纪议程》的道路发展，在工业化、城市化、现代文明的情况下实现可持续发展，打造一个真正的绿色家园、可持续的生活环境，是人类面临着共同的挑战。推到世界上去的新农村基本上都应该是绿色村庄，也是中国特色社会主义最需要打造的一个品牌，应该打响的品牌。

他说，绿色含义应该是人本颜色、“三农”本色，是美丽之色、富裕之色、和谐之色，体现人类的文明追求，体现天人合一最高境界的一种颜色。他认为打造绿色村庄有“三创”：体制创新，科技创造，文化创意。要用体制创新的动力，给绿色村庄插上科技和文化两个翅膀，就能腾飞。

他提到，要进一步深化对中国绿色村庄内涵的认识，以科学发展观把它认识到位、定义到位，不能糊里糊涂地去建设，要总结绿色村庄建设的规律性并能与时俱进。绿色村庄每年要有交流的平台，三人行必有我师，大家坐在一起，最重要的不是听专家如何说，而是大家自己来讨论，相互交流、相互启发，博采众长才能有所发展。

顾益康指出，要联合、合作打造中国绿色村庄的品牌。绿色村庄要有一个交流的平台，相互借鉴、相互促进，还要自我保护、自我建设。你是不是符合规则，我们绿色村庄组织自己说了算，你是同类的，让你进来，你还没有达到标准，要进来得等等。这比国家某个权威部门定个标准要强得多。绿色村庄应该自己当家做主，要用民主决策的办法，制定绿色村庄的总的标准、总的制度。还应该制订一套绿色生产的发展战略。绿色村庄包括绿色产业、绿色社区、绿色生活，还有绿色理念。绿色村庄应该是高效生态农业，要把工业化生产的流程引进来，以现代工业的理念发展农业，把农业打造成绿色化、标准化。要推广一些新的符合可持续发展的农业的新业态，如设施农业、循环农业、精准农业、数字农业、有机农业、生态农业，做出来的农产品一定要是绿色的。

他希望能够构建一个中国绿色村庄的平台。首先可以打造一个绿色村庄的黄金旅游网站，打造绿色村庄的黄金旅游线路和黄金旅游品牌，登录这个网站，最经典的绿色村庄马上就可以展现出来。其次要打造中国绿色村庄的绿色农产品网站，并且同电子商务，同礼品配送联合起来。

11.骆中钊：建设绿色村庄的规划理念

建设部村镇建设试点办公室原副主任、副总建筑师骆中钊认为，应该调整一下绿色村庄规划的理念。主要有：

加强生态环境保护。如果生态保护工作做不好，可持续发展是不可能的；要在保护环境的过程中促进农村经济的发展。

要强化社会基础设施和公共设施的建设，注意节能减排和能源的充分利用。

很多地方的山泉水全都白白地流掉了，没有得到充分的利用，很可惜。

要弘扬优秀的传统文化。如果不让农民富起来，不让他们认识到文化遗产的重要、历史文化的重要，他们是不会投入去保护的，因此农民富起来很关键。

要强调城乡统筹发展。他不赞成“农村城市化”的提法，农村是根植于大地，大地上盖几个村庄；城市是在整个房子当中搞了几块绿地，这是完全不一样的生态环境。农村要充分发挥生态环境的优势，为城市服务，做好创意性的文化，赚城里人的钱。城市人需要休闲度假，需要到农村观光。

要协调农房建设和新农村建设的关系。很多地方一提新农村建设，让农民自己盖新房，这样老百姓投入很大，但是产生的效果不好。

要开发富有创意性文化特色的休闲度假和乡村旅游。不提倡“农家乐”，“农家乐”是一种个体的、粗放的、低效的行为；提倡乡村游，乡村游才能发挥集体的力量，把当地的文化挖掘出来。

要坚持因地制宜、自力更生的精神。乡村游的最大特色是当年就可以产生效益，以后每年还可以发展。

要确实加强耕地保护和合理用地。现在都强调耕地保护，这是很好的，但怎么合理地利用土地，土地怎么用法才能产生真正的经济效益？是需要考虑的。

要发挥优势营造特色，创建一村一品。这是创意性生态农业文化的一个最大特点，可以搞成一村一品，生产不同的东西。

12.傅企平：合作是绿色村庄的第一话题

浙江省奉化市滕头村党委书记傅企平说，绿色村庄成为中国乡村绿色创建、生态文明的佼佼者。关键是，绿色村庄如何集合起来，相互学习，相互帮助，优势互补。

他认为最重要的任务，就是要把生态环境保护好。良好的乡村生态环境也是生产力，而且是最佳生产力。它对建设新农村、形成发展新优势是很有意义的。

他提到，如果能够把绿色的品牌做好，就很了不起。现在国家对食品的安全非常关注，每个人都非常关注，如今基本的生活质量已经有保证了，关键是要吃的东西、要喝的水、要呼吸的空气等，质量怎么样？质量如果不行，就无法吸引人来。绿色村庄发展的方向、奋斗的目标、管理的机制，要规划好，确定好。不一定要做得很大，下面的基础不牢，做得很大，可能抗风险的能力就相对要小，因此要做得精，要做得专，要做得高，要做得强。合作是绿色村庄的第一话题，如何利用好各自的经验，利用好现有优势，通过有关组织机制，联合起来，共同发展，是一大要务。

13.乔惠民：打造连锁乡村生活家

亚太环境保护协会执行会长、亚太农村社区发展促进会副会长乔惠民说，中国绿色村庄联合起来打造乡村“生活家”，就是要共同打造中国乡村旅游的升级版。

他认为，中国的绿色乡村要走强强联合的道路，要走创新经济的道路。要做到“精、专、高、强”，不一定要奢华或投很多资，但一定要出精品、要专业、要有制高点、要有强势。过去总结的一套消费模式主要是：住农家院、吃农家饭、干农家活、学农家艺、享农家乐，起先非常不错，把中国人尤其是城市人引进了一个全新的休闲境界。但是随着发展，这些活动逐渐在全国平淡下来，开始走向千篇一律，缺乏差异性和特色，别人在前面做我就在后面模仿，雷同化、同质化开始显得严重起来。他希望中国绿色村庄重新带头，尝试采取乡村“生活家”新模式，或者直接就称为“绿色村庄游”新模式。这个新模式主要强调，讲绿色，讲特色，讲优异的绿色环境中的一村一特、一村一品，要善于发现、营造和展现出自己的差异性、特殊性、独到性，要把“绿”字和“特”字同时抓上去。

他建议，在研究、促进、推介“中国绿色村庄”诞生和发展时，合作组成专门的绿色村庄发展研究课题组，研究绿色村庄发展战略、发展模式、发展品牌，研究“绿色村庄游”升级版模式，希望趁着中国绿色村庄的建设、中国特色村的建设，在全国“村长”论坛上一起来讨论，征得全国名村村官支持，争取已有的

《郑各庄宣言》

和创建中的“中国绿色村庄”支持、参与，在成熟的时候把“绿色村庄游”升级版模式推出来。

四、论坛感悟

1.白益华：合作、发展

中国村社发展促进会副会长白益华认为，从名村发展来看，每个名村的成功都离不开一个好的致富带头人。主要体现在：起步阶段有一个政治组织：党支部+教育培训+党员示范户；推广阶段有一个技术组织：技术咨询+技术培训+研发能力+标准化生产，该阶段着重以“特”“变”“新”为目标；发展阶段有一个经济组织：党支部+经济顾问+协会+股份制。相关因素的完美组合，带动了村庄快速发展。这些名村是村庄学习的典范，为我国村庄发展提供了可借鉴的模式。

他说，张家口市、蔬菜村和市场互动交流，为发展中的村庄提出了合作与发展的新途径。本次会议为大家提供了一个高层资源平台。一是为基地提供平台资源：市场平台、人才培训平台、新品种与种植技术服务平台、名村可借鉴的成功经验、相关专家团现场指导、网络信息推介等。二是为市场提供了基地平台，市场与基地是相依相伴、相辅相成的，基地是市场的基石，市场又反过来指导基地的发展。三是为技术传播提供了一个良好的管道，种植技术、销售策略、加工技术等等是市场和基地发展的前提，是产业升级的理论依据，良好的技术传播和推广渠道，是蔬菜产业升级的保障。

他建议增强产业合作意识。产业与市场的合作、与技术合作、与基地合作，地域性合作，区域性合作，行业内合作，行业间合作，产业链上的合作。尤其注重与技术人才的合作，重视本村现有人才和引进人才，特别是蔬菜生产、加工和销售人才，这些人才是产业升级关键，是不可或缺的。

2.金树东：走出具有昌平特色的“三农”发展之路

北京市昌平区区长金树东认为，促进“三农”发展，建设社会主义新农村，是全面落实科学发展观、构建社会主义和谐社会的必然要求，也是加快社会主义现代化建设的一项重大任务。在这一历史进程中，广大“村官”作为促进农村先进生产力发展的主力军，引导农村先进文化建设的组织者，为亿万农民群众谋利益的带头人，发挥着至关重要的作用，肩负着光荣的使命和任务。

论坛在郑各庄村召开，共同围绕“科学发展、创新为民”这一主题，就建设社会主义新农村、促进“三农”又好又快发展的一系列重大课题进行了深入探讨和交流，达成了广泛的共识，形成了丰硕的成果，这是新形势下学习实践科学发展观的一次重要探索，必将对社会主义新农村建设产生积极而深远的影响。在今后的工作中，将积极吸取和应用本届论坛形成的宝贵成果，在推进全区社会主义新农村建设的实践中，进一步探索创新，努力走出一条符合昌平实际、具有昌平特色的“三农”发展之路，让改革发展的成果广泛惠及全区22万农民。

3.杨成富：学习名村经验

彝族村官、四川省马边彝族自治县柏香村党支部书记杨成富参加论坛后，专门写出了参会感言：

当秋风轻轻吹拂着四川小凉山马边彝族自治县的大地时，我作为少数民族“村长”，非常荣幸地被中国村社发展促进会推荐参加第八届全国“村长”论坛，我感到无比的骄傲和自豪，好像我的心一下就飞到了北京。

金秋十月，我顺利地到达了北京昌平区郑各庄村，目睹了郑各庄村的一幕幕场景，真让我陶醉，这里的一切在我一生中难以忘怀，第八届全国“村长”讨论的盛会就在这美丽而富饶的地方隆重召开。

这次全国“村长”论坛会，我了解到中国经济十强村和中国名村影响力排行榜综合排名300佳。在开幕式上，听取了中央领导对村官的高度评价，通过少数民族村庄间交流，我真正了解到，村官肩负着光荣的历史任务，真正认识到中国农民在改革中的巨大力量。

最使我信服的是：在中、东、西部出现了一批“明星村”。这些“明星村”都展示了农民和村官的智慧、风采，让我体会到这些村都有共同的特点：一是有一个好的干部队伍，好村官率领村民艰苦奋斗，锐意改革；二是这些村都是大力调整产业结构，重点开发农产品加工与流通产业，形成了一批具有优势和竞争力的经济实体；三是这些村都能较好地发挥村民的自治作用，建立良好的管理制度，使农民真正能当家做主；四是充分发挥了本地的自然与人才资源优势，发挥本村具有的生态、文化等特色产业。最重要的是他们都是依靠自己的力量，艰苦奋斗，不断改善生态环境和生活条件，提高生活质量，建成团结友爱和谐互助的幸福家园。

在这次全国“村长”论坛交流会上，我更加认识到自己肩上的责任，我要切实做好自己的本职工作，带领村“两委”班子，解放思想，实事求是，开拓进取，把在交流会上所学到的名村的好经验、好办法用于我村的发展。结合我村特有的生态资源优势，最大限度地发挥群众的主动性和创造性，利用好我县民族地区的政策优势，以中国村社发展促进会为桥梁，通过我们自己的努力，把柏香村建设成为具有民族地区特色的社会主义新农村。

柏香村已形成了具有开发优质农产品的巨大潜力，主力打造“林、茶、畜”三大优质农产品资源，现已建成了规模化的优质茶叶基地1 360亩。我们将在发展中进一步解放思想，转变观念，克服一切困难，扎实抓好“林、茶、畜”三大主导产业发展，努力确保村民增产、增收，保护和发展优秀的彝族文化，提高村民生活质量和水平，打造具有民族地区特色的社会主义新农村。

论坛短评

——本届论坛的重要意义表现在：

（1）首次请现任国家领导人参加会议。时任中央政治局委员、全国政协副主席王刚参加会议，并对论坛、对村官都做了高度评价，这对论坛、对村官都是莫大的鼓舞，激励着我们办好“村长”论坛。

（2）推出了《冠军与第一村》一书。论坛时逢奥运会成功召开，对应中国奥运健儿取得的51块金牌，论坛推出了51个第一村，从展示与宣传的角度，名村与奥运互相借势，影响很大。

（3）论坛在中国农村改革30周年之际推出了“百名优秀村官”，推出了“中国经济十强村”，是对中国农村改革成功的一个标注。

——本届论坛突出贡献人物是郑各庄村黄福水书记。他在参加上届论坛后，提出了申办“村长”论坛。这使得全国“村长”论坛首次在北京落地。他为论坛的成功举行提供了支持和帮助，做了大量台前幕后工作。

第九节　第九届全国“村长”论坛

◇时间：2009年10月13—14日

◇地点：山西省晋城市阳城县

◇主办：中国村社发展促进会、山西省农业厅、中共晋城市委和市政府、中共阳城县委和县政府

◇承办：皇城村

◇主题：转型崛起、务实惠民

◇村庄介绍

皇城村地处太行革命老区南端，是一座有着近400年历史的古城堡村落。辖区面积2.5平方千米，户籍人口753人，常住人口5 000余人；皇城相府集团下辖17个企业，是晋城市村级最大的集体经济组织；党总支下辖12个党支部，221名党员。改革开放后，皇城村的新农村建设取得了较大进展。2008年，全村人均经济总收入149万元，人均利税50.5万元，人均上交税金19.7万元，农民人均纯收入3.1万元。农民上了互联网、有了小汽车，全都住上别墅式住宅，所有家庭实现了煤层气供暖供热，村民员工全都上了养老和医疗保险，人均每年享受的各种福利待遇高达6 000余元。村民们不仅享受着和城里人一样的社会保障和福利，而且享受着和城里人一样的基础设施和建筑，过着和城里人一样的精彩生活和文明。

一、论坛概况

10月，太行多彩，河山尽染秀色。古地晋城，现代、文明、奋进，蓄势而上；古村皇城，和谐、美丽、富裕，磅礴而出。

2009年10月13—14日，第九届全国“村长”论坛在晋城皇城村召开。主题是“转型崛起、务实惠民”。本届论坛有全国人大常委会委员、山西省大寨村党总支书记郭凤莲，一至十一届全国人大代表、山西省西沟村老书记申纪兰等全国各地著名村官，优秀村官，海峡两岸四地代表，大学生村官，55个少数民族村官代表等共700多人参加。

13日上午，论坛开幕式举行。全国“村长”论坛执委会主任、华西村党委书

记吴协恩主持论坛开幕式。全国人大常委会副委员长周铁农同志出席了开幕式，全国“村长”论坛组委会名誉主任、原中央政治局委员、九届全国政协副主席杨汝岱同志宣布论坛开幕。周铁农副委员长做了重要指示，他要求广大农村干部认真贯彻落实党的十七届四中全会精神，切实加强农村基层党组织建设，继续当好农村改革发展的带头人，大胆探索农村发展的新路子，不断开创改革发展的新局面，振奋精神，再接再厉，更好地担当起时代赋予当代农村干部的光荣使命。并希望全国“村长”论坛进一步加强与人大组织和人大代表的联系，共同研究农村改革发展出现的新情况新问题，通过人民代表大会的渠道向党和政府建言献策，为推动我国农村经济社会又好又快发展做出新的更大的贡献。

农业部党组成员、人事司司长梁田庚代表孙政才部长对论坛的召开表示祝贺，向与会的农村基层干部致以亲切的问候！他要求代表们根据十七届四中全会的精神，切实增强农村基层组织的创造力、凝聚力和战斗力，发挥基层组织推动科学发展、促进社会和谐的重要作用。山西省委常委、副省长申联彬，晋城市委书记张茂才，晋城市市长王茂设，阳城县委书记刘爱军先后致欢迎词，并介绍了山西省、晋城市和阳城县的新农村建设情况。

全国“村长”论坛组委会主任、中央农村工作领导小组办公室原主任段应碧，国务院研究室原副主任杨雍哲，原武警总部副司令员、中将、现全国人大内务司法委员会委员朱曙光，原二炮副司令员、全国人大内务司法委员会委员赵锡军，原山西省省长、现全国人大内务司法委员会副主任委员刘振华，中国村社发展促进会副会长兼秘书长余展，山西省人大常委会副主任谢克昌，山西省政协副主席李雁红等领导出席开幕式。

13日下午，主论坛举行，由农业部农村经济研究中心主任宋洪远和晋城市副市长李章宏主持。国务院发展研究中心党组成员、农村经济研究部部长韩俊，北京大学经济研究中心主任、国家发展研究院院长周其仁先后做报告。他们分别阐述了村庄经济发展的难点和金融危机下中国经济的转型突破。论坛为皇城村党总支书记张家胜、江苏昆山大唐村党委书记陈云明、上海闵行九星村党委书记吴恩福三人颁发了2009年度村官“公益之星”奖，表彰他们为社会做出的贡献。中国村社发展促进会执行秘书长沈泽江发布了2009年百佳村庄网站和百佳村企网站，为部分进入百佳村庄网站的村庄代表颁发了证书，并为云南省“数字乡村”办公室、天津东丽区村务公开办公室、福建武夷山市数字武夷建设领导小组办公室颁发了“村庄信息化建设先进单位”奖。天津东丽区村务公开办公室主任孙树林、福建武夷山市数字武夷建设领导小组办公室副主任胡贤炳发言，向大家介绍了各自地区在村庄信息化建设方面的现状和取得的成功经验。10位村官领取到反映中国特色村、少数民族村庄文化的珍藏邮册，三位少数民族村官幸运地得到了同方笔记本电脑。

分论坛——乐义现代农业科技示范基地研讨会同时举行。来自河南、山东、青海、山西、江苏等地蔬菜产业村代表进行了研讨。中国村社发展促进会副会长白益华，中国农业出版社总编辑孙林，浙江省人民政府咨询委员会委员、“三农”发展组组长顾益康，《人民日报》原农村部主任姚力文，晋城市农业局局长秦建孝，阳城县副县长田龙社等参加研讨会。

同一时间，在晋城市的泽州会堂，举行著名村官报告会。晋城市委常委、副市长赵学梅主持报告会。五个年产值“百亿元”村代表——华西村党委书记吴协恩、陕西宝鸡东岭村党委书记李黑记、吉林四平红嘴村党委书记卢志民和山东邹平西王村、临沂沈泉庄村的代表为晋城市各区县的近千名干部群众代表做了专场报告。报告会获得阵阵掌声。

13日晚，举行了盛大文艺晚会。会上为获得“优秀村官特别奖”的安徽省凤阳县小岗村党委书记沈浩、山东省邹平县西王村党委书记王勇，以及获得2009年度“中国十大杰出村官”的江苏省常熟市蒋巷村党委书记常德盛、河北省滦平县周台子村党委书记范振喜、江苏省盐城市东罾村党委书记薛正红、黑龙江省哈尔滨市红光村党委书记徐在山、上海市奉贤区杨王村党支部书记孙跃明、山西省太原市尖草坪区南翟村党总支书记赵建庆、山东省阳谷县刘庙村党总支书记刘庆安、江西省南昌市青山湖区湖坊村党委书记魏牛庚、海南省五指山市什保村党支部书记黄向光（黎族）、内蒙古土默特左旗北得力图村村委会主任夏海军发了奖。浙江省杭州市萧山区航民村党委书记朱重庆，四川省彭州市宝山村的党委书记贾正方获2009年度“中国功勋村官”奖。

14日上午，海峡两岸乡村旅游暨“皇城村现象”研讨会和大学生村官论坛（皇城）峰会两个分论坛举行。海峡两岸乡村旅游暨“皇城村现象”研讨会上，皇城村党总支书记张家胜做了村庄发展介绍。“皇城村现象”课题组专家国务院发展研究中心研究员黄道霞、农业部农村经济研究中心农史室主任郑永贵介绍了皇城课题研究。杨雍哲、余展对皇城现象做了剖析。台湾屏东科技大学企业管理研究所教授、博士生导师段兆麟，台湾嘉农农业发展基金会总裁、台北市布袋文化协进会名誉理事长、台湾一国两制研究协会理事长蔡武璋介绍了台湾乡村旅游业发展情况。山西省旅游局局长籍振芳发言谈了乡村旅游的难点和破解方法。

大学生村官论坛（皇城）峰会有来自各地的大学生村官代表与会，介绍自己的工作心得。晋城市委副书记、组织部长冯建平，中国农业出版社总编辑孙林，中国农村杂志社总编辑李文学，江阴市委副书记赵国权，中国农业科教基金会副会长骆友生，全国大学生村官论坛执行主任刘汉文参加会议。河南新乡京华村党委书记刘志华、福建龙岩西安村党总支书记章联生、北京丰台果园村党委书记陈重才、福建龙岩溪南新村村委会主任邱汉成、江苏徐州马庄村党委书记孟庆喜、重庆巴南民主村村委会主任杨岱南等被聘为大学生村官导师。

14日上午11时，论坛举行闭幕式。八至十一届全国人大代表、辽宁省沈阳市上岗子村党委书记商纯福代表全体与会村官宣读《中国村官皇城共识》。冯建平、阳城县人民政府县长冯志亮发表了讲话。第十届全国“村长”论坛将于2010年在江苏省无锡市和享有“天下第一村”美誉的江阴市华西村举办。冯建平、张家胜与江阴市委副书记赵国权、吴协恩进行会旗交接。全国“村长”论坛执行委员会主任、华西村党委书记吴协恩对本届论坛做了总结发言，并邀请大家明年华西相会。

本届论坛开幕前，举办了中国特色村旅游节启动仪式，向社会推出中国特色村十大旅游板块。浙江东阳花园村党委书记邵钦祥，十七大代表、中国村庄文化形象大使、江苏滨海东罾村书记薛正红，向十一届全国人大代表、皇城村党总支书记张家胜同志传递“中国村庄文化图腾”。华西村、大寨村、西沟村、南山

村、郑各庄村、滕头村、三元朱村、花园村、福保村、九星村、航民村、进顺村等特色村十大旅游板块代表向皇城村赠送纪念印章。维吾尔族、羌族等少数民族村庄代表向皇城村赠送纪念邮册。亚太环境保护协会执行会长乔惠民为皇城相府中华字典博物馆赠献珍藏《彝族字典》，并为皇城村颁发“亚太（国际）乡村环境奖”，为皇城相府中华字典博物馆颁发“中华两岸四地共同文化遗产保护‘金皮书’十大馆藏范例”牌匾，为皇城的九女仙湖颁发“第三届中华100大生态亲水美景奖”。籍振芳致辞祝贺特色村旅游节举行。国家旅游局党组成员吴文学讲话指出，中国特色村旅游节是乡村旅游的新事物，祝愿乡村旅游借此再上台阶。

论坛期间，还举办了“皇城相府杯”大学生“宣传我的家乡”大赛和辩论赛，先后获得第四届和第八届海峡两岸大学生辩论赛冠军的中国人民大学队和郑州大学队进行了精彩辩论，中国农业大学等高校的学生做了对自己家乡村庄发展规划的展示。

二、精彩回顾

1.全国乡村旅游皇城共识

乙丑丰年，太行金秋。为推动中国乡村旅游健康而强势发展，全国村官代表聚集一堂，共同酝酿，统一思路，就全国乡村旅游业发展达成“皇城共识”：

其一，我们的口号是：

齐心联动——让乡村旅游更创意、更特色、更上档。

携手发展——让乡村生活更环保、更绿色、更低碳。

并肩奋斗——让中国乡村更和谐、更美好、更富裕。

其二，积极发展“三农”旅游，即：

发展农业旅游——乡村旅游，以农为本，“农”味突出，主业当家，不仅要继续办好人民群众喜闻乐见的“郊区农家乐”“田园观光游”“果蔬采摘游”“绿色美食游”“农业体验游”，而且要办好高层次的乡村休闲游、养生游、养老游、生态游、会馆游、庄园游、节庆游、连锁游等，创建乡村旅游升级版。

发展农村旅游——要坚持“村”字当先，主体为重，争取将一个村、一个乡的旅游项目，做到整体定位、整体规划、整体发展，充实文化内涵，弘扬旅游文化，提高服务水平，促使乡村旅游从普遍的初级产品走向高端产品，赢得更广阔的市场，增加农村就业，提高农民收入。

发展农民旅游——农民既是旅游资源的开发者，又是旅游资源的消费者。要与城里人一样，成为旅游的主体、休闲的主体、度假的主体，爱旅游、会旅游。有条件的村庄要积极启动农民旅游，进城游，出国游；村与村互动游，学习游，结对游；东部西部、南方北方、两岸四地、境内境外、国内国外村与村交流游、和谐游、友好游，以开阔眼界，提升素质。当农民旅游发展成熟之时，必是乡村旅游市场臻于至善之际。

其三，切实做好几项工作：

一件事：结合本村实际学习贯彻国家旅游局、农业部关于大力推进全国乡村旅游发展的要求。

二件事：办好“中国特色村旅游节”，努力把她办成中国乡村休闲与农业观光的高端品牌，办成拉动内需、提升国民休闲品位的著名生态旅游主题活动。

三件事：继续在“绿色生态—美丽多彩—低碳节能—循环发展”的理念指导下，更多更好更快地发展“中国绿色村庄”，参与创建“亚太国际低碳农庄”。

四件事：继续探讨把“乡村生活家摇篮”构建成为具有影响力的乡村旅游连锁合作品牌。

五件事：继续发展具有影响力的中国农业休闲旅游综合体，朝着创建中国农业公园的目标迈进。

六件事：倡议以市场为导向，将农业产品、农村环境与文化艺术、美学思维、科技创意结合，发展具有新时代意义的创意农业。

七件事：倡议各地乡村一起来保护共同农业遗产与乡村文化遗产，努力与世界农业遗产（GIAHS）保护项目对接。

以上共识，由山西皇城村发起，出席第九届全国“村长”论坛代表鼓掌和签名通过，团结更多的村庄联手奉行，共创共建共赢！

第九届全国“村长”论坛代表
二〇〇九年十月十四日于山西皇城村

2.百佳村庄、村企网站名单发布

为促进我国村庄信息化建设，增强村级网站社会影响度，2009年中国村社发展促进会联合亚太农村社区发展促进会、同济大学村镇建设发展研究中心、广东农村政策研究中心以及安徽凤阳小岗村、上海闵行九星村、福建龙岩溪南村、北京昌平郑各庄村、浙江奉化滕头村、浙江台州良一村、江苏昆山大唐村、江苏常熟蒋巷村、云南昆明福保村和山西晋城皇城村等单位，发起“中国百佳村庄、村企网站”评选活动。

此项活动自7月开展以来，得到了众多村庄和单位的响应，并促使相当多的村庄网站进行了改版、升级，在一定程度上提高了各类村庄对信息化建设尤其是村级网站的重视程度，提升了村庄运用信息化建设、管理、推介村庄经济、资源、文化的能力。有300个村庄网站入选考察范围，经过专家对其性质、内容、风格、服务、访问量、影响力等方面的综合评定，最后确定了2009年百佳村庄网站和百佳村企网站名单。10月13日，第九届全国“村长”论坛发布了该名单。贵州遵义的和平村、浙江诸暨的诸葛八卦村、天津东丽区徐庄村、湖北武当山八仙观村等村庄获得了此项荣誉。

通过参与本次活动，众多村庄带头人表示他们将更加重视村庄信息化建设的开展和深入，争取使村级网站成为农村便民服务的信息平台、农村文化交流的舞台和新农村建设的形象展台。让网络信息化在村庄建设发展中壮大，发挥越来越重要的作用！

3.“皇城相府杯”第三届全国大学生服务新农村建设大赛

10月12日晚，“皇城相府杯”第三届全国大学生服务新农村建设大赛在第九届全国“村长”论坛的舞台上展开。

本次大赛分为两个部分：大学生“宣传我的家乡”大赛和辩论赛。

大学生“宣传我的家乡”大赛自2009年6月启动，历时4个月，有中国农业大学、北京大学、山西水利学院、吉林农业大学、中央民族大学、河北大学、华中农业大学、中国矿业大学、四川农业大学、西安电子科技大学、江西农业大学、武汉科技学院等26所高校近百名学生参加。经过组委会评审，来自中国农业大学的史琨、中国农业大学烟台校区的周磊、来自西南大学的杨慧与大学生村官张阳分别获得一等奖。各位获奖同学受邀参加全国“村长”论坛，在论坛上展示了自己的村庄规划作品，向与会的村官推介宣传自己的家乡或者是自己进行社会实践的村庄，并和与会村官进行了互动交流。

大学生辩论赛在中国人民大学队和郑州大学队之间展开。郑州大学队当年7月曾赴台参加第八届海峡两岸大学生辩论赛并勇夺冠军，而中国人民大学队是辩论赛传统强队，曾在2005年获得第四届海峡两岸大学生辩论赛冠军。这场辩论赛辩题为“村官能否职业化”，紧扣时代脉搏。辩论赛强强相碰，妙语连珠，在给人以愉悦的享受之时，让与会村官对自己的岗位职责有了更深的认识。最后，经参会村官代表投票，中国人民大学队获得了优胜；郑州大学队的王可、中国人民大学队的张司洋分获最佳辩手。

三、论坛声音

1.周铁农：更好地担当起时代赋予当代农村干部的光荣使命

全国人大常委会副委员长周铁农说，改革开放30多年来，我国农村发生了翻天覆地的变化。这些成就的取得，是坚定不移贯彻党的路线方针政策的结果，是亿万农民群众发扬首创精神、团结拼搏、锐意创新的结果。这些成就的取得，与长期在最基层默默无闻、埋头苦干的广大农村干部的拼搏奉献分不开。农村每一项事业的发展，每一步改革的推进，都凝聚着农村基层干部的智慧和汗水，都融入了村干部的赤诚与奉献，广大农村基层干部为农村改革发展所建立的历史性功绩将永载史册！

他指出，广大农村干部是贯彻落实党的农村政策的具体组织者和实施者，在推进农村改革发展中发挥着至关重要的作用。他希望广大村官认真贯彻落实党的十七届四中全会精神，切实加强农村基层党组织建设，充分发挥党组织的战斗堡垒作用和共产党员的先锋模范作用；进一步发扬首创精神，继续当好农村改革发展的带头人，不断开创改革发展的新局面；继续发扬密切联系群众的作风，做农村百姓的贴心人；坚持实事求是的原则，坚持立足农村实际，大胆探索农村发展的新路子；进一步强化民主法制意识，坚持依法办事、依靠群众做事，积极推进农村基层民主建设；振奋精神，再接再厉，更好地担当起时代赋予当代农村干部的光荣使命！

2.申联彬：深入学习实践科学发展观的一次实际行动

山西省委常委、副省长申联彬说，近年来，山西省委、省政府坚持以科学发展观为指导，认真贯彻党中央提出的“生产发展、生活宽裕、乡风文明、村容整洁、管理民主”的方针，以科学发展观为指导，扎实推进社会主义新农村建设，努力促进城乡统筹发展，使全省农业生产取得了较大进展，农民生活实现了较大提高，农村经济走上了又好又快发展的快车道。

他认为加强农村基层组织建设，培育和造就一大批忠诚党的事业、有理想、懂经营、会管理的农村基层干部，对加快农村经济发展、维护农民权益、促进农村和谐意义重大，是建设社会主义新农村最基础、最重要的工作。全国“村长”论坛是广大农村基层干部之间开展交流、学习与合作的盛会，也是展示社会主义新农村建设成果的重要舞台。本届论坛以党的十七大精神为指导，以“转型崛起、务实惠民”为主题，是深入学习实践科学发展观的一次实际行动，必将对进一步推进社会主义新农村建设产生重大影响。

3.梁田庚：“村长”论坛办得有生气、有特色、有活力、有影响

农业部党组成员、人事司司长梁田庚谨代表农业部孙政才部长对论坛的顺利举办表示热烈祝贺，向广大农村基层干部致以亲切的问候。农村基层干部处在农村基层建设的第一线，担负着组织、宣传和发动群众、把党的路线方针政策落实到千家万户的重要职责，是党在农村各项工作的基础和骨干，是党与人民群众血肉联系的桥梁和纽带。党中央对农村基层干部十分关心，党的十七届四中全会对加强农村基层干部队伍建设提出了明确要求，今年国庆前夕，中央组织部专门向全国基层党组织书记和大学生村官致以节日的问候。

梁田庚提到，近年来，农业部按照中央的政策部署，大力加强农村实用人才带头人培养工作，在全国遴选了10个社会主义新农村建设明星村，比如江苏华西村、北京韩村河村、黑龙江省甘南县兴十四村等确定为农村实用人才培训基地，依托这些培训基地培训农村基层干部，在培训形式上，把社会主义新农村建设的现场作为课堂，把社会主义新农村建设的实践者请上讲台，把社会主义新农村建设的典型案例编写成教材，培训收到了良好的效果。从2000年开始试点，至今已有4 000多名农村干部参加了培训，其中绝大多数是“村长”，希望通过村社发展促进会及全国“村长”论坛，与全国各地的先进村、各方面的专家学者一起，对先进村的发展理念、发展经验和发展模式进行全面总结和系统研究，并进行广泛的宣传和推广，为推动全国农村实用人才培养和新农村建设，做出积极的贡献。

他指出，党的十七届四中全会对加强和改进新形势下党的建设做出了战略部署，全会决定对加强农村基层组织建设提出了明确要求，深入贯彻落实四中全会精神，广大农村基层干部的责任重大，使命光荣，希望大家认真领会学习中央精神，牢记党的宗旨，心系人民群众，把实现好、维护好、发展好广大农民的根本利益作为出发点和落脚点，努力提高想大事谋发展的本领，努力提高执行党的路线方针政策、带领农民群众增收致富的能力，努力提高依法办事服务群众的水平，切实增强农村基层组织的创造力、凝聚力和战斗力，充分发挥基层组织推动科学发展、促进社会和谐的重要作用，为实现全面建设小康社会的宏伟目标做出积极的贡献。

梁田庚对“村长”论坛进行了肯定，认为“村长”论坛设立以来，办的有生气、有特色、有活力、有影响，深受广大基层干部的欢迎，希望“村长”论坛百尺竿头更进一步，在推动农村经济社会发展方面，做出新的积极的贡献。

4.吴文学：中国特色村旅游节的举办必将有力促进全国乡村旅游发展

国家旅游局党组成员、规划财务司司长吴文学代表国家旅游局对中国特色村旅游节的举办表示热烈的祝贺！他说，旅游业是国民经济的重要产业，是农村新时期生产力布局、产业结构调整的重要载体，发展旅游业是拉动消费、扩大内需、提升信心的重要手段。乡村旅游作为我国旅游业的重要组成部分和促进旅游业发展的重要支撑，对扩内需、保增长、调结构具有重要意义，发展乡村旅游对拉动城镇居民消费、调整国民收入结构、促进农民就业和增加农民收入具有重要作用。他相信，此次中国特色村旅游节的举办，必将会有力促进全国乡村旅游的发展，必将会对社会主义新农村建设产生深远的影响。

5.韩俊：应该对“三农”问题充满信心

13号下午，国务院发展研究中心党组成员、农村经济研究部部长韩俊受邀在第九届全国“村长”论坛主论坛上做报告。

报告中，韩俊围绕三个问题对“三农”工作做了梳理。

一是要落实好党的农村基本政策，进一步深化农村改革。家庭承包经营责任制，是我们党在农村土地政策上的一个基石。土地承包权、经营权是农民的，过去说15年不变，后来说30年不变，现在中央明确提出长久不变。

“我的理解，长久不变就是永久不变。”只有土地定权，农民才能真正定心。长久不变就是要农民吃下一颗长效定心丸。我国的农业不能像美国那样搞大农场，也不能像拉美国家那样将农民挤向城市的贫民区，应像法国那样搞成一些适度规模的家庭农场。土地问题始终是中国“三农”的核心问题，土地政策重要的一点就是要保障农民的土地权，要农民必须拿土地来换取城市户口，是对农民更大的不公平。

韩俊提出，要发展可以使农民受益的集体经济，离不开土地。像东莞市，村和组两级的财政收入是180亿元，之所以富裕主要原因是土地用来开发变成了工厂，而农民变成了工人和股东，这样农村变成了城镇和社区，城乡变成了一体。韩俊认为城市规划时土地不一定要征为国有，可以让农民完全按照规划来进行开发。

十七届三中全会在这一方面讲得非常明确，村庄整治节省出来的土地可以用作建设用地，但是要首先用于新农村建设，用于农村的发展。他说，“三农”政策一个核心的理念就是要保障农民的土地权，新中国成立60年我们先解决了土地所有权，后又实行了大包干，现在又提出长久不变，可以说土地政策沿着正确的方向在不断完善。

韩俊表示，农村改革，最需要破解的是要提高农民的组织化程度。农村的基本经营制度是统分结合的双层经营体制，一家一户的农民就是汪洋大海上的小船，搞市场经济是搞不起来的。村级干部就是发展农民合作组织的带头人，应该成为发展合作组织的火种，星星之火可以燎原。现在最需要探索的是农民在信贷领域怎么走向新的合作。

二是促进农业的稳定发展和农民的持续增收怎么能够做好发展农业、富裕农民这篇文章。关键是要注重提高农产品的质量和发展特色农业，充分挖掘农业的多种功能。农业要有创意，提高农产品的产量没有什么困难，而怎么样把效益提上来则大有文章。这里边就需要创意。

韩俊说，中国继续靠沿海廉价产品的出口来发展GDP的模式需要反思。发展的潜力在广大农民。应该鼓励农民、引导农民外出务工就业，但是也要鼓励农民就地就近转移，尤其是扶持农民回乡创业。创业的农民哪怕失败了也要扶持他们。

韩俊提出要解决农业持续稳定增长的问题。今年以来粮食主产区粮食价格没有大跌甚至还有微涨，这得益于中央的粮食最低收购价和种粮补贴政策。农业发展要靠农业的基础设施建设，要靠科技进步。还要搞农产品的加工，发展农产品的流通，向农业的深度和广度进军。创业时要处理好农民增收和农村生态保护的关系，如果不注意，容易走到一个死胡同里。农业生态方面的补贴今后还要大幅度的增加。

三是重视解决民生，加快发展农村的社会事业。韩俊认为中国城乡之间最大的不平等是城乡人口的教育水平与素质的差异，城市人口是以受过高中和高中以上程度教育的人群为主体的，而农村是以受过初中和初中以下教育的人群为主体的，如果这个不平等不解决，城乡的差距缩小不了。要通过加快发展农村的社会事业，扩大公共财政对农村的覆盖范围，来缩小城乡差别，今后的政策就是要大幅度调整国民收入和财政支出的结构，要让亿万农民更多地来分享改革开放的成果。

韩俊最后鼓舞大家，应该对解决好“三农”问题充满信心。

6.周其仁：让农民直接成为土地交易中相对主动、平等的出让方

13日下午，北京大学国家发展研究院院长周其仁教授在第九届全国“村长”论坛上为与会村官代表做了报告。

周其仁教授首先谈到金融危机爆发后中国经济形势的转变。他说，中国的出口，在2002—2007年以年平均20%～30%的高速正增长，到2009年变为20%以上的负增长，上下有50个百分点的降幅。这是金融危机冲击下的全球市场萎缩的结果，而不是中国出口的全球竞争力的下降。但是，作为一个出口依存度高达40% 的经济体，出口下滑还是严重影响了中国经济的增长。之后中国开始采取以“积极的财政政策、适当宽松的货币政策”为中心的一揽子经济刺激方案：两年4万亿元投资（其中中央财政1.4万亿元），外加三年8 500亿元医疗卫生支出、产业振兴等。转向更多依靠内需，即国内投资与消费的增长。刺激政策使前8个月GDP增长过7%，全年保8%有望。

周其仁对经济刺激政策能不能落到实处，地方财政落实刺激方案的能力，宽松货币政策的容量，刺激政策能不能持久等，表达了自己看法。他认为，仅有政府投资的增量，没有企业投资的跟进，难以保持中国经济增长的持久性；仅有投资的高增长，没有居民消费的更快增长，调结构的任务难以完成，持久增长的目标也难以实现。短期刺激政策还将有长远代价。他认为中国需要转变增长方式，通过林权改革、农村经营性建设用地入市、民营金融、垄断行业准入等改革推动收入增长。建立健全市场能力与市场通道、新型工业（服务）、学习与人力资本投资等。

周其仁说，城市化、工业化等的积聚和集中，使土地市值因用途变动急剧上涨。要关注这个变动过程由谁参与？增值收益如何分配？因为这个变动不仅简单改变收入增量分配，更涉及土地制度的变革。村组、农户以多种形式参与进土地使用权的流转，农民可更多地分享土地的增值收益。他详细介绍了北京大学国家发展研究院对成都土地制度改革的实地调查情况。成都以土地增值的地方收益，推进城乡统筹，实践了“还权赋能、城乡统筹”的主题。通过“指标换资金”，利用他处的土地级差收益，年均整理3.4万公顷土地，使土地价量齐动，每亩由1.5万～2.5万元上升到平均合15万元。将土地整理与村庄整理相挂钩，在征地制度内增加弹性，加大对农村农民的返还力度，让农民统规自建、统规统建，在集体土地上建立了规模庞大(5平方千米)的完全民营的工业园——蛟龙工业港，有800家中小企业入驻，就业10万人，年GDP过10亿元，缴税1亿元，厂房空置率几乎为零，还有200家以上的企业等待入驻。农民获得年租金每亩600千克大米的收益，每3年递增5%，并保留长久土地增值分享权。

周其仁认为“成都经验”是增加征地制度的弹性，探索在非征地模式下配置土地，以确权为基础，逐步缩小征地范围，为全面改革征地制度准备条件。他提出，“权利边界不清”很容易引发诸多转型中的社会矛盾，农村产权制度改革应从以行政权为中心转向以财产权为基础，确权到户，给农民的土地财产以权威、合法的法律表达，要让农民直接成为交易中相对主动、平等的出让方，以增加农民和农村分享工业化、城市化进程中土地收益的份额。

7.张茂才：宣传晋城、展示晋城的一次极好机会

中共晋城市委书记张茂才认为，本届论坛以“转型崛起、务实惠民”为主题，抓住了当前农村工作的热点，顺应了时代发展的潮流，体现了党的十七届四中全会的精神要求，具有很强的现实性和针对性，必将对应对危机挑战、促进农业农村发展产生积极影响，发挥重要作用。

他说，晋城多年来始终高度重视“三农”工作，不断深化农村改革，推进城乡统筹发展，切实加强农村基层组织建设，促进了全市经济社会又好又快发展。

特别是这两年，大力实施扶贫攻坚、城乡一体“双轮驱动”战略，扎实推进新型工业化、特色城镇化、农业现代化进程，全面实施“五大惠民工程”和八大惠民网络建设，城乡发展规划、产业布局、基础设施、劳动就业、社会管理开始向公共服务均等化、一体化方向迈进，一大批像皇城村一样生产发展、生活宽裕、乡风文明、村容整洁、管理民主的社会主义新农村涌现出来，显示出农村发展的蓬勃生机和活力。

他表示，晋城将以论坛召开为契机，虚心学习和借鉴全国各地推动“三农”工作、加强农村基层建设的好经验、好做法，认真总结和推广本次论坛的丰硕成果，不断探索在新形势下推动农村改革发展的新路子，大力加强村级组织建设，全面落实党的各项支农惠农政策，努力开创全市新农村建设的崭新局面，为推动全市转型发展、安全发展、和谐发展打牢坚实基础。

8.籍振芳：中国特色村旅游节是发展乡村旅游的合作交流平台

山西省旅游局局长籍振芳说，山西是中华民族的发祥地之一，五千年绵延不绝的中华文明给这块土地留下了大量瑰宝和丰厚的三晋文化积淀、宋辽及以前的地面木构建筑占全国总量的72%以上，国家级重点文物保护单位271处。占全国总数的11.5%，居全国第一，被誉为中华文明的“主题公园”和“古建艺术博物馆”。山西还是民歌的海洋、戏曲的摇篮，民俗文化在全国独领风骚。同时，山西地处华北，表里山河，巍巍太行山之雄伟、滔滔黄河之气势磅礴、五台圣境之神秘、北岳中条之雄奇、根祖庙堂之沧桑、晋商大院之幽深……令人神往、美不胜收，是名副其实的旅游资源大省。

他认为发展乡村旅游意义重大，影响深远。发展乡村旅游可以促进农村生产发展和农业产业结构调整，使传统农业向现代农业转变，可以带动农民就业，促进乡风文明和农民素质的提高，促进农村环境改善和生态保护，促进农村组织化程度，促进社会主义新农村建设。发展乡村旅游可以带动大量的城市居民下乡休闲度假，大批富裕了的农民进城旅游观光，从而形成城乡互动、多层重复消费的局面。发展乡村旅游业可以促进农民从土地中“解放”出来，投入以旅游业为龙头的现代服务业，既优化了农村产业经济结构，又促进了农民就业和增收，这种城乡联动，乡城互动，必将为统筹城乡发展、消除城乡经济社会发展二元结构，发挥积极作用。全国乡村旅游资源约占旅游资源总数的70%，发展乡村旅游大有可为。

他相信，中国特色村旅游节的举办，必将为乡村旅游的发展提供一个交流合作的平台；必将会有力地促进山西乃至全国乡村旅游的发展；必将对推进社会主义新农村建设产生深远的影响。

9.张家胜：皇城村新农村建设体会

皇城村党总支书记张家胜说，皇城村在实践中，主要有五点体会：

要实现农村城市化，就必须首先实现农村工业化。现代化的重要标志是减少农业人口。减少农业人口的办法主要有两条：①向大中城市转移，这在中国显然不能完全行通；②就地发展第二、三产业。实践证明，把企业办在农村，是迅速推进农村工业化和农村城镇一体化的必由之路；只有这样，才能更低成本地使农村剩余劳力就地转化成产业工人，稳定社会服务社会。

要选准突破口，实现原始资本积累。村办煤矿的崛起，成为皇城村的立村之本，奠定了较强的经济基础；没有这个基础，就没有今天的新皇城。这说明，要建设新农村，仅靠国家投资不行，关键是要选择一个挣钱最快、积累资金最容易的产业作为突破口，尽快完成原始资本积累阶段的任务。皇城之所以能投巨资开发旅游产业，进军高新技术产业，关键是煤炭产业为后来的发展提供了比较充足的资金支持。

要及时转型，实现可持续发展。发展经济，不能一条腿走路，要多条腿走路，资源型地区尤其如此。因此，必须加大调产力度，未雨绸缪，在资源枯竭期到来之前，就有强大的新兴产业顶上去。果断决策转型旅游产业，进军高新技术产业，奋力从“地下”开拓出一条通往“地上”的绿色通道，就是实现可持续发展的明证。可以这样讲，即使将来皇城的煤炭资源挖完了，皇城仍有较大的发展后劲。

要科学论证，实现可行性发展。1997年，首次提出开发旅游产业时，农民还不知道在一个小山沟里搞旅游能赚大钱，加之这一项目需投资上亿元，村民们难以理解，更谈不上支持，党员干部也是不理解。没有把握就找科学依据。为此，多次到有关高等院校，从专家那里探究皇城相府的价值。1998年10月，全国著名清史专家云集皇城，“清代名相陈廷敬学术研讨会”如期举行。皇城相府被肯定为“清代北方第一文化巨族之宅，具有深厚的历史文化底蕴，极具开发价值”。专家们的论证坚定了信心。如果没有专家的论证，万万不敢轻举妄动。要进行科学决策，关键是要做到“四多”，即：在家看电视多看新闻频道，外出去开会多听领导报告，出门去办事多跟专家聊聊，没事去旅游多往沿海甚至国外跑跑。皇城每一个目标的实施都伴随着大规模的参观学习，每次参观学习都是一个统一思想、组织发动的过程，从而使干部群众都能带着问题去、拿着答案回、横下决心干，一步一个脚印、一步一个目标、一步一个台阶地去创新发展。

要实事求是，不唯书不唯上。实事求是，说起来容易做起来难。近年来，到皇城参观考察的“领导”比较多，这个说要这么干，那个说要那么干。不管他们怎么讲，皇城都始终坚持因地制宜的原则。可以这样说，皇城产业的每一次转型，都是根据本地的实际情况“量身定做”“量力而行”的。要实事求是，关键要坚持两条：要和上级保持一致；要和群众保持一致。不和上级保持一致，把你的“乌纱帽”摘掉了，你想“实事求是”也不行了；不和群众保持一致，根本就谈不上实事求是。因此，必须把两者有机统一起来。

10.黄道霞：“皇城村文化”研究

国务院发展研究中心研究员黄道霞认为，皇城村文化底蕴主要有四个方面：陈氏世家文化、陈廷敬文化、午亭山庄建筑文化、皇城村转型与开发历史遗产文化。

皇城村“陈氏世家”文化陈氏家族是一个“读书型”世家，靠读书出人头地。当然陈氏最开始是靠从事煤炭业、手工业创业致富后，才让子孙读书，出人头地的。出人头地，则是靠科举成名。陈家祖辈，以从事农业以及手工业起家于明嘉靖年间，开始形成旺族。至清初顺治、康熙年间，是陈氏世家的鼎盛时期。从嘉靖到乾隆的200年间（1544—1644年），陈氏世家先后出任一品相国到七品县令的大小官员30人以上。而且科举满门，进士9人，举人10人，还有“拔贡”一类贡士9人，秀才若干人。同时，陈门中产生了有文学作品问世、传世的文人、诗人共32人。看来陈氏世家文化的魅力，在于它是一个“读书”的世家，当时陈门读书成风，这一好的文化传统，皇城村人正在继续传承。

皇城村陈廷敬文化。陈廷敬是创建皇城村历史文化的主角，必须重新审视这一历史人物的价值。陈廷敬（1639—1712），21岁考中进士，选庶吉士，授检讨，任“日讲起注官”“经筵讲官”以及“总纂官”，康熙十六年（1677年），新设“宫内南书房”，是皇帝特设的靠近自己身边的机要办事机构，规定选“词臣才品兼优者入值”，陈廷敬获首选入值。随后，步步高升，先后出任礼部侍郎，左都御使，工部、吏部、户部、刑部尚书，并晋文渊阁大学士。但始终“特例”兼着“经筵”“总纂”“内入值”三要职至卒。本来陈廷敬在康熙四十九年乞休，不允；经再三请求，被允后，又立即被“特命暂理阁事”，并“入值”至病卒。康熙六十一年间，选用的22名大学士中，最受依赖、最亲近、离不开、任用终身的，只有陈廷敬一人。在清代十朝，总共131名大学士中，陈廷敬也是被“海内无异词”、公认出类拔萃的。为皇帝“御制”“御定”“御纂”的大部头图书61部（共18 657卷，平均每部高达300卷以上），这在中华文化上是空前的。至今，这些书都是国家图书馆的珍善本古籍。陈廷敬也是清代特色文化“经学”的启蒙者。陈廷敬《午亭文编》50卷中，不少都与经学有关，也是经学的经典。《午亭文编》是理解皇城村文化的钥匙。康熙御制、陈廷敬主编的《康熙字典》，对清代学术文化、经学昌盛有大功。

皇城相府建筑文化。相府依樊山而筑，枕山而临樊河，分内外城，占地面积4万平方米。从建筑学看，皇城相府的建筑艺术，反映了明清之际的时代精神及其社会生活、物质文化的特色：尊贵典雅，文采朴实。其主要建筑：河山楼、斗筑居、冢宰第、御书楼、陈氏祠堂、树德院、御史府、容山公府、南书院等，及其亭、台、楼、阁、牌坊、牌匾、内外城、城窑、城堡，构成了相府文雅气派，有与众不同的魅力。皇城村相府建筑，完全具有历史文化遗产的素质和内涵，是国内独一无二的历史文化官宅。

皇城村"转型""开发"历史遗产文化。皇城村与皇城人很好地实现了古为今用，推陈出新，化腐朽为神奇，挖煤炭富了皇城人的腰包，挖文化富了皇城人的脑袋，谱写出了"古典文化"与"现代文化"的水乳交融的文化辉煌。当你一进入皇城村，就会感觉皇城村的文化氛围浓厚，满村是文化，是书画，是文采，是有文化的"山寨"。这集中表现了在皇城村的二十年崛起，不仅已经是个完全的二十字方针标准的新农村，而且已经提前十年率先实现了"全面小康"的目标。

黄道霞指出，皇城村文化的核心价值在于它已经实现了中国特色社会主义的、集体经济的共同富裕，消灭剥削，社会和谐。全村既没有暴发户，也没有贫困户，也没有平均主义的"大锅饭"，即使收入有差距，人们心里也平衡。全村人实现了少有所教、壮有所为、老有所养、残有所帮为标准的社会保障制度。环境已经生态"花园"化。实现了绿满皇城（绿化面积占全村总面积70.4%），已经被国家定为5A级旅游示范点。

11.杨雍哲：皇城现象的本质在于消除城乡差距

国务院研究室原副主任杨雍哲认为，皇城现象就是一个农业村通过产业转型，依靠发展第二、三产业，以工补农，以工建村，提前消除城乡之间的差距，提前建设成现代化的新农村。而且不是靠国家帮助支持来实现现代化，是靠自己发展的力量自力更生来实现。国家基本的任务，是通过不断的改革发展来逐步取消乃至最终消除城乡差距，从根本上实现城乡一体化的新格局，实现社会的公平正义。皇城村和其他的名村已经做到了、实现了，这是应该学习的。

皇城这个小山村一年为国家交税1.2亿元，为国家提供原煤135万吨，为社会提供3 600人就业岗位，每年来旅游的中外游客达到60万人次；现在村里有户籍的人加上外来人员达到5 000人，实际上已经建设了一个小城镇。这些贡献中最重要的是，山村的发展为周围村和其他农村剩余劳动力提供了就业岗位。要富裕农民就得减少农民，减少的农民大部分人要依靠小城镇来吸纳。事实证明，皇城村和其他明星村都是吸纳大批农村剩余劳动力的小城镇。希望能崛起更多的这样的小城镇，这是农业、农村现代化的希望所在。

皇城现象让他感悟到一个道理：中国的小城镇要走两条路，一是要在现在的乡镇基础上发展第二、三产业，吸纳人口聚集形成小城镇；二是在农村崛起明星村来吸纳大量的人口，组成小城镇。现在的皇城村其实就是皇城镇，这样两条路同时进行，就能加快国家小城镇的发展、建设。

12.余展：调动发展乡村旅游的两种积极性

中国村社发展促进会副会长兼秘书长余展说，早在20世纪50年代初，党就做出了分得土地的农民既有个体生产积极性又有互助合作的集体生产积极性，这个科学的论断。在发展乡村旅游业方面，农民同样也有这两种积极性，皇城村发展乡村旅游正是很好地调动与发挥了这两种积极性。

他认为，作为集体所有制的皇城村，在发展乡村旅游上也实行了“统分结合、双层经营”的原则，“宜统则统，宜分则分”。作为皇城相府等主要景点，由于规模大、投资多、管理复杂，由集团统一开发，统一经营，而多种形式的“农家乐”则由农户经营。在全村250多户中，开发“农家乐”的有一半农户。为扶持办“农家乐”的农户，集体做了许多一家一户办不了或一家一户办不好的事，如统一规划、统一设计，村里的“农家乐”接待总站还为各个“农家乐”户统一调配资源、统一标准收费，各户使用的水、电、气等也由村里统一提供，并对包括“农家乐”在内的旅游从业人员开展专业知识的培训。既使各家各户的积极性得以发挥，又加强了管理，避免了无序竞争，维护了“皇城相府”这块宝贵的“金字招牌”。

皇城村的实践告诉我们，对“农家乐”的发展应做必要的规划，使之布局合理，经营规范，有利于避免因盲目发展和低层次竞争而造成对环境的污染和对资源的破坏。提升“农家乐”的水平，首先要提升从业人员的素质，进行必要的专业系统培训，提高他们在经营服务、食品安全、接待礼仪、餐饮和客房服务，以及对乡土文化讲解等方面的技能和素质。引导家庭经营模式逐步转变为景区管理模式，家庭作坊式服务提升至酒店式服务，向规模化、标准化、特色化转变。

四、论坛感悟

1.王茂设：论坛助推晋城与全国各地的合作

晋城市人民政府市长王茂设说，改革开放特别是近10年来，皇城村各方面的工作都取得显著成绩，成为晋城市新农村建设战线上的一面旗帜。全国“村长”论坛在这里举办，不仅是皇城人民的骄傲，更是全市人民的骄傲。全国“村长”

论坛，是农村基层干部精英的盛会，是中国村官经验交流和思想碰撞的舞台。晋城一定要认真做好服务工作，努力为论坛的顺利举办提供良好环境，为各位村官提供便利条件。他坚信，本届论坛以“转型崛起，务实惠民”为主题，必将搭建起开阔视野、相互学习的良好平台；必将对推进社会主义新农村建设产生深远影响；必将对加强晋城与全国各地的合作、共赢起到引领和助推作用。

2.刘爱军：宣传皇城、宣传阳城

中共阳城县委书记刘爱军说，近年来，阳城认真落实社会主义新农村建设“二十字”方针，坚持规划先行、急事先办、群众受益面大的事先办，注重加强村级组织建设和村官培养，建成了一批新农村建设示范村和达标村。这次论坛举办地皇城村，就是其中的典范。论坛在皇城村举办，对于宣传皇城、宣传阳城，进一步提升阳城和皇城的知名度、美誉度，将起到巨大的促进和推动作用。

3.香港“村长”山西行：蛮多惊喜

10月15日一早，来自香港荃湾木棉下村的何远雄“村长”，即将踏上归程。何远雄担任“村长”的荃湾木棉下村，是位于新界一个不足0.5平方千米的“围村”（相当于自然村），共有70多间房屋，300多名原住民，村民同姓同族，或远或近都是亲戚。

挥挥手，依依惜别。再见了，皇城相府。

昨晚，他与留在香港的太太在电话里承诺：“很好的地方，会带你来。”

被称为全国村长“奥林匹克”的“村长”论坛，到今年已举办了九届。作为历届论坛来的首位香港“村长”，何远雄从到达皇城相府之始，就吸引了众多目光。几天来，这位风度翩翩的香港“村长”，“蛮多惊喜、蛮多疑问”。陪他同来的亚太农村社区发展促进会港澳委员会主任江雅琦女士有感于他的“不耻下问”，笑言，何“村长”一到这边，就成了“十万个为什么”。

香港的“村长”如何产生？他们与内地的“村长”有何异同？对于记者的提问，何“村长”耐心解答，他的国语水平“一般般”，遇到棘手的词汇时，就会握拳蹙眉，苦不堪言，不得不改用粤语请教一旁的江雅琦女士：“怎么讲？怎么讲？”

香港“村长”空降皇城村

9月下旬，何远雄在香港家中接到一个电话，亚太农村社区发展促进会港澳委员会主任、江氏国际集团董事局主席江雅琦女士邀请他参加一个“特殊party”——“全中国‘村长’的聚会”，地点在皇城相府。

何远雄的第一个反应是：“皇城？没听到过。”“听说过山西吗？山西的皇城。”江女士循循善诱，但她向记者坦白：“讲实话，我自己（来的）兴趣也不

向村官代表赠送《康熙字典》

大。”和何远雄一样，此前，江女士对山西也是所知甚少，对皇城相府更是闻所未闻。这位在我国台湾地区生长、在美国受教育、在香港地区发展的漂亮女士如此描述山西：“很远的地方，很多的煤，很富的老板。”“恭敬不如从命”，对于论坛组委会的盛情邀请，江雅琦决定“走一走，看一看”，并向多位香港“村长”发出邀约。最终，何远雄被说服，成为历届“村长”论坛的第一位香港“村长”。

10月11日，何远雄从香港来到深圳，与等在此地的江雅琦会合。登机的前一刻，作为召集人的江女士，还不无歉意地告诉何远雄：“鉴于我们所去的地方，不要有太高期望哦。”

10月12日晚9时许，何远雄一行抵达皇城相府。作为论坛特邀贵宾，他们和吴协恩、申纪兰、郭凤莲等全国著名村官，下榻皇城相府贵宾楼，享受“一对一”的贴身服务，舒适雅致的房间，含笑绽放的鲜花，一张手写的便签，温馨提醒何先生：“这里就是您的家。”

一个小山村，宾馆的“硬件”堪和香港媲美。“住遍全世界五星酒店”的江雅琦女士表示“好意外”。

次日清晨，江雅琦的感慨变成了“好惊喜”。走出宾馆，在皇城相府各处走走，“那城堡，那古屋，那绿意”，江雅琦感觉“犹在画中”。尤其是满眼的绿色，“扑面而来”，再看何先生，正饶有兴致地拍照留影，两人相视而笑。

江雅琦的国语稍好些，她告诉记者，在香港久了，看多了钢筋水泥。而在皇城村这个古朴山村，人与自然是如此的亲近，“山在绿中，绿在山中，人在绿中，绿在人中”。

除了与香港“并驾齐驱”（江雅琦语）的“硬件”，接待人员周到的服务也令香港客人倍觉可爱。饭后，他们喜欢捧一杯橙汁，边饮边聊。何“村长”很快发现，和他以往喝过的橙汁不同，这里的橙汁是热的。

何远雄开始请教记者：“为什么要加耶（热）？维生素C会跑掉的。”这个问题难倒了记者，心直口快的江雅琦招手唤过服务生，得到的解答是“怕客人喝进肚子凉”。

“他们的殷殷接待之外，多了一份纯朴。”何远雄说。江雅琦深有同感。论坛第一天，她吃过晚饭回到房间，发现围巾不见了，“不知丢在了哪里”。饭厅客人上千，她几乎不抱有找到的希望了。没想到，就在她要睡时，有人气喘吁吁地敲门，负责为她“一对一”服务的女孩捧着她丢失的围巾问“是不是这条”。

“你们香港也有‘村长’？”“什么？你们香港也有‘村长’？”论坛期间，何远雄成了众村官追逐的明星，这位风度翩翩的香港“村长”，每次自我介绍后，总能激起一片啧啧声，人们不约而同地问：“香港也有农民吗？”

类似提问，非三言两语所能说清，每逢江雅琦不在身边，何远雄便抓耳挠腮，苦不堪言。何远雄已连续12年担任“村长”，现在他又物色了3名“村长”、7名村民，组成委员会（相当于村委会），他们一年至少开4次“乡事会”，商量事情，为村民服务。

和众多香港市民一样，何远雄每天7点起床，8点离家，然后坐地铁去公司上班。何远雄在九龙一家公司供职，下午5点下班后，一回到村里，便进入了“村长”角色。

“到周围走一趟，看看有没有问题处理。”何“村长”掰着指头细数：“婆媳好不好啊，邻里好不好啊，小孩子上学好不好啊！”

“欢迎到咱们香港哦”

10月14日晚，一场关于两岸四地乡村旅游的研讨会上，何远雄再次成为主角，坐到了主发言席上。为了准备这次发言，他早早搜集了资料，其他人发言时，他紧盯讲稿，默默吟读。

这次研讨会，多位港台嘉宾对皇城相府走出晋城、走向两岸四地发表了真知灼见。香港专家谢志豪先生谈到皇城相府的“招牌菜”——“迎圣驾”开城仪式，皇帝驾到，臣子、臣女齐刷刷跪倒，建议“做成一台戏，让观众看得津津有味。既保留了传统，又避免了封建糟粕”。

轮到何远雄发言了，掌声骤起，何“村长”脸“腾”地红了。大庭广众之下，面对大伙热切的目光，他尽管“咬牙切齿”，吐出的词汇却愈加模糊，后来干脆一口粤语。客串翻译的江雅琦不禁打趣：“天不怕地不怕，就怕港人说官话（普通话）。”台下笑声一片，何“村长”也难为情地笑了。

在皇城相府景点之一九女仙湖游览时，何远雄大为惊叹，连连表示，一定带太太再来“你们的九女仙湖”，一旁的皇城相府当家人张家胜忙纠正：“是咱们的九女仙湖！”

临别时，想起这段小插曲，何远雄很是感动，他向在座的诸位内地村官发出邀请：“欢迎到咱们香港来。”他加重了语气：“是咱们的香港哦！”

（摘编自《山西晚报》）

论坛短评

——本届论坛的重要意义表现在：

（1）首次实现了两岸四地农村基层工作者聚在一起，这让全国“村长”论坛更添亮色。

（2）“中国特色村旅游节”正式启动，同时推出了特色村旅游概念和路线，并举行了两岸乡村旅游研讨会，这对我国的乡村旅游是一个有力推动。

（3）举办了“全国著名村官报告会”。由地方政府出面，邀请与会的全国知名村官，根据本村发展实际，向举办地村官介绍村庄发展经验与体会。

——本届论坛突出贡献人物是皇城村张家胜书记。他在对论坛了解后，心仪不已，首先于2007年6月举办了全国“村长”论坛第三次执委会议，进行预热。为发展皇城村的经济，他引导晋城市与阳城县的领导到华西村参观学习，也为皇城村举办“村长”论坛做充分准备。他高标准、严要求皇城的员工，为本届论坛提供了优质的服务水平。

第十节　第十届全国“村长”论坛

◇时间：2010年10月6日

◇地点：江苏省江阴市

◇主办：中国村社发展促进会，中央宣传部党建杂志社，江苏省农业委员会，中共无锡市委员会、无锡市人民政府

◇承办：江苏省江阴市华西村

◇主题：华西论富——创先争优强村、转型发展富民

◇村庄介绍

华西村于1961年建村，在半个多世纪的岁月里，华西人在吴仁宝、吴协恩两任村党委书记的坚强领导下，从一个再普通不过的江南小村，冉冉升起为中国农村的一颗新星。从2001年开始，华西通过“一分五统”的方式，帮带周边20个村共同发展，建成了一个面积35平方千米、人口达3.5万人的大华西。近年来，华西村产业转型升级步伐不断加快，拓展了以金融投资、物流储运、海运海工、旅游航空、农产品市场为主的第三产业。如今，华西已成为一个村强民富、社会和谐、独具特色的社会主义新农村，一个每年都要吸引200多万名国内外游客的生态城。

一、论坛概况

第十届全国“村长”论坛于2010年10月6日上午在享有“天下第一村”美誉的江苏省江阴市华士镇华西村隆重开幕。

论坛以“华西论富——创先争优强村、转型发展富民”为主题。6日，来自各地包括200多名大学生村官、55个少数民族村村官代表在内的1 500名村官，饶有兴趣地参观了华西的村容村貌。华西村“山南钱庄、山北粮仓、中间天堂”的新格局，尽显我国新农村的魅力，让各地村官代表赞叹不已，流连忘返。吴仁宝、申纪兰、郭凤莲、王乐义、王廷江、王宏斌、常德盛、原贵生、范振喜、薛正红、张文成、傅企平、杨明、肖燕、章联生、卢志民、郭成志、吴恩福、罗玉英、张家胜、邵钦祥、黄福水等全国劳动模范、全国优秀共产党员、全国党代表、全国人大代表、全国政协委员中的杰出村官参加了本届论坛。

参观结束后，中共中央政治局委员、中央书记处书记、中央组织部部长李源潮同志亲切接见了与会的部分村官代表，并与他们一起合影。

十时三十分，论坛在雄壮的国歌声中开幕。李源潮和农业部部长韩长赋，中央农村工作领导小组副组长、中央农村工作领导小组办公室主任陈锡文，江苏省委书记、省人大常委会主任梁保华，江苏省委副书记、省长罗志军等在主席台就座。在主席台就座的还有中央组织部部务委员兼组织二局局长陈向群，中央组织部秘书长邓声明，江苏省委常委、组织部部长石泰峰，江苏省委常委、秘书长李云峰，江苏省委常委、无锡市委书记杨卫泽，江苏省委常委、副省长黄莉新，农业部原部长何康，中央组织部原秘书长何载，国务院研究室原副主任杨雍哲，农业部党组成员、人事司司长梁田庚，中国村社发展促进会副会长兼秘书长余展，中央宣传部《党建》杂志总编辑刘汉俊，华西村老书记吴仁宝等。开幕式由全国“村长”论坛执委会主任、华西村党委书记吴协恩主持。

吴仁宝首先发表了热情洋溢的致辞。华西自1961年建村以来，始终坚持党的领导不动摇、坚持共同富裕道路不动摇，开创了一条具有自身特色的社会主义现代化新农村建设之路。近几年，华西村在科学发展观的指引下，全面落实“旅游唱好戏，工贸创好利，农建保好底，平安靠内需，建设大华西”的创新举措，调整、提升了产业结构，达到了“三农变三化”（农村标准化，农业多元化，农民知识化），成为在国内外具有较高知名度和巨大影响力的“天下第一村”。

梁保华代表江苏省委、省政府对论坛的举行表示热烈祝贺。他说，本次“村长”论坛以“创先争优强村、转型发展富民”为主题共同进行探讨，共享有益经验，对于推进新形势下农村改革发展具有重要意义。

李源潮在讲话中首先对全国“村长”论坛的召开表示热烈的祝贺！他指出，“村长”是我国农村最基层的干部，是农民群众的当家人。有一个好支部书记，就能带动一班人、致富一村人。全国60万个村，如果有一大批勇于改革创新、善于带领村民致富的村干部，我国农村乃至整个社会就会更加充满活力；如果有一大批像华西村、南山村、刘庄村、蒋巷村等率先发展致富的社会主义新农村，我国农村乃至整个国家的实力就会大大增强。

韩长赋在致辞中代表农业部对本届论坛的举行表示热烈的祝贺！向长期辛勤奋战在农业、农村工作第一线的广大农村干部致以亲切的问候！他说，农业农村经济的发展，主体是农民，基础在村一级，关键靠村干部。

陈锡文同志说，温家宝总理对论坛召开非常重视。华西村的老书记吴仁宝给总理写了封信，向他报告第十届全国“村长”论坛将在华西村召开，总理非常重视，立即做了重要批示。因为国庆期间，总理有重要的国务活动，出访在外，不能来参加，让他一定转告大家，表示歉意。应该说总理对这次论坛的召开寄予了很大的厚望。

开幕式上，全国“村长”论坛授予功勋卓著的老模范吴仁宝“中国村官终身成就奖”；十七大代表、江苏省滨海县东罾村党委书记薛正红代表千名与会村官宣读了《创先争优倡议书》。

十二时许，吴仁宝宣布“第十届全国‘村长’论坛开幕”。

下午举行的主论坛和分论坛内容丰富、精彩纷呈。在大学生村官座谈会上，李源潮同志亲切询问了大学生村官的工作、学习、生活情况，勉励他们坚定在农村锻炼成长的理想抱负，把人生选择融入党和人民的事业，脚踏实地、干事创业，在农村创先争优中争当先进村官、争创优秀业绩。

在主论坛上，吴仁宝做了“华西之路”的精彩报告；陈锡文和杨雍哲分别做了我国当前农村、农业工作的形势和《赞华西的富裕观》的报告；薛正红围绕着“创先争优”的主题做了个人事迹报告，赢得了与会村官的阵阵掌声。

中央电视台《聚焦“三农”》对话“三农”领军人物，引起了参会村官的极大兴趣。对话的主题是“农业发展、农民富裕、农村进步”；对话的主角是吴仁宝、郭凤莲、王乐义、傅企平、杨明等著名村官。中国名村与“三农”资深专家对话新华网也同时举行。十七大代表范振喜、薛正红、毛雨时，全国人大代表章联生、卢志民等名村官与“三农”资深专家黄道霞、艾云航、吴长生、张从明、骆友生、白益华等进行了对话。

晚上，华西村艺术团为千名与会村官表演了精彩的文艺节目。来自中国牡丹画第一村——河南省孟津县平乐村的农民画家为本届论坛献上了牡丹画作。晚会现场还为王廷江、邵钦祥两位功勋村官以及李良宝、武继军、王勇、毛雨时、徐卫国、邱汉成、史世领、刘章华、赵凤利、田文科等2010年度“十大杰出村官”颁发了奖牌。

10月7日举行的分论坛，主要有全国大学生村官华西交流会、全国少数民族村庄旅游经济发展大会、中国乡村旅游联盟启动仪式等。

在顺利完成各项议程之后，第十届全国“村长”论坛于7日下午四时举行了闭幕式。江苏省委副书记王国生宣布论坛闭幕。吴协恩代表全国“村长”论坛执委会做了总结发言；余展代表论坛组委会讲了话；江阴市委书记朱民阳在讲话中表示，学习借鉴各地经验，深化江阴新农村建设伟大实践；第十一届全国“村长”论坛举办地山东省临沂市市委副书记张务锋同志在讲话中介绍了临沂市悠久的历史、厚重的文化积淀以及新时期经济社会的发展情况，华西村与下一届论坛承办村——临沂市罗庄区沈泉庄村的代表举行了会旗交接仪式。第十届全国“村长”

论坛在《歌唱祖国》的乐曲中落下帷幕。

二、精彩回顾

1.李源潮讲话

当好创先争优富民强村带头人

今天，第十届全国“村长”论坛在华西村隆重开幕，我代表中央组织部向论坛的举办表示热烈祝贺！

这次论坛，全国许多明星村的领头人都来了，可以说是群英荟萃。你们是全国农村科学发展的旗帜，是全国农村全面小康建设的示范，是中国农村走向现代化的尖兵。在此，谨向全国先进村的领头人表示敬意，向与会的所有村干部表示问候！

“村长”是我国农村最基层的干部，是农民群众的当家人。村民富不富，关键看支部；班子强不强，先看领头人。华西村1961年建村时，到处是茅草屋、泥垛墙，现在家家住别墅，村庄像花园，日子过得比城里人还好，靠的是老书记吴仁宝和支部一班人带领村民艰苦创业、勤劳致富。山东寿光三元朱村党支部书记王乐义带领村民种大棚蔬菜，不仅使三元朱村摘掉了“要饭村”的穷帽子，还带动全国许多地方的农民走上了致富路。可以说，一个明星村的创业史，也是一个好“村长”的奋斗史。有一个好书记，就能带动一班人、致富一村人。

农业是国民经济的基础，农民是我国人口的主体，没有农民的小康就没有全国人民的小康，没有农业和农村的现代化就没有全国的现代化。村官虽小责任大，村庄虽小影响大。小岗村的大包干拉开了中国改革的序幕，苏南的乡镇企业开启了农村工业化、城镇化的先河，吉林梨树的村官海选探索了农村基层民主发展的新路。全国60万个村、400多万村干部，如果有一大批勇于改革、勇于创新的村级组织带头人，我国农村乃至整个社会就会更加充满活力；如果有一大批像华西村、蒋巷村、南山村、刘庄村等率先发展致富的社会主义新农村，我国农村乃至整个国家的实力就会大大增强。

这次论坛来了180位大学生村官，这是第十届“村长”论坛的一个标志。为了加强农村发展的骨干力量，也为了培养来自农村基层一线的党政干部人才，中央实施了“十万大学生当村官”工程。这些年，一批又一批大学毕业生响应党的号召，志愿到农村干事创业，已有20万名大学生在村任职，其中2.6万名担任村“两委”负责人。事实证明，到农村当村官，是当代大学生锻炼成长的一个正确选择。我相信，在这几十万大学生村官中间，一定会走出一批了解农村、熟悉农民、与农民群众有深厚感情的党政领导干部人才！

刚才，薛正红同志宣读了第十届全国“村长”论坛全体代表《创先争优倡议书》。我们要全力支持广大农村基层干部创先争优。现在，我国农村改革发展正处于关键阶段，村干部肩上的担子很重。希望大家向吴仁宝、王乐义、沈浩等“村长”楷模学习，向申纪兰、郭凤莲等老模范学习，带头创先争优、富民强村。要始终把发展富民作为中心任务，因地制宜拓宽增收渠道，带领大家共同致富。要公道办事、民主理事，妥善解决村里矛盾纠纷，维护农村和谐平安。要把“人民幸福”放在心上，真心实意为村民办实事、解难事。要严格要求自己，以集体和村民利益为先，做清清白白的当家人。要以创先争优为契机，抓好村党支部和党员队伍建设，增强村党组织的创造力、凝聚力、战斗力。

党中央对村干部十分关心。胡锦涛总书记多次强调，要真正重视、真情关怀、真心爱护基层干部，抓好农村基层党组织带头人队伍建设。2008年年底，中央专门出台了村党支部书记“一定三有”政策，为村干部干事创业提供了重要保障。各级党委和组织部门要认真落实中央政策，全力支持村干部工作，充分调动他们服务农民、发展农业、建设新农村的积极性创造性。

最后，希望在全国农村创先争优活动中，有更多的村成为像华西村这样的科学发展先进村，有更多的村干部成为像吴仁宝这样一心为民的优秀村干部。中国农村现代化的希望寄托在你们身上！

中央政治局委员、中央书记处书记、中央组织部部长
李源潮

2.论坛举行全国大学生村官华西交流会

10月7日上午，第十届全国“村长”论坛举行全国大学生村官华西交流会。来自各地的大学生村官与特色村村官参加会议。会议由本届论坛执行主席、北京市郑各庄村党总支书记黄福水主持；《农民日报》总编辑孙林、江苏省农业委员会主任吴沛良、农业部原政策与法规司原司长郭书田等参加会议。

会上，举行了“中国特色村”颁授仪式和学习吴仁宝书记征文比赛颁奖。河北省邢台市南沟村、内蒙古巴彦淖尔市公田村、山西省晋城市上庄村、辽宁省鞍山市金胡新村、上海市闵行区彭渡村、陕西省西安市聚驾庄村、贵州省天柱县桥

联村等30个村获得“中国特色村”称号。冯兵胜等5人获得征文比赛一等奖。

吴沛良同志介绍了江苏省农业与农村发展情况。

江苏省常熟市蒋巷村党委书记常德盛做了个人事迹报告。常德盛书记44年如一日，带领蒋巷村民脚踏实地、艰苦创业，治“穷根”、铺“富路”，把蒋巷村从一个“泥墙草房、穷土恶水、瘟病横行”的贫困乡村发展成为老百姓的幸福家园。当年9月，常德盛先进事迹报告会先后在人民大会堂和各地巡回进行。

上海市九星村党委书记吴恩福向各位大学生村官介绍了九星村市场发展路径，倡导大学生村官们开拓创新，干事创业。

大学生村官、湖北省通城县宝塔村党总支书记黎锦林代表各地大学生村官发言，介绍了自己扎根基层，努力拼搏，为村民致富、村庄发展所进行的实践尝试，让大学生村官产生共鸣。

郭书田讲解了我国农村的发展现状，为大学生们提出了农村工作的方向和要求。大学生村官工作报告课题组负责人、中国农业大学胡跃高教授介绍了大学生村官工作报告编辑出版情况，对大学生村官工作进行了展望。

交流会上还举行了“华西杯”服务新农村建设辩论赛和学习吴仁宝书记优秀征文演讲。辩论赛在南京大学代表队和大学生村官代表队之间进行，辩题为“大学生村官的主要角色是辅助者还是开拓者”。辩论让大学生村官的定位更加明晰。最后，经现场评委表决，大学生村官代表队获得胜利。江苏苏州大学生村官代表钱振华等进行了学习吴仁宝书记演讲。

3.李源潮勉励大学生村官：争当先进村官、争创优秀业绩

中共中央政治局委员、中央书记处书记、中组部部长李源潮6日下午在华西村与参加“村长”论坛的大学生村官座谈，勉励他们坚定在农村锻炼成长的理想抱负，把人生选择融入党和人民的事业，脚踏实地、干事创业，在农村创先争优中争当先进村官、争创优秀业绩。

选聘高校毕业生到村任职，是党中央做出的一项战略决策。座谈会上，大学生村官们争先恐后地发言，介绍自己到村任职的收获和体会。他们说，村庄虽小舞台大，只要你能放低自己，有肯吃苦的干劲，真心实意为农民办事，一定能在大学生村官这一平凡岗位上做出不平凡的成绩。

李源潮认真听取大学生村官们的发言，鼓励他们在农村锻炼成长。他说，选聘大学生村官到村任职，既是为了给新农村建设培养骨干力量，也是为了在基层一线培养人才，为党的事业后继有人储备力量。希望大学生村官找准在农村任职的目标定位，志存高远、脚踏实地，在农村这个大熔炉里经受锻炼和考验。

李源潮指出，农村是大有作为的天地，大学生村官要扑下身子干事创业，磨炼意志、提高能力。要积极接受各种任务和挑战，遇到困难不打退堂鼓。要融入农村、熟悉农民、服务农民，培养对群众的深厚感情。要边干事、边读书，养成理论联系实际的好习惯。要带头创先争优，在“干”上下功夫，想干事、肯干事、干好事、干实事。

李源潮要求，各级党委组织部门要关心大学生村官的成长，加强管理，强化培训，跟踪培养，为他们干事创业搭建平台。要完善有序流动机制，鼓励大学生村官扎根农村、带头创业，真正成为建设社会主义新农村的骨干力量。

4.创先争优倡议书

在第十届全国“村长”论坛召开之际，为推动“创建先进基层党组织，争做优秀共产党员”活动在农村基层深入开展，我们1 500名与会代表特向全国的广大农村基层干部发出倡议：

庚寅仲秋　百千村官　相聚华西　倡议立言
创先争优　率先垂范　壮我华夏　富我家园
权为民用　情为民系　心为民想　利为民谋
廉洁勤政　作风民主　公平公正　为民奉献
友爱互帮　增进合力　夯实根基　塑造和谐
崇礼守法　培育新风　弘扬正气　坚定信念
自然生态　实践创新　文明进步　科学发展

全体村官朋友们，创先争优强村，转型发展富民，是党和人民赋予我们的神圣职责和历史使命。让我们以吴仁宝、王乐义、沈浩等时代先锋为楷模，争创“五个好”式的先进党组织，争当“五带头”式的先进党员，创先争优促转型，努力为全国的社会主义新农村建设做出我们应有的贡献。

出席第十届全国“村长”论坛全体代表
2010年10月6日于华西村

5.中国名村赋

中国名村赋

中国名村，四海颂传。庚寅金秋，华西聚贤。铭之以赋，同贺共勉！

【毋忘村之史】

天地形胜，斗转星移，60万村庄从远古走来。一方一俗，一村一史。一个村庄，每每是《氾胜之书》《齐民要术》《农桑辑要》《农政全书》之活化石。一部村庄之历史，则堪为一本志书，记录着足下方圆土地之风雨兴衰与发展演进，记录着世代村民辛勤劳作与智慧创造。名村之路，名村之史，应是中国农业与乡村渊源接续、革故鼎新、欣欣向荣之缩影。盛世修志，毋忘村史。努力挖掘、整理名村农耕、邑里、村政、民俗、发展文献，丰富中华乡村文化遗产。不忘过去，珍视当今，黾勉未来，实乃中国名村之要务。

【珍摄村之名】

全国“村长”论坛，历十届，经十载，推名村发展战略，评名村影响力，遂成创建中国名村之摇篮。村庄争先创优，创建特色村、幸福村、宜居村、绿色村庄、特色旅游村以及中国农业公园，名村辈出，灿若星辰，东有华西、南山、九星、永联、三元朱、滕头、花园、蒋巷、航民，西有福保、东岭、宝山、新立、农科，北有大寨、皇城、红嘴、果园、郑各庄、四家村、前南峪，南有罗南、自力、韶山、上国，中有进顺、南街、刘庄、京华、福星……举凡名村，来之不易，既往之名，弥足珍贵。名誉表明过去，更需促进将来。精心定位，谋划新篇，求新务实，开拓向前。

【弘扬村之魂】

名村有名，贵在有魂。名村文化，魂之所系。华西村“个人富了不算富，集体富了才算富；一村富了不算富，全国富了才算富”、大寨村“自力更生、艰苦奋斗”、小岗村“改革先锋，敢为人先”、滕头村“一犁耕到头”、花园村“求强共富，科技兴村”、九星村“市场立村，诚信标杆”、杨王村“理念先进，王者风范”、东岭村“冶炼基地，秦川第一”、韩村河村“建筑龙头，艺术之村”、武家嘴村“造船水运，民间第一”、梦兰村“家纺领航，慈善榜样”、皇城村“相府文化，历史传承”、诸葛八卦村“八卦文化，忠武精神”、郑各庄村“水城温都，创意文化”、前南峪村“绿色村庄，红色太行”、福保村“滇池风情，福天宝地”、南街村“红色文化，唱响华夏”、东韩村“农民书画，关中第一”、大坪村“定西剪纸，陇上佳话”、陈家沟村“武术之乡，太极圣地”、农科村“农家乐土，花卉之乡”、前卫村“低碳先行，花开崇明”、巴吉村“藏区新村，雪域明珠”、北极村“神州北极，迷幻美景”、白哈巴村“西北坐标，醉遍游人”、翠亨村“天下为公，中山故里”、三元朱村“冬暖大棚，泽惠三农”、航民村“大爱惠民，扬帆远航”、大唐村“炎武故里，有责兴亡”……鞭策激励，振奋精神，敢于创新，与时俱进，推动发展，勇往直前。

【集结村之力】

不竞则退，不竞则弱，不竞则衰，中国名村需要竞争力。竞争更需竞合，合作乃推动村庄发展之主要动力。华西、南山、花园等村并村之举，奏响了中国并村发展之绝唱。浙沪五村资本合作，四川五村旅游合作，闽西五村支部对接互补合作……名村走在集结合作发展之先头。村与村、村与企跨区域多元化合作能够弥补自身发展种种局限，扩大发展空间，形成多方共赢之效应，呈现携手并进之局面。

【精雕村之美】

魅力滕头，入选世博，美丽乡村，让城市更向往。西递·宏村“明清村落，美景江南”、洪坑村“百年土楼，神奇民居”、菁口村“元阳梯田，哈尼家园”、蒋巷村“农家田园，民俗大观”、桃坪羌寨“石碉古建，浴火重生”、江村“明清风韵，自然诗画”、喜州村“洱海古村，魅力古建”、玉石庄村“玉石胜境，神来泥塑”、党家村“古屋千宇，耕读传家”、寺登村“古道古集，古村古寺”、张谷英村“高宅古屋，民间故宫”、杨家沟村“清代庄园，窑洞瑰宝”、布依音寨“金海雪山，四海争夸”、自力村“自力雕楼，中西合璧”、惠水爱燕联村“万洞之乡，万燕如云”、西霞口村“国际港口，晚霞渔村”……“水绕古村庄，聚砂如银环”，“半亩方塘一鉴开，天光云影共徘徊”，真乃天地之大美而不言，万物有成理而不说。名村如此具有经典美学价值之所在。中国诗歌之最美乃山水田园诗歌，中国美术之最美乃山水田园之画，中国人居环境之最美亦为山水田园人居之美。重视乡村环境景观之艺术美与自然美，保护利用乡村美丽资源，精雕细描未来乡村之美好形神。

【永续村之绿】

绿色永远是乡村之底色与主题。倡导低碳生活，坚持低碳兴业，发展低碳旅游，建设低碳村庄，争当中国低碳经济与可持续发展的生力军，促进人类社会可持续发展。喜看中国绿色村庄、中国特色旅游村蔚为壮观，中国低碳示范村之积极创建。严谨缜密做好村庄绿色定位、生态规划、低碳设计，节地、节水、节肥、节药、节种、节电、节油、节柴、节煤、节粮，增林、增绿、增氧……把低碳理念贯穿于新农村发展的全过程，让新的低碳生活时尚走进每一个农家，创建更宜居、更宜业、更宜游、更新更美的社会主义新农村。

【和谐村之规】

村之规，民之约，从古至今，皆为规范村政之法宝、规约民俗之准绳。凡村务行事，务必按照科学发展观、和谐发展思想，治理乡村，透明运行。凡兴项举业，皆须未雨绸缪，意在筌先，调查评估，反复调研，洞悉市场，量体裁衣，量力而行，加强核算，规避风险，科学决策，实现包容性增长。凡涉及村民利益、集体利益，以民生民本为重，处处考虑和谐发展，努力实现贫有所助、困有所帮、幼有所教、老有所养，努力做到居安思危，重视预防，有效应急，有备无患。此乃名村发展紧要题中应有之义。

【当好村之官】

当代村官，全新形象，五十六句，履职箴言，铭刻心坎：当选一任，造福一方，甘为公仆，服务至上，开拓在前，乐于奉献，积极进取，奋勇争先，全心全意，尽职尽岗，正人正己，任劳任怨，不骄不躁，不占不贪，做人清白，做事清廉，公开村务，公正办事，公心掌舵，公平解难，善于学习，通晓政策，发展思路，决定出路，人无我有，人有我优，三农并举，城乡统筹，勇于探索，巧于经营，锤炼慧眼，慎重初战，以人为本，生态优先，保护环境，再生回环，村民权益，悉心维护，爱民亲民，商量办事，民主机制，民主监管，律己以严，待人以宽，升华素质，培育新人，有福后享，有难先当，以身作则，率先垂范，科学理性，持续发展，民富村强，奋发勤勉，和谐村庄，幸福家园！

三、论坛声音

1.韩长赋：广大村干部要再立新功

农业部部长韩长赋在论坛上指出，村是我国农村社会最基本的单元，是亿万农民群众的家园，是构建社会主义和谐社会的基石，也是农业农村经济发展的重点。农业发展、农村繁荣、农民富裕，首先体现在全国60多万个行政村的兴旺发展上。改革开放以来，我国农村面貌发生了翻天覆地的巨大变化，农村经济快速发展，农民收入持续增加，农村社会不断进步，全国各地涌现出一批又一批亿元村、明星村、模范村，充分展示了党在农村政策的巨大成功，充分展示了亿万农民的无穷创造力，充分展示了中国农村发展的光明前景。村级经济的发展，为国民经济和社会发展做出了巨大贡献。

他认为，农业农村经济的发展，主体是农民，基础在村一级，关键靠村干部。村干部是贯彻落实党在农村各项方针政策的宣传者和实施者，是发展农村经济的组织者和带头人，是联系党和政府与农民群众的桥梁和纽带。胡锦涛总书记指出：村民富不富，关键看支部；村子强不强，要看“领头羊”。我国农村发生的巨大变化，凝聚着广大村干部的心血和汗水。长期以来，特别是改革开放以来，在党的领导下，广大村干部团结带领农民群众，创造了许多发展奇迹：农村“大包干”，吹响了我国改革开放的号角；乡镇企业异军突起，拉开了农村工业化的帷幕；村民自治，推动了我国基层民主法治建设的进程；亿万农民工进城，加快了中国工业化、城市化的步伐。这“四大创造”凝结着广大农民群众和农村基层干部的勤劳、勇敢和智慧，对当代中国的发展产生了重大而深远的影响。广大村干部怀着对家乡故土的无比热爱，对父老乡亲的深厚感情，以一股不怕苦不怕累、不甘贫穷不甘落后、不畏困难不惧失败的劲头，在艰难中苦干实干，在曲折中探索创新，敢为人先，勇于担当，不屈不挠，无私奉献，闯出了具有中国特色的农村改革发展新道路、新局面。广大村干部的巨大贡献将载入中国农村改革发展的光辉史册。

韩长赋强调，当前，我国已进入工业化、城镇化加快推进的重要时期，进入全面建设小康社会的关键时期。实现工业化、城镇化和农业现代化“三化”同步推进、协调发展，构建城乡经济社会发展一体化新格局，全面实现小康目标，重点在农业，关键在农村，难点也在农村。发展现代农业，建设社会主义新农村，是新时期农村工作的中心任务。广大村干部要在各级党委政府的领导下，团结带领农民群众，艰苦奋斗，开拓创造，努力改善生产生活条件，建设自己的美好家园。

他说，广大农村基层干部是亿万农民选举、直接为农民服务的“官”，应当忠实履行村民赋予的职责。要认真学习宣传、贯彻落实党在农村的各项方针政策，切实维护农民的合法权益；加强文化知识和实用技能学习，不断提高带领农民群众增收致富的能力；加强法律知识学习，增强民主法制意识，坚持依法办事，民主管理；牢固树立群众观念，急群众之所急，解群众之所忧，办群众之所需，真正成为广大农民群众的主心骨、贴心人；继续发扬艰苦创业和敢为人先的精神，当好农村改革发展的带头人。

韩长赋指出，支持村级发展，推进新农村建设，是农业部门的重要职责。今后，各级农业部门要坚持为“三农”服务的宗旨，充分发挥职能作用，推动落实各项强农惠农政策，加强农业基础设施建设，建立健全农业科技服务体系，加大农民培训力度，继续完善和创新农村经营体制，推动农业农村经济加快发展。要坚持面向村级，面向农民，重点办好10件实事：一是开展农民实用技术培训，

“十二五”期间新增农村实用人才500万以上；二是实施“阳光工程”，增强农民工的就业创业本领；三是推广农业实用技术，实施科技进村入户工程；四是组织开展“农超对接”，搞好农产品产销衔接服务；五是建设农村沼气工程；六是实施农村清洁工程，改善农村生态环境；七是免费开展重大动物疫病强制免疫；八是实行病虫害专业化统防统治，减轻病虫害损失；九是扩大“一事一议”筹资筹劳财政奖补试点范围，推进农村公益事业建设；十是加强信息服务，把政策、技术、市场信息送入千家万户。

他提到，近年来，在中组部、财政部等部门的大力支持下，农业部在华西村、小岗村等11个全国新农村建设示范村建立了农村实用人才培训基地，开展农村基层干部和农村实用人才带头人培训。各级农业部门要充分发挥基地作用，加大村干部培训力度，培养勇于创业、精于管理、能够带领群众致富的骨干力量。要继续大力支持大学生村官工作，关心大学生村官成长，为他们施展才能提供舞台。要继续大力支持、参与农村基层组织建设，深入开展创先争优活动，提高村一级的发展实力、治理能力和服务水平。

他希望各级农业部门要加强对村一级的指导和服务，全心全意为农民办实事。希望广大村干部在加快发展现代农业、建设社会主义新农村中再立新功！

2.梁保华：第十届“村长”论坛对江苏工作是有力的推进

江苏省委书记、江苏省人大常委会主任梁保华认为，全国“村长”论坛是农村基层干部的年度盛会，为交流经验、加强合作、共商发展搭建了重要平台。中共中央政治局委员、中央书记处书记、中组部部长李源潮同志亲临本次论坛并做重要讲话，充分体现了对农村基层工作的高度重视，对农村基层干部的亲切的关怀，对大家是很大的激励和鼓舞，对加强新农村建设将产生重要的影响。本次论坛在江苏举行，群英汇聚，盛况喜人，为江苏学习全国各地的先进经验提供了难得机会，对江苏的工作是有力的推动。

梁保华说，在改革发展中，江苏始终把“三农”工作作为全局工作的重中之重，连续7年实现粮食增产、农业增效、农民增收，去年全省农民人均纯收入超过8 000元，全省粮食实现自给，总产量达到323亿千克，高效农业面积占比提高到30%以上，农村66.3%的劳动力已转入非农产业，全省农村实现最低生活保障、新型合作医疗、新型社会养老保险“三个全覆盖”，基本实现了村村“七通”：通电、通公路、通公交、通自来水、通电话、通有线电视、通宽带网，社会主义新农村显示出蓬勃生机与活力。

他评价了华西村，认为华西村是社会主义新农村建设的一面旗帜，是全国著名的先进典型。几十年来，华西村在吴仁宝同志带领下，走出一条经济繁荣、农民富裕、社会和谐的成功之路。在新的发展阶段，华西村不为过去的成绩和荣誉而自满，不为已有的经验而局限，创新发展思路，勇于超越自我，努力走在科学发展前列。

他总结华西的新经验，认为最突出的有三条：一是坚持与时俱进、不断创新，始终走在改革发展的前列。华西自觉走科学发展之路，近几年，紧紧围绕"地创高产出，人创高素质"，主动调整产业结构，加快转变经济发展方式，推动经济转型升级，突出创新创优创效，做到实实在在"转"、创新路子"转"、高效有序"转"，实现又好又快发展。去年华西村销售收入超过500亿元，可用财力超过30亿元，农民人均纯收入超过8万元。二是坚持以人为本、协调发展，坚定不移走共同富裕之路。华西坚持创先争优强村、转型发展富民，把强村与富民紧密结合，普惠民生，共同致富，实现集体个人共同富；坚持两手抓、两手硬，既富口袋又富脑袋，做到物质精神双富有，促进人的全面发展；坚持全面协调发展，加强社会建设和生态文明建设，促进和谐发展、可持续发展；坚持"富裕不忘国家、不忘集体、不忘左邻右舍和经济欠发达地区"，以宽大的胸襟、切实的办法、主动的作为，在更大范围内先富带后富，在更高层次上促进共同富裕。三是坚持加强党组织建设，形成了有凝聚力的领导班子和有创造力的党员队伍。吴仁宝同志把人民群众过上幸福日子作为自己的毕生追求，几十年如一日，自觉践行"有福民先享、有难官先当"的诺言，是农村干部的优秀楷模。

他肯定华西村党委一班人坚决贯彻以人为本、执政为民的要求，以造福村民为己任，全心全意为人民群众谋幸福，思想过硬、工作过硬、作风过硬，赢得了群众的信任和拥护，充分发挥了党组织的领导核心作用。

华西村为社会主义新农村建设树立了光辉的榜样。2006年以来，也就是李源潮同志当初在江苏任省委书记的时候，在全省广泛开展"乡村学华西，农村干部学吴仁宝"活动，有力推动了社会主义新农村建设；最近，省委、省政府又认真总结了华西创先争优、转型发展的新经验，并专门做出《决定》，在全省深入学习华西改革发展的新经验，推动全省科学发展上新的水平。

梁保华强调，农业、农村、农民问题事关全面小康和现代化建设全局。江苏按照党的十七大和十七届三中全会提出的农村改革发展目标任务，顺应广大农民过上美好生活的新期待，大力推进社会主义新农村建设，探索具有江苏特点的"三农"工作新路子。一是加大统筹城乡发展力度，加快形成城乡经济社会发展一体化新格局，贯彻工业反哺农业、城市支持农村的方针，以产业化提升农业、工业化致富农民、城市化带动农村，促进城乡协调发展。二是坚持以农民增收为核心，大力发展农村经济，把发展农民专业合作组织与推进农业适度规模经营、发展高效农业、建设农业特色产业基地紧密结合起来，加快传统农业向现代农业转变。三是按照生产发展、生活宽裕、乡风文明、村容整洁、管理民主的要求，扎实推进社会主义新农村建设，促进农村经济繁荣、事业发展、社会和谐，让农民群众在新农村建设中得到更多实惠。

他指出，党的农村基层组织是党在农村工作的基础。江苏坚持以领导班子建设为重点，努力把农村基层党组织建设成为推动科学发展、带领农民致富、密切联系群众、维护农村稳定的坚强领导核心。按照守信念、讲奉献、有本领、重品行的要求，切实加强农村基层干部队伍建设。省委先后在华西举办了42期专题培训班，对全省2万多名乡村党组织书记进行了集中轮训。积极推进“一村一名大学生”工程，近几年到农村工作的高校毕业生有12 800多人，其中有近3 000人担任村党组织或村委会主要负责人。按照中央的部署，全省深入开展创先争优活动，把开展创先争优活动与深入学华西，与推动农村改革发展结合起来，与深化“三级联创”活动结合起来，做到“四个明确”：明确活动主题、明确创建标准、明确活动载体、明确承诺内容，实行一领域一主题，一支部一载体，一党员一承诺，充分发挥基层党组织战斗堡垒作用和党员先锋模范作用，以创先争优活动推动农村经济社会又好又快发展。

梁保华表示，将以这次论坛的举办为契机，认真学习贯彻李源潮同志的重要讲话精神，借鉴全国各地的好做法好经验，以创新的思路和举措推进农村改革发展，努力把社会主义新农村建设提高到一个新的水平。

3.吴仁宝：与时俱进，科学“三转”

华西村党、村、企总办主任吴仁宝在论坛上说，建村近50年来，华西的形势一直保持既不大好，又不小好，一年更比一年好，“四大建设”全面好。“十一五”期间，华西通过产业的转型升级，不断提升“农、工、商、建、游”这五大产业，共完成营业收入2 296.21亿元，上缴税费36.73亿元，可用资金132.84亿元。对比“十五”规划分别增长了186.68%、182.70%、212.80%。今年，可实现可用资金35亿元，这也为明年建村50周年拿下50亿元打好了坚实的基础。他指出，华西要与时俱进，科学“三转”：

第一，“村”转“城”。现在，发达地区不发达的村也已经城市化了。因为，他们那里的人绝大多数都到城里打工、开店或者办厂了，而原来的地基本上由外地人承包使用。华西的城市化和他们不一样，既要让城里人到华西来花钱，又要把华西人变成城里人，使“天下第一村”转成“天下农村第一城”。华西这个“转”，要比欠发达地区建设城市化的难度还要大，但转了以后，对生产发展、生活富裕、生态文明都有很大的好处。

第二，"地"转"空"。华西拥有各类汽车1 000多辆，汽车驾驶员1 000余人。我们要把"地面驾驶员"转向"空中驾驶员"。目前已初步转了，华西今年4月份同美国波音公司、法国欧直公司签约购买了两架先进的直升机，直升机已于两个月前到达。原来有一家国内通用航空公司与我们合作，现由于驾驶员的问题很难起飞。当前，准备继续和中瑞通用航空公司，并和中信海直、和利通航及其他通用航空公司洽谈，在全国乃至全球寻找长期合作单位。因华西的飞机不仅仅局限于这两架，准备扩大到20架、30架的规模。按欧直每架3 000多万、波音每架5000多万计算，20架也不到10个亿。10个亿也不是问题，难的是找到适航的合格飞行员。现在，国内对招聘外国飞行员要求很高，办理手续很难，确实难以聘请到外国飞行员到华西。如果好办，马上可以请到。所以，只能是自己培养，而且可以送到外国培养。希望国内外的航空学院帮华西提供技术精湛的飞行员，或者为华西选拔优秀的学生，华西准备招聘100名。然后把这100人送到美国、法国培训1～2年。美国波音公司总裁罗伯特、法国欧直公司（中国）总经理博诺望也出席了旅游节的开幕式。每个飞行员投入100万，100人就是1个亿。这些人员学成回国以后，作为华西集团的员工，也是华西定向培养的"空中人才"。

第三，"陆"转"海"。近几年，我们不断拓展"华西远洋""华西海工"。"华西远洋"正与大型船业集团合作建造5艘新轮船。建成后的总运力，将由45万载重吨增加到85万载重吨。"华西海工"投资10多亿元，建造以中国籍最大4 500吨全回转起重工程船为旗舰，配合900吨全回转起重船、20 000吨自航驳、16 800吨半潜船、专业挖沟多功能支持船及配套拖轮在内的大型海洋工程船队。船队建成后，与大型央企合作，投入跨海大桥、海上石油平台的建设。华西正准备向水运、货运、客运全面发展。华西已与重庆、大连等地紧密合作，一方面打通新疆到重庆，再沿江顺流而下至江、浙、沪的物流通道，另一方面又拓展好华西至上海、宁波、杭州等各地的物流市场。今后5年当中，还要争取连通闽、港、澳、台及海外。为此，准备招聘一批海洋专业人才，并和国内外著名海运学院合作，帮华西培养海洋"船长级人才"。

"村"转"城"，"地"转"空"，"陆"转"海"，无论是哪一个"转"，都离不开人才。吴仁宝认为，会用人的人才，是最好的人才，吴协恩书记就是这样一个能用好人才的人才。他以自己为例，说自己在"十五"规划当中完成销售收入800.97亿元，而新书记却完成2 296.21亿元，这就是有力的证明！特别是今天到会的各级领导，包括到会的各位朋友，能否为华西做"红娘"，引荐这些人才。华西极力引进人才，不仅仅是为了自己的一个村，也是为了周边地区的发展。要实现这一目标，既要同周边地区，也要同国内外各地合作

搞旅游、运输、贸易。他建议，每个省推荐一个村来合作，联合起来发展空中事业！他认为，把这“三转”做好了，不仅是华西的事情，也是为中国农民露脸、长志气的事！

吴仁宝介绍了在建的华西新大楼，这座大楼的高度列世界第15名，虽然它不是最高的，但华西人争取将它建成最美的大楼。“金、木、水、火、土”五个空中花园，分别有金牛、银牛、铜牛、铁牛、锡牛。在建设过程当中，诚邀一大批国内外美术、艺术大师，共同将大楼打造成一个文化景点、艺术亮点，形成艺术殿堂和世界拍卖中心，成为一座集“趣味性、科普性、商业性、艺术性、历史性”为一体的综合性现代化大楼。大楼顶部有一个亚洲最大的360度旋转餐厅，既可供800人同时就餐，又可以“南看苏锡常，北看通泰扬”。总之，“吃、住、游、购、娱”都在大楼，身在其中就可以了解到全世界，等于是一个“人间天堂”。

吴仁宝说，自己要做到“三个不止”：一是生命不息，学习不止；二是生命不息，工作不止；三是生命不息，服务不止！自己是一个党员，也是一个农民，要为党、为人民争口气！

4.陈锡文就农村形势和政策做报告

中央农村工作领导小组副组长兼办公室主任陈锡文在第十届全国“村长”论坛主论坛上，就当前农村形势和党在农村的主要政策问题做了报告。他说：党的十六大以来，是我国农业发展最好的历史时期之一，这与此阶段按照统筹城乡发展的要求，形成的农村政策体系有着密切的关系。从这几年农业农村发展的形势看，农村的发展比较顺利，突出的标志至少有五个方面。

第一个方面，从2004年到现在，粮食连年丰收。从2004年到2009年的6年间，粮食连续增长，不断创造历史的新纪录，这是40年来所没有的。今年上半年看起来形势很严峻，但是由于党中央的坚强领导，由于各地干部群众的艰苦努力，今年完全有可能实现连续第七年全国的粮食丰收。

第二个方面，是农民的人均收入连续七年保持持续的较快的增长。今年上半年农民的现金收入达到了3 073元，扣除物价指数之后，比去年同期增长9.5%，比城市居民的人均收入的增长幅度高了1.5个百分点。从全年情况看，今年农民人均纯收入是有可能或者说是有把握突破5 500元的。

第三个方面，外出就业农民工数量继续增加。到今年6月底的时候，外出就业农民工的数量达到了1.5亿，比2008年8月增加了900万人。对带动农民的外出就业、增加农民的收入发挥了非常大的作用。

第四个方面，中央坚持把基础设施建设的重点放在农村。农民最关心的是水、电、路、气四件大事：饮用水改造。到今年年底，大概可以解决3.2亿饮水不安全的人口中的2.2亿人的问题。到2012年，基本可以解决原来3.2亿人的饮水安全问题。电网改造。国务院自2009年决定启动农村第二轮电网改造，进一步提高农村电力供应状况，提高农村的电器化水平。道路建设。特别是“十一五”期间，已经改造和新建了乡村道路144万千米，基本上做到95%左右的行政村都能够通公交班车。沼气、燃气的使用。到今年年底，全国能够用上沼气的农户大概可以超过4 000万户。

第五个方面，政府向农民提供的公共服务水平有了明显的提高。政府向农民提供的公共服务，主要表现在文化、教育、卫生和社会保障等四大方面。文化方面。实行广播电视村村通，基本上做到了农村电视的覆盖率占96%以上，农村广播的覆盖率超过了95%。教育方面。现在全国有1.5亿处于义务教育阶段的孩子，其中80%左右都是在县和县以下，所以农村义务教育真正实现免费教育，受益最多的就是农民。医疗方面。今年的标准是150元，农民自己出30元，中央和地方政府各补贴60元。到2010年的8月底，一共有8.4亿农民加入了这个体系，基本上做到了农村人口全覆盖。社会保障方面。从2007年至2010年8月份，全国农村大概有5 070万农民纳入了最低生活保障制度的补贴，平均每人每月获得生活补贴59元多，社会保障网络已基本全面覆盖。从2009年开始，中央决定推行农村新型社会养老保险制度，农村居民年满60周岁，无论以前是否投过养老保险，只要子女加入了新型农村社会养老保险，那么政府每个月即给55元的基础养老金。

陈锡文同志认为，最近几年整体上农村经济形势好，最关键的是得益于整个国家的经济社会发展有一个好的局面。正是由于有了国民经济的快速增长，综合国力增强了，政府手里掌握的财力明显增强，才可能出台这样一系列好的政策。陈锡文同志指出：从十六大开始，由于经济社会的发展阶段出现了新的变化特征，因此，党在农村政策的指导思想、根本方略也随之发生了重大的变化。十六大报告明确提出，全面小康是惠及十几亿人口的小康，这是一个非常宏伟的目标。实现这个目标就要考虑工农和城乡关系。因此，十六大首次提出了统筹城乡经济社会发展的重大方略。

2003年的十六届三中全会，首次提出了科学发展观，提出了五个统筹，提出了七大改革任务，其中一项就是逐步改变城乡二元结构的体制，建立城乡一体化的体制。

2004年的十六届四中全会指出，当工业化发展到相当程度之后，国家要开始实行“工业反哺农业，城市支持农村”的方针政策。这具有非常重要的政治意义。

2005年的十六届五中全会提出社会主义新农村建设，是一个长期的战略任务，成为我们党当前要扎实推进的一项具体工作。

2006年的十六届六中全会，主题是“构建和谐社会”，提出要逐步实现基本公共服务的均等化，就是要把政府的公共财政，政府提供的公共服务，更多地向农村倾斜，向农民覆盖。

2007年，党的十七大召开，对农业农村工作提出了两个重要的方向性的指标要求。第一，坚持走中国特色农业现代化道路；第二，逐步形成城乡经济社会发展一体化的新格局。

2008年的十七届三中全会，做出了关于推进农村改革发展若干问题的决定。指出：农业基础仍然薄弱，最需要加强；农村发展仍然滞后，最需要扶持；农民增收仍然困难，最需要加快。对今后12年，为实现全面建设小康社会，农村改革发展做了总体部署，明确了方向：把建设社会主义新农村作为战略任务，把走中国特色农业现代化道路作为基本方向，把形成城乡经济社会发展一体化新格局作为根本要求。

在最近这六七年时间里，国家推出一系列力度较大的强农惠民政策。

第一，废除农业税。从历史资料上看，我国从夏朝开始就有农业税了。真正规范的农业税叫做租税亩。前前后后，整整实行了2 600多年。废除它从经济上讲，农民免除了可以统计的税赋1 250亿元，大大减轻了农民负担；从政治上讲，调整了政府和农民之间的利益关系，有着重要的意义。

第二，对农业生产实行了补贴制度。首先是解决思想认识问题：一是清醒地认识到要想粮食增产，要想保障农产品供给，首先必须保障种粮人的经济利益，调动农民的积极性。二是不仅要关注农业农村的经济发展，而且要关注改善农村的民生，提高农民的精神文化生活。三是胡锦涛总书记讲的三个字：不折腾。

陈锡文同志说：尽管农村和城里相比还比较落后，农民的收入相对还比较低，但只要坚持这个方向，下定决心，把解决好"三农"问题作为全党工作的重中之重，按照总书记讲的"不折腾"，坚持正确的方向不断向前推进，完善政策，农村经济社会的发展，一定会越来越好。

5.杨雍哲：赞华西村的富裕观

国务院研究室原副主任杨雍哲就华西村的富裕观谈了自己的看法，认为"天下第一村"，不仅是表明华西村在全国村域发展中名列前茅，更重要的是体现了胸怀天下、愿天下穷人都富有、为农民共同富裕而奋斗的精神，其宗旨就是村党委老书记吴仁宝同志常讲的："个人富了不算富，集体富了才算富；一村富了不算富，全国富了才算富。"这是生动而又实在的社会主义共同富裕观，颇有共产党人解放全人类的理想和气概。

杨雍哲认为，华西村是率先实现并始终坚持"集体个人共同富"的典范。现在全国先富起来的村子已经不少了，但是先富起来的村又去帮助别的穷村跟自己一起富，最终实现全国富，还为数不太多。在这个方面，华西村又是先行者，他们提出"富裕不忘左邻右舍和经济欠发达地区"，而且也是做得最好的。华西村对周边村由示范到融合，是历史性的突破。对周边村来说，他们跨上了脱贫致富的快车道，对华西村来说扩大了发展空间，扩大了释放能量的舞台，赢得了经济和社区更大发展的条件。同时，华西村为了实现他们"全国富了才算富"的宏愿，走出华西，跨省发展，先后到东北建立了"黑龙江华西村"，到西北建立了"宁夏华西村"，很快使这两个村的村民收入翻了四番。他们远程传播华西经验、扶贫致富的行动，开了历史先河，受到当地群众欢迎和社会赞扬。此外，华西村还为中西部地区20多个省份举办100多期培训班，通过智力扶贫方式带动10万人脱贫致富。

杨雍哲指出，共同富裕作为社会主义本质的重要内涵，包括四个基本思想，一是贫穷不是社会主义；二是少数人富，大多数人穷也不是社会主义；三是共同富裕不等于平均主义；四是共同富裕不等于同步富裕，而是允许一部分人，一部分地区先富起来，然后带动其他人和其他地区富起来，最终达到共同富裕。学习华西村经验，就要像华西村那样认真学习和深刻领会邓小平共同富裕的理论，并结合实际情况化为行动。

他认为，华西村及其他全国先富起来的村，可以说个个都是积蓄了一定能量的增长极，都是带动穷村发展的火车头。鼓励经济强村学习华西村的经验，从实际出发，采取不同形式开展先富帮后富，充分发挥民间互动力量，是加快农村经济发展、推动社会进步的一条重要途径，也是先富的村对国家的重要贡献。新中国成立已经六十年，尤其是改革开放的三十年，国家经济社会有了很大发展，富村富户大批涌现，现在强调一下先富帮后富，“拉穷兄弟一把”，缩小贫富差距，走共同富裕道路，是时候了。

6.吴沛良：大学生村官扎根农村大有作为

江苏省农业委员会主任吴沛良说，江苏是选聘高校毕业生到村任职工作开展最早的省份之一。从1995年起，一些市、县就开始进行选聘优秀大学毕业生到村工作的探索；2007年，省委、省政府决定实施“双千”工程，选派千名大学生到一千个经济薄弱村任职；从2008年起，省委、省政府按照中央的战略部署，决定连续五年，每年选派1600名大学生到村任职。大学生村官到村任职后，立足当地实际，围绕“三农”工作中心，扎实开展工作，探索了一批行之有效的创业模式，涌现了一批兴业富民的成功典型，为全省农业增效、农民增收、农村发展做出了积极贡献，不少大学生村官已成为发展现代农业、建设新农村的骨干，成为农村创业富民的骨干，成为农村基层组织的骨干。

关于大学生村官如何开展工作，他提出如下建议：

一是从发展特色产业着手，在带领农民创业上有所作为。大学生村官创业，选准切入点很重要。特色产业示范基地、现代农业产业园区、农产品加工区等都是现代农业发展的重要载体，也是大学生村官开展创业的重要领域。经过多年的发展，农业特色优势产业“一村一品、一乡一品、一县一业”的格局初步形成，关键是要进一步做大做强，实现产业化经营和规模生产。大学生村官要充分发挥自身科技优势、信息优势，在充分调查研究的基础上，选准产业，对外争取项目，对内提高技术，做给农民看，带着农民干，做到人无我有、人有我新，推动优势特色产业发展壮大。要积极参与现代农业产业园区、农产品加工集中区建设，通过入股、自主创业、技术顾问等多种形式实现自身的创业理想。

二是从推广先进技术着手，在农业科技应用上有所作为。现代农业的发展离不开农业科技的普及和应用，但目前农技推广进村入户最后一千米问题仍没有得到有效解决。对广大农民朋友来说，很多时候不是不想科技致富，而是不知道该如何科学致富，不知道技术具体怎么用，希望看到身边有人先试先用，先做示范。作为大学生村官，可以充分利用工作生活在农民身边的优势，积极参与各项农业科技服务活动，多讲解、多示范，也可以自己带头干，注重农业新品种、新技术、新模式的应用，努力成为各级农技推广部门与基层企业、科技大户之间的桥梁纽带，成为推进农村科技进步的新生力量和重要助手。

三是从创建合作组织着手，在推动规模经营上有所作为。农民合作经济组织是促进农民增收致富的重要载体，也是大学生村官创业的重要抓手。目前，发展农民合作经济组织的环境、条件都比较成熟，创办的手续也比较简便。大学生村官要充分发挥眼界宽、信息灵、思路活的优势，以创办或参与农民专业合作社、农村土地股份合作社等为抓手，将农业生产要素有效整合起来，改变个人或农民一家一户单枪匹马闯市场的传统模式，通过合作社与龙头企业、农户的有效对接，形成产权联合的紧密型利益关系，提高农民进入市场的组织化程度和农业产业化水平，实现个人创业和带领农民发家致富的双赢。

四是从培植农业品牌着手，在市场营销开拓上有所作为。农业品牌凝聚了产品生产经营各方面要素，是农产品核心价值链的关键所在，也是大学生村官初步实现创业理想后，提升创业层次的必由之路。要以培育自主品牌为目标，以农民合作组织、龙头企业为主体，与高等院校、科研院所开展多种形式的技术合作，积极申报农产品原产地、地理标志、证明商标、名牌农产品，丰富品牌文化内涵，加强品牌营销推介，提升品牌价值和美誉度。要充分利用现代互联网信息便捷、快速的特点，大力推行现代营销模式，构建农产品营销网站，进超市开设专卖点、直销点，拓宽农产品营销渠道，减少流通环节，降低生产资料采购成本，使生产利益最大化。

五是从发展村级经济着手，在推动强村富民上有所作为。村级集体经济是建设社会主义新农村的物质基础。从华西、蒋巷等新农村建设名村发展历程看，名村的经济发展都离不开发展村级集体经济。大学生村官是广大农村最具活力、最有创新精神的一个群体，也是发展村级集体经济的骨干力量。要不断创新、大胆探索，结合本地实际，大力发展资源开发型、资产经营型、为农服务型、异地发展型等多种形式的村级集体经济，建立健全农村集体资产、资金、资源管理制度，增强村级集体经济内生发展动力，促进强村富民。

7.郭书田：大学生村官大有作为的广阔天地

农业部原政策与法规司司长郭书田在会上谈论了城乡经济二元结构与大学生村官工作，他提出了几点建议：

第一，推进农村经济社会结构的转型。由于各地自然资源与经济社会发展水平的不平衡性，2.5亿农户分布在全国的60多万个行政村呈现出四种类型：一是纯农户占农户总数的15%；二是以农业为主的第一兼营户占17%；三是以非农业为主的第二兼营户占33%；四是纯非农户占35%。后二者合计68%。这是个历史性重大变化。随着城市化的推进，这种结构还会有新的变化。大学生当村官后首先要摸清所在村处于一个怎样的状态，在党组织领导下从本村的资源优势出发，研究和制定符合本村实际并具有本村特色的发展目标与相应措施。

第二，推进农业功能多元化的发展。在由传统农业向现代农业转型中，农业功能呈现多元化：一是生产农产品及其加工品的经济功能；二是保护和改善生态环境的生态功能；三是满足人们精神生活需求的文化功能；四是发展可再生能源的生物质能源功能；五是确保食品与环境安全的安全功能；六是维护和确保社会和谐与稳定的社会功能。大学生当村官要在调查研究的基础上，根据本村的实际情况，确定农业功能多元化的定位与序列。

第三，推进和深化农村体制的改革。改革开放以来，农村几项重大改革都是由农民在实践是检验真理唯一标准的思想路线指引下突破原有体制而推进的。一是土地的家庭承包经营，二是异军突起的乡镇企业，三是民主政治建设的村民自治，四是进城务工经商的农民工，五是集体经济产权的股份合作制改造等。这种改革进程：一是解放思想，二是群众创造，三是专家总结，四是领导认可，五是政府规范。其基本经验：一是尊重农民的意愿和维护农民的权益，二是摸着石头过河，循序渐进，不一步到位，三是因地制宜，多种形式不一刀切。其好处：一是成本低，二是风险小，三是效益好。大学生当村官要在总结当地改革经验的基础上推进和深化集体经济（包括土地与企业）产权制度以及转变政府职能的改革，创造自己的新经验。通过建立真正的农民合作经济组织把村民自治的“四大民主”延伸到集体经济产权变革中，使农民既是劳动者，又是所有者，不仅能有财产性收入，而且更重要的是成为真正能够行使当家做主权利的主人，包括知情话语权、决策参与权、资产处置权、收益分配权、管理人员选择权、民主监督权。当前，特别要防止和改变在城市化过程中损害农民土地权益的行为。

第四， 推进生态农业建设。目前我国生态环境状况是局部有所改善，总体仍在恶化，特别是农业的面源污染已成为水体的主要污染源。中央提出建设资源节约型和环境友好型社会，实现生态文明，需要落实到基层。各地出现了一批生态村，生产无公害、绿色、有机食品，取得了良好的成效。走生态农业→绿色农业→循环农业→低碳农业的道路，克服急功近利的短期行为，实现可持续发展，是大学生村官面临的重要任务，也是考核政绩的重要依据，应在实践中不断创造新经验。

第五，推进科学技术进步和提高劳动者素质。我国农业的科学技术有了飞速的发展，但存在两个致命的问题：一是科技成果转化率低，只有30%左右；二是农业科技贡献率低，只有48%。大学生当村官要在改变这“两低”状况方面有大的作为。提高劳动者的素质就是要完成世袭农民—两栖农民—现代农民的历史性转变。在推进土地承包经营权的流转，形成适度规模经营的过程中使农业真正走上依靠科学技术进步和提高劳动者素质的轨道上来。这就需要与当地的农业科研单位及高等农业院校形成长期稳定的“产学研”结合的新体系。

第六，推进传统的民族文化与现代文化的融合。我国具有悠久的农业文化，是东方农业文明的发源地，包括绿色的农耕文化，白色的游牧文化，蓝色的渔业文化。55个少数民族都有富有民族特色的文化。大学生当村官要在发掘与维护民族文化中发挥重要作用。特别是在新农村建设中要把保护古村落的任务落到实处。在进一步对外开放中，农业“走出去”是大势所趋，大学生当村官要研究和总结如何在农业“走出去”中把弘扬中华民族文化与现代文化融为一体的经验。

8.胡跃高：大学生村官要勇敢担负起时代建设的重任

中国农业大学教授胡跃高说，要认识我们所处的时代。21世纪的今天，对于中国来说，是一个伟大的时代。当代中华民族正克服重重困难，实现民族复兴，为人类历史做出新贡献。面对如此伟大的历史时代，当代中国青年应当如何锻炼自己的臂膀，才能够担当重任呢？答案是读万卷书，行万里路。读书学习是要作为一辈子的事情来安排，现代人事实上面对着海量信息，处在信息海洋之中。如此局面，要求一个人既要虚心学习，又应当有选择地学习。行万里路的含义在于从身边着手，一步一个脚印，在实践中认识世界。他认为具有中国特色的大学生村官队伍正在迅速成长为探索之旅、战斗之旅、希望之旅、从胜利走向胜利之旅，也正在成长为推动民族进步的新时代先锋队。

9.吴协恩：这是一届成功的大有收获的论坛

全国“村长”论坛执委会主任、华西村党委书记吴协恩说，第十届全国“村长”论坛收获了令人欣慰的成果。在新的历史时期，必须清醒地认识到新农村建设任重而道远，不断增强一个村官的责任感和使命感。必须坚持以马克思列宁主义、毛泽东思想、邓小平理论和“三个代表”重要思想为指导，深入贯彻落实科学发展观，认真贯彻、执行胡锦涛总书记在建党89周年之际的重要讲话，深入开展创先争优活动，在农村广大基层党组织和党员中营造学习先进、争当先进、赶超先进的良好风气，推动基层党组织充分发挥战斗堡垒作用、党的基层干部充分发挥骨干带头作用、广大党员充分发挥先锋模范作用，要继续当好农村改革发展的带头人，不断深化农村的各项改革，因地制宜，转型发展，实现经济增长方式的转变，将新农村建设推向一个新的阶段！

他同时感谢全国各地的村官代表远道而来，为华西村带来好思路、好经验。

特别是大学生村官和少数民族村官代表的到来，既展现出我国村官队伍的朝气和活力，又体现了民族大家庭的和谐和温暖。华西人民会记住这一美好的时刻，也希望各地的村官代表们，把第十届论坛的成果带回去，用以指导当地的新农村建设。他提出，要认真贯彻落实中央首长和部、省领导在开幕式上的重要讲话精神，进一步深化农村的各项改革，以改革寻求出路，用创新促进发展，扎扎实实地推进新农村建设。

10.余展：论坛呈现蓬勃发展的势头

中国村社发展促进会副会长兼秘书长余展说，论坛在具有“天下第一村”美誉的华西度过了自己十周岁的生日，意义非凡，值得庆贺！同时，作为诞生仅十年的新事物，需要大家加倍地呵护，使其越办越好，健康发展！

他认为，第十届全国“村长”论坛开得非常成功，可以说是四个“前所未有”：会议前所未有的隆重，代表前所未有的踊跃，内容前所未有的丰富，收获也是前所未有的丰硕。中央政治局委员、中央书记处书记、中央组织部部长李源潮同志亲临论坛指导，韩长赋部长、陈锡文主任和江苏省委梁保华书记等领导亲自出席并做重要讲话。从中央到省部级领导，给予了这个农村基层的论坛如此的关注，体现了党中央、国务院对农村基层组织和基层干部的关怀和重视。一定要把各级领导的关心和支持，化为“创先争优”、加快社会主义新农村建设的实际行动。

“十年磨一剑”，论坛已具有一定的影响力和生命力，呈现蓬勃发展的势头。余展强调这是历届与会代表和论坛执委共同努力的结果，也是论坛举办地和承办村努力的结果。“村长”论坛之“剑”乃村官众人心血铸就。为此，既要珍惜她，更要提升她，继续坚持“‘村长’论坛‘村长’办”的原则，扩大村庄的参与面，加大村官的参与度，丰富内容，虚实结合，合作互利，加强对欠发达村庄的支持力度，使论坛成为农村基层干部上下沟通、左右交流、优势互补、民主协商、共同发展的平台，为新农村建设添砖加瓦！

四、论坛感悟

1.朱民阳：借鉴各地经验，深化江阴新农村建设实践

江苏省江阴市委书记朱民阳认为，三天的论坛，时间短暂而内容丰富，并且充分显示了参会层次高、代表范围广、形式方法新、会议成效好的特点，真正达到了增进友谊、交流思想、更新观念、开拓思路的目的。这次论坛，上级领导的讲话高瞻远瞩、高屋建瓴，特别是中共中央政治局委员、中央书记处书记、中组部部长李源潮亲临大会，并做重要讲话；专家学者的发言乃真知灼见，见仁见智；各地村官的学习集思广益、博采众长，都让人深受教育、备受鼓舞。作为本届论坛的举办地，江阴更将借助这次论坛的东风，认真学习借鉴各地的好经验、好做法，充分吸收转化论坛的新理念、新成果，不断丰富和深化建设社会主义新农村的伟大实践。

他说，这次论坛的主题是“创先争优强村、转型发展富民”，这是当前中央深入开展创优争先活动精神与基层村组织推进科学发展的有效结合，是审时度势与因地制宜的有效结合，对于促进区域经济的发展、村官作用的发挥意义深刻。村作为一级基层组织，在促进发展、维护稳定、致富百姓等方面发挥着重大作用。华西村是全国新农村建设的一面旗帜，吴仁宝老书记作为全国村官的杰出代表，这次又被授予“中国村官终身成就奖”，这是吴仁宝老书记的荣誉，也是江阴的荣誉。江阴倍加珍惜这一身边的宝贵财富，并且用实际行动去学习、去发扬华西村和吴仁宝老书记的光辉精神，华西经验的示范效应，已影响全市农村的普遍实践，并推动着江阴经济社会持续健康发展。

2.昆山市农经会：开阔视野、强村富民

昆山市农村经济研究会从第八届全国“村长”论坛起，每次组织该市部分强村代表参加。本次有千灯大唐村、巴城绰墩山村、玉山泾河村、周市市北村和张浦金华村、七桥村、三家村以及农村经济研究会有关成员共20多人参加了会议。

第十届全国“村长”论坛举行了“中央电视台‘聚焦三农’对话三农领军人”活动

一致认为论坛确定的“创先争优强村，转型发展富民”主题，顺乎民心、顺应时代发展的要求；论坛也为广大农村基层干部搭建了“交流经验、开阔视野、加强合作、共同提高”的平台。他们感受最深、启发最大的有三点：

第一，强村富民“旨在为民”。华西等名村的经验，千句并一句，就是以人为本、为民谋利。他们把富民作为农村工作的出发点和落脚点，发展是为了村民共同富裕，让大家生活得更加美满幸福，实现“城市，让生活更美好；农村，让城市更向往”。致富农民是中国农村建设的永恒主题。从封建王朝以来就有过“洪范五福先言富，大学十章半理财”之说，何况在改革开放后城乡差异日益扩大的今天，重提这个话题确实显得特别重要，由此也透视出这次“华西论富”也是十分必要的，道出了代表全国8亿农民的60万名村官的心里话。致富百姓，是我们党的宗旨，当“村官”唯有树立起为民谋利的崇高思想境界，才能有事业心，才能有使命感、紧迫感、责任感，才能干出翻天覆地变化的业绩来。

第二，强村富民“重在发展”。华西村经过近50年的艰苦奋斗，从一个贫困村发展成为全国乃至全球闻名的“天下第一村”，今年预计销售收入可达500亿元，村可用财力30亿元，这是一个了不起的奇迹，也是中国农村改革发展的一个缩影。浙江奉化滕头村通过多年的努力发展，业已成为全球构建低碳生态乡村系统的典型，是全世界唯一入选上海世博会的乡村馆。到会的众多名村无一不是经济发展快、综合实力强、农民生活富，不愧为全国村级经济发展的排头兵。他们共同的核心价值就是“发展是硬道理，不发展没道理，积极创造条件发展才是真道理”。就昆山来说，这几年村级经济发展很快，取得了很大成绩，但与全国众多名村相比，还有很大差距。因此决不能有半点自满，应戒骄戒躁，进一步解放思想，与时俱进，创造条件，营造优势，扬长补短，迎头赶上。

第三，强村富民“贵在自觉”。这里说的自觉，主要指村官有了高度的创业创优创新的自觉性，才有宽广的胸怀、更高的境界、奉献的底气，才有为民解忧、为民化愁、为民造福之恒心。从这次论坛会上所听到的十七大代表、滨海县滨淮镇东罾村党委书记薛正红的经验介绍，就可见一斑。昆山要总结经验，谋划发展，努力走出具有昆山特点、符合昆山实际的社会主义新农村建设之路。

3.马奎武：学习华西村，发展新建村

撒拉族村官、青海省循化撒拉族自治县新建村党支部书记马奎武在参加论坛后写下自己的感言：

> 我是一名来自青藏高原的撒拉族干部，10月6日、7日两天有幸参加了江苏省华西村举办的全国“村长”论坛。
>
> 进入华西村，首先感受到的是不一般的漂亮和干净，村内路面平

整，村民们全都住在齐整的别墅楼群内，无论二层还是三层都是清一色的白墙红顶花园式小洋楼，房前园后花红柳绿、处处碧树清风。村民们兴高采烈地开展各种文体活动，一股和谐文明的新农村气息扑面而来。

我作为全国唯一的撒拉族代表得到了与其他民族参会代表一样的热情欢迎并受到工作组的热情接待，内心非常喜悦。按照会议安排，我们学习了华西村发展的先进经验，考察了华西村的旅游业和其他产业，感受到她不一般的魅力和活力，感触颇深。

华西村是中国特色社会主义的一个先进典型，是社会主义新农村建设的一面旗帜，几十年来，在吴仁宝老书记的带领下始终坚持解放思想，实事求是，与时俱进，不断创新，走出了一条经济繁荣、农民富裕、社会和谐的成功之路，华西村的经验对全省和全国农村的发展起到了示范作用，华西村成为大规模培训农村干部的重要基地。

同时，我也作为撒拉族代表，很荣幸地获得中国村庄名片村之一，心情非常激动和自豪，我们56个民族共聚一堂相互交流，深受鼓舞。此次论坛引发了我对推动新建村经济发展的几点思考。

循化是全国唯一的撒拉族自治县，新建村位于黄河北岸，是一个撒拉族聚居村。全村113户636人，22名党员。2009年全村经济收入达502万元，人均纯收入4 760元，是海东地区第一批新农村建设示范村，2009年“全国扶持人口较少民族发展工作现场经验交流会”主观摩点。

作为循化县新农村建设示范村的新建村，虽在县内乃至省内走在前列，但与华西村相比差距很大。我认为：一要因地制宜调整产业结构，找准带领农民致富的突破口。农民致富是个系统工程，工作千头万绪，只有找准突破口，才能有效地开展工作。

新建村一无矿产资源，二无人文资源优势，在这种情况下要加快群众脱贫致富的步伐，首先要在结构调整方面下功夫，要充分利用黄河谷地充足的光热条件，利用撒拉族群众种植线辣椒的传统技术、擅长牛羊育肥的经验和外出创业的干劲，以“户有增收项目”为经济发展目标，大力发展“一核两椒”和牛羊贩运育肥为主的特色经济，使农民增收步伐不断加快。同时，发展有专长的村民成立新建村养殖业协会，按照“农户入股，联户经营，按股分红”的牛羊贩运育肥模式，发展规模养殖。

二是做强劳务品牌，架起从富裕走向文明的桥梁。动员和鼓励有闯劲、有专长的年轻党员外出创办以“特色拉面”为主的餐饮业和运输业。充分发挥妇女在增加收入中半边天的作用，与青海伊佳民族用品有限公司实行“联姻结对共发展”，让伊佳公司的生产车间延伸到村里、设在农户家里，农民成为“股东”和“员工”，让多种经营迅速鼓起新建村人的腰包。

三是争先创优，凝聚力量。树立富而思进，创业奉献，敢为人先，勇立潮头的观念，以自己的模范行动为群众做出表率，塑造新时期共产党员的先进形象。

论坛短评

——本届论坛的重要意义体现在：

（1）论坛受到国家领导人的高度重视。时任中央政治局委员、中央书记处书记、中组部部长的李源潮参加论坛，并在论坛上接见村官代表，与大学生村官进行座谈。这些都是对全国“村长”论坛这个农村基层干部的交流平台的肯定和重视。

（2）论坛规模有了新的突破。由于本届论坛举办地的特殊性，吸引了众多村官参加，与会人员达到近2 000人规模，是参会人数最多的一次。

（3）近距离聆听中央“三农”精神。论坛上中央农村工作领导小组办公室主任陈锡文发表了演讲，传达了中央的“三农”精神。

（4）有了面对面向名村官学习与交流的机会。论坛在华西召开，也是学习吴仁宝精神的一次绝佳机会，许多村官与吴仁宝老书记进行面对面的交流。

（5）推出《中国名村赋》。基于对名村的梳理，撰写出独具特色的《中国名村赋》，为各地村庄提供了学习的范本。

——本届论坛的突出贡献人物是华西村吴协恩书记。作为论坛的执委会主任，他一向重视“村长”论坛工作。在论坛走到第十个年头时，他认为，华西村有必要举办这届论坛，为全国“村长”论坛添砖加瓦，尽些力量，推动论坛更好更快发展。

第十一节　第十一届全国“村长”论坛

◇时间：2011年10月22日

◇地点：山东省临沂市罗庄区

◇主办：中国村社发展促进会、山东省委农村工作领导小组办公室、山东省农业厅、中共临沂市委和市人民政府

◇承办：山东省临沂市罗庄区沈泉庄村

◇主题：新村官、新创造、新奉献

◇村庄介绍

沈泉庄有400多户人家，1 600人，总占地面积6.5平方千米，其中，工业园占地600万平方米。1990年以来，在王廷江同志的带领下，沈泉庄村两个文明建设飞速发展，现在已达到农村城市化、农民工人化、农业产业化、工业现代化、贸易国际化的五化标准。沈泉庄村拥有36家工业企业，其中两家上市公司、5家合资企业，总资产数百亿元，形成了热电、电铝、钢铁、焦化、油脂化工、陶瓷、肉类制品、木材经销及其加工、进出口贸易等十三大主导产业，以及煤-电-铝、煤-焦-气、煤-气-墙地砖、电-热-木、电-热-大豆加工等五条高附加值新生产业链，产品远销几十个国家和地区，村企华盛江泉集团已连续多年跻身中国企业500强之列。

一、论坛概况

鲁南长空，风轻云淡；沂蒙秋水，情深意浓。2011年10月22日，临沂市罗庄区沈泉庄村，第十一届全国“村长”论坛盛大开幕。中共中央政治局委员、国务院副总理回良玉发来贺信，指出：本次论坛在临沂市举办将“可以充分展示沂蒙革命老区的新变化、新风采，为加快农村发展提供有益借鉴”，相信论坛“将为建设现代农业、壮大集体经济、创新农村社会管理，发挥应有的作用、做出新的贡献”。原中共中央政治局委员、国务院副总理姜春云，原中共中央政治局委员、中央军委副主席、国防部部长迟浩田也发来贺信。

原中共中央政治局委员、第九届全国政协副主席、全国“村长”论坛组委会

名誉主任杨汝岱宣布论坛开幕。原全国人大常委、全国人大农业和农村委员会主任委员刘明祖，中国扶贫基金会会长、全国“村长”论坛组委会主任段应碧，农业部党组副书记、副部长危朝安，山东省人大常委会副主任连承敏，副省长贾万志，省政协副主席乔延春，中国村社发展促进会名誉会长余展，临沂市委书记张少军，市长张务锋等领导出席了论坛的开幕式。

开幕式由中国村社发展促进会会长、华西村党委书记吴协恩主持。沈泉庄村党委书记王廷江首先向各地村官致欢迎辞，话语淳朴而热烈；张少军则介绍了临沂的社会经济发展情况。危朝安副部长与贾万志副省长分别做了热情洋溢讲话，祝贺会议召开，并向与会村官提出期许和希望。

包括知名村官申纪兰、王乐义、吴恩福、傅企平、罗玉英、张文成、卢志民、张家胜、王廷江、毛丰美、杨明、原贵生、章联生、范振喜、薛正红、朱重庆、陈重才、黄福水等一批全国党代表、全国人大代表、全国优秀共产党员、全国劳动模范中的村官代表参加了论坛。55个少数民族村官代表、优秀大学生村官代表和部分贫困村庄的代表，也应邀参加论坛。本届论坛总人数达到1 300多人。

开幕式后，全体代表参观了罗庄区和沈泉庄展览馆，展览馆采用现代声光科技，记录了罗庄区与沈泉庄村不平凡的发展历程。下午，代表们近距离参观了临沂市市区面貌和小商品城，观看了沈泉庄村现代化的企业园区和农民小区，感受了临沂这座现代商城的快速崛起，体验了沈泉庄这个明星村的幸福快乐。

晚上，代表们观看了主办方精心安排的《蒙山沂水》盛大文艺演出，节目富有沂蒙特色，让人赏心悦目。晚会上，著名村官申纪兰、王乐义、王廷江等向优秀大学生村官代表授予“为人民服务”旗帜。两名2011“功勋村官”奖和十名“杰出村官”奖同时发布。23日上午，主论坛与分论坛——中国市场村合作论坛2011年会同步召开。

主论坛由本届论坛执行主席、辽宁沈阳上岗子村商纯福书记主持。山东省临沂市罗庄区沈泉庄村村委会主任、华盛江泉集团副董事长王文涛，十一届全国人大代表、浙江省奉化市滕头村党委书记傅企平，七至十一届全国人大代表、辽宁兴城市四家村党委书记张文成，山东省邹平市西王村党委副书记、西王集团副董事长王建新分别做主题报告，向与会村官讲解村庄发展历程和当村官的经验。中央政策研究室原秘书长张从明、浙江省农业和农村工作办公室原副主任顾益康做了点评。这一做法得到与会村官的好评，他们认为当面聆听先进村庄的经验，再经专家解读，受益匪浅。

尔后，举行了村官代表建议案提交仪式。为反映参会代表对“三农”工作的建议，在会前两个月的时间里，论坛组委会共收集到76人83篇建议案和200余条建议。提交仪式上，几位代表将建议案呈交给全国人大代表村官傅企平、张文成和国务院参事刘志仁，供研究制定“三农”工作的相关政策参考。中国市场村合作论坛年会由市场村合作论坛副秘书长、北京市丰台区果园村党委副书记陈涛主持。中国村社发展促进会副会长、市场村合作论坛副主席、北京市丰台区果园村党委书记陈重才讲话，指出本次合作论坛的意义和主要任务；中国村社发展促进会副会长、市场村合作论坛主席、上海市九星村老书记、上海九星控股（集团）有限公司董事长吴恩福，辽宁沈阳市皇姑区西窑村委会主任韩贵成介绍了两村村办市场情况；《人民日报》高级编辑吴长生做了点评。中国人民大学博士生王金凯就“创新市场发展模式，开拓市场发展空间”做了主题发言。临沂市兰山区兰田集团党委书记、董事长王士岭和临沂市罗庄区罗庄街道朱陈三村党支部书记孙广东作为临沂市市场村代表，介绍了当地村办市场发展经验；北京市农村经济研究中心原主任焦守田做了点评。中国村社发展促进会副会长兼执行秘书长沈泽江就“农产品批发市场的发展新空间——从果蔬产业链看批发市场的创新”做专题讲座，剖析了市场发展的新空间，探索了一条产业链的创新途径。

23日下午，全国大学生村官交流会、沂蒙精神和沈泉庄现象解读、56个民族植民族团结林暨文化大院创建结对启动仪式等分论坛同步举行。全国大学生村官交流会由罗庄区委常委、组织部长钟呈春主持。中共临沂市委常委、组织部部长李刚讲话，介绍了临沂市大学生村官工作进展情况；临沂市罗庄区沂堂镇大兴屯村党支部书记助理孟庆敏和沂南县青驼镇双桥村党支部副书记张莉代表临沂市优秀大学生村官发言，介绍了自己的工作经验。优秀大学生村官张广秀的家乡就在临沂市罗庄区，会上对她的事迹做了介绍。来自全国各地的大学生村官代表龙吉妮、窦兴波、杨俊森、陈帅等也在会上发言，介绍了自己的心得体会；大学生村官导师、中共十七大代表、河北省滦平县周台子村党委书记范振喜代表著名村官发言，勉励大学生村官努力工作，创出佳绩。

沂蒙精神和沈泉庄现象解读会由中国村社发展促进会副会长、国务院参事刘志仁主持并做点评。会上，与会村官观看了沂蒙精神资料片，临沂市委党校副校长柴鸥林教授阐述了“沂蒙精神”，希望沂蒙精神能发扬光大；会上还播放了沈泉庄发展资料片，国务院发展研究中心研究员黄道霞、中国村社发展促进会名誉会长余展先后发言，对沈泉庄现象进行了解读。

56个民族植民族团结林暨文化大院创建结对启动仪式由中国村社发展促进会副会长、十一届全国人大代表、云南昆明福保村党委书记杨明主持。临沂市副市长刘彦祥在仪式上肯定了各民族相互团结，共同发展的重要性。辽宁省沈阳市上岗子村与吉林省安图县万宝镇红旗村（朝鲜族）、山东省临沂市沈泉庄村与新疆察布查尔县乌珠牛录村（锡伯族）、云南省昆明市福保村与云南省元阳县箐口村（哈尼族）在仪式上分别签署合作协议，结成友好村庄，携手共同促进民族地区的经济发展和文化繁荣，此举拉开了少数民族文化大院的创建工作。少数民族村代表内蒙古呼伦贝尔市鄂伦春旗乌鲁布铁猎民村党支部书记阿玉娟（鄂伦春族）、云南省大理市喜洲镇周城村党支部书记张全金（白族）分别发言，表示将推动自己民族文化的发展，共谱民族文化繁荣盛景；亚太环境保护协会执行会长乔惠民向沈泉庄村赠送了“沂蒙精神”赋，赞扬沈泉庄的创新发展。最后，56个民族村的代表共同栽植了一片民族团结林，以作纪念。

下午5时，论坛举行了闭幕式暨会旗交接仪式。各少数民族村官代表向沈泉庄村王廷江书记赠送了民族特色纪念品；中国村社发展促进会会长吴协恩发表讲话，肯定了本次论坛取得的成果，同时感谢临沂市、罗庄区及沈泉庄村为论坛成功召开做了大量工作。在全体代表《歌唱祖国》歌声中，本届论坛圆满闭幕。

论坛召开期间，还组织了少数民族村官代表赴山东临沂特色村九间棚村参观，举行了55个少数民族村与中国特色村经济发展交流会和经营村庄专题讲座，发布了中国特色村、幸福村、红色遗产村等研究成果。山东省临沂市九间棚党总支副书记廉士东、上海奉贤杨王村党委书记孙跃明、安徽小岗村党委副书记余谦分别在少数民族村与特色村经济发展交流会发言，中国村社发展促进会副会长白益华做了点评。

二、精彩回顾

（一）贺信

1.中共中央政治局委员、国务院副总理回良玉贺信

欣闻第十一届全国“村长”论坛在临沂市举办，我谨表示热烈的祝贺，向与会代表并向全国的村干部致以诚挚的问候！

革命战争年代，沂蒙山区是一片无私奉献的红土地，十万沂蒙人民为建立新中国献出了宝贵的生命。改革开放以来，沂蒙山区又是一片勇于创新的热土地，探索出了村为基础、整乡推进、统一规划、产业开发的脱贫致富新路子，涌现出了沈泉庄等奔小康先进典型。在这里举办全国“村长”论坛，可以充分展示沂蒙革命老区的新变化、新风采，为加快农村发展提供有益借鉴。

加快农业农村发展的基础在村，关键又在要有好的带头人。这次论坛以“新村官、新创造、新奉献”为主题，深入分析农村发展的新形势、新挑战，广泛交流富民强村的新成效、新经验，积极探讨新农村建

设的新思路、新举措，相信将为建设现代农业、壮大集体经济、创新农村社会管理，发挥应有的作用、做出新的贡献。

衷心祝愿论坛取得圆满成功！

2.原中共中央政治局委员、国务院副总理姜春云贺信

第十一届全国“村长”论坛：

在全国上下全面建设小康社会、积极推进农业农村现代化的新形势下，第十一届全国“村长”论坛今天开幕了，我特向来自全国各地各民族的农村基层干部代表致以亲切的问候！

全国“村长”论坛是广大农村基层干部相互交流与促进合作的一个平台，十多年来越办越好。通过这个平台，大家经验互享、信息互通、资源互补、困难互帮，先富带后富，共同走富裕道路。

改革开放以来，党中央一直把“三农”问题作为全党工作的重中之重，制定了一系列兴农惠农好政策，需要各位在农村基层工作的同志们去努力贯彻实施。你们肩负着振兴农业、繁荣农村、富裕农民的历史使命，身上的担子很重。希望大家不负重托，不辱使命，创造性地推动农村各项事业的持续发展。

今天，论坛在临沂这片孕育了伟大的“沂蒙精神”的红色土地上召开，希望大家秉承和发扬“沂蒙精神”，爱党爱军，开拓奋进，艰苦创业，无私奉献，在邓小平理论和“三个代表”重要思想指引下，深入贯彻落实科学发展观，沿着建设中国特色社会主义的道路大步前进，建设好我们的农村，发展好我们的农业，致富广大农民群众，为我国社会主义新农村的物质文明、政治文明、精神文明和生态文明建设创造更加宏伟的业绩！

预祝本届“村长”论坛圆满成功！

3.原中共中央政治局委员、中央军委副主席、国防部部长迟浩田贺信

廷江同志：

在全党全国贯彻学习十七大六中全会精神之际，欣闻第十一届全国“村长”论坛在临沂市罗庄区沈泉庄村隆重举行，作为沂蒙山区解放和发展的见证人，我的心无比高兴和激动。在此，我谨向您致以崇高的敬意，并通过您向沈泉庄人表示热烈的祝贺！

20年来，沈泉庄在您的带领下，在山东省各级党委政府的正确领导下，大力弘扬“爱党爱军、开拓奋进、艰苦创业、无私奉献”的沂蒙精神，始终坚持率先发展、科学发展、生活富裕、社会文明的具有沈泉庄特色的社会主义现代化新农村之路，把昔日一个名不见经传的小村穷村发展成为沂蒙山区一颗璀璨的明珠，全村发生了翻天覆地的变化，创造了举世瞩目的发展奇迹。

我坚信在以胡锦涛同志为总书记的党中央领导下，高举中国特色社会主义伟大旗帜，以邓小平理论和“三个代表”重要思想为指导，深入贯彻科学发展观，勤劳智慧的沈泉庄人一定能在新的历史起点上创造出新的辉煌，沈泉庄村的明天一定会更加美好！

预祝第十一届全国“村长”论坛圆满成功！

（二）精神赋

精　神　赋

——第十一届全国“村长”论坛全体代表

辛卯金秋，丽日曦和，出席第十一届全国“村长”论坛之千名各民族村官代表，走进临沂英雄城，走进蜿蜒沂河畔，走进沂蒙山革命老区、“两战圣地”，走进沂蒙山小调，唱响红嫂故事处处流传之红色摇篮，走进天下难得之精神激发地、心灵砥砺地、身心虞养地、力量汲取地，走进如诗如画、如诉如歌之中国名村沈泉庄，同植民族团结树，互结发展新对子，共闻昔日红色风雅颂，齐唱今朝变革赋比兴，欢聚玉堂，把酒江泉，情不能自禁，特集体献上此匆匆而作《精神赋》，以表此时共同情怀。

谁不说沂蒙好，人杰地灵是瑰宝

所叹有此神奇沃土，圣贤辈出，奇俊无数，即如儒学宗圣曾子，辞赋之祖荀子，道德明君郯子，旷世智圣诸葛孔明，又如书圣王羲之、王献之、颜真卿，算圣刘洪，孝圣王祥，千古爱国名将蒙恬、左宝贵，西晋开国元勋羊祜，再如南北朝文坛泰斗刘勰，古天文学家何承天，教育家书法家颜之推，以及凿壁偷光苦读成才之大文学家匡衡等盖出此故里，灿若星辰，堪称千秋楷范。凡人杰地灵之地，必有源远流长之历史人文大底蕴。

谁不赞沂蒙美，沂水蒙山令人醉

巍巍蒙山，岱宗之亚，绵延百里，海拔千米，三十六洞天，七十二奇峰，兼有泰山之雄壮、黄山之秀美、华山之险峻、雁荡之奇绝。有各类珍稀古特及乡土植物一千二百多种，森林覆盖率高达九成半，蒙阴云蒙景区空气负离子含量高达每立方厘米二百二十万个，被海内外公众口碑誉称“天然氧吧”“森林浴场”，具有“中华避暑名山”“山东十大最美的地方”重要品牌。凡大酷大美之地，必有亿万斯年之自然生态大奇迹。

谁不爱沂蒙调，小调一唱尽逍遥

诗言志，歌永言，沂蒙歌调传千年。世世代代众乡亲，歌唱劳动，歌唱光明，歌唱爱情，歌唱生活，融美好生活于俚歌，寓理想志向于乡音，寄爱国爱家之至上，即成一方传统。更难忘下白石屋，抗大分校，飞出红色百灵鸟，让悠扬一曲《沂蒙山小调》，鸣唱于抗战烽火，蜚声于大江南北，遂为老少咸宜之经典民歌，列入国家红色音乐遗产之瑰宝。凡大酷大美之地，必有与生俱来之乡风美俗乐陶陶。

谁不忆沂蒙颂，红山红村红嫂多

泱泱华夏，哪里巾帼最美丽，何方女子最动人。答曰：常山红嫂村，沂蒙六姐妹，当年沂蒙山成千上万爱党爱军抗战支前之英雄母亲英雄嫂。尤有那农家哑妻，大敌当前，面对倭寇，无所畏惧，义勇救护八路军，向正义敞开伟大之胸襟和至美之心灵，圣洁乳汁，喂救伤员。以其铁骨柔肠，慈母情怀，大仁大义，至善至爱，鼓舞我军百万士气，震撼中华民族灵魂，成为红色沂蒙精神千古一叹，堪称人民战争史上军民鱼水情之绝唱。凡魂牵梦绕之地，必有感天动地之大爱无疆真本色。

谁不羡沂蒙骄，江泉香花中外飘

昔日沈泉庄，远看破草房，近看泥土扬。而今不一样，鲜花工厂，时尚名苑，五星酒店，摩登农居，宜居宜学，宜业宜商，江泉产业园年年发力，已兴办三十六家企业，解决两万多人就业，涵盖十四大产业，循环扣一链，低碳穿一线，绿色满一片，一条铁路进村、三艘轮船出海、三只股票上市，拥有上百项技术成果，十项国家专利，实现了“农村城市化、农民工人化、农业产业化、工业现代化、贸易国际化”，连续九年入选中国企业五百强，人均收入达到五点六万元，富甲沂蒙，荣获“中国经济十强村”，评选为“全国模范村民委员会”“全国创建文明村镇工作先进单位”，今又膺亚太国际低碳乡村环境奖。吃水不忘挖井人，幸福不忘党之恩。亦闻乡里乡亲齐声赞，王廷江，好书记，坚持发展硬道理，当年倾囊至空为集体，带领支部一班人，发扬沂蒙精神，力塑江泉精神，组织村民同心干，改革开放富起来。凡奇迹迭出之地，必有来之不易之艰苦创业大精神。

谁不念沂蒙情，翻身毋忘老区人

可敬沂蒙山人，革命战争年代，二十万人参加人民军队，一百二十万人参战支前，十万先烈血洒疆场，乡乡有红嫂，村村有烈士，一个老百姓养活八名子弟兵，用小米供养了革命，用小车把革命推过了长江！新中国建立以来，沂蒙人顽强拼搏，整山治水，改革创新，敢为人先，涌现出被毛泽东批示誉为“愚公移山，改造中国”，是“一个好例”之厉家寨，以及“两个肩膀一双手，龙顶山上写春秋”之九间棚村等先进典型。一九九五年沂蒙老区率先实现整体脱贫，二〇〇四年再次率先在全国革命老区中实现GDP过千亿，人均过万元，跨入新千年之际则与全国同步基本实现小康。今日之临沂，“商兴水胜、荟萃人文”，迈入建设全面小康之发展新阶段，已连续第五次入选福布斯中国大陆最佳商业城市，正在建成闻名全国之商贸物流城、历史文化名城和山水生态城。凡城美民富之地，必有为民立极之精神模范大徽标。

谁不牵沂蒙手，康庄大道续新图

短短时间，亲闻亲见，亲近体验，全体村官代表顿感沂蒙精神所体现之“爱党爱军、艰苦创业、无私奉献、吃苦耐劳、勇往直前、永不服输、敢于胜利”，值得永远学习。而“奉献”二字，则是沂蒙精神之精粹锤炼。奉献精神之于沂蒙，之于江泉，实堪为山之魂、水之魄、城之脉、村之禀。我们全国农村基层工作者，皆当学习沂蒙老传统、借鉴沂蒙新精神，坚持以科学发展观统领“三农”工作，振奋精神务“三农”，继续奉献为“三农”，执政为民重“三农”、以人为本谋“三农”，统筹城乡兴“三农”，改革开放促“三农”，求真务实抓“三农”。像革命战争年代那样，以自己之忙碌身影，辛勤脚步，劳动汗水，赤诚心怀，带领亿万乡亲们为占国土三分之二以上之社会主义新农村再续新史诗，再添新锦绣，再铸新福祉！今群英荟萃之地，必成携手合力之时代精神集结号！

本赋总指导：中国村社发展促进会

中国国土经济学会经济研究中心

总执笔：乔惠民

辛卯年金秋于沈泉庄

三、论坛声音

1.危朝安：形成一批有价值的成果

农业部党组副书记、副部长危朝安认为，在全党全国深入学习贯彻党的十七届六中全会精神之际，第十一届全国“村长”论坛在富裕和谐的临沂沈泉庄村举行，来自全国各地的优秀村官代表、优秀大学生村官代表、少数民族村官代表和专家学者一起，以“新村官、新创造、新奉献”为主题，探讨交流加快农业农村发展、推进社会主义新农村建设的经验和路子，很有意义。他代表农业部，对本届论坛的举行表示热烈祝贺，向长期辛勤奋战在“三农”工作一线的广大农村基层干部致以诚挚问候！

他说，今年以来，在党中央、国务院的正确领导下，依靠各地区各部门的共同努力，全国农业农村经济总体保持了增粮增收的好势头。全年粮食产量有望迈上5 500亿千克新台阶，实现“八连增”；农民收入实现较快增长，农村公共服务继续加强，农村社会和谐稳定，为保持国民经济平稳较快发展做出了重要贡献。这其中凝聚着广大农村基层干部的辛勤汗水和艰苦努力。

他强调，村干部是党和政府联系农民群众的桥梁和纽带，贯彻落实党在农村的方针政策、带领农民发家致富、推进农村文化建设、保持农村社会和谐稳定，基础在村一级、关键在村干部。长期以来，广大农村干部在党的领导下，团结和带领亿万农民，苦干实干，探索创新，闯出了一条具有中国特色的农村改革发展道路，涌现出一大批明星村、富裕村和优秀带头人，在中国农村发展史上书写了壮丽诗篇。

他要求广大农村基层干部要进一步把思想和行动统一到十七届六中全会精神上来，深入贯彻落实科学发展观，坚持为农民群众服务、为农业农村经济发展服务、为社会主义新农村建设服务的方向，紧密结合农村工作实际，把发展繁荣农村文化与转变农业农村经济发展方式、加快农民致富步伐结合起来，促进农村物质文明和精神文明协调发展。他希望这次“村长”论坛围绕贯彻落实党的农业农村政策、推动农村社会经济文化事业大发展大繁荣深入研讨，形成一批有价值的成果。

2.贾万志：深入开展创先争优活动的生动实践

山东省人民政府副省长贾万志说，作为农业大省，山东省委、省政府始终高度重视“三农”工作，坚持以科学发展观为指导，认真贯彻党中央提出的“生产发展、生活宽裕、乡风文明、村容整洁、管理民主”的方针，扎实推进社会主义新农村建设，努力促进城乡统筹发展，全省农业生产取得了较大进展，粮食产量连年增产，高效特色农业和生态环保农业迅速发展；农民生活实现了较大提高，惠农政策不断加大，基层医疗制度不断完善，农民富裕程度不断提高；大力开展城乡环境整治活动，加快生态乡村文明建设，农村经济社会发展走上了又好又快的快车道。

他认为，全国“村长”论坛是广大农村基层干部之间相互交流、学习与合作的盛会，也是展示社会主义新农村建设成果的重要舞台。本届“村长”论坛举办地山东省临沂市罗庄区沈泉庄村是有名的经济强村，经济发展程度较高，村民幸福指数较高，各类基础设施比较完备，村社经济发展经验丰富，完全具备举办“村长”论坛的条件。本届“村长”论坛以“新村官、新创造、新奉献”为主题，密切联系临沂市和沈泉庄的发展经验，切身体验沂蒙精神的丰富内涵，是深入开展创先争优活动的生动实践，必将对进一步推进山东省的社会主义新农村建设产生较大影响。

3.张少军：努力开创新农村建设的新局面

中共临沂市委书记张少军说，第十一届全国“村长”论坛在沈泉庄村隆重开幕，这是临沂的一件大事、喜事。

他介绍了临沂市农村工作，临沂市是“三农”大市，全市耕地面积近1 000万亩，乡村人口871.6万人。市委、市政府始终把解决好“三农”问题作为首要任务，坚持以农民增收为核心，以落实强农惠农政策为保障，大力发展现代农业，努力推进新农村建设，“三农”工作保持了良好的发展势头。以“生态沂蒙山，绿色农产品”为主题，大力推进农业生产标准化、经营规模化、营销品牌化，“沂蒙优质农产品”的知名度和美誉度越来越高。郯城银杏、苍山大蒜、平邑金银花、临沭柳编、蒙阴蜜桃、沂南黄瓜、费县核桃、莒南花生、蒙山全蝎等特色优质农产品闻名遐迩，生态环保养猪快速发展，得到了回良玉副总理的批示，苍山蔬菜远销江浙，被誉为“山东南菜园”。农业产业化走在全国前列，规模以上农产品龙头企业发展到923家，工商登记注册农民专业合作组织6 589个。大力推进供销体制机制改革，创建的“一网两平台”涉农服务网络，被商务部、全国供销总社誉为“山东经验、临沂现象、莒南模式”。认真组织实施农村劳动力转移、创业、培训“三大助推工程”，全市实现农村劳动力转移就业累计达到256.4万人，农民工资性收入占据农民收入的“半壁江山”。在上级大力支持下，累计投入资金24.66亿元，在全省率先完成了全市列入规划的32座大中型和819座小型病险水库的除险加固任务，强化了水利基础。加强生态文明乡村建设，打造农民幸福生活的美好家园。今年5月，山东省委、省政府在我市蒙阴县召开了全省生态文明乡村建设现场会议，推广了我市生态与富民相结合、建设沂蒙新农村的经验。大力开展城乡环境综合整治，促进了城美乡美。积极推进农村社区化，全市规划新型农村社区1 633个，目前已建成310个、在建395个。自2009年以来，累计新建农村住房35.1万户，改造危房6.4万户。着力改善农村民生，提升群众的幸福感和满意度。2011年7月1日，全市新农保实现了全覆盖，比国家规定时间提前一年半实现了城乡居民养老全覆盖；新农合覆盖全市所有行政村，参合率达99.8%；全市农村低保保障标准2011年提高到了1 400元；有线电视入户率达到75%，农村自来水普及率达到80%；农村公路通车里程达到20 010千米，行政村通油路比例达到99.1%。农村面貌和农民群众的生产生活条件发生了巨大变化。

张少军认为，论坛在临沂市成功举办，既为全国各地的“村官”们交流经验、沟通信息、共谋发展架起了新的桥梁，也为临沂市的对外交往铺设了新的纽带。全国“村长”论坛是全国农村基层干部的年度性盛会，是彰显新农村建设成果、展示“村官”时代风采的窗口，也是加快农村统筹发展和城乡一体化进程的交流、促进平台。论坛开办多年来，在中国村社发展促进会、各级党委、政府和广大村级组织的共同努力下，取得了丰硕成果，赢得了广泛赞誉。特别是本届论坛以“新村官、新创造、新奉献”为主题，顺应了时代发展对广大农村基层干部的新要求，体现了当代农村干部肩负的神圣历史使命，具有很强的现实性和针对性，必将对广大“村官”扎根奉献新农村、带领群众开拓进取建设新农村产生积极的激励作用。

4.王廷江：向各地村庄好好学习

山东临沂罗庄区沈泉庄村党委书记王廷江说，第十一届全国“村长”论坛在沈泉庄举办，这对于沈泉庄来说，是一次向兄弟村学习的难得的机会。村官们关注的全国“村长”论坛已走过十一年，论坛积累了很多宝贵的经验，特别是像华西村，还有在座的老大哥、老朋友们的村庄，发展得更好，都是学习和借鉴的榜样。沈泉庄现在的发展是各级领导关心支持的结果，还有华盛江泉集团4万多名员工，大家共同努力的结果。但跟在座的同志们相比，差距还很远，希望借助这一次会议的经验交流，再继续努力，向大家好好学习！

5.顾益康：新村官、新创造、新奉献

中国村社发展促进会副会长顾益康在论坛上围绕“新村官、新创造、新奉献”主题说，新村官是新时期农民创业致富和共同富裕的领头人，也可以说是新型农民的杰出代表，是共创共富理念的践行者。他们不仅要“有文化”“懂技术”“善经营”，而且还要“能创业”“敢创造”“愿奉献”。“有文化”就是要有较高的文化教育和知识水平，有较强的学习理解能力和接受新知识、新技术、新经验的能力。“懂技术”就是掌握一定的科学技术知识和生产创业技能，能熟练掌握本行业、本专业的先进技术和工艺。“善经营”就是要有较强的经营管理能力和市场开拓能力，有高度的市场敏锐性，有抓住市场机遇和规避市场风险的能力。“能创业”就是人要有很强的创业意识、创业能力、创业激情，善于发现创业良机，善于组建创业团队，善于组合创业要素，善于优化创业环境。还要有联合创业、合作创业的意识，知晓合作共赢的经营之道。“敢创造”就是要有创新意识、敢闯新路、敢创新业，有较强的组织管理能力和团队协作能力。“肯奉献”就是要有无私奉献的精神、高度的社会责任感和政治觉悟，要懂爱心和感恩回报，要有“先富带后富”的社会主义“共富”意识和共创共富的理念，善于探索“先富带后富”、实现共同富裕的有效方式和途径。

他认为，新村官要以创造性的思维、创造性的理念、创造性的谋略和创造性的方法去推进社会主义新农村的政治建设、经济建设、社会建设、文化建设和生态建设。就是要坚持解放思想、实事求是、与时俱进的思想，敢于突破固定的思维、陈旧的观念、体制的束缚和制度的障碍，敢闯新路，敢创新业，敢担大当。就是要善于顺应时代发展的新潮流、抓住时代发展的新机遇，敢为天下先，做前人未做过的新事业、大事业，敢于提出前人未曾提过、不敢提起的新目标、新愿景。

他指出新村官要有新奉献，奉献是共产党人的崇高品德和人文情怀，是为人民服务的集中体现，也是村官最显著和最本质的品质特征。新奉献是新村官在新时代所具有的新境界，既是新村官通过新创造而为村民做出的新贡献，也包括新村官担当社会责任而为全社会做出的新贡献。

6.杨林黎：加快少数民族聚居村发展

云南省民族事务委员会科长杨林黎说，由于自然、历史、社会等多方面的原因，云南的少数民族大多还处于贫困、落后的状态。以参加本次论坛的15个特有民族村来说，去年人均经济收入最高的是大理市喜洲镇的周城村，为6 234元，最少的是怒江州贡山县独龙江乡的马库村，仅为1 100元。虽说云南参加本届“村长”论坛的少数民族村官有15个，这在全国应该是最多的，但就实际来看，还是显得太少。云南省少数民族人口比例占30%以上的建制村就有6 999个，总人口达1 577.59万人，其中少数民族人口1 210.56万人，占总人口的76.74%。由于分布区域较广，加之贫困面大，贫困程度深，少数民族聚居村一直以来都是云南扶贫攻坚的重点和难点。

杨林黎认为，小“村长”大作为，村官虽小，但可以做大事。村干部不仅是党和政府联系农民群众的桥梁和纽带，更是带领群众脱贫致富的“领头羊”。不仅如此，村官的素质，在一定程度上还影响着党和政府方针政策在农村的落实成效。加快农业农村发展的基础在村，关键又在村干部。“村长”论坛这种以论坛方式搭建起农村基层干部交流与合作桥梁，通过广泛交流富民强村新成效、新经验，实现互通信息、资源共享目的，最终达到强村带弱村、富村帮穷村目标的做法，无疑为培养村官、加快农村发展提供了有益的借鉴。

7.乔惠民：田园乡村博览会打造村庄发展新空间

亚太环境保护协会执行会长乔惠民说，随着现代交通、信息技术的发展，以及全球一体化的不断深化，各类专业性或产业化的博览会层出不穷，但此类博览会无一例外地将村庄屏蔽在外，以至于以全国性村庄为基础单位的综合性博览会仍属空白。由此可见，中国田园乡村博览会的设立对中国村庄乃至世界村庄的发展都具有重大的意义。它向城市居民和各地游客揭开了中国村庄的神秘面纱，为中国村庄优美的田园风光、朴素热情的民间风情及凝聚人民智慧的村庄建筑和特色产品提供了集中展示的平台。它以村庄的特色、特点、风貌等因素为纽带，不仅是具有休闲、展览、旅游性质的综合性博览园，还能在汇聚各类资源、吸引城乡各界人员的基础上形成全国性村庄资源开发洽谈平台，促进城乡间资源、项目、产品的交流和合作，打造村庄发展的新空间。“让村庄参与市场，让城市了解农村。”中国田园乡村博览会为中国乡村的进一步发展创造了新的平台，揭开了村庄发展的新的一页，必将成为中国乡村发展的一个重要的里程碑！

8.孙林：宣传村庄、发展村庄的好平台

农民日报社总编辑、中国村社发展促进会常务理事孙林认为，田园乡村博览会是宣传村庄、发展村庄的很好平台，也是发展新产业的最佳切入点，开馆意义重大。

他说，村庄有丰富的资源，有自然的、生态的、生产的，有动态的，也有静态的，所涉及的领域更是多姿多彩的，有传统的种植业、养殖业，有手工业、机械制造、矿产开采、物流运输等，而最美乡村是田园乡村博览会要展示的核心，“乡村，让城市更向往！”是村庄提倡的，所以举行田园乡村博览会则是将村庄最美的一面展示在世人面前，浙江滕头村做到了，羌族的坪头村做到了，将来有更多的村庄也会做到。

他指出，田园乡村博览会的网络馆开馆，仅仅是个开始，未来的博览会应该是实体加虚拟，在实体参观的同时，形成网络“永不落幕”的田园乡村博览会，二者有机结合，可在形成乡村创新产业的同时发展自身。

9.傅企平：体会“乡村，让城市更美好”

中国村社发展促进会副会长、浙江奉化滕头村党委书记傅企平认为，以新农村建设为背景，以村庄为主体，以“三农”为主题的田园乡村博览会，其推出，是必需、必然，亦大有作为。田博会作为全国性综合性之城乡、村际、行业间物流、信息流、资金流及智力交流平台，以中国农业主题公园为依托。目的在于：对接市场，推介名、优、特之农产品；沟通城乡，推介静、逸、美之农家乐；对比今夕，展示“生产发展、生活宽裕、乡风文明、村容整洁、管理民主”之新农村建设成就及先进事迹与经验；穿越时空，再续渔、樵、耕、读，把酒话桑麻的桃源诗画；服务“三农”，推进城乡、产学研及政策面交流互动。他对滕头作为第一批馆开馆，深感自豪。

四、论坛感悟

1.余展：学习之行、交流之行、取经之行

中国村社发展促进会名誉会长余展说，本届论坛，各少数民族村的代表和特色经济村的代表，从四面八方而来，尤其是来自新疆、西藏、云南的代表，从祖国的西南、西北边陲来到靠近东海之滨的地方，从西到东，几乎横跨了中国。他认为，本届论坛最值得大家学习的至少有三点：

一是从目睹革命老区的巨变中，提振发展信心。沂蒙是块红色的土地，是抗日战争和解放战争的圣地。当年在这个只有420万人口的地方，就有20万人参军，10多万先烈血洒疆场。新中国成立后，作为全国18个连片贫困地区之一，1995年首先整体脱贫，2004年在全国革命老区中产值首先超千亿元，成为全国老区经济的领跑者。沂蒙人当年为求解放而战斗，当今在向贫困宣战中同样是胜利者。

二是体验沂蒙精神的新活力，增强发展动力。平邑县九间棚村，从一个村庄展现了沂蒙精神和时代精神相结合的新活力。这样一个山头上的村庄，山高涧陡，四面悬崖，自然条件极其恶劣。但是凭着艰苦奋斗和创新的精神，“架电、修路、治水、整地、植树”，付出了常人难以想象的努力，彻底改变了面貌，人均纯收入近万元。对沂蒙精神与时俱进地传承，正是发展的动力。

三是感受王廷江的人格魅力，领悟当好新时期新村官的真谛。王廷江的为人在于奉献、拼搏和开拓。他靠拉板车起家，把自己辛苦挣得的600万元无私奉献给村集体，从此带领乡亲们从办小厂到办大厂，进而组建华盛江泉集团，仅仅13年的工夫就挤进了中国企业500强的行列，并且把生意做到外国，在国外设有28个办事处。他奉行“一人富了不算富，大家富了才算富”的共同富裕信念。

余展特别指出，各地村官参加本届论坛的临沂之行，应当是提升发展信心之行，增强发展动力之行，学习王廷江精神之行。总之，是学习之行，交流之行，取经之行。

2.少数民族村官感悟

第十一届全国“村长”论坛闭幕以后，参加会议的55个少数民族村的村官

代表，纷纷撰写文章，或发来短信，对精彩的论坛表示满意和称赞，对会议的主办、承办单位表示深深的谢意。

四川省乐山市马边彝族自治县劳动乡柏香村党支部书记杨成富（彝族）：说真的，参加这次论坛我收获特别大，感受很深，尤其是“三农”专家顾益康讲得特别生动，最切合当代“村官”实际。整个会议议程安排得非常完美，比如：参观九间棚村，那样一个以前的穷山沟能变成今天这样，简直是奇迹！大学生“村官”服务队交旗仪式也很感人，晚会完全围绕着“新村官、新创造、新奉献”的主题，宣传了沂蒙精神和王廷江书记的无私奉献精神，太值得学习了。经过这次论坛我成熟了，真正认识到了一个“村官”的责任，我将把这次会议的精神带回去，在实践中好好地运用起来，结合党的惠民、富民政策把家乡建设好！在此，再次感谢中国村社发展促进会和山东省临沂市给了我参加论坛这个学习交流的机会，明年论坛见！祝论坛越办越好！

黑龙江省同江市八岔赫哲族乡八岔村党支部书记尤明国（赫哲族）：回顾沈泉庄村的发展史，王廷江的一句话让我陷入了沉思：“一个人富了不算富，大家富了才算富。”这是多么质朴的心灵写照啊！作为一名党员，一名村干部，在如何带领赫哲族群众大力调整产业结构，创新发展思路，共同发展赫哲族乡经济，建设社会主义新农村的伟大实践中，在王廷江身上，我学到了先做人、再做事的为人准则。参加这次论坛后，我深深地感受到，要想做一名“合格”的村官，就必须认真学习实践科学发展观，在实践中不断探索，在发展中持续超越，带领村“两委”干部、全村党员群众进一步转变思想观念，突破思维局限，在推进农业结构调整上创先争优，大力培育适合本地本村发展的主导产业。总之，参加这次“村长”论坛，受益匪浅。

云南省临沧市双江自治县大文乡忙冒村党支部书记兼村委会主任刀志祥（布朗族）：参加第十一届全国“村长”论坛是我的荣幸。我作为一名边远地区的村干部，在沈泉庄村参会的这几天受到了沈泉庄“两委”班子和沈泉庄人民的热情款待。我们亲身体验到了革命老区人民的热情。是这样的热土养育了像王廷江书记这样的社会主义新农村的领头人。我诚挚地邀请王书记带领他的团队到临沧来做客！

云南基诺族乡巴亚村委会巴坡村民小组组长周康（基诺族）：我是来自祖国西南边陲山区的少数民族村官代表，这次很荣幸能够有机会参加在山东临沂沈泉庄村举办的第十一届全国“村长”论坛，沈泉庄今天所取得的成就，使我赞叹不已，更让我感到温暖的是老区人民热情、优质的服务，在此我代表基诺族两万余名同胞表示衷心的感谢！

云南德宏州芒市三台山德昂族乡出冬瓜村党支部副主任杨三保（德昂族）：尊敬的临沂市沈泉庄村的各位领导及村民，你们为了第十一届全国“村长”论坛的顺利召开，操心费力，热情服务，并在建设新农村的工作思路上，给予我们指导，德昂族村民向你们表示衷心的感谢！

论坛短评

——本届论坛的重要意义体现在：

（1）论坛中融入了市场村年会，吸纳了众多临沂市场村参加，让他们在实际交流中吸取更多的经验。论坛分析了临沂的市场发展情况，肯定了市场对村域经济发展的作用。

（2）村官们近距离感悟革命老区精神。论坛在沂蒙地区召开，提供了一次沂蒙精神学习的良好机会，论坛一方面安排了专家解读沂蒙精神，一方面实地赴平邑县九间棚村学习沂蒙精神的传承，村官收获很多。

（3）展示了首个村庄纪念馆。沈泉庄村为论坛准备了首个村庄纪念馆，让村官能了解沈泉庄的发展历史脉络，直观感知沈泉庄的变化。

——本届论坛的突出贡献人物是沈泉庄王廷江书记。他在2007年参加了第七届全国“村长”论坛，即提出要举办全国“村长”论坛，并积极准备和申请，最终如愿。他也为论坛的举行尽心尽力，保证了论坛的圆满举行。此外，全国“村长”论坛组委会办公室主任董献华和沈泉庄华盛江泉集团办公室主任陈磊，作为本届论坛各项筹备工作的具体实施者，做了大量的工作。

第十二节　第十二届全国“村长”论坛

◇时间：2012年9月8—9日

◇地点：湖北省武当山特区

◇主办：中国村社发展促进会、中共湖北省委财经办公室（农村工作办公室）、湖北省农业厅、中共十堰市委和十堰市人民政府

◇承办：中共武当山特区工委和武当山特区管委会、八仙观村

◇主题：文化强村，旅游惠民

◇村庄介绍

八仙观村位于湖北省武当山景区腹地，平均海拔800余米，常年飞云荡雾，气势磅礴，风景旖旎，气候宜人。相传，吕洞宾等八仙曾在此悟道，元代建有八仙观祠，该村因此而得名。全村132户476人，发展茶叶经济20余年，现有生态有机茶园3 000余亩。该村结合武当道茶特色，潜心研究，探索出了一套独特的制茶工艺，生产出了武当银剑、针井、太和、奇峰、道茶王等系列名茶。八仙观村被农业部授予“中国道茶文化之乡”，是鄂西北地区高标准生态旅游观光茶园和中国唯一的道茶文化山庄。

一、论坛概况

千名村官，武当论“道”，2012年9月8—9日，第十二届全国“村长”论坛在湖北省武当山特区召开。论坛的主题是“文化强村，旅游惠民”。

申纪兰、傅企平、吴恩福、罗玉英、杨明、陈重才、原贵生、薛正红、郭成志、刘志华、张文成、毛丰美、丁俊、王勇、章联生、黄福水、刘嘉坤、侯二河等部分全国著名村官代表，以及中国特色村代表、大学生村官代表、55个少数民族村村官代表和十堰市小康村村官代表参加会议。

中央政治局委员、国务院副总理回良玉发来贺信，对论坛召开表示热烈祝贺，并向全体与会代表和工作在最基层的全国广大村干部致以诚挚的问候。贺信指出，本次论坛以“文化强村，旅游惠民”为主题，非常切合当前农村发展的形势需要，对于推动农村文化发展，拓宽农民就业和增收渠道，促进农村社会和谐

稳定，全面实现小康目标具有重要意义。贺信还对“村长”论坛寄予希望，“希望这个全国性的农村基层干部的论坛越办越好”。

全国政协副主席厉无畏，全国“村长”论坛组委会主任、中国扶贫基金会会长段应碧，湖北省委副书记、省长王国生，湖北省委常委、组织部长楼阳生，省人大常委会副主任任世茂，副省长赵斌，省政协副主席郑心穗、陈大会，农业部总经济师杨绍品，中国村社发展促进会名誉会长余展，中国村社发展促进会会长、华西村党委书记吴协恩，国际投资促进会会长王平，农业部农村经济研究中心主任、中国村社发展促进会副会长兼秘书长宋洪远，农民日报社总编孙林，中国农业出版社党委书记、社长刘增胜，湖北省政府秘书长王祥喜，省政协秘书长王树华，湖北省委副秘书长、农业和农村工作办公室主任刘兆麟，省农业厅党组书记戴贵洲，十堰市委书记周霁，十堰市委副书记、代市长张维国，安徽省滁州市委常委、市委秘书长何希勇等有关领导出席了论坛。

8号上午，论坛举行了开幕式。杨绍品代表农业部在开幕式上讲话，希望全国各地农村借助本届论坛，深入贯彻落实科学发展观，坚持为农民群众服务、为农业农村经济发展服务、为社会主义新农村建设服务的方向，紧密结合农村工作实际，把发展繁荣农村文化与转变农业农村经济发展方式、加快农民致富步伐结合起来，促进农村物质文明和精神文明协调发展，以优异的成绩向党的十八大献礼。楼阳生代表湖北省委、省人大、省政府、省政协对论坛的举办表示热烈祝贺，认为本届“村长”论坛必将对进一步推进湖北省社会主义新农村建设产生重要而深远的影响。周霁代表十堰市致欢迎词，提出论坛为十堰搭建了宣传推介、招商引资、学习借鉴、招才引智的巨大平台，十堰有信心把这次论坛办成交流的盛会、合作的盛会、发展的盛会。

在随后举行的主论坛上，厉无畏副主席以《农业的文化创意化发展》为题向与会村官做了专题报告，指出：在世界经济步入创意经济时代的今天，通过发展创意农业，转变农业发展模式，构建一个持续健康的农村产业体系，将是实现社会主义新农村建设目标的一条创新之路。深入浅出的报告受到代表们的热烈欢迎。中华农业科教基金会理事长刘立仁发言，讲述了现代农业发展的意义，鼓励各地村庄向华西村等先进村庄看齐，努力谋求新发展。武当山特区工委书记、管委会主任李发平做了武当山特区《文旅农三位一体发展》的实践经验报告。近年来，武当山特区以区域综合价值为核心观念，以旅游业为引擎，以农民致富为目的，以生态友好和环境可持续利用为原则，以创造性的思维带动区域共享繁荣，实现经济价值的最大化，走出了一条“文旅农融合发展，天地人和谐共生”的区域创新发展之路。全国人大代表、辽宁省凤城市大梨树村老书记毛丰美代表村官发言，他讲述了大梨树村的旅游发展道路和经验，提出发扬“干”字精神，带领群众致富求发展，引起广大与会村官的共鸣。会前，中国村社发展促进会在部分村庄进行了农村文化建设问卷调查，形成了近万字的《2012农村文化建设问卷调查报告》，在主论坛上呈递给与会的全国人大代表村官，转决策咨询部门参考。

在8号下午，举行了三个分论坛：村企总裁会议、中国特色村案例分析会、践行大学生村官精神交流会。

在村企总裁座谈会上，大家交流了经验，开展了对话互动，进行了十堰市重大项目招商推介签约和饮水思源——南水北调工程水源地和受益地友好村庄对接签约活动；来自北京、天津、河北等受益地区的村庄代表发出倡议书，呼吁受益区村庄积极参与水源区秦巴山片区连片扶贫开发，加强对口帮扶；浙江省奉化市滕头村等11个村分别与武当山特区八仙观村等11个村签订友好村庄合作协议；中国农业大学卢凤君教授做了题为《中国村企集团发展机遇》的报告。

在中国特色村案例分析会上，宣读了关于加强农村基层党建工作倡议书，发布了2012中国特色村名单，围绕江苏省常熟市蒋巷村和山东省临沂市九间棚村两个特色村案例进行了讨论分析，专家做出点评。

上海奉贤区杨王村党委书记孙跃明、贵州省黔东南州天柱县桥联村党支部书记黄透煊（侗族）、黑龙江省同江市八岔村党支部书记尤明国（赫哲族）分别发言，介绍了东部较发达村庄和少数民族村庄发展特色经济的经验。上海孙桥农业技术有限公司董事长兼总经理卜崇兴从农业前沿技术的角度，介绍了现代农业科技对农村发展的潜力作用。海南省五指山市什保村（黎族）和四川省茂县坪头村（羌族）、贵州省三都水族自治县妙良村（水族）和黑龙江省同江市八岔村、上海市奉贤区杨王村和云南大理祥云县大营社区（彝族）结成友好村庄。

在践行大学生村官精神交流会上，举行了《全国百名大学生村官农村工作感悟录》首发式及践行大学生村官精神优秀论文颁奖仪式；十堰市竹山县溢水镇东川村被授予“全国大学生村官创业研究基地”。上海市闵行区九星村老书记吴恩福、山西省长治县振兴村党支部书记牛扎根向与会的大学生村官介绍了自己当村官的历程和经验，鼓励大学生村官扎根基层，有所作为。全国优秀大学生村官代表曹辉、肖琳、王琪、李玲、冯辉，湖北省优秀大学生村官代表王文童、唐鹏飞、杨松霖先后发言，介绍了自己当村官的感受。

9号上午，论坛在武当山八仙观村召开了2012中国绿色村庄年会。会上为“村村和合，和合天下”主题碑揭幕，发布了“文理农三位一体”发展模式研究成果，推出《武当之道——武当山经济特区文旅农三位一体化科学发展启示》，并向55个少数民族村官赠送书籍。武当山风景区管理局在全国村官中聘请100名“武当山旅游监督员”，“全国村官培训基地”同时落户八仙观村。吉林安图红旗村、湖南益阳观音阁村、贵州天柱桥联村、广西钦州三娘湾村、河南巩义杨树沟村、山东平邑九间棚村、河北迁西青山口村、天津蓟县坝尺峪村等8个村庄加入绿色村庄行列。上海孙桥农业技术有限公司向少数民族村和中西部村庄提供了2万元乡村文化建设资助基金。年会结束后，与会的55个少数民族村庄代表和绿色村庄代表在八仙观村共植民族团结林，少数民族村庄代表将从家乡带来的泥土混合在一起，形成五颜六色的“中国泥土”，这些泥土用来培植树木，并被保藏。

2012武当“和合”发展研讨会同期举行，浙江省政府咨询委员会“三农”发展部部长顾益康、亚太环境保护协会执行会长乔惠民、国务院发展研究中心研究员黄道霞、《人民日报》国际部原主任吴长生、国家发改委国际合作中心办公室主任马兰、环球网副总编谢戎彬等在会上研讨了“和合”发展内容。

论坛还举办了全国著名村官报告会。全国人大代表、山东临沂九间棚村党支部书记刘嘉坤，全国人大代表、福建龙岩新罗区西安村党支部书记章联生，第一个走上美国哈佛大学讲台的中国村官、北京市昌平区郑各庄村党总支书记黄福水为十堰市小康村村官代表做了报告，中华农业科教基金会理事长刘立仁、农业部农村经济研究中心主任宋洪远讲了话。会上十堰市向专家学者发放聘书，成立了十堰市“三农”发展咨询委员会。

论坛还邀请各地出席会议的农村工作部门负责人举行了村庄发展座谈会，就当前村庄发展情况、问题和建议进行了座谈。

论坛于9号晚间举行了闭幕式和文艺晚会。吴协恩代表全国“村长”论坛执委会做了总结发言。十堰市委书记周霁从少数民族村官代表手中接过各民族独具特色的纪念品。

会议宣布，第十三届全国“村长”论坛将于2013年在中国农村改革发源地安徽省凤阳县小岗村举办，安徽省滁州市委常委、市委秘书长何希勇代表下届论坛承办方致辞，表示滁州市将认真学习借鉴本届论坛的成功经验，精心组织筹备好下一届盛会。武当山特区工委书记、管委会主任李发平，八仙观村党支部书记王富国将全国“村长”论坛会旗移交给安徽省凤阳县委副书记、县长米德成，小岗村党委第一书记丁俊。

闭幕式结束后，举行了名为“歌飞武当”的文艺晚会，庆祝本届论坛及第六届中国原生民歌大赛的召开，同时为2012中国功勋村官和2012十大杰出村官颁奖。湖北卫视转播了本台晚会。晚会前，中共湖北省委副书记、省长王国生等领导会见了与会的著名村官代表，与他们进行了亲切的交谈。

二、精彩回顾

1.中央政治局委员、国务院副总理回良玉贺信

欣闻第十二届全国“村长”论坛在湖北十堰市隆重举行，我谨表示热烈的祝贺，向参加会议的各位代表致以诚挚的问候。并向长期工作在基层一线、为促进“三农”改革发展做出重大贡献的全国广大村干部表示衷心的感谢！

中华民族在长期的农业生产实践中创造了光辉灿烂的农耕文明和博大精深的传统文化。大力发展农村文化事业和文化产业，传承传统文化，既是促进新时期社会主义文化大发展大繁荣的迫切需要，也是推进社会主义新农村建设的重要基础。本次论坛以“文化强村，旅游惠民”为主题，切合国家大局和农村发展要求，富有浓郁的时代性。希望以此次论坛为契机，进一步营造促进乡村文化旅游发展的良好氛围，丰富城乡居民精神文化生活，拓宽农民就业和增收渠道，促进农村社会和谐稳定。

全国“村长”论坛已举办了十二届，成为各地基层干部以及“三农”理论政策研究工作者相互交流、增进共识的重要平台，具有越来越大的社会影响。我衷心期待本届论坛能够收获更多的真知灼见，为促进农村文化大发展大繁荣、实现全面小康社会宏伟目标贡献更多的智慧和力量。

祝第十二届“村长”论坛取得圆满成功！祝愿全国“村长”论坛越办越好！

2.京津冀地区参会代表倡议书

南水北调，这是一项非常伟大的工程。在南水北调国家大行动面前，人给水让路：

18万移民展开了一场感天动地的命运大迁徙；在南水北调国家大行动面前，为呵护一库清水，350万十堰人民付出了不懈努力，做出了无私奉献！

一江清水送北京，款款深情连南北。举世瞩目的南水北调中线工程，使湖北与京津冀广大地区因水结缘，因水结亲，因水结友。特别是湖北省十堰市，作为南水北调中线工程的核心水源区，与京津冀地区人民同饮汉江水，共护调水源，有着更为直接、更为紧密的亲缘关系。南水北调这座世纪宏伟工程，架起了湖北十堰与京津冀地区密切交流、加强合作的桥梁纽带，也进一步加深了两地人民的深情厚谊。

十堰市的山水资源丰富，地理位置优越，发展空间广阔，在此基础上我们充分认识到建设发展新农村是关键，在加快新农村建设的同时，必须要大力推进秦巴山区连片扶贫开发。作为京津冀的村庄代表，我们有幸来到十堰市考察交流，认识新十堰，选择新十堰，投资新十堰！我们更有责任有义务去帮助十堰市区人民共同建设社会主义新农村。

在这里，我们要对十堰市区人民表示深深的感谢，我倡议：让我们共同携起手来，以水为媒，以水为桥，加强往来，增进合作，不断开创互利双赢、长效合作的新局面。

让我们一起来为山区农村建设贡献自己的一份力量！

中国村社发展促进会京津冀地区成员

二〇一二年九月八日

三、论坛声音

1.厉无畏：农业的文化创意化发展

全国政协副主席厉无畏说，在世界经济步入创意经济时代的今天，通过发展创意农业，转变农业发展模式，构建一个持续健康的农村产业体系，将是实现社会主义新农村建设目标的一条创新之路。

他认为，科技创新与文化创意的“双创”战略是新农村建设的两大引擎。科学技术是第一生产力，以科技创新驱动新农村建设已成为我国社会主义新农村实现“生产发展，生活宽裕”的主要路径。在创意经济时代，文化创意所释放的文化生产力也已经成为推动经济发展不可忽视的原动力。文化具有强辐射性、高渗透性等特征，决定了文化要素能够与科技、产业和市场紧密结合，能够推动各行各业的发展，并不断提升它们的价值，参与经济循环。科技创新和文化创意是驱动现代经济高速发展的双引擎。文化和科技的有机融合所产生的巨大引擎作用必将为我国社会主义新农村的发展注入新的动力，带来新的变化，创造出新的价值。

他指出，在创意经济的世界浪潮和新格局下，要充分认识文化软实力在社会主义新农村建设中的积极意义，强化文化创意的新理念，运用文化创意的新力量，实施科技与文化并驾齐驱的“双创”战略，在科技创新的同时注重开发文化创意，将文化资源转化为文化生产力，推动我国新农村的全面发展。

厉无畏提出构建多层次的产业链和价值体系是发展创意农业的新模式。通过创意把文化艺术活动、农业技术、农产品和农耕活动，以及市场需求有机连接起来，形成彼此良性互动的产业价值体系，为农业和农村的发展开辟全新的空间，并实现产业价值的最大化。

他建议：一是以创意产业的思维整合各类社会文化资源为农业生产服务，提升农产品的附加值。在利用生物科技手段改变农产品形状、色彩和口味等物理功能的同时，融入文化元素，增加农产品的文化艺术含量。并根据市场需求，运用新理念把农产品变成艺术品，可大大提高农产品的附加值。二是以创意产业的手法将资源转化为推动农村发展的资本。利用农村的生产、生活、生态“三生”资源，充分发挥人的创意、创新构想，设计出具有当地文化特色的创意农产品、农耕文化博览馆和各种相关文化活动，扩大市场知名度，促进发展。三是以创意产业的渗透融合功能建设农业产业链。创意产业具有很强的渗透力，能以多种形式与不同的产业相融合，形成以文化创意为核心的产业系统和价值实现系统。

厉无畏还提出，创造“经济生态、自然生态和文化社会生态”“三位一体”的生态文明，助推社会主义新农村总体目标的实现。创意产业运用文化、科技的双重生产力促进农村经济发展，以文化资源的挖掘和区域文化特色为核心，以优美的自然农业生态为依托，以高效的农业生产为基础，以提高人民生活品质为依归。创意农业不仅体现了建设经济生态文明的要求，同时也促进了自然生态和文化社会生态的发展，具有构建“三位一体”生态文明的强大功能。

厉无畏指出，大力推进创意农业发展的思路，需要转变发展理念。要结合当地实际情况，改变农业发展局限于单一的生产功能的状况，进一步全面挖掘农业的潜能，把科技、文化、产业、市场和生态环境有机结合起来，创新农业业态，实现农村一、二、三产的协同发展；需要做好综合规划和具体项目的策划，提高农民整体素质。发展创意农业的关键就在于结合当地的文化特色，发挥创意，整合农村的“三生”（生产、生活、生态）资源，构建起较完善的产业系统，从而促进“三农”（农业、农村、农民）的发展。需要建立城乡互动互融的推进机制、加快不同产业融合发展的促进机制，只有城市反哺农村，工业反哺农业，城乡互动互融，一二三产融合发展，创意农业才能迅速发展起来，并大大推进社会主义新农村的建设。

2.杨绍品：希望全国“村长”论坛越办越好

农业部总经济师杨绍品说，第十二届全国“村长”论坛在武当山特区举行，来自全国各地的优秀村官代表、优秀大学生村官代表、少数民族村官代表和专家学者一起，以“文化强村，旅游惠民”为主题，探讨交流在新的形势下，如何加强农村文化事业与产业建设，如何整合和挖掘农村旅游资源，推进社会主义新农村建设的实践、经验和体会，应该说很有意义。

他提到，2012年，在党中央、国务院的正确领导下，在各地区各部门的共同努力下，我们战胜了特大旱涝灾害，全国农业农村经济总体保持了增粮增收的好势头。农民收入实现较快增长，农村公共服务设施进一步加强，农村社会和谐稳定，为保持国民经济平稳较快发展做出了重要贡献。这其中凝聚着广大农村基层干部的辛勤汗水和艰苦努力。

杨绍品强调，村级组织是共和国大厦的基础，村干部是共和国大厦的基石，是农民群众的当家人，是农村发展的带头人。农村社会和谐稳定，基础在村一级、关键在村干部。长期以来，广大农村干部在党的领导下，团结和带领亿万农民，苦干实干，探索创新，闯出了一条具有中国特色的农村改革发展道路，涌现出一大批明星村、富裕村和优秀带头人，在我国农村的发展史上书写了壮丽篇章！

3.楼阳生：祝愿第十二届全国“村长”论坛取得圆满成功

湖北省委常委、组织部长楼阳生说，湖北省农业资源丰富，素有“鱼米之乡”的美誉，多种农产品产量位居全国前列，是全国重要的农产品生产基地。历年来，湖北省委、省政府始终高度重视“三农”工作，坚持以科学发展观为指导，加快建设农业强省建设步伐，做大做实做强农业，努力实现“一大三高”，即农业规模大、农业产业体系融合度高、农业现代化程度高、农业经济效益高，打造“五区两基地一中心”，即现代农业示范区、农业高科技聚集区、现代农业经济文化旅游示范区、农村改革先行区、新农村建设先行区，全国优质农产品加工基地、大宗农副产品供给基地和“买全国、卖全国，买全球、卖全球”的国际化农产品物流贸易中心。全省农业生产取得了较大进展，粮食产量连年增产，高效特色农业和生态环保农业迅速发展；农民生活水平实现了较大提高，惠农政策力度不断加大，基层医疗制度不断完善，农民富裕程度不断提高，生态乡村文明建设步伐加快，农村经济社会发展步入又好又快的快车道。

他认为，全国“村长”论坛，是广大农村基层干部之间相互交流、借鉴学习、寻求合作的盛会，也是展示社会主义新农村建设成果的重要舞台。本届“村长”论坛以“文化强村，旅游惠民”为主题，密切联系武当山特区以文兴旅、以旅惠农、文旅农三位一体化科学发展的经验，切身体验武当文化的丰富内涵，是深入开展创先争优活动的生动实践，对进一步推进湖北省的社会主义新农村建设将产生较大影响。这次盛会是湖北向全国兄弟省、市、区学习的一次极好机会。湖北将以此为契机，全面推介和彰显以武当山为代表的湖北农村工作创新理念和做法，同时，坚持博采众长，认真学习兄弟省、市、区的好经验、好做法。

4.吴协恩：村官责任重如山

中国村社发展促进会会长吴协恩说，自2000年以来，在各级领导的关心支持下，在广大村官的积极努力下，全国“村长”论坛已成功地举办了十二届，目前已经成为我国村官年度交流的最大平台。在这个平台上荟萃了一批全国党代表、全国人大代表、全国优秀共产党员、全国劳动模范等优秀村官，邀请来了少数民族村官和大学生村官代表；在这个平台上，一部分资深的“三农”专家，与村官代表面对面地进行交流和探讨；在这个平台上，东部经济较发达地区的村庄，主动与中西部欠发达地区的村庄对接，提供人才、智力、信息乃至资金的支持；在这个平台上，社会公益事业取得了一定成效，以论坛执委成员所在村为主的村庄，积极投入到对受灾地区的援助上，为促进我国农村和谐发展，做出了自己的贡献！

他认为，本届论坛确立了“文化强村，旅游惠民”的主题。这一主题与武当山特区的特色也有高度的契合。武当山拥有大山大水大人文的独特资源，地处南水北调中线工程调水源头，旅游农业、观光农业充满蓬勃的活力和生机，武当山的创新理念和发展思路，对各地村庄的文化建设和旅游业的发展，将会起到很好的借鉴和积极的推动作用。

他指出，村官不是官，但责任重如山，长年奋战在农村基层的广大村官是党和政府联系农民群众的桥梁和纽带，贯彻落实党在农村的方针政策、带领农民发家致富、推进农村文化建设，肩负着重要使命！

5.周霁：携手共创新农村建设更加美好的明天

中共湖北省十堰市委书记周霁说，近年来，十堰立足南水北调核心水源区的实际，依托资源优势，坚持统筹城乡，分区域规划、分产业布局、分类型指导，加快推进社会主义新农村建设，涌现出了武当山八仙观村等一批特色村，为加快山区农业农村发展提供了有益借鉴。全国村官代表齐聚十堰，交流农村工作经验，寻求互利合作商机，共襄农村美好未来，对十堰进一步做好“三农”工作、加快新农村建设、实现跨越式发展，必将产生巨大的推动作用。十堰将严格按照论坛组委会的要求，认真做好会务保障各项工作，尽心竭力为大家提供最优质的服务，致力把第十二届全国“村长”论坛办成服务“三农”的盛会、真诚合作的盛会、推进发展的盛会。

6.李发平：文旅农融合发展，天地人和谐共生

武当山特区工委书记、管委会主任李发平说，在国家“大文化”“大旅游”“大农业”等政策背景下，武当山迎来了千载难逢的发展机遇。武当山可谓大山、大水、大人文，同时又是大景区、大农村、大移民，“三农”问题较为突出，库区移民安置压力巨大。如何促进文旅农深度融合发展，带动区域经济包容性增长，实现可持续发展，是一个值得深入研究和关注的命题。

他提到，近年来，武当山特区在省委、省政府和市委、市政府的高度重视关心下，以区域综合价值为核心观念，以旅游业为引擎，以农民致富为目的，以生态友好和环境可持续利用为原则，以创造性的思维带动区域共享繁荣，实现经济价值的最大化，走出了一条“文旅农融合发展，天地人和谐共生”的区域创新发展之路。主要体现在以下两个方面：一是以旅游业为引擎，促进文旅农融合发展。旅游业是桥梁纽带，是动力引擎。武当山特区以创“世界知名、国际一流”风景区为目标，深入推进“建设新区，改造老区，完善景区，开发湖区”战略，坚持大项目带动、大企业培育、大品牌引领，突破性发展旅游支柱产业，特区经济社会步入了大开发、大建设、大发展、大提高的黄金机遇期。二是文旅农三位一体，促进民生包容性发展。旅游的发展之路也是一条农旅共兴之路。我们始终坚持把民生问题作为区域发展的出发点和落脚点，在旅游升级转型的过程中注重生态、文化、民生建设，寻求“健康崛起”，实现了从关注经济功能向关注社会、文化、环境、民生等多元功能的转变。

他强调，在当前和今后一段时期，武当山特区将充分发挥大山、大水、大人文的独特优势，立足于文旅农融合发展，推动山水城有机联动，实现政企民共兴共荣，努力将武当山建设成为“文旅农融合发展，天地人和谐共生”的国际旅游目的地。

7.黄福水：观念决定思路，创新引领发展

北京市昌平区郑各庄村党总支书记黄福水介绍了他走上美国哈佛大学讲堂的事迹。

2012年4月下旬，他应美国哈佛大学校方的邀请，登上哈佛大学讲堂，向各国学生讲述了郑各庄村主动城市化的过程和成果，并与学生展开对话，回答了学生们提出的诸如村庄规划、土地运营、民主与自治制度、选举方式、保障民生以及接班人问题等方面的提问。90分钟的课堂破例延长到110分钟，仍然没能满足学生们的提问，课堂外又交流了1个多小时，现场气氛非常热烈。校方评价说，郑各庄案例的课堂是哈佛大学近几年来内容最饱满、反映最强烈，也是最为生动和最活跃的一次公共课。

黄福水说，郑各庄走进哈佛大学既有偶然性，又有必然性。2011年，美国哈佛大学亚洲研究中心主任、著名中国问题专家托尼·赛奇先生因一次偶然的机会到郑各庄村考察调研，发现郑各庄村的发展模式具有独特的创新性，随即派课题组进行了为期10个月的调研和暗访，认为郑各庄模式不仅是中国农村改革的一个壮举，并且其他国家也可以借鉴，于是确定把郑各庄主动城市化模式作为哈佛大学教学案例。这是说它的偶然性。说它的必然性，是早在2000年郑各庄就把“一所哈佛大学带动一个城市”发展的理念写进了《郑各庄“十五”规划》，确立了文化兴村、经济强村的发展战略，并在每个五年规划中都突出这方面的内容。这次他能走进哈佛大学，应该说是郑各庄创造了这个缘分，让他有机会亲身感受那里的人文氛围，目睹了那里没有围墙、开放的空间以及设施资源共享、同创共建的发展环境，这些都是值得借鉴的理念，对郑各庄今后的发展将会有很大帮助。

8.刘立仁：“二次飞跃”看名村

中华农业科教基金会理事长、江苏省人民政府参事刘立仁说，邓小平在改革开放初期预言，中国社会主义农业的改革和发展，从长远的观点看，要有两个飞跃。第一个飞跃，是废除人民公社，实行家庭联产承包为主的责任制。第二个飞跃，是适应科学种田和生产社会化的需要，发展适度规模经营，发展集体经济。他理解“二次飞跃”的基本宗旨是科学种田、生产社会化，以及发展适度规模经营和发展集体经济。要在坚持我国农业的基本经营制度的前提下，努力探索先进的现代农业组织，建立和完善现代生产组织方式，让千家万户的生产适应科学种田和生产社会化的需要。

他认为，中国优秀名村实质上是探索了新时期农村集体经济新的实现形式，把计划经济下的集体经济，推向了现阶段的农民合作经济。如江苏名村探索的农民经济合作、土地股份合作和社区股份合作，这些农民的合作经济，对“二次飞跃”做了有益的探索，具有十分重要的现实意义和深远的历史意义。

他提到，“新农村建设”到底要做些什么？可指明方向的路标就是全国各地涌现出的一批“名村”。名村是实现“二次飞跃”的启动跳板和根本基础，是实现“二次飞跃”的重要载体和有力驱动，也是实现“二次飞跃”的前进标杆和理想结果。中国优秀名村是新农村建设和现代农业一笔巨大的宝贵财富，新农村建设中要发挥这些名村的品牌作用，总结经验，学习典型，弘扬精神，让名村效应在实现“二次飞跃”中，发挥出巨大的历史作用。

9.杨汉军：希望大学生村官成为社会主义新农村建设的栋梁之材

湖北省委组织部副部长杨汉军认为，要科学把握大学生村官政策的战略意义。大学生村官战略作为国家一项重要的人才战略，主要战略考量在于：一是为党和国家源源不断地培养一大批熟悉农村、了解农业、与农民有着深厚情感的后备干部，使得党和国家的社会主义伟业后继有人，薪火相传；二是引导青年学子们奉献农村，为社会主义新农村建设和实现城乡统筹发展，注入新鲜血液，提供智力支持和人才支撑。

还要全面认识大学生村官政策的当前形势。大学生村官战略在农村干部队伍建设、新农村建设、优化高校毕业生就业格局等方面取得了巨大意义，形成了江苏模式、北京模式等成功的大学生村官模式。事情总是一分为二的，在对成绩倍感欣慰的同时，也应直面当前大学生村官战略实施中的问题，像大学生村官的隐性流失、创业瓶颈等。

另外，要坚决不负在新农村建设中的使命。大学生村官身负时代使命，肩扛社会重担，须以“三农”为舞台，履职行责，干事创业：一是要将农村作为课堂，以农民为师，认真去学习、领悟农村这本无字天书的真谛，为自己在农村舞台上施展才华做好扎实的铺垫；二是既快又好地进入村官角色，在农村管理的规范化和民主化、农业的现代化、农民的文明化中找准自己的位置和切入点，全方位地融入农村社会；三是发挥出自己的优势，由于专长、专业的不同，每个人在农村的工作中均有自己的优势，在村官岗位不强求做大事，但求做实事，做有意义的事，有益于农村百姓、有益自身成长的事；四是形成组织合力，不仅要发挥自己的优势，更要实现村官之间的信息共享，充分借助大学生村官论坛等平台，形成合力，提高大学生村官在新农村建设中的效能。

杨汉军希望大学生村官充分借助全国“村长”论坛这一有益平台，增进交流，进一步吃透中央相关政策精神，大力弘扬和践行“心系‘三农’、报效祖国、甘于奉献、创业创新”的大学生村官精神，与干部群众打成一片，坚持历练，努力创业，成为社会主义新农村建设的栋梁之材，将自己的智慧和青春挥洒于广阔农村的绿水青山。

10.王富国：和合相生、众志成城

湖北十堰市武当山特区八仙观村党支部书记王富国说，武当大兴600周年时，第十二届全国“村长”论坛“村村和合、和合天下”文化碑落成八仙观村，既是对“天人合一”的文化认同，更是“和实生物、同则不继”的发展共识，既有中国村官“位卑未敢忘忧国”的使命自诩，更有“众志成城、继往开来”的壮怀激烈，其意义也大，其影响也深远。胡锦涛总书记提出的“坚持科学发展观，构建和谐社会”的发展理念，就是以“和合”促中国社会转型的指导思想。作为我国基层最主要自治单位和社会经济单元的60万个行政村和农产品主要生产、提供者的8亿农民，是中国社会“和合”构建的基石。村庄兴则国家兴，村庄强则国家强。秉承着“和合”相生的理念，以全国“村长”论坛为交流合作平台，越来越多的村庄走上了联村发展的道路，担当起联村公益的使命。

他认为，和合共发展，众志可成城。作为新形势下有着新理念、新思路的新农民，应发展新农业、建设新农村，为中国乃至世界建设一个持久和平、共同繁荣的和谐社会贡献力量。

11.吴长生：让九间棚精神遍地开花

《人民日报》原国际部主任吴长生认为九间棚最为突出的有三点：

一是自觉突破自我的创新意识。突破自我，就是突破“旧我”“现状”；创新，就是创造“新我”“新业”。九间棚无中生有，有中生特，特中生优，以优取胜。不认命，不服输，认定这山总比那山高，满怀希望和信心地坚定探索，不断开辟属于自己的脱贫之路、致富之路、发展之路。这种突破和创新不是一次性的，而是多次性、与时俱进、永无止境的。几十年间，破穷（修路、拉电、治水，石山变花果山），破农（出山办厂，把原料石头、金银花变成产品），破工（跳出初加工的窠臼，用科技提高质量，提高附加值，把产品销往国际市场），破单（由单一的生产、销售，向综合体迈进，农工贸旅全面发展）。不断突破，使九间棚一破一重天；浅尝辄止，小富即安，绝对没有今天的九间棚。

二是科学驾驭市场的现代意识。市场需要什么，就生产什么。这是一种市场意识，但只是相对于计划经济时期的初级的市场意识。在改革开放30多年后的今天，只有这种初级市场意识是不行的。必须具备现代市场意识，学会科学运营。而这正是许多地方所欠缺的。只看到了市场空间，见什么好卖、什么赚钱就干什么，难免陷入多了多少了少、大起大落的恶性循环。总是跟风，永远被动；以我为主，灵活运营，才能步步制胜。科学运营，要有市场的前瞻性，周密的组织性，树立强烈的品牌意识。

三是扎扎实实苦干的优良传统。几十年间九间棚天变地变、村变人变，始终没变的是苦干实干精神。九间棚就以这种不变应万变，把最初用在开山修路拉电的那股艰苦奋斗、埋头实干的精神一直传承至今，稳扎稳打、节节向上，使金银花和旅游，成为造福一方的可靠支柱。不断突破自我，科学驾驭市场，扎扎实实苦干，是九间棚最宝贵的成功之道。其实，这种内生的、内在的东西，就是一种可贵的文化元素，是比文化产业更高的财富。如果不认真理解、学习这些核心东西，脱离本地实际，只简单模仿着去种金银花、去搞旅游，那就难免走偏。

要学习九间棚，让九间棚精神开花结果，而不是漫天遍野地大开金银花。认真学习九间棚精神，从本地实际出发，探索属于自己的特色之路，才能走向成功。

12.沈泽江：九间棚村的七个突破

在论坛上，沈泽江对九间棚村的发展案例做了点评，并分析了九间棚村的发展轨迹存在七个突破：

一是思想认识上的突破：刘嘉坤走进北大，通过学习开阔了视野、反思了农民农村农业的历史局限，更新了理念，拓宽了村庄发展思路。从小的方面上讲，要想办法摘掉贴在农民身上的标签：如“小农意识”“农村人”“乡下人”“乡巴佬”等；从大的方面上讲，要深刻领会胡锦涛总书记关于解放思想和改革开放的核心精神所在——“解放思想始终是推动党和人民事业发展的强大思想武器，改革开放始终是推动党和人民事业发展的强大动力”。

二是项目选择上的突破：因地制宜，整合村内资源，发挥比较优势，是九间棚发展产业的一贯取向。其分两步走：第一步，修路、引水、治山、种果树、加工石材；第二步，金银花种植、中草药深加工和终端销售网络的建设。刘嘉坤书记用了近30年的时间，走出了一条从无到有，从贫穷到富裕，从落后到先进的九间棚之路。

三是资源价值取向上的突破：村庄城镇化、社区化、田园化与生态化发展，是刘嘉坤书记从新角度挖掘老资源、提取旧元素、发现新价值、营销新概念的发展新思路。通过整合环境、土地、产业、人文资源，全面打造文、旅、农综合体，将九间棚村朝着养生小镇、精神小镇和避暑小镇三个方向发展。我们要看到：所谓战天斗地等本身就是一种精神资源，而且是极其宝贵、能够转化出巨大效率、效能和效益的比较稀缺的资源。

四是经营组织形式上的突破：建立金银花合作社，进行标准化生产、研发新技术、开发新品种、建立行业品牌、扩宽市场渠道，鼓励各方组织资源优势通力合作，提高金银花的品质与市场竞争力。同时，将成立中国正品金银花专业交易市场，以改变一直以来假种子、假农药、毒香蕉、瘦肉精、毒奶粉等等不诚信的帽子总是扣到农民头上的惯性思维，不能让农民兄弟一次又一次地躺着中枪。

五是致富路径上的突破：刘嘉坤最了解农民，咱农民是个没有级别、没有职称、没有保险福利、没有退休金的弱势群体，农民只能自食其力，自己养活自己。他用了近30年的时间，为一穷二白的九间棚村民创造了五种收入：种植业的收入，到九间棚公司上班的收入，村集体福利的收入，集体经济股份分红的收入，家庭商业经营的收入。这就是要壮大集体经济，走共同富裕的道路。

六是发展模式上的突破：主要体现为产、研、村的结合。产是金银花产业，贯穿上游种植到下游终端销售的整个产业链；研是科研部门，专门研究金银花的新品种以及深加工工艺；村是村庄的经济、文化与社会等方面的发展。产、研、村这三者的合力推动了九间棚事业的全面发展。

七是创富能力与创富目标上的突破：2011年九间棚工农业总产值3.1亿元人民币，按全村人口236人计算，人均产值20万美元，是2011年美国人均GPD 4.8万美元的4倍，是我国人均GDP 5 414美元的40倍。九间棚人的创富能力令人赞叹，同时也为咱们农村解决农民老龄化、农村空壳化、种田爷爷奶奶化提供了新经验。九间棚人理想的幸福家园是"男耕女织、田园牧歌、山清水秀、小河流水、泉水叮咚、鸟语花香、杨柳依依、夜不闭户、路不拾遗、牛羊满山坡"式的桃花源，这一理想已经在刘嘉坤书记的带领下一天天化为看得见、摸得着的现实。

从上述七个方面看，可以得出结论：村庄有这样的书记，村民幸福！党有这样的优秀党员，组织光荣！人民与国家如果有更多像刘嘉坤这样的全国人大代表，事业就会蒸蒸日上！

13.焦守田：九间棚的创业与创新

北京市农村经济研究中心原主任焦守田认为九间棚能够取得成功，一靠愚公移山的创业精神。受资源禀赋的影响，多数山区人民要比平原多付出很多的辛苦。但是同时山区人民却在生存过程中，养成了不怕苦、不怕累的优良传统。9名共产党员带领177名村民用5个月顶5年的速度，依靠集体力量，实现了修路、引电、治水的三部曲，彻底改变了九间棚的生产生活条件，这就是闻名全国的九间棚精神。这种精神在今天也没有过时，要永远发扬光大。

二靠科学发展的工作理念。九间棚人不仅靠战天斗地的苦干精神，重要的是靠知识，靠科技，开创了一片新天地。送干部出去学习充电，早在1997年刘嘉坤同志就上北大光华管理学院开始全日制自费学习两年，并且取得优秀成绩，实在是超人之举。这对他筹划"二次创业""三次创业"的宏伟蓝图，绝对起到了促进作用。

三靠市场竞争的品牌战略。品牌战略就是公司将品牌作为核心竞争力，以获取差别利润与价值的企业经营战略。品牌战略是市场经济中竞争的产物。战略的本质是塑造出企业的核心专长，要实施品牌战略，先要塑造品牌，这个品牌是物质的，更是精神的。光靠已有的声誉不够，最终要靠过得硬、有特色的名牌产品说话。

四靠敢为人先的创新意识。有创新意识是事业不断发展的基础，成绩只能说明过去。科技发展，市场需求瞬息万变。创新不是蛮干，需要胆量，更需要智慧，需要领导有较高的综合素质。

四、论坛感悟

1.李秀林：解放思想谋发展

湖北省郧县柳陂镇舒家沟村党支部书记李秀林说，第十二届全国"村长"论坛为最基层的村官提供了一个交流学习的平台和展示个人风采的舞台，搭起了一个沟通联系的桥梁，对像他所在的贫困落后地区来说尤为重要。他从中学习到很多加强村级组织建设、发展壮大农村经济、加快小康社会建设的好经验、好做法。作为一名村支部书记，他想把在建设移民新村、打造旅游名村中所有已经做

特色村案例分析会场

的、正在做的和将来要做的事告诉大家。

舒家沟村是柳陂镇重要的蔬菜基地，也是柳陂镇唯一一个整村迁移村。现有7个村民小组，347户1 200人。近几年，村里以移民内安和新农村建设为契机，围绕打造旅游名村这一目标，不断优化人居环境，大力发展观光旅游型产业，共同致富建强村。

他们以移民内安为契机，打造亮点新村，高起点规划，高标准建设，切实搞好移民安置点建设的同时，同步谋划产业发展、公共服务设施配套、基层组织建设等相关项目，精心把舒家沟移民安置点打造为“一衣带水、一线串珠”的理想效果，呈现出江面碧波荡漾、路边绿树成荫、地上大棚林立、山上鳞次栉比的美好画卷，将移民安置点建设成为新农村建设的示范村和宜居村。

还以主导产业为抓手，增加农民收入。丹江口水库蓄水后全村原有的蔬菜基地大面积被淹，村里从实际出发，坚持蔬菜在农业生产中的主导地位不动摇，在满足移民生产安置需要的基础上，遵循生态规律和经济规律，依照“天蓝、水清、山绿、景美”的生态环境要求，新治土地500亩，有效弥补了被淹后的蔬菜基地面积。

并以旅游开发为目标，全面发展经济。大力实施生态建设，用生态建设调整产业结构，用生态效益富民，让生态建设、休闲农业、乡村旅游同步发展，全力打造融观光、娱乐、休闲、度假为一体的主题化、综合性、体验性旅游胜地。力争把舒家沟建设成为一个远近闻名的旅游村，滨江滨水移民新村。游客们来到舒家沟，在生态观光的同时，可以亲手采摘蔬菜，体验劳动的乐趣；可以享用绿色、健康的农家宴，吃得安心、吃得放心。

2.韩守合：学习反思找差距，借鉴创新谋发展

辽宁省锦州市经济技术开发区杏山街道梁屯村党支部书记韩守合对于能够参加第十二届全国“村长”论坛，感到很激动。在短短的几天里，他收获甚多。不仅与全国各地的优秀村官进行了交流，而且在这期间学到了很多的宝贵经验，他深受启发，对今后工作的开展有了更深入的思考。

在参观完武当山八仙观村的茶园后，他深深地感受到，八仙观村的特点在于改变传统的农业生产方式，改变大部分农民依旧保留着的日出而作、日落而息的低效率生产习惯，提高科学技术含量，积极培育新型农民的发展思路。培育新型农民是社会主义新农村建设的重要基础，也是统筹城乡经济社会发展的必然要求，更是增加农民收入的重要途径。八仙观村用实践告诉人们，培育新型农民是建设社会主义新农村的关键所在。

各村发展的成功经验不可照搬，但却可以借鉴，拓宽思路，结合自己本地实际，因地制宜。参加这次论坛后，他深深地感受到，做好村官工作要做到五要：一要“积累”，二要“发现”，三要“思考”，四要“创新”，五要“实践”。作为一名“合格”的村官，就要深入地学习实践科学发展观，在实践中不断探索和改进，围绕全面协调可持续和统筹兼顾，从宏观上整合村域资源，带领村“两委”干部转变思想认识，突破思维局限，大力培育适合发展的新型农民，确立从长远、可持续的发展来统领全村各项发展的方向。

论坛短评

——本届论坛的重要意义体现在：

（1）总结推广了武当山特区的文化、旅游、农业“三位一体”发展模式，对村域经济的发展很有助益。

（2）依托道教名山，借鉴“天人合一”的道家精神，论坛提出了“村村和合，和合天下”观，并刻碑留念，倡导了村庄合作发展与和谐的理念。

（3）开展了东西部村庄、南水北调工程水源地和受益地友好村庄对接活动，延续了论坛的公益性质。

——本届论坛的突出贡献人物是八仙观村王富国书记与武当山特区工委组织部长程新华。王富国积极争取申办全国“村长”论坛，以推广武当山旅游，推广八仙观村的武当道茶。程新华则为论坛的筹备与召开东奔西走，做了大量具体工作。

第十三节　第十三届全国“村长”论坛

◇时间：2013年11月30日—12月1日

◇地点：安徽省凤阳县

◇主办：中国村社发展促进会

◇承办：凤阳县小岗村

◇主题：弘扬改革精神，建设美丽乡村

◇ 村庄介绍

小岗村位于凤阳县城东28千米，现辖23个村民组，940户、3 903人，村域面积2.25万亩。小岗是中国农村改革的发源地。1978年，十八位农民以“托孤”的方式，冒着极大的风险，立下生死状，在土地承包责任书上按下了红手印，创造了“小岗精神”，拉开了中国改革开放的序幕。2004年，时代先锋、优秀共产党员、模范基层干部沈浩同志到小岗村任党支部第一书记，带领全体党员、民众进行新的创业，小岗村又获得了飞跃式的发展。2012年，小岗实现工农业总产值5.8亿元，村集体经济收入410万元，村民人均纯收入10 200元，全村旅游接待量突破83万人次。

一、论坛概况

2013年11月30日—12月1日，第十三届全国“村长”论坛成功召开。本届论坛秉承中央有关精神，缩小规模，务求节俭、高效。论坛得到了安徽省、滁州市和凤阳县的大力支持，由凤阳县小岗村承办。

来自各地的全国劳动模范、全国优秀共产党员、全国人大代表、全国党代表中有影响力的村官和其他村官代表，以及55个少数民族的村官代表等400余人参加了会议。

30日上午，论坛举行了开幕式。原中央政治局委员、第九届全国政协副主席杨汝岱宣布论坛开幕，中央农村工作领导小组办公室原主任段应碧，国务院发展研究中心原副主任王郁昭和副主任韩俊，农业部副部长张桃林，安徽省省委副书记李锦斌、省人大常委会副主任宋卫平等领导出席了开幕式。滁州市委领导致辞，欢迎各地村官的到来。李锦斌讲话介绍了安徽农村改革发展情况，肯定了本届论坛在安徽凤阳小岗村召开的意义。张桃林代表农业部祝贺论坛的召开，希望论坛能发挥更大的作用，并要求与会村官正确把握中央对全面深化改革的战略部署，紧密结合当地实际，积极稳妥推动农村各项改革，增强农村发展活力，巩固“三农”发展好势头。

本届论坛的主题是“弘扬改革精神，建设美丽乡村”。开幕式后的主论坛上，当年担任滁州地委书记的小岗“大包干”改革亲历者王郁昭、国务院发展研究中心副主任韩俊、中华农业科教基金会理事长刘立仁等为村官代表做了报告，宣讲了党的十八届三中全会精神，分析了当前农村改革发展形势和乡村治理经验，受到与会代表的欢迎。

30日下午，与会代表参观了小岗村“大包干”纪念馆、沈浩先进事迹陈列馆和农民首创精神展馆，感受了农村改革发展历史和农村改革者的感人事迹，内心受到了激励。在农民首创精神展馆，小岗村11位健在的“大包干”带头人和与会村官见面，共同见证该馆的开馆。参会的56个民族的村官代表，还在小岗村共植“民族团结林”，倡导民族团结与社会和谐的理念。

30日晚上，举行了与会代表联谊活动。村官们在欣赏精彩的安徽黄梅戏和凤阳花鼓戏之余，上台表演了精彩的节目。山西大寨村党总支书记郭凤莲、江西进顺村党委书记罗玉英、河南京华村党委书记刘志华、云南福保村党委书记杨明等表演了诗朗诵，抒发对凤阳小岗和农村改革发展的情怀。郭凤莲的民歌独唱，更是激起了阵阵掌声。江苏马庄村党委书记孟庆喜演奏了葫芦丝，一名山西大学生村官代表与当地黄梅戏演员现场搭档演唱。云南省的少数民族村官代表十余人集体上台，为大家演唱了各民族的民歌，并跳起民族舞蹈。村官们的表演让联谊活动高潮迭起，气氛热烈。

12月1日上午，举行了“小岗论坛”和“中国村庄”丛书发行仪式暨村庄改革与发展交流会。在“小岗论坛”上，安徽省人大常委会原副主任陆子修、辽宁省人大常委会原副主任朱绍毅、中央农村工作领导小组办公室原主任段应碧、中国村社发展促进会名誉会长余展等先后发言，肯定了“小岗精神”，并提出应继续发扬这种敢闯敢试敢为天下先的精神，锐意深化改革。在村庄改革与发展交流会上，亚太环境保护协会执行会长乔惠民介绍了“中国村庄”丛书，董献华、张文德、吴恩福等作者与村官见面，并现场签名向村官赠书。农业部农村经济研究中心主任宋洪远做了专题报告，围绕十八届三中全会精神，阐述了村庄发展与治理的问题。中共十八大代表、天津市北辰区双街村党委书记刘春海，浙江省杭州市航民村党委书记朱重庆，山西省长治县振兴村党委书记牛扎根等做了主题发言。华西、大寨等9个经济发展强村与小岗村签署《小岗合作宣言》，对接签约，帮助小岗共同发展。

论坛召开期间，还举行了少数民族村官交流会和名村官报告会。来自55个少数民族村官代表，交流了本民族村庄发展的心得体会。山西河津市龙门村党委书记原贵生、河北滦平县周台子村党委书记范振喜两位中共十八大代表，福建龙岩市西安村党委书记章联生、山东平邑县九间棚村党委书记刘嘉坤两位十二届全国人大代表村官，为滁州市各县区部分乡镇负责人做了精彩报告。

在论坛的闭幕会上，本届论坛举办地安徽凤阳小岗村和下届论坛举办地河南漯河干河陈村交接了会旗；少数民族村官代表向小岗赠送了纪念品。凤阳县委书记张勇肯定了论坛在凤阳举办的意义；漯河市委常委、副市长栗社臣表示将全力办好第十四届全国“村长”论坛，并邀请与会村官代表届时光临。中国村社发展促进会会长、江苏华西村党委书记吴协恩做了总结讲话，介绍了本届论坛取得的各项成果，感谢各方为论坛召开做出的努力。与会村官通过了“小岗共识”，决心继承和弘扬当年的“小岗精神”，投身于十八届三中全会部署的全面深化改革事业，为推行城乡发展一体化体制机制做出自己的贡献。

二、精彩回顾

1.小岗共识

小岗共识

2013年11月30日到12月1日，第十三届全国“村长”论坛在安徽省凤阳县举行。值此改革开放35周年之际，我们聚首“中国农村改革第一村”所在的凤阳县，重温小岗的“破冰”历程，回顾改革开放的辉煌成就，交流村庄改革发展的经验体会，学习十八届三中全会全面深化改革的精神，分析面临的新形势、新挑战和新任务，形成以下共识。

（1）35年前，小岗村农民坚持实事求是原则，从本地实际出发，以极大的勇气，大胆突破原有僵化体制的束缚，实行对土地的“大包干”经营，为陷于凋零的农村经济输入了强大活力，为长期温饱不足的农民闯出了一条活路，打响了中国农村改革的第一炮。这种“不唯书，不唯上，只唯实”，勇于突破，勇于探索，勇于实践，敢为天下先的精神，受到广大农民的欢迎，得到中央的充分肯定。

（2）30多年来，各地农村坚持从各自实际出发，在“小岗精神”的激励下，深化改革，积极探索，大胆创新，创造了各具特色的辉煌业绩，形成了不同类型的发展路子，使广大农村呈现一派生机勃勃的发展

局面，也为中国整体解决温饱问题、进而全面建设小康社会提供了坚实的物质基础。这些实践和成就，既是“小岗精神”催生的硕果，也为“小岗精神”不断充实了新的内涵，生动体现了中国农民坚定走中国特色社会主义道路的积极性、创造力。

(3) 党的十八届三中全会吹响了全面深化改革的战斗号角。面对新形势、新任务，我们广大农村基层干部坚决响应党中央召唤，紧密团结在以习近平为总书记的党中央周围，凝聚思想共识，坚持正确方向，沿着中国特色社会主义道路奋力推进改革、深化改革，继续发挥主力军作用，为全面建成小康社会，进而建成富强民主文明和谐的社会主义现代化国家、实现中华民族伟大复兴的中国梦，努力贡献力量。

(4) 在全面深化改革、促进农村经济社会发展中，我们要继续发扬“小岗精神”，尊重农民的主动性和创造性，坚持从实际出发，不断解放思想，大胆探索实践，突破城乡二元结构这个制约城乡一体化发展的主要障碍；要准确定位，广泛动员，积极参与，奋力推进以工促农、以城带乡、工农互惠、城乡一体的新型工农城乡关系的形成。

(5) 在全面深化改革、促进农村经济社会发展中，我们要继续发扬“小岗精神”，胸怀大局，立足基层，遵循规律，攻难克坚，踊跃创新，加快构建新型农业经营体系，坚持家庭经营，推进家庭经营、集体经营、合作经营、企业经营等共同发展的农业经营方式创新；要严格依法维护农民各方面的财产权利，实现城乡要素平等交换和公共资源均衡配置，不断拓宽农民增加收入的渠道；要自觉融入中国特色新型城镇化进程，坚持以人为核心的城镇化原则，充分调动各方力量，加快农村基础设施建设和社区建设，努力提高公共服务水平。

（6）在全面深化改革、促进农村经济社会发展中，我们要继续发扬“鼓励勤劳致富，先富帮后富，实现共同富”的优良传统，不断加强不同地区不同类型村庄村官间的交流与合作，推进东中西部村庄优势互补、携手共进新格局的形成。

（7）在全面深化改革、促进农村经济社会发展中，我们要继续以沈浩为榜样，发扬“爱村实干、厚农奉献”的村官精神，坚持求真务实、脚踏实地、埋头苦干；坚持勇于承担、无私无畏、公正公平；坚持克己奉公、甘于吃亏、乐于奉献，做好农村改革发展的带头人、广大农民群众的贴心人。

出席第十三届全国“村长”论坛的全体村官
2013年12月1日于安徽凤阳

2.小岗合作宣言

小岗合作宣言

35年前，安徽凤阳县小岗村“四关一韩十三严”氏十八名农民，冒着风险秘密签订契约，决定将集体耕地承包到户，实行大包干，从此揭开了中国农村改革的序幕。

35年过去，中国农村改革成就举世瞩目，小岗村发展面貌一新，蒸蒸日上。党的十八届三中全会指出要发展新型农业经营体系，为响应三中全会号召，由中国农村改革发源地安徽小岗村，与华西、大寨、花园、滕头、九星等村庄，于第十三届全国“村长”论坛在小岗村举办之际，本着“改革利村、发展利民”的原则，形成新的合作共识，以示缔结新的改革合作关系。我们共同承诺：

共同弘扬小岗精神，敢想、敢试、敢于合作创新，通过本宣言构建新型合作平台，让村庄的资本、土地、劳动、技术、市场、管理等要素捆绑起来，实现村村优势互补、资源共享、共赢发展，并通过合力引导、促进、带动全国村庄“村村合作”“社社合作”“企企合作”、跨区域合作，共同走村庄合作经济创新发展之路。

共同实践华西村以工促农，以中心村带动周边村庄发展的新型城镇化道路，像华西村那样做到“五个坚持不动摇”：坚持高举旗帜、坚定信念不动摇；坚持实事求是、与时俱进不动摇；坚持注重人才、科技创新不动摇；坚持艰苦奋斗、团结奋进不动摇；坚持造福百姓、服务群众不动摇。

共同擎起大寨红色旗帜：自力更生，艰苦奋斗；不吃老本，与时俱进；思想领先，敢于担当；致力发展，促进协调；着力民生，共同富裕；胸怀大局、和谐共进。

共同感悟花园村崛起真谛：学习花园村在发展过程中怎样让劳动、知识、技术、管理、资本的活力得到充分体现的先进经验。

共同融入滕头村绿色理念：坚持可持续发展战略，牢固确立“既要金山银山，更要绿水青山”的科学发展观，共同携手做乡村生态文明建设排头兵。

共同遵循九星村市场法则：立足市场，研究市场，经营市场，开拓市场，做发展社会主义市场经济的积极推动者，一村引万商，一市带百市，为村庄赢得市场竞争力与话语权。

共同学习农家乐发祥地农科村做法：跳出农业做农业，全新理念做农业，创新发展农业旅游业、观光业、休闲业、服务业。

共同借鉴太平村民主管理制度：做好“五个让”：村里的事情让村民知晓，村里的事情让村民做主，村里的事情让村民监督，村里的事情让新村民参与，村里的事情让村民满意。

共同汲取双街村经验：筑巢引凤，内合外联，优化产业结构，实现龙头企业带动，积极探索传统种植业向经营资源发展，使农业生产向集约化、集团化、商业化方向发展。

共同尝试杨王村合作发展路数：发挥城乡统筹先行先试的示范作用，充分发挥村民群众的积极性和创造性，努力推进城乡要素平等交换和公共资源均衡配置，走出新型“强村富民”之路。

谨此共识，予以公告，村村将勉力为之。

3.诗歌朗诵

论坛期间，举行了村官联欢会。联欢会上，全国人大常委会委员、山西省大寨村党总支书记郭凤莲，第八至十二届全国人大代表、河南省京华村党委书记刘志华，中共十八大代表、江西省进顺村党委书记罗玉英，第十一、十二届全国人大代表、云南省福保村党委书记杨明等一起表演了诗歌朗诵《走进凤阳，走进小岗》。

走进凤阳，走进小岗

沐浴着冬日里的融融暖阳
触摸着江淮风的历史沧桑
怀揣久盼的期待
我们从祖国的四面八方来到凤阳……
这里是闻名遐迩的改革之乡
小岗人以满腔的热血情怀
彰显了“敢为天下先”的胆略和气魄
揭开了中国农村改革的绚丽篇章
这里是久负盛名的帝王之乡
悠久的历史底蕴和厚重的文化积淀
让脚下的这片土地雄风常在
让四面八方的人们心驰神往
这里是美名远播的石英之乡
丰富的矿产资源、优厚的待遇条件
催生滚滚的投资热潮
为江淮名邑添彩增光
这里是享誉南北的花鼓之乡
乡音神韵穿越六百年风雨
倾诉着凤阳人曾经的苦难
抒发出对新时代新生活的追求和向往
又一个冰封雪飘的冬季
我们来到名村小岗
大包干纪念馆里
阅读着35年前的那场壮举
汲取深化改革、加快发展的力量
伫立在沈浩先进事迹陈列馆前
悲痛的泪水里有我无尽的感想
一个普通的灵魂能走多远
一个普通的灵魂为什么让我们扼腕敬仰
选择村官就意味着奉献
放弃优越，您为的是民富村强

满是荆棘的途中有您跋涉的足迹
小岗发展的史册上浸透了您的血泪之光
来到凤阳，来到小岗
交流村庄发展的经验
描绘村庄改革的伟业华章
沿着十八大会议指引的方向
我们携手并肩，团结拼搏
一路前行，再铸辉煌……

三、论坛声音

1.张桃林：本届论坛具有非同寻常的意义

农业部副部长张桃林认为，在全国上下深入学习贯彻十八届三中全会精神之际，来自全国各地的优秀村官代表、大学生村官代表、少数民族村官代表和专家学者一起参加第十三届全国“村长”论坛，以“弘扬改革精神，建设美丽乡村”为主题，探讨交流加快农村改革发展，推进社会主义新农村建设的经验和路子，很有意义，很及时。

他说，这届论坛具有非同寻常的意义。凤阳县小岗村是中国农村改革第一村，35年前，小岗人以敢为天下先的大无畏精神，率先实行了“大包干”，揭开了中国农村改革发展的序幕，调动了亿万农民的积极性和创造性，解放和发展了生产力，实现了人民生活从温饱不足到总体小康的历史性跨越，农村改革取得的伟大成果，为开辟中国特色社会主义道路做出了不可磨灭的贡献；农村改革发展的丰富经验，构成了中国特色社会主义理论体系的重要组成部分。

他认为，35年后，刚刚闭幕的十八届三中全会为进一步深化农村改革注入了新的活力，描绘了新的蓝图，对在新形势下做好“三农”工作，特别是健全城乡发展一体化体制机制做出了明确部署和安排。这些部署和安排与十七届三中全会，党的十八大以来以及近年来的中央1号文件精神，既一脉相承又有许多新的突破和亮点，内涵和意义十分深刻、重大，其中蕴含的政策空间和创新意义可能非常丰富，对进一步推动现代农业发展和四化同步具有很强的针对性和指导意义。

他强调，贯彻党在农村的方针政策，带领农民发家致富，保持农村社会稳定和谐，基础在村一级，关键在村干部。长期以来，广大农村干部在党的领导下，团结和带领亿万农民，苦干实干，探索创新，创造了一条具有中国特色的农村改革发展道路，涌现出一批明星村、富裕村和优秀带头人。可以说，农村每项事业的发展，每一步改革的推进，都凝聚着农村广大基层干部的智慧和汗水，融入了村干部的赤诚与奉献。当前，广大农村基层干部要进一步把思想和行动统一到十八届三中全会精神上来，深刻地领会全面深化改革的重大意义，正确把握中央对全面深化改革的战略部署，紧密结合当地工作实际，积极稳妥地推动农村各项改革，增强农村发展的活力，巩固农村经济发展的好势头。

他同时肯定，自2000年第一届论坛召开以来，全国“村长”论坛已经走过了13年的历程，13年来，论坛实行“‘村长’论坛‘村长’办”的原则，致力于加强经验交流，实现优势互补，促进共同发展，受到广大农村干部的欢迎，已经成为各地基层干部以及“三农”理论政策研究者相互交流、增进共识的重要平台，具有越来越大的社会影响。

2.李锦斌：不断开创安徽农业农村发展新局面

中共安徽省委副书记李锦斌说，安徽是中国农村改革发源地，35年来，从小岗村18位村民率先实行“大包干”，到全国农村税费改革先行区，再到全国农村综合改革试点省，安徽农村改革的探索和实践在全国具有标志性意义。近年来，省委、省政府认真贯彻党中央、国务院决策部署，坚持把“三农”工作摆上重中之重的位置，从安徽实际出发，创造性开展工作，取得了农村改革发展的新成绩。一是农业生产实现增产增效的新突破。大力实施小麦高产攻关活动、水稻产业提升行动、玉米生产振兴计划“三大行动”和农业产业化转型倍增计划，粮食生产实现了“十连丰”，是全国13个粮食主产省和6个粮食净调出省之一；全省规模以上农业龙头企业达到4 823家，居全国第6位。二是农村发展迈出改善民生的新步伐。大力实施31项涉农民生工程，全省“村村通”工程顺利完成，新农合参合率提高到99.5%，新农保实现制度全覆盖，作为扶贫开发主战场的大别山区和皖北地区均进入国家战略发展层面。三是农民收入形成持续增长的新格局。大力实施城乡居民收入倍增规划，2012年全省农民人均纯收入达到7 161元，增长14.9%；今年前三季度达到7 398元，增长13.8%，增幅居中部第一、全国第五。四是农村改革进入统筹推进的新阶段。大力实施农村综合改革示范试点，积极推进农业经营体制创新，深入开展农村产权制度改革和农村金融改革。同时，全面开展美好乡村建设，围绕“生态宜居村庄美、兴业富民生活美、文明和谐乡风美”的目标，培育中心村、整治自然村、提升特色村，着力打造宜居宜业宜游的农民幸福生活美好家园。2013年7月，安徽被确定为全国第一批美丽乡村建设试点省，迈出了城乡一体化发展的新步伐。

他表示，将以三中全会精神为指引，进一步弘扬“大包干精神”和“沈浩精神”，围绕构建新型农业经营体系，进一步深化农业经营体制改革；围绕赋予农民更多财产权利，进一步深化农村产权制度改革；围绕健全现代农村金融体系，进一步深化农村金融综合改革；围绕形成新型工农城乡关系，进一步深化城乡发展一体化体制机制改革，不断开创安徽农业农村发展新局面。

他认为，全国“村长”论坛是全国各地村干部相互交流、增进共识的重要平台，是尊重农民群众首创精神、贯彻党的群众路线的重要途径。论坛自2000年开办以来，取得了显著成效，深受社会各界关注。在党的十八届三中全会精神的鼓舞和指引下，本次论坛一定能够取得圆满成功，结出更加丰硕的果实。

3.王郁昭：小岗村首创大包干的前后

国务院发展研究中心原副主任、安徽省老省长王郁昭见证了小岗村大包干的过程。他在论坛上介绍说，1978年滁县地区发生了百年不遇的大旱，在贯彻省委六条规定和抗旱救灾中，发现有的生产队，暗中搞了包产到组，大旱之年不仅没有减产，反而增产了。经时任安徽省委书记万里批准，在全地区推行包产到组的试点，并在全区迅速推开。同时，有的生产队暗中搞起了包产到户，凤阳县的小岗生产队20户人家，115口人暗中首创大包干到户，他们还签订了一份“秘密协议”，按上了18个鲜红的手印（有两户外出讨饭没有回来），规定对外绝对保密。而周围社队开始注意到小岗的一些变化，发现他们不再集体出工“大呼隆”干活，庄稼长势也比周围社队好，后来知道他们是搞了“包产到户”，就纷纷向公社领导反映，有的说小岗队能包产到户单干，我们也要单干。有的说小岗队搞单干是资本主义复辟，是倒退。公社领导和有关部门开始从四面八方向小岗施加压力，逼迫他们立即纠正。甚至以不供应种子、化肥，不给贷款，不发返销粮等手段进行威胁。县委书记知情后深表同情，并说：“小岗队已经穷灰了，让他们试试看，全县有3 000多个生产队，小岗队一个队复辟了，改过来就是了。”但包产到户在中央文件中尚属禁区，再加上其他社队也强烈要求搞包产到户的压力，有关部门对小岗的批判和压力越来越大。地委了解真情后，进行研究，王郁昭作为地委书记，明确表示“批准他们干三年进行试验”，并正式通知县委不要再对小岗施加压力，一切责任由地委承担。从此小岗大包干带头人的压力解除了。

1980年元旦过后，王郁昭在全省农村工作会议上做了《顺应民心，积极引导》发言后，正式向省委提出要为包产到户、大包干到户申报“户口”，承认它们也是社会主义责任制的一种形式，得到了万里的支持。万里在会议总结时说：“包产到户不是我们提出来的。问题是已经有了，孩子已经生下来了，他妈妈也很高兴。哎呀！可解决大问题了，你不给他报户口行吗？那天王郁昭同志说了，孩子挺好的，给报个户口吧，承认它也是责任制的一种形式。许多干部去看过，都热乎乎的，但回来以后又凉了半截。为什么呢？不合法呀，要批判呀，说他是资本主义。那根本不是资本主义，包产到户不是分田单干，分田单干不等于资本主义，没有什么可怕。不是我们提倡，我们的态度是，不能打击群众的积极性，群众已经认可了，苦苦哀求，让我们干两年好不好呀，那就只能同意、批准！为什么责难那么多？我是不同意这种态度的，一定要满腔热情地帮助它完善提高，一年、两年、三年都可以，使农民富起来。”（见《万里论农村改革与发展》75～82页）万里批准为包产到户、大包干到户的讲话，通过广播电台和电视台、《安徽日报》公布后，它像春风一样，吹遍了江淮大地，大包干承包制迅速在全省展开。

他认为，大包干后来以燎原之势在全国普及开来，这是亿万农民的选择。

4.韩俊：解读十八届三中全会有关精神

国务院发展研究中心副主任韩俊说，要给农民发一个像结婚证一样有法律效力的土地权利证书。现阶段，在全国范围内，基本完成了农村土地的确权、登记、颁证；但是，下一步，是不是确权到村民小组，现在还有分歧。更重要的是农民承包土地经营权的确权登记颁证。按照中央的部署，未来三年内，要在全国范围基本完成农民土地承包经营权的确权登记颁证。

对于农村的土地如何流转，他说十八届三中全会明确地讲了：鼓励承包经营权在公开市场上向专业大户、家庭农场、农民合作社、农业企业流转，发展多种形式规模经营。以前的政策表述是说，农村土地可以向专业大户、家庭农场、农民合作社等新型经营主体流转，这次把“等”字改为“农业企业”，并且表明鼓励城市工商资本到农村发展适合企业化经营的种养业。但土地流转不能理解为谁都可以到农村去圈地，更不能理解为租了农民的地做什么都可以。有两点要注意：第一，鼓励工商企业到农村参与土地流转，因为农业发展最缺的是资金和管理，工商企业进入是有好处的。第二，要有准入和监管，因为很多工商企业到农业中来并不种粮食，有的更不想搞农业；工商企业进入农业最大的问题是非粮化，甚至是非农化。有的工商企业到农村租了地搞高尔夫球场，说是做“农家乐”，盖成宾馆，甚至盖成别墅出售，这些都违反了国家政策。

他认为如果工商企业到农村来不种粮，会出现两个问题：第一，农民的就业怎么办？现在农村真正种地的农民有1.6亿，如果发展到一个企业管理一个村，让农民依靠租金或者给工商企业打工，那是富不起来的。第二，我国今年粮食产量达到6亿吨，还需要进口八九千万吨，合起来是全世界可贸易粮食的两倍以上，所以习近平总书记反复强调，粮食安全要靠我们自己。政策鼓励工商企业进入农业，但是需要正确引导，防止非农化及过度非粮化，而对专业大户、家庭农场、农民合作社，没有说要实行准入或监管。

他强调农村的基本经营制度不能动摇。要继续坚持农村的集体土地所有制，就是说不能搞土地的私有化；要继续坚持最严格的耕地保护制度，不是说搞土地流转，土地红线就不保了；要坚持家庭经营在农业中的主体地位。我国农业基本经营制度的基础是：土地是集体的，集体把土地承包给农民，使用权、经营权、承包权是农民的。我们的农业是以一家一户的家庭经营为基础，这是“三农”政策的一条底线，不能动摇、不能折腾。这点在党的十八届三中全会中讲得非常清楚。将来一定是农民种地，而不是大公司来种地；将来要让更少的农民种更多的地。

他指出要发挥市场在资源配置中的决定性作用。过去讲基础性作用，现在叫决定性作用，通俗来说就是资源的配置最终是市场说了算。应该是在公开市场上流转土地。要坚持依法、自愿、有偿的原则，过去35年的经验证明：只要是强迫农民，让农民干他们不愿意干的事，一定会出问题。

对于城镇化与征地制度改革，他说，城市化每年要从农村占500万亩耕地，而农民的土地被征作国家的建设用地获得的补偿却只占征地总收入的极少部分。现在土地出让收入占地方财政收入的将近80%，是典型的土地财政。十八届三中全会讲，让农民公平地分享土地增值收益，要在国家集体和农民之间合理分配土地增值收益，缩小征地范围，规范征地程序，完善对被征地农民合理、规范、多元保障机制。

他还说，十八届三中全会讲了农村集体土地建设用地可以入市，很多人认为这是本届全会最重要的一个政策突破。有种错误的解读说，咱们村子里可以盖房子卖了；城里人说，以前买的小产权房就可以合法了。十八届三中全会完整的表述是：在符合规划和用途管制的前提下，允许农村集体经营性建设用地出让、租赁、入股，实行与国有土地同等入市、同权同价。意思是在符合规划和用途管制的前提下，集体建设用地可以入市；而小产权房不符合规划，不符合用途管制。十八届三中全会的决定绝不是要给小产权房合法化开绿灯，而是要坚决打击在建、在售的小产权房，要拆掉一批，教育一片。不过，十八届三中全会的决定明确提出的集体建设用地在符合规划和用途管制的前提下可以入市，是一个大的突破，根本目的是为了保护农民和集体经济组织的利益。经营性建设用地可以出让、可以租赁、可以入股，合法化了，全国五千万亩沉睡的土地资本就激活了，下一步国家有关法律、有关制度建立起来，村里的集体经营性建设用地可以拿到市场上卖，那就值钱了。所以现在有地千万别急着卖，不要随便跟企业合作。

韩俊指出，集体土地入市的首要工作是进行集体经济组织的产权改革。十八届三中全会决定第一次提出要依法保护农民集体经济组织的成员权：农民是集体组织的一员，他有成员权，对集体资产有占有、收益权，对股份可以抵押、担保、收益，尤其是可以有偿退出，这句话也是第一次写入中央文件。下一步改革，集体资产要股份化，农民的股份可以有偿退出，退给谁还需要探索。十八届三中全会决定，要发育农村产权流转交易市场。

他认为，要完善农村宅基地的制度，保障农民宅基地的用益物权。十八届三中全会决定没有讲农民的宅基地可以入市、出让、租赁和入股，只讲了农民住房财产权可以抵押、可以担保、可以转让，只讲到了要改革完善农村宅基地制度，保障农民宅基地的用益物权，没有讲农村的宅基地现在马上就可以入市、交易，这是需要把握清楚的。中央决定里讲到农民住房流转的时候，讲的是审慎稳妥，先试点；农村宅基地制度的改革只讲了改革完善农村宅基地制度，这个决定颁布以后有一种解读，认为农民的房子可以卖，城里人就可以到农村将农民的土地买过来，再把它拆掉盖别墅。下一步，农民的房子转让给谁，在什么范围内转让，都还没有确定。宅基地是农民最重要的财产，如果允许流转，对农民是有利的，任何财产如果不允许流转，它是死的东西，但是配套的制度还需要建立起来。现在农民最值钱的就是地，一定要让市场发现农民宅基地的价值，发现农村土地的价格是公平合理的价格。既要保护农民当前的利益，更要保护农民长远的利益。“三农”政策的核心还是地的问题，希望安徽在这个问题上继续为全国积累经验。

他提到，新型城镇化是以人为核心的城镇化。十八届三中全会决定指出，要推进农业转移人口的市民化，要推进以人为核心的新型城镇化。人的城镇化核心就是让农民真正变成市民，真正享受市民的待遇，就是要让农民工融入城市。我们现在讲推进新型城镇化就是要产业的发展、就业的转移、公共服务和人口聚集四个方面统一起来，形成有产业支撑、有就业创造、健康的、良性的新型城镇化。现在农民的收入，排在第一位的已经是工资性收入。如果没有农民离土、离乡，农民的收入达不到现在这个水平。只有让农民真正进城落户定居，农村的土地才能流转起来。今后20年，如果我们发展县域经济，发展小城镇，让1亿的农民在县城和小城镇买房定居落户，那就是一件大事。包括厉以宁这样的著名经济学家都认为，中国农民的市民化要立足于小城镇，立足于县域经济的发展，否则就会出现严重的城市病。同时，城镇化与新农村建设要协调推进。城镇化要发展，农业现代化和新农村建设也要发展，同步发展才能相得益彰，要推进城乡一体化发展。总之，一方面我们要让农民进城，另一方面要让留在农村的农民过上跟城里人一样的日子。要改善农村的公共服务，要推进城乡基本公共服务均等化，统筹推进城乡基础设施建设。

他认为，中国要全面建成小康社会，重点难点在农村。农民的全面小康核心是农民增收的问题。实现农民增收的难点在于解决农民贷款难的问题，特别是农村的种植大户、家庭农场、企业等。十八届三中全会为此提出了两点，第一点是要发展普惠金融，第二点是农民的合作社可以搞信用合作。这两点对于制定政策非常重要，未来的农村金融将更加注重政策性、合作性和普惠性。农民收入增加要靠农村的产业发展，没有好的产业，没有好的企业，生产不出好的产品，农民还是受穷。现在发展农业产业，特别需要注意的一点是生态化。一定要重视农业的生态安全，一定要发展环境友好型的农业、生态化的农业。

韩俊说，党的十八届三中全会对农村的改革做出了全面部署，其中有很多重大的理论创新，有很多重要的政策举措，说一千道一万，关键还是落实。这些好的政策，怎样落实，首先需要很好地理解，不能理解歪了，还需要细化。最终的落实还要靠基层。我们的农村改革一定要尊重亿万农民的积极性、创造性，一定要发挥地方政府的主动性和能动性，中央是把握方向，把握大局的，把中央和地方的积极性调动起来，把亿万农民的积极性调动起来，农村的改革一定会创造新的辉煌。

5.刘立仁：优秀名村要做农民合作经济的典范

中华农业科教基金会理事长、江苏省人民政府参事刘立仁说，纪念农村改革35周年，全国一批优秀名村的重要献礼之一，就是探索了农村集体经济的有效实现形式——农民合作经济。这既是改革发展的现实需要，也是水到渠成的历史必然。

他认为，探索农村集体经济有效的实现形式是一个重要命题。十七大提出，“要积极探索集体经济的有效实现形式”。十八大提出，“壮大集体经济实力，发展农民专业合作和股份合作”。中央2013年1号文件提出：“农民合作社是带动农户进入市场的基本主体，是发展农村集体经济的新型实体，是创新农村社会管理的有效载体。”十八届三中全会提出:“发展壮大集体经济”“鼓励农村发展合作经济”。中国优秀名村实质上是探索了新时期农村集体经济新的实现形式，把计划经济下的集体经济，推向了现阶段的农民合作经济。在计划经济条件下，村级经济的实现形式是单元化的集体经济；而在现阶段，在多元化的村级经济形式下，农民的合作经济可能是村级经济的有效实现形式。农民合作经济是壮大村级经济基础的有效途径，随着市场经济的发展，既有股权成分又有劳动者参与的合作制经济将是壮大村级经济的基础。

他提出，优秀名村对农民合作经济进行了有益的探索。2013年中央1号文件对农民合作社的发展做出了新的界定，即首次将合作社定位为“基本主体”“新型实体”和“有效载体”，十八届三中全会再次强调“发展壮大集体经济”“鼓励农村发展合作经济"，这些要求将合作社地位和作用提高到了前所未有的高度。这是中央在准确把握我国农业农村发展阶段性特征、深刻分析农民合作社的重要作用、系统总结农民合作社发展实践经验的基础上，对农民合作社发展地位做出的科学判断。这个要求，指出农民合作社具有了经济、社会、服务等综合性功能，既是农村经济组织，又是农民自我服务的社会组织。

刘立仁强调，加强对农村集体经济进行股份制或股份合作制改造，是深化农村改革的重要内容。最近，十八届三中全会进一步吹响农村改革的号角：保障农民集体经济组织成员权利，积极发展农民股份合作，赋予农民对集体资产股份占有、收益、有偿退出及抵押、担保、继承权。随着经济社会的发展，农民对合作内容、合作层次、合作形式的需求更加多样，必将推动农民合作社多元化发展。在以农业产业开发和农产品生产经营为纽带的专业合作社以外，涌现出社区股份合作、土地合作、信用合作、劳务合作、休闲旅游农业和传统民间工艺文化产品开发等各种类型的合作社。在推进农民合作社的发展过程中，我们要充分吸收各地优秀名村的新鲜经验，加强对农村集体经济进行股份制或股份合作制改造，这是当前和今后深化农村经济社会改革创新的重要内容。

他提到，江苏省一些优秀名村多年来探索和建立的农民经济合作、土地股份合作和社区股份合作经济，显示了很强的生命力：一是提升了农民组织化程度和市场主体地位。通过鼓励土地流转，发展规模经营，培育了一批种养大户和经营禽蛋、蔬菜、果品、茶叶和花卉苗木等多种经营专业合作社和合作联社，提高了现代农业的生产集中度；并通过合作组织确立了农民的市场主体地位，有效地维护了农民自身的权益。二是深化了以家庭承包为基础的农村经营制度。在维护农民家庭土地承包权的基础上，按照农户土地承包权证所载面积折算成股份，组建土地股份合作社，采取保底分红或浮动分红形式，保证入股农民每年享受红利分配，实行连片规模经营，极大地提高了劳动生产率和土地产出率。三是探索了农村集体经济组织新的实现形式。传统意义上的集体经济最大的缺陷就是产权虚置、少数人控制，本来应是农民集体所有的"民本经济"，演变成了附属于行政机构的"小全民经济"。合作经济中对农村集体经济组织进行产权制度改革，通过把集体存量资产量化给农民，建立社区股份合作社，实现了"还社于民"。同时让农民自愿兴办、自主管理、自决分配，较好地解决了少数人控制、资产流失以及农民权益难以维护等制度性问题，成为与市场经济相适应，与原农村集体经济组织不同的新的组织形式。四是形成了促进农民持续增收的长效机制。要实现农民收入持续增长，关键要增加农民的财产性收入。以"三大合作"为主体的农村股份合作经济已成为江苏农村继乡镇企业、外向型经济之后第三股正在迅速崛起的经济力量。

6.余展：处理好三个关系

中国村社发展促进会名誉会长余展说，“小岗论坛”永恒的主题就是改革。他认为要处理好改革与发展的关系，习近平总书记做过通俗易懂、更为贴切的解释：中国共产党人干革命、搞建设、抓改革，从来都是为了解决中国的现实问题。可以说，改革是由问题倒逼而产生，又在不断解决问题中而深化。……旧的问题解决了，新的问题又会产生，制度总是需要不断完善的，因而改革既不可能一蹴而就，也不可能一劳永逸。这段直白的表述，通俗地说明了改革与发展的关系。

35年前，十一届三中全会揭开了改革的序幕，采取一系列的改革措施，就是为了解决当时严重制约发展的体制障碍而被倒逼出来的。如果当年在“大锅饭”体制下，农村不是“衣不遮体，食不充饥”，而是丰衣足食，家园美丽，那样的话，能倒逼出包产到户、包干到户的改革举措吗？显然是不可能的。但问题是旧的矛盾解决之后，新的矛盾又会产生，制度总是要不断地完善，事物才能不断推进。可见，改革是解决问题的手段，而发展才是目的。一切改革，都不是为改革而改革，而是为解决矛盾和问题而改革，为了发展而改革。只要旧的问题、旧的矛盾解决了，而新的问题、新的矛盾又会产生，就要不断改革。所以，发展无止境，改革也就不应有尽头。决不能满足已有的改革成果，而停步不前。

还要处理好领导与群众的关系。十八届三中全会通过的《中共中央关于全面深化改革若干重大问题的决定》，共十六部分60条，最后一条，即60条，讲改革的主体是人民。指出：人民是改革的主体，要坚持党的群众路线，建立社会参与机制，充分发挥人民群众积极性、主动性、创造性，充分发挥人民团体的作用，齐心协力推进改革。

尊重人民群众的主体地位，承认人民群众是历史的创造者，是推动生产力发展的力量源泉，无论是改革，还是发展，都必须充分发挥人民群众的积极性、主动性和创造性。当年的农村改革，无论是在小岗，还是在其他地方，都是如此。我们党在改革农村经济旧体制，对新体制做出选择的时候，正是由于充分发挥了农民群众的主动性和创造性，尊重农民的主体地位，发挥农民的首创精神，才取得了农村改革的伟大胜利。历史经验证明，违背群众意愿的选择，必然失败。当年的农村改革，可以说是把领导的选择同群众的选择结合起来的典范。如果不是这样，不处理好领导与群众的关系，不尊重群众的主体地位，如果不去动员群众、引导群众，而是脱离群众、压制群众，只有领导的积极性，而无群众的积极性，那就不可能齐心协力，形不成合力，改革的攻坚克难，发展的持续不断是不可能的。领导与群众的关系，归根到底应当是“主人”与“公仆”的关系。

余展认为，还要处理好支援与受援的关系。在中国，全社会遵守的最高理想是“共同富裕”。小平同志把共同富裕提高到社会主义本质的高度，提出共同富裕是社会主义最根本的目的。改革开放是让一部分人、一部分地区先富起来，但这不是最终目的，还要让这部分人、这部分地区带动其他的人、其他的地区也富裕起来。这就是先富帮后富，实现共同富裕。从这个意义上说，先富裕起来的人和地区，有义务支援和帮助不发达地区、欠发达地区的发展。当然，支援和援助并非单指给钱给物，应当包括先进理念的传输、发展经验的传授、管理制度的推广，以及项目开发的合作等。

对发达地区来说，支援欠发达地区，应当视为自己义不容辞的责任；但是，对欠发达地区来说，不应该把接受这种援助，视为自己必须享受的权利。不能认为你们援助我是应该的，自己心安理得靠援助过日子，而不去艰苦奋斗，自力更生。有了外来的援助，一定要加上自己的努力奋斗，才能改变面貌。只是依赖于外力的帮助，坐享其成，是绝对改变不了贫困面貌的。别人的援助只是外因，自己的努力才是内因，外因只有通过内因才能起作用。

7.陆子修：推进和完善新市民、新农民制度

安徽省人大常委会原副主任陆子修提出了新市民和新农民的概念，认为，新市民主要指那些已经融入和即将融入城市的农民工群体，其数量非常之大，全国大约有2.6亿农民工在城镇打工创业，现在国家公布的我国城镇化率达到52.6%，即包括这部分群体。新农民是指那些拥有一定土地资产和农业经营规模的种田大户和家庭农场主及其雇佣的农业工人、从事集体经营的村民、各种农业合作社的社员以及各种农业企业的雇员。他提出，如何正确对待和扶持新市民、新农民这一新的社会群体，是目前摆在各级领导者面前的一个重大课题。

他强调，实现新型城镇化的核心，不是通过“造城运动”无限制地变相掠夺农村耕地而一味扩张城镇区域规模，而是应把重点放在“人的城镇化”上。这要求必须把普及新市民、完善新市民的课题放在城镇建设的重中之重。让现有的2.6亿农民工尽快融入城市，转化为名副其实的新市民，这是当务之急。同时推进和完善新农民制度建设，更直接关系到农业现代化的成败。随着土地制度改革的深化，农民对土地财产权的真正拥有，鼓励农民承包经营权在公开市场上向专业大户、家庭农场、农民合作社、农业企业流转，发展多种形式规模经营，这必然带来生产力和生产关系的大调整大变化，其中显著特征之一将是新农民的大量涌现。新市民、新农民这一新的社会群体的形成与发展，必将对我国经济社会的转型与发展带来深刻影响。

他认为，十八届三中全会从“健全城乡发展一体化体制机制”出发，对土地制度深化改革与创新，做出了许多新的部署。主要有：①坚持农村土地集体所有权，依法维护农民土地承包经营权。虽然集体所有的性质没变，但承包经营权的内涵和外延都扩大了。②赋予农民更多财产权利。如十八届三中全会通过的《中共中央关于全面深化改革若干重大问题的决定》中所说的：“保障农民集体经济组织成员权利，积极发展农民股份合作，赋予农民对集体资产股份占有、收益、有偿退出及抵押、担保、继承权。”③推进城乡要素平等交换和公共资源均衡配置。过去城乡交换不平等，主要表现在工农产品“剪刀差”上，改革开放30多年来，则发展为“土地、劳力、金融”三要素上的交换不平等，其严重程度比工农产品“剪刀差”更加厉害几倍十几倍，导致城乡失衡。④创新人口管理，加快户籍制度改革，推进农业转移人口市民化。⑤建立财政转移支付同农业转移人口市民化挂钩机制，从严合理供给城市建设用地，提高城市土地利用率。⑥建立城乡统一的建设用地市场。这些改革内容均与推进和完善新市民、新农民制度息息相关。

8.朱绍毅：发扬小岗精神

辽宁省人大常委会原副主任朱绍毅认为，应当全面、历史、辩证地理解、认识和评价我国不同时期的农村典型。“典型”是指在一定时期里具有代表性的人物、事件或模式，它是经济、社会和人文发展到一定阶段特别是处于巨变阶段的必然产物。它在一定程度上反映了当时经济、社会和人文发展的潜在需要，体现了人们长久累积起来的共同期待，代表了当时经济、社会和人文发展的前进方向。因此，这些典型也必然要对经济、社会和人文的发展起到不同程度的引领、推动和示范作用，这就是这些典型的重大作用和深远意义。典型大多是对当时已不适应经济、社会和人文发展的旧有体制、机制和观念的突破，具有鲜明的突破性、创新性和先进性。但是，也正是由于它是脱胎于旧有的体制、机制和人文的环境之中，所以也就必然要留有旧有体制、机制和人文的痕迹，这也就免不了其在发展过程中会存在一些缺点、不足和问题。因此，我们不能用现在的眼光、标准和理念去要求这些典型，更不能企望它们是个“高、大、全”式的，放之四海而皆宜的典型。只要它能够在一定程度上反映当时经济、社会和人文发展的潜在需要，只要它能够体现人们长久累积起来的共同期待，只要它能够代表当时经济、社会和人文发展的前进方向，总而言之，只要它能够在一定时期、一定领域、一定范围内对经济、社会和人文发展起到引领、推动和示范的作用，我们就应予以肯定、扶持和推广。

他强调，小岗村的伟大创举对我国改革开放和现代化建设大业功不可没。如何理解、认识和评价小岗村当年的伟大创举，其实并不是一件特别难的事情。只要我们把小岗村这一典型出现前后一个时段的我国“三农”的状况做一对比，就不难得出一个全面的、科学的、正确的结论。35年前，“三农”状况可以说是不堪回首，那时农业生产徘徊不前，农民生活温饱不及，农村面貌破落凋零，“三农”的各方面都已走到了尽头。正是在此时或者说也只能在此时，小岗人站了出来，率先实行了“大包干”，拉开了我国农村改革开放的大幕。也正是由于以小岗村为代表的农村改革开放的成功，才进一步掀起和推动了起始于20世纪70年代末80年代初的我国改革开放的大潮，造就了一个伟大民族的全面腾飞，支持了中华民族的复兴伟业。现在回过头来看，其功绩主要有三点：一是为我们党恢复、完善和坚持解放思想、实事求是、与时俱进、求真务实的思想路线提供了重要佐证；二是为35年来我国农村改革发展所取得的令世人瞩目的伟大成就开辟了道路；三是为我们党提出全面建成小康社会、不断夺取中国特色社会主义新胜利、实现中华民族伟大复兴的中国梦拉开了序幕。

他指出，小岗村等农村典型对我们全面深化改革、实现中华民族伟大复兴具有重要启示：要继续弘扬敢为人先的创新精神，弘扬艰苦奋斗的拼搏精神，弘扬与时俱进的变革精神，弘扬创先争优的时代精神。

四、论坛感悟

1.张勇：开创早日建成小康社会新局面

中共凤阳县委书记张勇认为，本届论坛紧紧围绕学习贯彻党的十八届三中全会精神，以“弘扬改革精神，建设美丽乡村”为主题，凸显了时代特色和发展趋势，表达了城乡统筹、科学发展的共同愿望。论坛期间，大家围绕这一主题，针对当前农村改革发展和美丽乡村建设中的重大问题，共同交流、深入探讨，提出了许多具有前瞻性、战略性、综合性、创新性的真知灼见，必将为推动新形势下的农村改革、农业发展、农民致富、美丽乡村建设产生积极而深远的影响。

他说，作为本届论坛举办地，自论坛开幕以来，凤阳大地处处洋溢着欢乐、祥和的良好氛围，处处呈现出蓬勃向上的勃勃生机。本次论坛开展的主论坛报告会、少数民族村官代表交流会、农村改革发展“小岗论坛”、村庄改革与发展交流会等一系列活动，让凤阳县的同志非常荣幸地面对面聆听了领导和专家们的真知灼见，近距离地了解和学习了先进地区的成功经验，进一步开阔了眼界、增长了见识、拓展了思路。凤阳作为中国农村改革的发源地，将借助本届论坛东风，进一步深入贯彻落实党的十八大和十八届三中全会精神，认真学习借鉴各地的好经验、好做法，充分吸收转化论坛的新理念、新成果，在新一轮改革大潮中，全面深化农村改革，加快构建新型农业经营体系，推进农业发展方式转变，全面提升“三农”工作水平，努力推动美丽乡村建设再上新台阶，经济社会发展再创新业绩，不断开创早日建成小康社会新局面。

2.张行宇：小岗村的明天一定会更好

安徽省凤阳县小岗村党委第一书记张行宇说，小岗村作为第十三届全国“村长”论坛的承办村，倍感荣幸、深感自豪！小岗村是中国农村改革的发源地、沈浩精神的诞生地，全国十大名村之一，国家4A级旅游景区，安徽省爱国主义教育基地、安徽省历史文化名村、安徽省干部教育培训基地。小岗村是一块神奇的精神家园，35年来，先后孕育、诞生了“大包干”精神和“沈浩”精神，两种精神共同筑起了小岗精神的高地——敢闯、敢试、敢干、敢冒与合作。35年前小岗村的十八颗红手印，是十八颗同频共振的滚烫红心，是十八条单线拧成承载万担的绳索，撕裂了严重束缚农村生产力的固化体制，中国农村的内生动力如火山岩浆喷涌而出、能量巨大、威力无比……近年来，小岗村高举改革、创新、发展大旗，在各级党委、政府和各级领导的深切关怀和大力支持下，团结带领全村党员干部和村民，进一步弘扬“大包干”精神，村容村貌和经济、社会、文化、生态等各方面均发生了翻天覆地的变化。曾先后荣获全国创先争优先进基层党组织、全国新农村建设首批科技示范村、全国文明村镇、全国民主法制示范村、全国民兵工作先进基层单位和安徽省先进基层党组织、安徽省“五个好”村党组织标兵等称号。

张行宇表示，深知小岗村与全国其他名村距离还很大，相信在十八届三中全会精神的指引下，有全国各兄弟村庄的帮扶和支持，小岗村的明天一定会更好！

3.杨四龙：真心实意地为村民着想

纳西族代表、云南省玉龙县塔城乡十八寨沟村村委会主任杨四龙在论坛上谈了自己做村官的感受。

他所在的村离城很远很偏僻，穷得叮当响。村里有18个自然村，没路没电，喝的水靠背，村小学在全县倒数第一，学生上学最远的要来回走16千米。自己的户口虽不在村里，但村委会选举的时候，乡亲们非选他不可，这样他就上任了。

他抱着彻底改变山村贫穷落后面貌、带领村民实现脱贫致富的决心，挑起了沉重的担子。村里农民守旧，只有两个人在外面打工。他首先想着给村民带来自信，学会自爱、自重，为此提出一个口号：“一人打工全家脱贫，两人打工奔小康，三人打工全家移民进城。”自己的企业带头大量招工人，推动了村民进城进企务工。此举促进了村民思想的解放。

他带领村民发展产业。对18个自然村与村民提出了“一村一品，一户一业”

的产业规划要求，相继开发了“洛南鸡、洛北羊、洛东山猪和洛西蜂蜜”四大产业，产品价格几年后翻三番，村民收入增加。他又狠抓教育，现在村小学有三个年级成绩在县里排第一；过去留不住老师，现在老师争着要来。

任期届满，老百姓到县委、人大联名上书，让他再继续干下去。他又开始了新的任期。在他任职的时间里，总共引进资金2 700多万元。村里路通了，每家有一栋瓦房、一个厕所、一个太阳能。村里70多个45岁以上的老光棍有20个成家了。

杨四龙体会到，只要你真心实意地为村民着想，在村官岗位上就能干出成绩来。

论坛短评

——本届论坛的重要意义体现在：

（1）推出了《小岗合作宣言》。倡导改革、发展、合作、共赢的村庄发展理念。

（2）与会村官实地学习小岗村精神。十大名村之一的小岗村也得到了其他名村的帮助与支持，这是村庄间友谊的象征与延续，小岗在过去的改革路上先行一步，趟出路子，给了其他村庄以鼓舞与支持。

（3）出版了纪念改革35周年的系列丛书“中国村庄”（包括《农村改革人物》《农民首创精神》《中国美丽乡村》），总结了改革开放35周年来农村改革发展的经验。

（4）以陶瓷艺术形式表现的35个村庄发展风姿，是从另外的角度对改革发展的体现与颂扬，这些陶艺被博物馆收藏。

（5）近距离学习沈浩精神。论坛在小岗召开，为学习小岗精神与沈浩精神提供了契机，鼓舞了村官。

——本届论坛的突出贡献人物是原安徽省老省长王郁昭。他在小岗尝试大包干时任滁州地委书记，见证了小岗的大包干历程。他认为农村改革开放35周年之际，应当在小岗村举行“村长”论坛，梳理改革经验，发扬改革精神，颂扬改革成果。在他的推动下，本届论坛得到了安徽省委省政府的大力支持。张仕东同志作为中国村社发展促进会的主要工作人员，为“中国村庄”系列丛书的出版做了大量工作。

第二章
全国“村长”论坛执委会

全国“村长”论坛在举办了四届后，举办规模逐步扩大，举行程序逐渐规范化，影响力也日趋提升，但论坛的举办源于服务广大基层村干部的宗旨，因此无论从主题上，还是从形式上看，均应以村干部自己的意志为主导。为此，在多方征求意见的基础上，中国村社发展促进会常务理事会讨论决定，应遵循“‘村长’论坛‘村长’办”的原则，增设执委会，由村官担任执委，决策论坛的事宜。就这样，从2005年起，每年召开执委会议一次，讨论决策当年的论坛及相关事宜，至今已举行了十次执委会议。

第一节　上海九星村，第一次执委会

2005年5月29日，全国“村长”论坛执委会第一次会议在上海市闵行区九星村召开。

执委会荟萃了全国各地的村官精英，如江苏省华西村党委书记吴协恩、上海九星村党支部书记吴恩福、山东三元朱村党支部书记王乐义等。他们或是中国共产党十五大、十六大代表，或是全国劳动模范，或是省市人大代表、先进工作

者。他们都有过辉煌的业绩和卓著的贡献，有着很高的政治地位和荣誉。

近20名执委以主人翁的高度责任感，就构建农村和谐社会及有关第五届全国“村长”论坛等事宜进行了深入探讨，与会人员围绕着和谐社会的内涵、构建和谐社会的意义、第五届全国“村长”论坛的主要内容等各抒己见，畅所欲言，充分体现出“‘村长’论坛‘村长’办”的方针。

吴恩福在欢迎词中说，党的十六大提出了“全面建设小康社会”的宏伟目标，而对于中国这样一个十三亿人口中有九亿是农民的国家来说，没有农民的小康就没有全国人民的小康，没有农村的现代化就没有国家的现代化。上海市农业委员会副主任盛亚飞说，近年来，上海市郊区“三农”工作取得了较快发展，一是得益于党的“三农”政策，二是坚持“城乡一体化”的发展方针，三是坚持走科技兴农的道路。他表示，上海郊区将按照“两个率先”的要求，以科学发展观统领“三农”工作全局，加快推进“三个集中”，努力实现郊区农业与全市经济社会融为一体、和谐发展，农业现代化、农业城市化相互促进、联动发展，农业经济、生态、服务三大功能不断提升、竞相发展，农业内部各业合理调整、协调发展。

上海市农业委员会副局长顾吾浩、上海闵行区政策研究室主任刘明、中国村社发展促进会副会长兼秘书长余展等发表了热情洋溢的讲话。

著名社会学家、上海大学社会学系教授邓伟志做了精彩演讲，认为村官有“三权”：一是发言权，村官对农村的情况最了解，因此最有发言权，这个发言权要到全国的会上去发表；二是监督权，监督既有自上而下的监督，又有自下而上的监督，后者监督莫过于下面村官的监督；三是裁判权，实践是检验真理的标准，村官是自身参加实践的人，是最好的裁判，因此，凡对农村事情的决断要提醒领导者多听村官们的意见。

华西村党委书记、论坛执委会主任吴协恩说，各级领导十分关心“三农”，新闻媒体高度关注“三农”，这是我国农业的希望、农村的希望、农民的希望，这些对于村官来说，是一种鞭策。

王乐义说，构建农村和谐社会，需要村官做出榜样，做好表率，以实际行动影响带动广大农民。共产党的干部要时刻把老百姓的利益放在心坎上，与群众心连心、心贴心，构建和谐社会才有基础。

云南省昆明市福保村党支部书记杨明、江苏徐州市马庄村党委书记孟庆喜、江西南昌进顺村党支部书记罗玉英、辽宁沈阳上岗子村党支部书记商纯福、重庆市巴南区民主村党支部书记杨岱南、北京房山区韩村河村党总支书记田秀娥等在会上做了具有建设意义的发言。

农民日报、解放日报、新民晚报、《上海农村经济》、上海人民广播电台、东方电视台等十多家新闻媒体对会议进行了全方位报道。报道的核心内容是“知名村官汇聚上海，共商构建农村和谐社会”。

全国“村长”论坛执委会第一次会议，得到了上海市农委、闵行区委、区政府的大力协助。

第二节　江苏华西村，第二次执委会

全国“村长”论坛第二次执委会议于2006年4月22日在江苏省江阴市华西村召开，来自各地农村的41位执委济济一堂，讨论第六届全国“村长”论坛的各项筹备工作。

会议在华西礼堂开幕。首先为新增的20余名执委颁发了聘书。接着，全国“村长”论坛组委会名誉主任吴仁宝，江苏省农林厅厅长刘立仁，江阴市委常委、副市长赵国权，中国村社发展促进会副会长兼秘书长余展等先后在会上讲了话。论坛执委主任吴协恩做了执委会工作的报告，论坛举办地浙江省东阳市常务副市长王正明介绍了论坛的筹备情况。与会执委就如何开好第六届论坛和“建设社会主义新农村，当好基层带头人”的主题纷纷发言。论坛执委、江西省南昌市进顺村党委书记罗玉英主持了会议。

刘立仁在讲话中说，“村长”论坛为全国村官搭建了一个平台，让村官有交流，名村有展示，值得肯定。他希望把全国“村长”论坛办得更好，为建设社会主义新农村发挥更大作用。赵国权代表中共江阴市委、市人民政府欢迎代表们的到来。他表示，江阴市将尽一切可能，支持“论坛”的各项工作，提供必要的条件和方便。余展在讲话中说，一年一度的全国“村长”论坛得到了更广泛的社会

承认，已经形成了“申办制度”。第六届全国“村长”论坛将以建设社会主义新农村为主题，着重讨论如何当好新农村建设的基层带头人。

吴协恩在执委会工作报告中说，2005年，全国“村长”论坛执委会成功举办了第五届全国“村长”论坛；与其他协会一道，共同举办了全国农业合作经济组织论坛；紧紧围绕新农村建设这一中心，编著了《名村中国》一书，全方位地展示了我国十大名村的风采，为中国广大农村正在进行的新农村建设提供了借鉴；为建设社会主义新农村积极地建言献策，酝酿组建社会主义新农村建设名村宣讲团巡回演讲；积极开展对中西部贫困农村的扶贫和支持活动。

王正明代表东阳市委、市政府向与会代表介绍了第六届全国“村长”论坛筹备工作的进展情况。他说，为使这届论坛办得既热烈隆重又富有地方特色，东阳市委、市政府高度重视，先后召开了书记办公会和市委常委会，专题研究“村长”论坛有关事宜，并成立了以金华市委常委、东阳市委书记蒋永志为组长，市各套班子有关领导任副组长，市委办、市政府办、市农办、一体办等有关部门领导任成员的筹备工作领导小组，明确了各小组的工作职责。各项筹备工作正有条不紊地进行。王正明还就第六届全国“村长”论坛的具体实施方案向执委会提出了建议。中国村社发展促进会副秘书长沈泽江就第六届论坛的相关问题做了说明。

与会执委江苏省徐州市马庄村党委书记孟庆喜、上海市闵行区九星村党总支书记吴恩福、云南省昆明市福保村党总支书记杨明、辽宁省大连市后石村党总支副书记陈玉圭、辽宁省兴城市四家村党总支书记张文成、河北省临西县东留善固村党总支书记吕廷祥、四川省蓬溪县莲珠桥村党支部书记刘章华、北京市韩村河村党总支书记张桂平、辽宁省沈阳市上岗子村党总支书记商纯福、辽宁省锦州市营盘村党总支书记张贵元、黑龙江省宝清县永兴村党支部书记邓淑芳等在会上先后发了言。

下午进行了建设社会主义新农村“四方对话”的演示，引起了与会执委极大的兴趣。由山东省莘县河店镇杨炉村和大张家镇陈庄村为主体方，以邵钦祥、傅企平、朱重庆等组成的浙江省村官为专家组一方，以吴协恩、吴恩福、张国浩等为代表的全国名村村官为第三方，第四方是全体参会人员。杨炉村党总支书记曹书臣介绍了该村的发展现状和特色种植的发展思路，就如何形成规模种植，如何拓宽销售渠道，如何加快发展步伐等问题，分别向另外三方请教。他们分别就优化投资环境、提高产品质量、扩大规模种植、增强市场竞争力等方面纷纷献计献策，做了耐心的解答，提出了有益的建议，到会的执委们均感受益匪浅。

会议结束后，全体执委参观了华西村的生态园、龙西湖、农民别墅群和钢铁公司，大饱了眼福。

第三节　山西皇城村，第三次执委会

2007年6月10日，全国“村长”论坛执委会第三次会议在山西省晋城市皇城村召开。

晋城，中国古文化渊源之地。皇城，中国历史文化名村。太行初夏，和风灿阳，滚滚麦浪，长空含香，沁人心房。文化盛地会群英，乡土中国论农村。掩映于群山中的皇城村，古姿新辉，新禧临门，迎来祖国各地的优秀村庄代表。华西、大寨、九星、滕头、花园、福保、进顺、航民、太平……珠玑串串，明星璀璨。全国“村长”论坛执行委员、中国具有代表性的43个村庄，齐会于斯，商讨农村发展话题，决策第七届全国“村长”论坛事宜。

10号上午，执委会议召开。吴协恩、王乐义等43位执委及代表参加会议。河南、山东、陕西、山西和贵州等地一批特色村、古文化村代表受邀列席会议。农业部农村经济研究中心副主任赵长保，中国村社发展促进会副会长兼秘书长余展，副会长、广东农村政策研究中心主任江惠生，江西南昌市青山湖区区委副书记、区长胡小洪，晋城市阳城县县委书记刘爱军，世界文化遗产研究院执行院长乔惠民，原建设部村镇试点办公室副主任骆中钊等出席会议。会议由全国“村长”论坛执委、上海市九星村党支部书记吴恩福主持。

刘爱军首先致欢迎词，欢迎各位优秀村官到阳城和皇城来。全国“村长”论坛执委、皇城村党委书记张家胜宣布新增执委决定，8名新执委获颁聘书，显示了执委会的与时俱进。

吴协恩向全体执委做执委会工作报告。

中国村社发展促进会副秘书长沈泽江向执委汇报了全国“村长”论坛经费开支等情况，接受执委们的监督。

第七届全国“村长”论坛举办地江西省南昌市青山湖区区长胡小洪汇报了南昌市及青山湖区现阶段论坛筹办情况；承办村青山湖区进顺村党委书记罗玉英发言，表示全力办好第七届全国“村长”论坛。

在听取上述各项报告后，全体执委就第七届全国“村长”论坛的主题、论坛着重要解决的问题、论坛如何举办才适合村官的要求并更具影响力、怎样使参加村官获得更多收获等问题展开讨论。王乐义、大连金州区后石村党总支副书记陈

玉圭、山西太原市尖草坪区南翟村党总支书记赵建庆、浙江东阳市花园村党委副书记马金法、四川蓬溪县莲珠桥村党支部书记刘章华、浙江杭州市航民村航民集团副总经理高天相、河北临西县东留善固村党总支书记吕廷祥、浙江台州市良一村党总支书记蔡兵、上海太平村党总支书记苏兴华等先后发言。他们赞同本届论坛“关注民生、和谐发展”的主题，就论坛的规模、议程和论坛工作中要改进的环节进行了探讨。

依据“‘村长’论坛‘村长’办”的原则，论坛执委会决定自本届论坛起，每届论坛设立执行主席，以加强执委对论坛的决策和执行力度。执行主席共7名，论坛执委会主任、华西村党委书记吴协恩和每届论坛举办村负责人是当然人选，其他5名需从执委中投票选出。经过当场投票，王乐义、吴恩福、张家胜、花园村党委书记邵钦祥和滕头村党委书记傅企平等当选第七届全国“村长”论坛执行主席。

为加大东西部村庄之间的交流和对接，执委会决定筹备以执委和中国“名村”为主的名村考察团，以省为单位第一年选择一个市考察其新农村建设，介绍自身的发展经验。会议还讨论了在纪念改革开放30周年的时候，编撰《与改革同行——影响中国农村改革与发展的百名村官》一书，以记录改革开放30年来中国村官走过的足迹，彰扬中国村官做出的杰出贡献，评价中国村官的历史功绩和发展经验。

在各项议程结束后，余展做了结束发言。

下午，出席会议的执委分成两组，展开不同的议程。

受山西阳城县委、县政府的邀请，吴协恩、王乐义、北京市昌平区郑各庄村党总支书记黄福水、陈玉圭、苏兴华等5名村官为阳城县上千三级干部做报告。他们依据本村发展的实践经验，就农村经济发展、社会稳定、民主管理等进行了精彩讲解。赵长保做了总结和点评。报告获得好评，产生了积极影响。

其余执委在皇城村举行了“旅游合作研讨会”。研讨会专门邀请了山西运城丁村党支部书记丁炳志、陕西韩城党家村党支部书记党文涛和贵州水族妙良村党支部书记陆崇修到会。丁村和党家村已列入我国世界文化遗产申报名录，研讨会以此为背景，探讨了中国古村落的保护、打包申报世界文化遗产的可行性以及旅游合作等问题。两村的书记分别介绍了进入世界文化遗产申报名录的申报情况和过程。乔惠民、骆中钊为此做了专题演讲。

在参加执委会期间，全体执委参观了皇城村皇城相府景区。

第四节　浙江滕头村，第四次执委会

2008年6月7日，全国“村长”论坛执委会第四次会议在浙江省奉化市滕头村召开，吴协恩、王乐义、山东省南山村党委书记宋作文、上海九星村党总支书记吴恩福、北京郑各庄村党总支书记黄福水等43位执委参加会议。安徽、江西、福建和贵州等地一批生态村代表应邀列席。中国村社发展促进会副会长兼秘书长余展，“三农”问题专家、浙江省委农业和农村工作办公室原副主任顾益康，世界文化遗产研究院执行院长、亚太环保协会执行会长乔惠民，北京市昌平区人民政府副区长苏卫东，奉化市委副书记黄利琴等出席会议。

素有“名人故里、弥勒圣地、人居福地”之称的奉化市是中国优秀旅游城市、全国首批旅游文化示范地。滕头村是社会主义新农村建设的先进典型，几十年来，滕头人坚持发扬“一犁耕到头”的滕头精神，先后荣获了全球生态500佳、全国首批文明村、中国十大名村等60多项国家级以上荣誉，去年又成为全国唯一荣膺“世界十佳和谐乡村”称号的村庄。六月的滕头生机盎然，葱绿盈目，幸福的滕头人热情迎接来自全国各地的论坛执委。

上午8时，执委会议正式开始，全体起立为在汶川大地震中遇难的同胞致哀。论坛执委、浙江省东阳市花园村党委书记邵钦祥主持会议。黄利琴、傅企平发表

了热情洋溢的讲话，对各位执委的到来表示诚挚的欢迎。

吴协恩同志代表执行委员会做了题为《聚会生态名村、共商论坛大事》的工作报告，总结回顾了执委会一年来的工作成绩与当前面临的任务。吴协恩强调，目前当务之急是继续支持地震灾区村庄恢复生产、重建家园。他要求要扎扎实实地做好第八届全国“村长”的各项准备；认真总结所在村庄30年改革的实践和经验，深化改革，再创辉煌；继续开展东西部村庄的对接活动，加大对中西部农村扶持的力度；用精神文明和文化文明促进乡风文明建设。

苏卫东、黄福水汇报了第八届全国“村长”论坛的筹备工作情况，表示，在奥运之年，在农村改革30周年之际，完全有信心、有决心把第八届全国“村长”论坛办成一届主题突出、特色鲜明、成效显著的盛会。

与会执委就第八届全国“村长”论坛的主题、如何开好第八届全国“村长”论坛等进行了讨论。辽宁省上岗子村党委书记商纯福、江苏省马庄村党委书记孟庆喜等分别就“执委的使命和责任”“如何强化农村的文化建设”等提出了很好的建议。会上还专门讨论了如何支持地震灾区部分村庄恢复生产、重建家园的问题。全国劳模、江西省进顺村党委书记罗玉英宣读了《支持地震灾区村庄恢复生产、重建家园》的倡议书。接着，罗玉英代表进顺村，浙江省航民村党委书记朱重庆代表航民村为灾区村庄重建家园现场捐了善款。至此，进顺村已向地震灾区捐款40多万元，航民村为灾区捐款320万元。

执委会选举吴协恩、王乐义、黄福水、宋作文、吴恩福、傅企平和罗玉英等七人为第八届全国“村长”论坛执行主席，会议还就其他推荐的人选问题进行了讨论。会议为陕西省宝鸡市东岭村党委书记李黑记、江苏省张家港市永联村党委书记吴栋材、福建省龙岩市西安村党支部书记章联生、辽宁省凤城市大梨树村党委书记毛丰美、河北省邢台县前南峪村党委书记郭成志、山西省昔阳县大寨村村委会主任贾春生、江苏省昆山市大唐村党委书记陈云明、贵州省三都水族自治县妙良村党支部书记陆崇修、河南省洛阳市安乐窝村村委会主任邵学强等9位新增的执委颁发了聘书。章联生代表新执委做了精彩发言。

中国村社发展促进会执行秘书长沈泽江向执委汇报了全国“村长”论坛经费开支情况，接受执委们的审议。

余展就支持灾区部分村庄恢复生产、重建家园的问题讲了话。他说这次执委会提出的东、中部发达村庄对口支援部分灾区村庄恢复生产、重建家园，是最基层的对口方式。村对村的支援，行业对口，都是农村基层，同处农业战线，心相通，情相连；针对性强，更易了解对方的需求，更能帮到实处；村帮村责任具体，目标明确。可见这种对口支援，更实在，更直接，更能见到效果。

第五节 山东南山村，第五次执委会

2009年5月17日，渤海之滨，和风涌潮，名村南山，盛会相约。山东省龙口市南山村，一个走过风雨、铸就辉煌之地——国家4A级景区、固定资产316亿、年利税50多亿、有知名上市公司“南山铝业”、在校生四万的高校“南山学院”、方圆45平方千米的开发区——串串名珠光彩掩映下的南山已成海滨“城市村庄”。全国“村长”论坛第五次执委会议在此召开！

来自全国18个省、市、自治区的51位执委相约来到这里：王乐义、吴协恩、山东省南山村党委书记宋作文、上海市九星村党委书记吴恩福、山西省皇城村党总支书记张家胜、浙江省花园村党委书记邵钦祥、浙江省滕头村党委书记傅企平、浙江省航民村党委书记朱重庆、北京市郑各庄村党委书记黄福水、江西省进顺村党委书记罗玉英、北京市韩村河村党委书记张桂平……

感受南山魅力，决策论坛事宜。执委们体会着南山的发展、南山的作风、南山的效率，热议着“村长”论坛的举办、论坛的定位、论坛的作用。

17日上午，执委会议隆重召开。中共龙口市委组织部部长赵刚首先发表了热情洋溢的致词，并介绍了龙口市经济社会的发展情况；接着，宋作文致欢迎词，

欢迎大家到南山来，希望能够与各执委村信息共享、资源互动，进而同心协力、携手并进、共谋发展。王乐义代表组委会宣读了新增执委名单：河北省承德市周台子村党委书记范振喜、江苏省滨海县东罾村党委书记薛正红、江苏省常熟市蒋巷村党委书记常德盛、安徽省凤阳县小岗村党委书记沈浩、江苏省江阴市长江村党委副书记范兴龙、福建省龙岩市溪南村村委会主任邱汉成、浙江省义乌市七一村党总支书记何德兴等七位同志被吸纳为新执委。

执委会议为2008年度“功勋村官”南山村宋作文书记、九星村吴恩福书记、滕头村傅企平书记颁发了精制奖牌。全国“村长”论坛2007年在北京市丰台区果园村党委书记陈重才支持下，开始设立“农村产权制度改革重才奖”，本次执委会为2008年度产权制度改革先进人物颁奖，沈阳市上岗子村党委书记商纯福获一等奖。

论坛执委会主任吴协恩做执委会工作报告，总结过去一年执委会的工作，对今年工作进行了展望和部署。各位执委围绕报告进行了讨论。

第九届全国“村长”论坛将在山西省晋城市皇城村召开。会上，晋城市推出了制作精美的宣传片，让与会人员对晋城有了一个深刻印象。晋城市副市长李章宏向执委会通报了论坛的准备情况，皇城村张家胜书记向各位执委报告了论坛的筹备细节，征询各位执委意见。执委们踊跃发言，提出了建议和意见。

执委会通过表决产生了第九届全国“村长”论坛的7位执行主席，他们是：吴协恩、王乐义、宋作文、张家胜、吴恩福、邵钦祥和傅企平。

执委会还通过了年度十大杰出村官候选人及“功勋村官”候选人。在本次执委会召开前的四月下旬，中国村社发展促进会成功举办了第三次全国大学生村官论坛，选出了新的大学生村官论坛执行主席，也受邀参加本次执委会。吉林省梨树县白山乡岫岩村党支部副书记聂莲作为代表在会上发言，希望与到会的各位名村带头人加强学习交流。

本次执委会时值“5·12”地震周年之际，“5·12”地震之后，中国村社发展促进会发出了“名村支持受灾村庄重建”的倡议，得到了许多村庄的积极响应。中国村社发展促进会副会长江惠生在会上宣读了“中国抗震救灾爱心群体形象口碑调查评价课题组”所做的“‘5·12’周年·中华十大爱心村榜”，浙江航民村、山东南山村、江苏华西村、上海九星村、浙江滕头村、山西皇城村、陕西东岭村、山西大寨村、江西进顺村、山东沈泉庄村等十村上榜。

全国“村长”论坛组委会主任、中央农村工作领导小组办公室原主任段应碧在会上讲了话。他说，改革开放以来，农村涌现出一批先进典型，南山村就是其中的代表，取得了令人瞩目的成绩，但南山一直保持着朴素踏实的形象。这次执委会在短短的时间里，安排了十多项程序，井井有条，非常规范，值得称赞。“村长”论坛一届比一届开得好，影响越来越大，这说明“村长”论坛符合农村改革发展的要求，符合“村长”们的意愿，同时还说明“‘村长’论坛‘村长’办”的做法是一个好经验。

中国村社发展促进会副会长兼秘书长余展、国家开发银行原局长刘竣民、山西省晋城市人民政府秘书长常晓虎、山西省阳城县县委副书记贾二庆、中国村社发展促进会副会长江惠生等参加了会议。

17号下午，各位执委在南山村大佛广场前举行了“中国特色村旅游节”发布仪式，向社会推出“中国特色村旅游节”。我国有60万个村庄，这其中深具鲜明特色的特色村，如繁星皓月，点亮了农村的苍穹，揭示并指引着农村未来发展进步的路途。向社会推出“中国特色村旅游节”，将会提升特色旅游村的特色形态，带动更多村庄培育自己的特色，推动各地农村特色经济健康快速发展。其意义重大，影响深远。发布仪式由沈阳上岗子村商纯福书记主持，江苏省徐州市马庄村党委书记孟庆喜宣读了“中国特色村旅游节”发布书。中国特色村旅游被整合成十大板块：以华西村为龙头，代表“第一村”旅游板块；以南山村为龙头——代表休闲度假旅游板块；以皇城村为龙头——代表古村落旅游板块；以郑各庄村为龙头——代表乡村养生旅游板块；以滕头村为龙头——代表绿色生态旅游板块；以三元朱村为龙头——代表观光农业旅游板块；以河北邢台市前南峪村为龙头——代表红色旅游板块；以九星村为龙头——代表市场村购物旅游板块；以四川省成都市农科村为龙头——代表农家乐旅游板块；以云南昆明市福保村为龙头——代表民俗文化旅游板块。首届“中国特色村旅游节”将于十月在中国历史文化名村、4A 级景区皇城村举行。

“中国特色村旅游节”发布仪式结束后，各位执委参观了南山村历史文化园、南山工业园、东海工业园，考察了南山的旅游、铝制品、精纺加工、房地产、高校教育等产业形态。

18日上午，执委会召开村庄发展座谈会，部分村庄相互交流探讨如何发展村庄经济。南山集团董事长宋作文向与会代表介绍了南山集团30年来的发展历程及经验，赢得了四座热烈的掌声。

第六节　重庆新立村，第六次执委会

2010年5月19日，全国“村长”论坛第六次执委会议在重庆市沙坪坝区覃家岗街道新立村隆重召开。

吴协恩、王乐义、吴恩福、傅企平等各地55名论坛执委成员到会。中国村社发展促进会副会长兼秘书长余展、副会长江惠生，国务院发展研究中心研究员刘守英，重庆市农村工作委员会副主任张洪松，沙坪坝区委常委何家利，第十届全国“村长”论坛举办地——江苏省江阴市市委副书记赵国权，第十一届全国“村长”论坛举办地——山东省临沂市人民政府秘书长张宗义、临沂市罗庄区副区长张洪龙等领导出席会议。

张洪松、何家利分别代表重庆市农村工作委员会和当地政府先后致辞，欢迎各地知名村官汇聚重庆，将推动重庆市新农村建设更快更好发展。新立村村委会主任郭正富热情欢迎兄弟村庄到新立做客，为新立发展出谋划策。

会议首先为新增执委颁发证书。河南省京华村书记刘志华、重庆市新立村村委主任郭正富、黑龙江省红光村书记徐在山、安徽省小岗村书记丁俊、陕西省和平村书记白世锋、四川省宝山村村委主任贾卿等人获聘担任新执委。

执委会主任吴协恩代表执委会做工作报告，总结执委会一年来的工作情况，并对新一年的工作做出安排。在新的一年，执委会的主要工作是：更新观念和主动创新，“先富帮后富”；全力以赴开好第十届全国“村长”论坛；不断总结探索适合不同地区、不同村庄发展的新模式，为其他发展中的村庄提供借鉴；筹建农民旅行社，推进乡村旅游事业的进一步开展；积极推进村庄信息化建设；强力推进村庄文化建设；加强绿色村庄建设，坚持可持续发展。

作为第十届全国“村长”论坛的承办单位，吴协恩书记同时向会议汇报了论坛的准备情况。目前，论坛筹备工作已启动，方案在细划中，华西村将努力推出一届精彩的成功的论坛。

各位执委对两个报告进行了讨论，肯定了执委会的工作与华西村的论坛筹备工作。

会议推举了2010年十大杰出村官和功勋村官的候选人。聘请王乐义书记为论坛执委会名誉主席，选举上海九星村吴恩福书记、浙江花园村邵钦祥书记、浙江

滕头村傅企平书记、山西皇城村张家胜书记、北京郑各庄村黄福水书记、江西进顺村罗玉英书记等为本届论坛执行主席。

会议同时为中国农村产权制度改革奖颁奖，举行聘任“三农”高端人才博士实践导师仪式和中国村庄名片颁授仪式。中国农村产权制度改革奖是一项面向村庄，为农村产权制度改革做出突出成绩的基层干部颁发的奖项，由北京市果园村支持设立；会上，果园村书记陈重才为本年度获奖者陕西省韩城市晨钟村古章娃书记颁奖。“三农”高端人才博士培养计划由中国村社发展促进会推出，借助村庄力量培养农村急需高端人才；上海九星村、北京郑各庄村、云南福保村对该计划进行了支持。中国村庄名片是向世人推出的我国突出的特色村，计划在各地遴选108个村庄，作为村庄的代表；本次会上，江西进顺村，河南京华村，陕西东岭村，北京韩村河村，四川宝山村、桃坪羌寨、牌坊村，江苏马庄村，山东三元朱村、沈泉庄村，福建西安村、溪南村，重庆新立村等13个村获此荣誉。

中国村社发展促进会副会长兼秘书长余展发言。他说：遵循“‘村长’论坛‘村长’办”的原则，从第五届全国“村长”论坛起，组建论坛执委会，形成了论坛的领导核心，这是论坛的活力与生命力所在。他还就中国村社发展促进会即将进行的换届选举做了说明，此次换届选举吸收部分村官加入领导班子，包括理事、常务理事和正副会长等，但因受职数的限制，不可能有太多的同志进入。希望大家不论是否担任领导成员，都能继续关心和支持中国村社发展促进会的工作。

会议在19日下午举行了城中村改造发展研讨会。刘守英、江惠生分别做了专题发言，谈到城中村的变革趋势、发展中的注意事项和应对之策等，引起了与会村官的共鸣。北京市郑各庄村、果园村，沈阳市上岗子村等城中村改造先进村庄介绍了各自的经验。

会议期间，与会执委参观了重庆红岩魂陈列馆、白公馆、渣滓洞和四川广安小平故里，接受红色教育。

第七节　贵州三都县，第七次执委会

全国“村长”论坛第七次执委会议暨全国“村长”论坛走进“神秘水族·魅力三都”活动于2011年6月18—19日在贵州省黔南布依族苗族自治州三都水族自治县举行。此次活动由中国村社发展促进会主办，中共三都水族自治县委、三都水族自治县人民政府承办，活动的主要内容为总结全国“村长”论坛执委会一年来的工作；听取第十一届全国“村长”论坛举办地山东省临沂市和承办村罗庄区沈泉庄村关于论坛筹备情况的汇报；举办著名村官报告会和蔬菜产业发展现场交流会；同时宣传三都、推介三都，探讨乡村经济发展新模式。

三都水族自治县位于贵州省东南部月亮山腹地，全县面积2 400平方千米，总人口35.7万，水族人口占65%（占全国水族人口的55%以上）。三都区位优越，资源丰富，历史文化悠久灿烂。有中国象形文字的活化石——水书、中国刺绣的活化石——水族马尾绣、世界上最长的节日——水族端节和古老的东方情人节——卯节，古老浓郁的水族风情更是让人流连忘返……

18日上午，全国“村长”论坛第七次执委会议召开。当地水族群众穿上节日的盛装，吹起芦笙、长号，敲起木鼓、铜鼓，摆上拦门酒，唱着动听的水族敬酒

歌，用水族的最高礼仪迎接来自全国各地包括60名执行委员在内的150名嘉宾。中央农村工作领导小组办公室原主任、全国“村长”论坛组委会主任段应碧，中国村社发展促进会会长兼论坛执委会主任吴协恩，名誉会长余展，全国人大常委、名誉会长郭凤莲，贵州省农村工作委员会副书记李昌来，黔南布依族苗族自治州州委书记黄家培，州委常委、组织部长彭旭，州人大副主任韦耀军，山东省临沂市副市长刘彦祥，黔南布依族苗族自治州副州长王勇，州政协副主席黎俊敏、陈琦，三都水族自治县县委书记唐官莹，县委副书记、县长张加春等领导到会；湖北省十堰市武当山特区组织人事部部长程新华应邀参加了会议。著名村官傅企平、章联生、原贵生、张家胜、吴恩福、陈重才、朱重庆、黄福水、罗玉英、薛正红、侯二河、陈玉圭等参加了此次执委会议。全国劳动模范、论坛执委、辽宁沈阳上岗子村党委书记商纯福主持会议。

会议开始前，宣读了中共贵州省委常委、组织部部长孙永春同志为会议发来的贺信。贺信盛赞道“全国‘村长’论坛致力于加强经验交流、实现优势互补、促进共同发展，是广大农村基层干部交流经验、开阔视野、加强合作、共同提高的重要平台”，“村级组织是共和国大厦的基础，村干部是共和国大厦的基石，是农民群众的当家人，是农村发展的带头人”。

彭旭、唐官莹分别代表州委、州政府，县委、县政府发表热情洋溢的致辞，高度评价全国“村长”论坛在为村官搭建交流互动平台中所做出的贡献，诚挚地欢迎各地朋友光临黔南布依族苗族自治州和三都水族自治县。

吴协恩代表全国“村长”论坛执委会做一年来执委会工作报告。他说，执委会是全国“村长”论坛组委会下设的执行机构，而全国“村长”论坛又是目前国内唯一的为全国村官搭建的相互交流学习的最好最大的平台。在已经举行的十届论坛中，王刚、李源潮、周铁农、杨汝岱、何鲁丽等党和国家领导人分别出席并讲话；上百名全国劳模、全国人大代表、全国政协委员、全国党代表和全国优秀共产党员村官在会上介绍和交流了经验；数十位“三农”方面的专家学者做了发言，参与交流互动的村官有6 000多人次，为广大村官、村庄的相互交流、相互学习搭建、拓展了更为广阔的平台，促进了村庄经济和社会各项事业的发展。

在过去的一年中，执委会成功举办了既得到党和国家领导高度重视、又受到各地村官代表热烈欢迎的第十届全国“村长”论坛，扎实做好第十一届全国“村长”论坛的各项筹备工作，大力推进特色村旅游业的发展，积极筹备成立农民旅行社，组织并加强了西部贫困地区村庄与东部农村的交流，编写了《总书记走过的村庄》，向中国共产党90华诞献礼。在谈到执委会当前和今后一个阶段的工作重点时，吴协恩强调：要全力做好第十一届全国“村长”论坛筹备工作，特别感谢山东省临沂市、罗庄区和沈泉庄村，为成功举办第十一届全国“村长”论坛所付出的努力；要总结经验，不断创新，把“村长”论坛办得更好；要继续开展公益活动，更好地回报社会。刘彦祥代表临沂市委市政府，向会议做第十一届全国“村长”论坛筹备情况的报告。与会执委还观看了专题短片《沈泉庄》，听取了沈泉庄华盛江泉集团副董事长王文涛关于第十一届全国“村长”论坛筹备情况的汇报。程新华宣读了武当山特区关于申办第十二届全国“村长”论坛的申请。会议还增选了第十一届全国“村长”论坛执行委员，推选了2011功勋村官、杰出村官候选人。段应碧、余展在讲话中肯定并感谢全体执委所做的工作，对执委会今后的工作提出了意见和要求。

第八节　上海九星村，第八次执委会

2012年6月1—3日，上海市闵行区九星村，在庆祝九星控股（集团）有限公司成立20周年的大喜日子里，同时召开了全国“村长”论坛第八次执委会。上海市政协主席冯国勤代表中国人民政治协商会议上海市委员会发来贺信。

农业部原常务副部长、全国人大农业与农村委员会副主任尹成杰，中国商业联合会第四届理事会会长张志刚，中央农村工作领导小组办公室原主任、中国扶贫基金会会长段应碧，国务院研究室副主任黄守宏，国家工商行政管理局原副局长、中国商品交易市场理事会理事长、中国商标协会会长李建中，第七届中国文联副主席胡珍，农业部农村经济研究中心主任宋洪远，中国村社发展促进会名誉会长余展，中国社会科学院学部委员张晓山，中国村社发展促进会副会长白益华，浙江省农业和农村工作办公室原副主任、中国村社发展促进会副会长顾益康，上海市社联党组书记沈国明，上海市社会工作党委书记施南昌，上海市委农村工作办公室、市农业委员会副主任张贵龙，闵行区委副书记、区长莫负春等领导以及全国政协委员、中共十八大代表王乐义、吴协恩、常德盛、薛正红、范振喜；全国人大代表毛丰美、张文成、傅企平、杨明等有影响力的村官参加了此次活动。

6月2日上午，全国“村长”论坛第八次执委会议召开。九星村老书记、上海九星控股（集团）有限公司董事长吴恩福致欢迎辞，中国村社发展促进会会长、全国“村长”论坛执委主任吴协恩做了关于执委会的工作报告，湖北省十堰市武当山特区工委委员、组织人事部部长程新华，就第十二届全国“村长”论坛筹备情况进行了汇报，第十一届全国人大代表、云南福保村党委书记杨明主持会议。

吴协恩在报告中，首先回顾了执委会一年来的主要工作。其中包括成功地举办了第十一届全国“村长”论坛；扎实做好第十二届全国“村长”论坛的各项筹备工作；执委所在的村庄加强了与中西部村庄的交流与合作；执委为执委会工作献计献策；对全国“村长”论坛进行了若干改革和创新；执委中的名村官影响力不断提升；成功地开展全国“村长”论坛走进基层的活动等。在回顾总结成绩的同时，吴协恩会长部署了执委会当前及今后一年的工作任务。他还特别强调了值得注意和需要讨论的有关问题：如何继续保持艰苦奋斗的工作作风，如何进一

步扩大村庄出席论坛的参与面，如何把“村长”论坛办得更有成效。会上揭晓了“爱村、实干、厚农、奉献”的村官精神，并推选九星村党委书记、村委主任吴哲华等10位2012年十大杰出村官以及功勋村官、优秀村官候选人，并为王振友、韩贵生两位新增执委和参加会议的全国“村长”论坛观察联系点（村庄）颁牌。会议选举了吴协恩、王富国、孙跃明、孟庆喜、原贵生五人为第十二届全国“村长”论坛执行主席。

6月2日下午，举行了以“改革、发展、共富”为主题的中国村级集体经济改革发展论坛。

第九节　云南临沧市，第九次执委会

绿城临沧，青山叠翠；“红茶之乡”，喜迎宾客。中国名村走进“世界佤乡·天下茶仓”暨全国“村长”论坛第九次执委会议，于2013年6月16日上午在云南省临沧市隆重开幕。全国“村长”论坛执行委员中的40多位全国劳动模范、近20位中共十八大代表、全国人大代表，以及十个百亿元村的带头人，齐聚临沧，共商执委会工作大计，并围绕着“合作发展、共富共赢”的宗旨，开展了一系列活动。

本次活动由中国村社发展促进会、中共临沧市委和市政府联合举办。中央农村工作领导小组办公室原主任、全国“村长”论坛组委会主任段应碧，云南省政协副主席王承才，中共临沧市委书记李小平，中共十八大代表、中国村社发展促进会会长、全国“村长”论坛执委会主任吴协恩，云南省民族事务委员会副主任岩杪，中共临沧市委副书记张泽军，中国村社发展促进会名誉会长余展，中共安徽省滁州市委常委、宣传部长曹哨兵，临沧市人大常委会主任查映伟，中共临沧市委常委、市人民政府常务副市长李华松，全国人大代表、中国村社发展促进会

副会长杨明等在主席台就座。开幕式由全国劳动模范、中国村社发展促进会副会长黄福水主持。

开幕式上，王承才首先致辞。他说，临沧是我国最大的佤族聚居区和佤文化的荟萃之地，是连接东南亚、南亚国际大通道的重要组成部分，是云南沿边开发开放的前沿窗口。当前，临沧正处在加快发展的关键时期，发展后劲十足，前景非常广阔。值此重要时期，中国名村走进“世界佤乡·天下茶仓”暨全国“村长”论坛第九次执委会议在临沧市举办，具有十分重要的意义和深远的影响。李小平介绍了临沧市独特的区位优势和资源优势，热忱欢迎全国的一些名村，能与临沧携起手来，共同开发，互利双赢。

中共十八大代表、山西省河津市龙门村党委书记原贵生代表与会执委发言。李小平与吴协恩作为会议主办双方的代表互赠了礼物。之后，全体人员合影留念，并到临翔区栽植“中国‘村长’森林”。

在中共十八大代表、中国村社发展促进会副会长罗玉英主持下，全国“村长”论坛第九次执委会议正式开始。十二届全国人大代表、中国村社发展促进会常务理事孙跃明宣布了新增执委名单，与会全体执委以热烈的掌声欢迎刘嘉坤、林东风、尤明国、刘春海、吴天来、张行宇等六位同志走进执委会这个温暖大家庭。

全国劳动模范、中国村社发展促进会副会长吴恩福受吴协恩同志的委托，做了执委会工作报告。在总结过去一年所做的工作时，吴恩福说：我们一是成功地举办了第十二届全国“村长”论坛；二是扎实做好第十三届全国“村长”论坛的各项筹备工作；三是执委所在村加强了与中西部村庄的交流互动与合作；四是全国“村长”论坛走进基层活动产生了积极影响；五是举行了农村社区发展问题座谈会；六是悼念、送别了华西村吴仁宝老书记，弘扬和传承了“共富”理念；七是学习贯彻了中央八项规定；八是执委中的名村官影响力在不断提升。

在谈及当前和今后执委会的工作任务时，吴恩福说：一是全力做好第十三届全国“村长”论坛的筹备工作；二是写好展示35年来村庄发展变化的系列丛书，办好改革35年美丽村庄展；三是继续开展好公益活动；四是寻找并形成“美丽村庄”共识；五是发挥执委的引领和带动作用，探索特色村庄经济发展路径；六是进一步学习贯彻中央八项规定，在村干部中开展廉洁自律教育；七是继续开展好全国“村长”论坛走进地方的活动；八是激发继续改革的活力，为实现“中国梦”而奋斗。

中共安徽省凤阳县委副书记、凤阳县长米德成，中国农村改革的发源地——凤阳县小溪河镇小岗村第一书记张行宇，先后代表第十三届全国“村长”论坛的举办地和承办村，做了论坛筹备工作情况的汇报。吴协恩就如何贯彻落实中央的八项规定，如何做好第十三届论坛的各项筹备工作等问题讲了话。他说，在座的执委大都是有影响力的村官，更应该带头学习好、贯彻好中央八项规定，做厉行节约的模范，当廉洁自律的楷模。段应碧希望村官们贯彻中央八项规定，从自身做起，带好身边的干部和群众，并做好对“世界佤乡”少数民族村的帮扶工作。

同时举行了“著名村官”报告会。全国人大代表、福建省龙岩市西安村党委书记章联生，全国劳动模范、百亿元村代表、浙江省杭州市航民村党委书记朱重庆，全国人大代表、山东省平邑县九间棚村党委书记刘嘉坤，全国人大代表、辽宁省凤城市大梨树村老书记毛丰美等，为临沧市数百名干部代表做了富有影响力的报告。中国村社发展促进会名誉会长余展，中国村社发展促进会顾问、辽宁省人大常委会原副主任朱绍毅进行了点评。

17日上午，与会全体执委赴沧源县翁丁村举行“中国乡村手拉手”活动。孙跃明宣读了亚太环境保护协会执行会长乔惠民先生所作的《翁丁村赋》。中国村社发展促进会与临沧市人民政府举行了乡村“手拉手”签约仪式。北京市果园村鑫福海工贸集团、陕西省西安市和平村、河南省漯河市干河陈村、内蒙古赤峰市向阳村、夏岩园林文化艺术集团等五单位，向翁丁小学共捐助奖学金11万元。17日下午举行了项目推介交流会，临沧市人民政府副市长赵子杰、沧源县人民政府县长徐向东，先后以PPT的形式，介绍了临沧市和沧源县概况和招商引资项目。中国村社发展促进会副会长兼执行秘书长沈泽江，就“世界佤乡·天下茶仓”的创新发展及品牌打造做了精彩的专题发言。

执委们还与佤族的兄弟姊妹们一起举行了富有浓重民族色彩的拉木鼓活动和篝火晚会。

第十节　浙江花园村，第十次执委会

2014年6月28日，全国“村长”论坛第十次执委会议与第八届全国大学生村官论坛一起，在中国十大名村——浙江东阳花园村隆重举行。

全国人大常委会原副委员长、中国关心下一代工作委员会主任顾秀莲出席开幕式并做重要讲话。中央农村工作领导小组办公室原主任、中国扶贫基金会会长段应碧，中国农业大学党委书记姜沛民，农业部农村经济研究中心主任宋洪远，《农民日报》总编辑孙林，中国农业出版社总编辑袁惠民，中国农业大学原党委副书记唐运新，中国村社发展促进会名誉会长余展、副会长白益华、副会长兼执行秘书长沈泽江，著名“三农”专家、浙江省农业和农村工作办公室原副主任顾益康，江苏省农林厅原厅长刘立仁，以及浙江、金华和东阳市相关领导参加活动。

开幕式上，顾秀莲表示，本次会议群贤毕至、少长咸集，新老两代村官面对面交流、传承、创新、励志，既有各地大学生村官代表，又有全国“村长”论

坛执委会成员；既有才华横溢、充满活力的青年才俊，又有历经沧桑、默默奉献在农村基层领导岗位上数十载的老一辈村官，新老两代村官要相互学习、相互激励，集聚起建设全面小康社会的正能量，为实现中华民族伟大复兴的中国梦争做积极贡献！

中国村社发展促进会副会长、花园村党委书记邵钦祥结合自身近30年担任村书记的实践，谈了如何做好农村支部书记的体会：一是要学经济、懂经济、抓经济，要有带头致富的能力；二是要有奉献精神，办事要公正、公开、公平；三是要教育引导广大村民解放思想、更新观念；四是要切实为群众办好事、办实事，把村民的困难当成自己的困难，把村民的矛盾当成自己的矛盾；五是要让广大村民真正得到利益，得到实惠。

会上，吴协恩代表中国村社发展促进会以及全国“村长”论坛执委会发表讲话。他指出，会议实事求是地总结回顾了过去一年执委会工作，并按从实际出发的原则提出了今后几项任务，也反映了“为村庄服务，为村官服务”的宗旨。他强调，全国“村长”论坛全体执委，一是要进一步增强执行委员的责任意识；二是要近距离学习浙商的创新理念；三是要加大农村基层年轻干部培养的力度，希望大家多一点担当精神，齐心协力把全国“村长”论坛的事情办好，进而推动村庄的交流、发展，为全面建成小康社会争做一份贡献，这样才无愧于这个伟大变革的时代。

全国“村长”论坛第十次执委会共有执委60名，他们虽然来自中国最小的行政单元——“村”，但是却具有非常强大的社会影响力，多数是全国人大代表、全国党代表、全国劳动模范，还有10余名年产值百亿元以上经济强村的领头人。本次会议回顾总结了中国村社发展促进会一年来的执委会工作；听取了第十四届全国“村长”论坛举办地——河南省漯河市源汇区及干河陈村关于论坛筹备情况的汇报；酝酿产生了2014年度中国十大杰出村官和中国功勋村官候选人；选举产生了第十四届全国“村长”论坛执行主席。

第三章
全国“村长”论坛之人物篇

第一节 领导关怀

全国“村长”论坛的发展壮大离不开党和国家领导人的深情关怀，他们出席论坛，对论坛的作用做出高度肯定，并提出殷切希望，指明了论坛的发展方向。

温家宝（1997年3月31日，中国村社发展促进会举办全国村社发展经验交流会，时任中共中央政治局候补委员、书记处书记温家宝同志邀请部分代表到中南海座谈。）

——很高兴和大家一起座谈。党的农村政策来源于实践，特别是来源于基层干部群众的实践。对于我们在中央工作的同志来说，直接听取农民群众的意见，和基层的同志交流情况和想法，是必要的，有益的，刚才听了大家的发言，了解到许多情况和问题，很受启发。

李源潮（2010年10月6日，时任中共中央政治局委员、中央书记处书记、中央组织部部长李源潮同志出席了第十届全国“村长”论坛。）

——这次论坛，全国许多明星村的领头人都来了，可以说是群英荟萃。你们是全国农村科学发展的旗帜，是全国农村全面小康建设的示范，是中国农村走向现代化的尖兵。在此，谨向全国先进村的领头人表示敬意，向与会的所有村干部表示问候！

杨汝岱（原中央政治局委员、第九届全国政协副主席、全国“村长”论坛组委会名誉主席杨汝岱，参加了第三、四、六、七、八、九、十一、十三届全国“村长”论坛。）

——全国“村长”论坛，是“村长”们交流经验、探讨问题、沟通信息、洽谈合作的舞台。希望它越办越好，在农村全面建设小康社会的进程中发挥积极的作用。

王刚（2008年9月27日上午，时任中央政治局委员、全国政协副主席王刚出席第八届全国“村长”论坛。）

——代表全国政协和贾庆林主席，向第八届“村长”论坛开幕表示热烈的祝贺！并向出席会议的代表，向长期辛勤工作在“三农”第一线的广大农村干部致以亲切的问候！

回良玉（2011年10月22日，时任中共中央政治局委员、国务院副总理回良玉向第十一届全国“村长”论坛发来贺信。）

——论坛以“新村官、新创造、新奉献”为主题，深入分析农村发展的新形势、新挑战，广泛交流富民强村的新成效、新经验，积极探讨新农村建设的新思路、新举措，相信将为建设现代农业、壮大集体经济、创新农村社会管理，发挥应有的作用、做出新的贡献。

姜春云（2011年10月22日，原中共中央政治局委员、国务院副总理姜春云向第十一届全国“村长”论坛发来贺信。）

——全国“村长”论坛是广大农村基层干部相互交流与促进合作的一个平台，十多年来越办越好。通过这个平台，大家经验互享、信息互通、资源互补、困难互帮，先富带后富，共同走富裕道路。

迟浩田（2011年10月22日，原中共中央政治局委员、中央军委副主席、国防部部长迟浩田向第十一届全国“村长”论坛发来贺信。）

——欣闻第十一届全国“村长”论坛在临沂市罗庄区沈泉庄村隆重举行，作为沂蒙山区解放和发展的见证人，我的心无比高兴和激动。

2008年9月27日，时任中央政治局委员、全国政协副主席王刚，全国政协原副主席杨汝岱，与出席第八届全国“村长”论坛的部分代表合影

周铁农（2009年10月13日，全国人大常委会副委员长周铁农同志出席了第九届全国“村长”论坛。）

——农村每一项事业的发展，每一步改革的推进，都凝聚着农村基层干部的智慧和汗水，都融入了村干部的赤诚与奉献，广大农村基层干部为农村改革发展所建立的历史性功绩将永载史册！

厉无畏（2012年9月8日，全国政协副主席厉无畏出席了第十二届全国“村长”论坛。）

——在世界经济步入创意经济时代的今天，通过发展创意农业，转变农业发展模式，构建一个持续健康的农村产业体系，将是实现社会主义新农村建设目标的一条创新之路。

何鲁丽（2008年9月28日，全国人大原副委员长何鲁丽出席了第八届全国“村长”论坛闭幕式。）

出席全国“村长”论坛的国家领导人掠影

中央政治局委员、国家副主席李源潮

第十三届中央政治局委员，第八届、九届全国政协副主席杨汝岱

第十七届中央政治局委员、第十一届全国政协副主席王刚

第九届、十届全国人大常委会副委员长何鲁丽

第十一届全国人大常委会副委员长周铁农

第十一届全国政协副主席厉无畏

第二节　帮助成长

在全国“村长”论坛诞生、发育、成长的过程中，国家相关职能部门领导和有识之士给予了积极指导帮助，在他们的细心呵护下，全国“村长”论坛得以健康发展。

杜润生：原中国共产党中央顾问委员会委员、中央农村政策研究室主任，担任中国村社发展促进会顾问，亲身参与了中国村社发展促进会的筹备工作，参加了中国村社发展促进会主办的全国村社发展经验交流会，并为之后召开的多届全国“村长”论坛发来贺词或书面讲话。

王郁昭：中国村社发展促进会顾问，在任职全国政协常委时参加了全国村社发展经验交流会，任职中国扶贫基金会会长时参加了第一、二、三届全国“村长”论坛，之后担任全国“村长”论坛组委会名誉主任，参加了第四、五、十三届全国“村长”论坛，多次就“三农”前沿问题在论坛上发言。

韩长赋：农业部部长，出席了第十届全国“村长”论坛，并做了重要讲话：村是我国农村社会最基本的单元，是亿万农民群众的家园，是构建社会主义和谐社会的基石，也是农业农村经济发展的重点……全国各地涌现出一批又一批亿元村、明星村、模范村，充分展示了党在农村政策的巨大成功，充分展示了亿万农民的无穷创造力，充分展示了中国农村发展的光明前景。村级经济的发展，为国民经济和社会发展做出了巨大贡献。

陈锡文：在任职国务院发展研究中心副主任时参加了第二届全国“村长”论坛，在任职中央农村工作领导小组副组长兼办公室主任时参加了第十届全国“村长”论坛，多次对论坛活动给予指导和帮助。

段应碧：任职中央财经领导小组办公室副主任、中央农村工作领导小组办公室主任时参与了中国村社发展促进会筹备工作，参加了全国村社发展经验交流会和第二届全国“村长”论坛，后任职全国政协经济委员会副主任、国务院西部开发办副主任、中国扶贫基金会会长，参加了第三届全国“村长”论坛，之后担任全国“村长”论坛组委会主任，参加了第五、六、七、八、九、十一、十二、十三届全国“村长”论坛。

韩俊：在任职国务院发展研究中心农村部部长时参加了第七届全国“村长”论坛，在任职国务院发展研究中心党组成员、农村部部长时参加了第九届全国“村长”论坛，在任职国务院发展研究中心副主任时参加了第十三届全国“村长”论坛。每次参加论坛都为全体村官代表做主题报告，受到热烈欢迎。

宋洪远：农业部农村经济研究中心主任，中国村社发展促进会副会长兼秘书长，法人代表，多次参加全国“村长”论坛，并在论坛上做专题报告或发言。

余展：任职全国农村固定观察点办公室负责人时，参与了中国村社发展促进会成立筹备工作，担任副会长兼秘书长，主持促进会工作。参与组织了本会举办的各个会议和历届全国“村长”论坛，2011年起担任中国村社发展促进会名誉会长。

黄道霞：国务院发展研究中心研究员，中国村社发展促进会常务理事，参加了全国村社发展经验交流会和多届全国“村长”论坛，并就“三农”工作多次做专题报告或发言。

吴协恩：中国村社发展促进会会长、全国“村长”论坛执行委员会主任、华西村党委书记，自第四届全国“村长”论坛起，参加了历次论坛，多次主持论坛的开幕式和主论坛活动。

第三节　论坛专家

全国"村长"论坛汇聚了众多知名专家学者，他们为论坛提供了强有力的智力支持，是论坛的智囊团。他们坚持和秉承论坛为村官服务、为农村服务的宗旨，为广大村官提供了政策解读、信息咨询、发展规划、村庄定位等服务。

朱绍毅：辽宁省人大常委会原副主任，多次参加全国"村长"论坛活动。

郭书田：中国村社发展促进会常务理事，农业部政策法规司原司长，参加了多届全国"村长"论坛，并做报告。

张从明：1994年，在任职中央政策研究室农村组组长时参加了中国村社发展促进会成立筹备工作，担任中国村社发展促进会副会长，出席了1997年召开的全国村社发展经验交流会。后任中央政策研究室秘书长。作为中国村社发展促进会常务理事，出席了多届全国"村长"论坛和相关活动，担任主持或点评嘉宾。

白益华：1994年在任民政部基层政权司司长时参加了中国村社发展促进会成立筹备工作；担任中国村社发展促进会副会长，出席了1997年召开的全国村社发展经验交流会。在任民政部计财司司长时担任第二届全国"村长"论坛组委会主任。出席多届全国"村长"论坛，担任主持或点评嘉宾。

姚力文：中国村社发展促进会常务理事、《人民日报》原农村部主任；在任中国村社发展促进会理事时，参加了1997年召开的全国村社发展经验交流会；多次参加全国"村长"论坛。

骆友生：中国村社发展促进会副会长，中国农业经济法研究会会长，农业部政策法规司原司长，参加了多届全国"村长"论坛。

江惠生：在任华南农业大学党委书记时，参加了第三届全国"村长"论坛，后任广东农村经济研究中心主任，中国村社发展促进会副会长，参加了多届全国"村长"论坛。

顾益康：中国村社发展促进会副会长，在任浙江省农业和农村工作办公室副主任时，担当了第六届全国"村长"论坛的筹备工作；出席多届全国"村长"论坛，做主题报告或担任点评嘉宾。

周其仁：北京大学经济研究中心主任、国家发展研究院院长，参加了第九届全国"村长"论坛，并做主题报告。

艾云航：中国村社发展促进会常务理事、中央政策研究室研究员，参加了中国特色经济村年会和多届全国"村长"论坛。

顾吾浩：中国村社发展促进会常务理事、中国村社发展促进会资源开发专业委员会主任，上海市农村经济学会副会长兼秘书长，《上海农村经济》杂志总编。他在任上海市农业委员会副局长时，参加了第一、二届全国"村长"论坛，参加了第一次论坛执委会，后又多次参加论坛及相关活动。

赵树枫：中国村社发展促进会常务理事，北京市农村经济研究中心原主任，出席了多次全国"村长"论坛及相关活动。

焦守田：中国村社发展促进会常务理事、北京市农村经济研究中心原主任，出席多届全国"村长"论坛及相关活动。

吴长生：中国村社发展促进会常务理事、《人民日报》国际部原主任，出席多届全国"村长"论坛及相关活动，担任主持或点评嘉宾。

乔惠民：亚太环境保护协会执行会长，中国绿色村庄专家委员会主任，中国国土经济发展研究中心主任、全国低碳国土实验区办公室副主任，是著名"公益人士"，城市发展策略专家。他参加多届全国"村长"论坛及相关活动，以卓越的书法为论坛书写了大量有价值的文稿。

卢凤君：中国农业大学教授，参加了第一届与第十二届全国"村长"论坛，并做演讲。

第四节　村官舞台

全国“村长”论坛为广大村官提供了一个全国性的交流、展示平台，这个平台，也是村官们“表演”的舞台，他们尽显个人风采，彰显村庄魅力。论坛坚持“‘村长’论坛‘村长’办”的原则，充分发挥村官的作用，得到广大村官的支持，一路向前，健康有序发展。

一、中国村官“旗帜”

全国“村长”论坛是村官的舞台，这个舞台汇聚了知名村官的身影，他们尽显风采。2005年于山西昔阳大寨举行的第五届全国“村长”论坛上，吴仁宝、郭凤莲、申纪兰三位中国村官的代表符号相聚了，让全国“村长”论坛大放光彩。

吴仁宝是江苏省江阴市华西村老书记。他2002年第一次参加全国“村长”论坛，这是作者首次与他接触。他热衷于农村事业，全部的心血奉献于国家的“三农”工作。他的思想很敏锐，与人谈话时注重抓听众的心理，善于将理论政策与实际工作结合，用简朴的语言表述出来。很可惜，2013年3月18日，他离开了我们。但他留下了丰富的社会主义新农村建设理念，为我们的共富发展道路指明着方向。

郭凤莲是大寨村党总支书记、经济开发总公司董事长。在“农业学大寨”年代，被称为“铁姑娘”，站到了历史的舞台上。改革开放后，她重回大寨，开展二次创业。大力推进村办企业和第三产业的发展，走农工商一体化的路子。作者与她相识是在2000年，在大寨村里见面。其时她还兼着昔阳县委副书记职务。她是一位很有气质的女士，这种气质是她几十年的风雨经历磨炼出来的，蕴含在她日常待人接物的态度中。她比较谦和，也很念旧，懂得报恩，对于帮助过自己的人她愿意伸出自己的手。她也热衷于公益事业，对于周边村庄的发展，对于少数民族村官的培养等，都愿意做实质的贡献。

申纪兰是山西省平顺县西沟村党总支副书记。她是一位老党员，对共产主义事业忠心耿耿。从1954年当选第一届全国人大代表，到2013年当选第十二届全国人大代表，她是全国唯一的一位从第一届连任到第十二届的全国人大代表。作者和她是2002年第一次相见，每年她在北京参加全国人民代表大会时，作者都会去看望她。现在算来，西沟村作者去了四次。有三次她都陪着作者去看自己栽种上万亩树林的那片山，有一句话我记忆深刻，她说："如果全国的村都把没有绿化的山头植成这样多好。"她是一个注重生态观念的人，希望全国都是绿水青山，为子孙后代留下宝贵的绿色遗产。

吴仁宝、郭凤莲、申纪兰是我们中国村官的好榜样。我们应该学习吴仁宝老书记的先进理念，学习郭凤莲书记的艰苦奋斗的创业精神，学习申纪兰书记的忠于革命事业、一身献给社会主义新农村的人生观。

二、村官"三女杰"

参加全国"村长"论坛的有几位杰出的女村官，像河南新乡京华村的刘志华、江西南昌进顺村的罗玉英、江苏滨海县东罾村的薛正红，她们是村官"三女杰"。

刘志华是京华村党委书记。她带领村民，利用当地资源优势，发挥集体力量，相继建设了副食品加工、化工、商业、集贸市场、房地产、旅游、度假村、疗养院、养生苑等经济实体，将一个贫穷的生产队建成强大的实业公司，村庄也变身4A级景区，走出了一条共同富裕的道路。

罗玉英是进顺村的党委书记。她带领村民艰苦创业，经过"盘活资产打基础、以地换地拓空间、招商引资谋发展"三个阶段，让进顺实现了从第一产业到第二、三产业，从农业经济向工业经济，从乡村到城市，从农民到职工，从职工到股东的历史性转变。村里形成了以发展三产为主体、园区建设为两翼、金融商贸业并举的多元化经济发展新格局，创下了江西省村级的"六个率先"。

薛正红是东罾村党委书记。她自1998年上任以来，凭着一股坚韧不拔的顽强意志和敢闯敢试的拼搏精神，带领全村干群团结一心刨穷根，奋发图强闯富路，使地处盐碱地、受了几十年穷的东罾村，一跃成为远近闻名的富裕村。

她们三人都热衷于农村事业，为群众无私奉献，是农村妇女干部的榜样。

三、苏南村官"三杰"

苏南地区有三位村官给作者印象很深，他们多次参加论坛，展示魅力。

吴栋材是江苏张家港市永联村党委书记。20世纪80年代初，他以30万元起家建钢厂，带领村民走向富裕。永联村先后四次并队扩村，并进土地9 400多亩，人口9 300余人，成功践行了"先富带后富"的社会主义新农村道路。永联投资15亿元建设现代化农民集中居住区，全村96%的村民实现城镇化集中居住、96%的土地集中流转、96%的劳动力就地就业、96%的农民享受到比城里人优越的福利保障，基本实现居住方式城镇化、生产方式产业化、生活方式市民化。吴栋材书记是一个听到冲锋号响就勇于冲在前的人，他所做的村庄产业化、小城镇试点、新农村建设等都走在前面。

常德盛是江苏省常熟市支塘镇蒋巷村党委书记。他40多年如一日带领村民脚踏实地、艰苦创业，把蒋巷村建成了老百姓的幸福家园和文明新村。常德盛书记是一个可亲可敬的“老农民”，他做事认真，脚踏实地。他秉承一个信念：“穷不会生根，富不是天施，天不能改，地一定要换。”这很有气魄。蒋巷村“农业起家、工业发家、旅游旺家”的规划都是他制订的。蒋巷村是最值得学习推广的村庄之一。

武继军是江苏高淳县古柏镇武家嘴村党委书记。他是村里最早富起来的人，担任村干部后，以独到的眼光、过人的胆识、敢闯敢拼的魄力，带领全村百姓，从水运做起，又从船上走到陆地，发展工业、农业和三产，闯出了一片新天地。他懂得将村民技能与市场经济很好地融合在一起，发挥渔村渔民的特点，打造出“造船第一村”，又适时选择时机，没有资源创造资源，上岸租地建生态园和农业科技园，成为全市高效农业的样板。

四、山东村官“三杰”

山东村官群里首提王乐义书记，他是寿光市孙家集街道三元朱村党支部书记，连续四届党代表。王乐义书记积极投身农业科技，1989年改良了冬暖式蔬菜大棚，并将这一技术毫无保留地推广到20多个省、市、自治区，引发了一场遍及全国的“绿色革命”，结束了我国北方冬季吃不上新鲜蔬菜的历史。没有哪一个村官对人民群众的生活贡献有他这样大，他的质朴形象令人印象深刻。

宋作文是山东龙口市南山村党委书记，也是南山集团有限公司董事长。在他的带领下，南山集团已发展成为集产供销、科工贸为一体的国家级大型民营股份制企业，跻身中国企业500强。南山村实现了由农业向工业化、乡村向城市化的战略转变。他做事低调而精明，很有魄力。

王廷江是山东省临沂市罗庄区沈泉庄村党委书记。1989年9月29日，他把价值600万元资产的白瓷厂捐给村集体。经过发展，沈泉庄村拥有36家工业企业，其中上市公司两家，形成煤-电-铝、煤-焦-气、煤-气-墙地砖、电-热-木、电-热-大豆加工等五条高附加值新生产业链，也跻身中国500强企业之列。王廷江书记有一句名言令人印象很深，他说：“钱是做什么用的？是为事业而开路的。”这个气魄可真是沂蒙山人的精神写照。

五、上海村官“三杰”

上海的村官给人印象一向很好，他们知识水平高，见解独特。

吴恩福原是上海九星村党委书记，现在是上海九星控股（集团）有限公司董事长兼总经理、九星综合市场经营管理有限公司董事长。他1994年提出了“市场兴村”的发展战略，带领村民群众探索发展综合市场，走上了“以市兴村、强村富民”的特色之路，并依托主业，发展衍生产业，相继成立了电子商务、小额贷款、融资担保、财务管理、旅游服务等公司，不断优化产业结构，壮大特色产业，让新老九星人共享改革发展的创新成果。令人感动的是吴恩福书记的公益心，他在村庄富起来后，心系全国，乐于公益事业。他帮助中国村社发展促进会和王乐义书记一起做蔬菜技术培训，还帮助中西部落后地区村庄发展，这些年捐助不少，对“三农”贡献很大。

孙跃明是上海奉贤区杨王村党委书记。在他的带领下，杨王村充分运用本村的区域地理优势和资源优势，走一条工业特强、多业并举的产业发展之路，使原本贫穷积弱的村子，一跃成为上海市闻名的富村、强村。孙跃明书记是一个敢想事、敢做事的人。他有一个“锤子敲石头”的见解，认为石头代表困难，锤子则代表精神，只要坚持敲下去，困难一定会突破的。他还认为，过去是带着老百姓、让他们闭着眼干，现在则需要让老百姓睁着眼睛，大家一起干，这样能摆脱盲目性，增强干劲。

苏兴华是上海嘉定区江桥镇太平村党总支书记、村委会主任。他怀着对家乡、对村民的深爱之情，带领全村干部群众，在强村富民、以党建引领加强基层民主建设和着力推进城乡一体化等方面进行了大量的实践和探索，深得村民的信任和拥护，受到了社会各方面的肯定和赞许。太平村从一个贫穷、落后的小村庄，成为“中国幸福村”“全国农村民主管理先进村”“全国文明村”，走出了一条农村基层群众工作的特色之路。苏兴华书记给人以斯文的形象，他善于思考，善于总结。他有胆有识，一心投入农村基层民主事业，为村庄民主工作做出了有益的探索和尝试。

六、浙江村官“三杰”

有几位浙江村官，对全国“村长”论坛贡献很大。

傅企平是浙江省奉化市滕头村党委书记。滕头村在他的领导下，坚持“既要金山银山，又要绿水青山”，发展“生态农业”、旅游、园林绿化等，成为国家首个5A级乡村旅游区。村庄曾作为生态发展案例进入2010年上海世博会，还赢得联合国颁发的“世界十佳和谐乡村”奖。傅企平书记具有政治敏锐性，他将政治学与经济学完好地融合起来，指导村庄的发展，这在全国是为数不多的。他善于抓时机，眼光独到。他提出的“乡村让城市更向往”理念，很有水平。

邵钦祥是浙江东阳花园村党委书记。改革开放以来，他带领村民通过创办企业，坚定地走“以工富农、以工强村”之路，实现了共同富裕，使村民过上了幸福的生活。他围绕做大做强高科技产业，做大做活第三产业，做强做美花园村的目标，打造出“科技花园、绿色花园、活力花园、和谐花园”，使花园村成为中国现代化和谐新农村的榜样。邵钦祥书记是一个为民造福的好带头人。他是一个善于抓住机会的人，只要有平台，他都能充分利用并发挥好它的作用。他打造出两个世界第一——最大的维生素D_3生产基地和最大红木家具制造村，是花园“求实创新”和“求强共富”的精神写照。

朱重庆是浙江萧山航民村的党委书记。他领导航民村，从6万元的农业积累起家，经过多年的艰苦努力，把一个贫穷落后的小村庄建设成为集农、工、商于一体的集团型企业。全村实现了“没有困难户，家家都是富裕户”，在积极发展集体经济的同时，走上了“充分就业＋按劳分配＋社会福利”的共同富裕道路。朱重庆书记是年轻的老先进，他个性稳重，航民村在他主政下，发展没有起伏，产业结构布局合理。朱书记也是一个典型的浙商代表，他以产业为基，追求资本运营上的突破。

七、北京村官"三杰"

北京有许多优秀的村官，这里想说参加论坛的几位佼佼者。

黄福水是北京昌平郑各庄村党委书记。他摸索、创建出了一种以村为基础、以村企集团为经济支柱的"村企合一"的经济运行体系，实现了村庄与企业资源共享、优势互补、共同发展。村里把所有的土地整合起来与企业签订合同，采取土地租用制，不管企业盈亏与否，都要如数向农民兑现土地租金，农民不承担任何风险。郑各庄在他主导下，"主动城市化"，为农民保住了宝贵的土地资源。黄福水是一个优雅的人，有帅才，他的作为有时难以琢磨，但又常被市场做出正面证明。

陈重才是北京丰台区南苑乡果园村党委书记。他充分利用地域优势，有效地利用土地资源和人力资源，筹资建成大红门服装商贸城，现已发展成为华北地区乃至全国有名的大型服装批发市场。1995年果园村创造了社区股份合作制企业股份可以转让和继承的先例，为全市农村股份制改革政策的创新奠定了实践基础。陈重才书记是一个干事的人，能够坚定不移地将规划中的东西变成现实。

田雄原是北京房山区韩村河村党委书记，现在是北京韩建集团有限公司党委书记、董事长。他曾带领韩村河人，拉起"泥腿子"建筑队，闯京城，经过拼搏，使公司发展成为国家特级资质大型企业集团。通过企业发展，实现了村强民富，并向小城镇转型。田雄书记是一个有眼光有魄力的人，他看事比较透，也没有什么私心，正是他，才让韩村河这个远郊村大变了样。

八、辽宁村官“三杰”

张文成是辽宁省兴城市四家屯街道四家村党委书记。他带领群众从工程队起步，创建了四家村企业集团，并使之不断发展壮大，形成了农工商一体化发展的产业格局，四家村因此成为有名的富裕村，被誉为“辽西第一村”。他还连续担任六届全国人大代表，从不自傲，心中装着百姓。他始终站在农村经济发展、带领群众走共同富裕的第一线，时刻不忘自己的责任，追求社会主义新农村更美好的未来。张书记是一个值得敬重的人，他在论坛上当选功勋村官，当之无愧。

毛丰美是辽宁省凤城市大梨树村的老书记。他倡导“苦干、实干、巧干”的“干”字精神，带领村民实施了大规模山水治理，让全村生态环境得到彻底改善；组织全村培育特色产业，创办生态旅游景区；大胆调整种植结构，建成国家级五味子标准化种植示范区。他连续担任5届全国人大代表，提出了城乡电费同网同价、取消农业特产税和农业税等近200件关于“三农”问题的建议和议案，被赞为“农民的代言人”“最敢为农民说话的代表”。毛丰美有思想，讲话有条理，也有水平，聆听他演讲是一种享受。他在全国“村长”论坛上的讲话简捷直接，又富有鲜活的生活特色，让人过耳难忘。

商纯福是沈阳市于洪区上岗子村党委书记。他带领村民在一片废地上建起了金山建材市场，实现跳跃发展，资产倍增。又先后成立了房地产开发公司、物业公司、资产经营公司、购物中心、林苗花卉基地等公司，告别了传统农业，使上岗子村由过去一、二、三产业结构，调整为三、二、一产业结构。村庄实现了农村向城市化转变、村民向市民转变、分配体制向多元化转变、农民就业向二三产业转变的巨大变化。商纯福书记是一个实干家，他变着手法，创造条件，谋求村庄快速发展，而不是碌碌无为地等、靠、要，所以让人对他心生敬佩。

三位辽宁的村官代表，从东到西跨度全省，他们的作为是辽宁省村官的写照。

九、陕西村官“三杰”

陕西的村官给人感觉都有见解和谋略，他们有胆有识，做起事来有冲劲。下面举三例：

李黑记是陕西宝鸡市金台区陈仓镇东岭村党委书记。他从承包村里的黑白铁皮加工部开始，经过十多年发展，逐步建成一个集黑色金属（钢铁）冶炼及压延加工、钢材贸易、焦炭生产、有色金属（铅锌）冶炼、销售和矿产开发等多项产业于一体的民营股份企业集团——陕西东岭工贸集团股份有限公司，跻身“中国企业500强”。李黑记的经历是传奇的，他也创造着传奇，他外在表现较低调，但做起事来却很认真，要求也较高。

赵建平是西安市碑林区西何家村党总支书记。他早年带领群众发展集体经济，摆脱穷根。20世纪90年代初，他抓住西安千载难逢的“城中村”改造机遇，不要征地补偿，以土地置换的方式为西何家村换来西安南二环内外66亩土地。随之以合作联营联建的方式，四处招商，在置换来的土地上先后盖起了4栋商业大楼。西何家村拥有大楼1—4层商业面积的独立产权，为村民保留了稳定收益，随后建起5栋高层的西荷花园，使西何家村发生了脱胎换骨的变化，成为陕西省“城中村”改造的典范。赵建平书记有远见，也有谋略，和他打交道常会被他的思路牵引。

白世峰是西安市未央区三桥街道办和平村党委书记。他1986年就开始担任村党组织书记，在短短10多年时间，就让该村实现了城郊村向工业化、城市化的转型，创出了农民离土不失业、靠集体致富的成功之路。白世峰最大的特点是善于思考，喜欢学习，喜欢就农村里存在的各种现象进行深入剖析，然后提出自己的见解。可以说，他有些像学者型村官。

十、四川村官“三杰”

四川的村官有守成的一面，另外也懂得开拓，借力发展。

贾卿是四川省彭州市龙门山镇宝山村党委书记、宝山企业集团公司董事长。他继承和发扬老书记贾正方的一心为公、发展为民的精神，带领宝山人进行产业转型和升级，牢牢把握本地特色，突出做好特色旅游文章，从而再铸辉煌，将“西部山区第一村”推向新的高度。贾卿是新生代村官，年经有为，假以时日，他会创造出更大的成绩。

高德敏是四川郫县唐昌镇战旗村党总支书记。他用统筹城乡的思路和办法建设新农村：不放弃农业，不浪费耕地，基本公共服务已达到或接近城市社区标准。围绕“农”字做文章，发展创意农业、观光农业，一、三产业互动，建设美好田园。在公共服务和社会管理方面，高德敏摸索出了一套广泛民主的“六步工作法”——宣传动员、征求村民意见、决议公示、村委会组织实施、村务监督委员会监督、社会评价。“爱学习、善钻研”是他给人的印象，他也是一位新生代村官，其发展村庄的“大手笔”我们将拭目以待。

宗作林是四川省郫县友爱镇农科村党支部书记，也是一名高级园艺师，他推动了农科村花卉苗木和“农家乐”产业的发展。农科村是中国盆景之乡，20世纪80年代中开始搞起“农家乐”，成为我国“农家乐”的发源地。农科村的村民大多兼着“农家乐”老板和园林绿化企业老板的身份。农科村已是国家4A级景区，在游客眼里是个“没有围墙的公园”，走在村中可谓移步换景。宗作林也正谋划着农科村的提档升级，使之与周边一起整合发展，做大做强。

十一、河南村官“三杰”

河南村官汇聚了新老典型，也汇聚了不同的时代精神：一心为公，坚韧拼搏，与时俱进。

王宏斌是河南临颍县南街村党委书记，也是南街村（集团）有限公司董事长。他带领南街人结合自身实际，因地制宜，大力发展集体经济，走共同富裕道路。南街村实行“工资＋供给”的分配制度，村民们免费享受水、电、气、住房、上学、医疗等多项福利待遇，生活上无后顾之忧。南街村高度重视政治文明和精神文明建设，以雷锋精神鼓舞人，以革命歌曲激励人，提出了建设共产主义小社区的奋斗目标，坚持“外圆内方”的治村方略，强化了职工村民的集体主义精神，增强了凝聚力，营造了浓厚的集体主义氛围。王宏斌是一个理想主义与现实主义交融的典型代表，他为着自己的目标坚韧奋斗，不妥协，不气馁，让人赞叹。

林东风是河南漯河市源汇区干河陈乡干河陈村的党委书记。他带领群众实施城中村改造，推进城镇化建设，以房地产开发为主，形成居住、购物、文化娱乐、休闲观光四位一体的综合小区，把近3平方千米的干河陈村打造成了国家4A级旅游景区、文明社区。他还发展壮大集体经济，使村集体控股的开源集团发展成为一家有实力的公司。林东风书记有头脑，善于学习，善于借鉴别人的长处和有益经验来发展自己。他有目标，为着目标会坚定地去工作。他也有很强的执行力，决定的事，会努力推动完成。

史世领是河南新乡七里营镇刘庄村党委书记。他继承老书记史来贺的遗志，带领群众，自力更生、勤俭创业、与时俱进、开拓进取，使刘庄经济继续快速健康发展，群众生活水平进一步提高。他坚持走新型工业化强村富民之路，使刘庄发展成为全国最大的肌苷生产厂家和最大的青霉素原料药品生产基地之一。刘庄经济形成了以农业为基础、以高科技医药为龙头、农工商协调发展的新格局，成为闻名全国的社会主义现代化新农村。史世领书记是一个实干家，低调，务实，刘庄这个老典型在他手里没有褪色，继续创造着新的传奇。

十二、山西村官“三杰”

山西的村官都不简单，除了郭凤莲、申纪兰这些村官代表，还有许多村官典型。

张家胜是山西阳城皇城村党总支书记。他紧紧抓住结构调整这一主线，大力实施“煤炭工业立村、文化旅游兴村、人才科技强村”战略，通过农业转工业、地下转地上、进军高科技的三次转型，创办了皇城相府国家5A级旅游景区，形成“煤炭产业做后盾，旅游产业创品牌，多元产业求发展”的产业结构，让皇城村变成了生态和谐、花园式的小城镇。张家胜书记很厉害，他能看别人看不到，想别人不能想，做别人做不到的事。他是有智慧的，也是一个严厉行事的人。他还喜欢向别人学习，借鉴他人之长补己之短。张书记还在公益事业上做了不少贡献，是个值得佩服的人。

原贵生是山西河津龙门村的党委书记。他带领村民坚持科学发展观，创新和形成了独特的集体、股份、联户、个体“四轮驱动”经济模式，坚持共同富裕，实现和谐发展。村办企业龙门集团形成了洗煤、焦化、发电、精铝、铁路发运、运输、旅游的循环经济链。村民人人当股民，人人持股金，住进了水、电、暖、气、闭路、程控电话、洗澡、网络宽带“八通”的单元住宅楼，实现了住有所居、学有所教、劳有所得、病有所医、老有所养。原贵生书记是一个心胸开阔的人，他思维敏捷，对事物有自己独到的见解。他也很务实，凡事从实际情况出发，不好高骛远。

赵建庆是山西省太原市尖草坪区南翟村党总支书记。他带领村“两委”一班人，于1992年再造集体经济，组建了“户户是股东、人人有股份”的全省第一家农村社区型股份合作制企业——太原市金滩实业总公司。经过发展，净资产从200万元增值到数亿元，让全村群众受益。他本人成为“以企带村”建设社会主义新农村的优秀企业家。赵建庆书记凡事将群众的利益摆在前面，个人的享受放在后面，为村里发展可谓呕心沥血，他放弃了许多原本属于自己的东西。

十三、湖北村官“三杰”

孙开林是湖北省保康县马桥镇尧治河村党委书记。他凭着人定胜天的信念和愚公移山的毅力，带领全村群众劈山炸石，修路开矿，改田建园，筑坝办电。村里累计投工25万多个，完成土石方13亿方，修通村级公路83千米，其中硬化47千米，架设输电线路131千米，改梯田700多亩，极大改善了全村的基础环境。他依靠特色资源，走以路促矿、以矿促电、矿电结合、转化增值的可持续发展的新路子，先后建起矿粉厂和水电站。经过15年艰苦创业，尧治河村从全县的极贫村发展成为首富村。

叶昌保，湖北省洪湖市洪林村党委书记，洪林集团董事长。他带领干群大搞农田基本水利建设和科学种田，坚持集体经济不解体，稳农兴工，使洪林呈现出“农业发展工业化、村镇建设城市化、农民身份工人化”局面；积极参与国企改制，先后收购了原洪湖市最大国有企业市棉纺织总厂等，全面盘大盘强纺织龙头企业，使洪林集体经济保持健康协调发展的良好态势。洪林村现已拥有农工商企业19家，村民享受学前到高中教育免费、医疗免费、社会统筹养老保险、子女升学奖励等十多项福利。

张德华，湖北钟祥市石牌镇彭墩村党总支书记。他在实现个人致富后，回乡成立公司，将村里的2 000多亩荒地承包下来，进行高效农业经营，以“公司＋农户”的运行模式，带动乡亲们致富。在担任村干部后，他迁村腾地，让农民以土地入股，发展规模农业；延长产业链，引进国内最先进的畜禽分割加工企业，实行“公司＋基地＋农户”的现代农业模式。形成集种植、养殖、加工、培训、酒店服务、观光旅游等八大支柱产业，走出了一条“全民参与、共同富裕、科学发展”的现代农业发展之路，彭墩村成为“现代农业开发示范区”。张德华书记是一个性情中人，他感恩图报，为乡亲们无私奉献，并且勇往直前，目标坚定。

十四、闽西村官“三杰”

福建闽西是革命老区，自然条件较差，但当地的村干部却有一种向上的积极进取精神，勇于改革当地的落后面貌。

章联生是福建省龙岩市新罗区西城街道西安社区居委会党支部书记。他上任后，提出“街头经济学”，依托交通要道，修建店面，形成商业走廊，利用店铺出租积累的启动资金，先后创办了建筑公司、旅社、车队、果品冷藏库等10多家村办企业；还引进外资，开辟工业小区。他从村集体收入中拨出专款设立尊敬老人福利金、村民遵纪守法金、教育事业保证金、村民住院报销金等28种奖励或补助基金，让全村的老老少少都能享受集体经济发展的成果。章联生书记有很强的概括能力，将工作经验以简洁的语言表达出来，让人记忆深刻，可谓中国的“名嘴”，在参加两会时被时任国务院总理温家宝誉为“诗人村官”。

邱汉成是福建龙岩新罗区溪南社区居委会党总支书记，他上任后整合了社区各种资产，用市场经济手段强化管理，充分利用有限的土地资源加快项目开发，拓宽了村里的财源，促进了社区经济的进一步发展。通过资产重组，社区拥有10多家企业，数亿资产。社区建立了年终分红、医疗报销、老人养老金、大学生奖励金等23项社区福利体系。他受到两任总书记的接见，可谓不简单。我觉得他有企业家的经营头脑，村庄里的资源经他之手，不管是什么都能变成钱。他也乐于做公益，是助残的先进工作者。

廖德方是福建上杭县古田镇五龙村党支部书记，他坚持“工业兴村，农业富民”的发展战略，选准了适合本村的经济发展路子，积极带领全村人民艰苦创业，埋头苦干，奋力拼搏，锐意进取，着力优化产业结构和投资环境，甩掉了贫穷落后的帽子。他利用村里古田会议旧址资源，带头示范，投资10万元，改造自己家，办“农家乐”，并制订“支部＋协会”的策略，带动全村群众办“农家乐”，让群众在奔小康的路上大步前进。

十五、江西村官“双雄”

提到江西村官，就一定会想到南昌市的两位村官，他们都姓“魏”，可谓魏氏双杰，村官双雄。

魏牛庚是南昌市青山湖区湖坊镇湖坊村党委书记。他制订了“工业强村、招商兴村、物业立村、环境美村”的战略，带领湖坊村主攻工业，搞活商业，大力发展公用事业和现代服务业，“四轮”驱动，协调发展。他兴建了湖坊工贸城，引进企业入驻，形成了多产业集聚的现代制造业生产基地；投资打造了上海路商贸一条街，形成南昌市城东商贸、物流、服务三大流通的繁华中心。现正努力打造“现代制造业江西第一强村”。

魏云龙是南昌市青山湖区湖坊镇顺外村党委书记。他充分利用该村区位优势，抓住城市化机遇，适时推进自身经济发展的转型提升，将第三产业作为富民强村的突破口，全力推进商贸、文教、餐饮、宾馆等第三产业发展，并加大房地产开发力度，盘活土地资产，获取级差土地效益。同时加强社区公共基础设施建设，优化投资环境，招商引资，致力发展楼宇总部经济、拓展商贸产业。他改革创新、开拓进取，在工作实践中摸索出一条富民强村、实现集体经济跨越式发展的新路子。村里各项经济指标连续10多年在全省村级经济排名中名列前茅。

十六、少数民族村官“四兄弟”

在参加全国“村长”论坛的少数民族村官中，有几位参加了多届，且相互间形成了奇妙的友谊，可称为村官“四兄弟”。他们之间相互往来，交流，决心在少数民族村官中起表率作用，带领当地村民发展好民族经济。

水族村官陆崇修，是贵州三都水族自治县中和镇的妙良村党支部书记。他上任后，建立砖厂、石场等村级小企业，逐步壮大村级集体经济，解决部分人员就业问题；搞好村里富余劳动力的分流，积极对外联络，开展劳务输出；调整种植结构，提高农作物品质和产量；组织部分人员利用农闲时节编织马尾绣饰品并推向市场；组织、带领一批人搞工程建筑。通过不断的努力，让妙良村发生了翻天覆地的变化，群众经济状况良好，生活富足。

黎族村官黄向光，是海南省五指山市什保村党支部书记。他根据山村特点及毗邻市郊的优势，带领群众大力发展种植业，种植橡胶，开挖鱼塘，饲养家禽家畜，引导农民发展生态经济、林下经济，推进新农村建设。同时抓住海南开发的大好机遇，积极筹资主动参与五指山市基础设施等项目的建设，获得了资本的积累。

赫哲族村官尤明国，是黑龙江省同江市八岔赫哲族乡八岔村党支部书记。他动员党员干部及种植能手，在各自的承包地上带头示范搞调整，自觉充当调整农业产业结构的领头雁，以实际行动带领群众发展农业特色经济。鼓励农民发展养殖业，全村的肉牛养殖、十里泡、莲花泡、黑鱼泡鱼养殖、植树造林等生产基地已粗具规模。经济结构由过去单一的捕鱼业形成种、养、商饮服务、运输等多元化经济格局。

羌族村官余崇恩，是四川茂县凤仪镇坪头村村委会主任。坪头村位于茂县城区岷江西岸，交通十分便利。他利用茂县着力打造休闲观光果蔬示范基地的政策，以“小水果＋多季蔬菜＋乡村游”为主要模式，发展坪头村的生态休闲农业， 2011年成功将坪头村打造建设成为国家4A级观光旅游景区。他带领村民发展“农家乐”旅游，提高了农民的收入。

十七、资产与人均收入领先的村官“三杰”

我们看待村庄发展，落脚点要在群众的幸福生活上，有几个村给人印象很深，他们创造了惊人的财富，让群众有较高的收益和生活水平。

范兴龙，江苏江阴长江村村委会主任。长江村凭借艰苦创业，逐渐形成特种冶金、机电、绿色拆船、精细化工、房地产、港口物流、商贸流通、金融投资等八大经济板块，缔造了一个净资产超过200亿元、年销售560亿元、上缴税金超10亿元的全国知名企业集团。长江村只有2 858名村民，人均资产近700万元。2012年3月17日，村里向每位村民发放100克黄金和100克白银。除了金银，村里还通过送别墅、派股金等办法，让村民得到了让外人艳羡的实惠。

田恩荣，山东荣成西霞口集团董事长。他延续老书记田文科的治村方略，以打造西霞口旅游优势产业链为核心，全力开创特色旅游、高效海上养殖、低碳工业联动发展的新局面，提升西霞口村科学发展水平，把整个村庄建成一个生态大公园。2013年人均纯收入超过26万元。

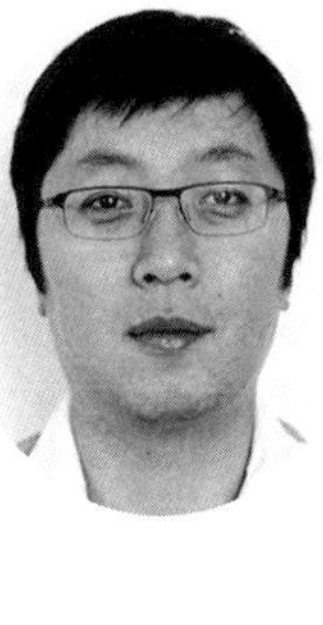

方继凡是安徽省黄山市新明乡猴坑村党总支书记兼村主任。猴坑村自然生态环境得天独厚，依托优越的生态环境，采取“公司＋基地＋农户”产业化经营模式，大力发展茶叶主导产业。猴坑村茶树品种为特有的柿大茶良种，是太平猴魁的发源地和核心产区。猴坑村走出了一条发展农村经济、增加农民收入的特色之路。猴坑村村民组22户人家，年人均收入高达20多万元。

十八、论坛贡献村官“三杰”

这么多年来，全国“村长”论坛的健康发展离不了众多村官的帮助，特别是浙江台州方林村的方中华书记、重庆巴南区民主村原村委会主任杨岱南、云南昆明市福保村的杨明书记。他们在全国“村长”论坛的成长路上给予了它有力的扶持与帮助。因为方中华书记，才有了第一次的中国特色经济村年会，这是后来全国“村长”论坛的基础或者是起点。民主村是第一次全国“村长”论坛举办地，开辟了“村长”论坛的招牌，竖起了一面旗帜。福保村则是第三届论坛的举办地，是“村长”论坛成长史上的一个重要支点。

第四章
全国“村长”论坛的功能与成果

第一节　全国“村长”论坛功能

一、学习交流

全国“村长”论坛搭建了一个全国性的农村基层干部交流学习的平台，在此之前，全国没有一个专门定位和服务于村干部的组织或平台。从早期的“全国村社发展经验交流会议”，到后来的“村长”论坛，慢慢积累、发展，才有了一个服务于近60万个行政村、近500万村干部的平台——全国“村长”论坛。有人将它形象地称为“中国‘村长’的奥林匹克”，因为它是村干部的年度“最高盛事”。

全国“村长”论坛的主办单位中国村社发展促进会，是由国家民政部批准成立、农业部主管的一个社团组织，成立于1994年8月。该会的宗旨是“团结广大农村基层干部，以及从事农业农村工作和农村经济研究的人员，遵守宪法、法律、法规和国家政策，遵守社会道德风尚，为促进我国农村社区经济与社会的全面发展，为实现我国农业和农村现代化、全面建设小康社会的宏伟目标而奋斗”。正是秉承这一宗旨，中国村社发展促进会打造了面向基层干部的舞台——全国“村长”论坛，论坛从早期的数十人（村社发展经验交流会）、百多人，发展到现在的近千人规模（最高时2 000人）。论坛参会的村庄也从早期的名村、强村，增加到各地发展程度不同的村庄。

每年的论坛参加人员，有政府官员、“三农”研究人员、农村基层干部、村企管理人员、刚入行的大学生村官，还有众多的媒体人员。每一届的论坛都有一个适当的主题，契合当年的时政热点或政策焦点，如2006年秋天召开的第六届全国“村长”论坛。此前2005年10月，党的十六届五中全会提出了“建设社会主义新农村”，2006年中央1号文件对“建设社会主义新农村”做了落实和部署，社会形成了热点，各地涌现社会主义新农村建设热潮。在这样的背景下，第六届全国“村长”论坛的主题定为“当好带头人，建设新农村”。论坛上，专家的演讲、分论坛的讨论也就围绕着建设社会主义新农村的主题来展开。与会者由此了解、掌握了相关的政策、信息。其他各届论坛也大都如是。

每年参会的村庄，来自全国各地，大江南北。有的发展迅猛，成为经济强村，产值数十亿，甚至上百亿元，进入了中国企业500强的榜单；有的是中国历史文化名村，沉淀着深厚的人文；有的是生态型村庄，发展绿色产业；有的是正在蓄积力量，筹谋规划，等待发展的村庄；有的是渴望走出困境，广增见识，寻找出路的村庄。村庄实际不同，需求也就不同。有的是想在论坛上将自己的成功经验与人分享，带动落后村庄共同发展，以实现共同富裕的目标；有的是想探寻自己所走路径的合理性、可持续性；有的则是渴望得到资金、经验、智力、信息等外界的支持。带着不同的想法，相会在论坛上，这些来自基层，与土地、与农民相伴的“官”们，有着共同的话题，也有着共同的梦想。他们抓住会上会下的各种机会，相互认识、沟通、交流。

出于对论坛的感谢和爱护，这些参会的村干部，也给论坛提出了很好的建议意见，希望“论坛应吸收更多的‘村长’来参加，尤其是欠发达地区的村长，要给他们倾诉自己烦恼和困难的机会”“论坛应成为中国农民与高层领导沟通的桥梁和纽带”“论坛应给村干部更多的相互交流的机会，改进会议形式，不同地区、不同发展程度、不同发展类型的村之间有专门的交流”，等等。

全国“村长”论坛如某些村官所说，是他们的“娘家”，他们渴望在这里得到同行的理解，支持，也希望组织起来，向社会表达自己的声音。

二、帮扶发展

全国“村长”论坛从它诞生起，其中目标之一就是帮扶村庄发展。中国村社发展促进会所做的村社经济与社会发展的理论和实际问题研究，目的是村庄的发展；交流村社发展的经验和信息，目的是村庄的发展；培训村社干部和其他管理人才，目的也是为了村庄的发展；组织国内外有关村社发展的学习考察与合作交流，还是为了村庄发展。

每一届的论坛，组织方都会从有助于村庄发展的实效来考虑，安排相关的学习考察。如第六届的“村长”论坛结束后，组委会安排了参会的55个少数民族村干部，实地到浙江奉化的滕头村、萧山的航民村，江苏江阴的华西村、常熟的蒋巷村，上海闵行的九星村、崇明的前卫村，参观考察，学习他们搞企业、搞生态、建市场、建新村等经验。第十一届论坛，则是安排参会的村庄到邻近的平邑九间棚村考察，学习他们的“团结奋斗、顽强拼搏、坚韧不拔、艰苦创业”的“九间棚精神”。

除了论坛组织的参观、学习、考察，这些提升村官认识、开阔视野的帮助外，论坛也组织了名村、强村帮扶中西部较落后村、少数民族村的相关活动。每一届的论坛都有结对子的活动。论坛为这些村牵线搭桥，促成他们结成友好村、战略合作村。这种结对子帮扶是实实在在的经济帮扶。如第六届全国“村长”论坛，促成浙江台州河西村和四川省乐山黄天坡村结成“帮扶”对子，前者到后者村考察，提供建设资金。

2008年“5·12”汶川地震后，6月7日召开的全国“村长”论坛执委会第四次会议就发起倡议，提出了名村支援受灾村重建计划。计划的核心内容是以村与村之间的对口援助为主要形式，由名村定点支持四川若干受灾村开展项目重建，在成都郫县友爱镇农科村设立全国“村长”论坛受灾村重建指导协调中心，组织由志愿者组成的名村服务队，协助受援村庄的重建工作。山西大寨村、浙江航民村、北京郑各庄村、江西进顺村、四川农科村、浙江方林村、上海杨王村、福建溪南村（社区）等名村加入支援行列。其中，浙江航民村出资220万元，200万元支持5个受灾村重建，20万元用于全国“村长”论坛指导协调中心一年工作经费。据不完全统计，全国“村长”论坛执委所在村及部分名村为灾区捐助资金总计约5 079.8万元人民币。

同年4月，论坛开展了“联村三人行”活动，尝试一种新的帮扶村庄发展方式。组织有志于服务农村工作的毕业大学生，根据所学的不同专业，三人一组编成一个团队，进驻欠发达村庄，对村庄进行资源重新组合，以推动其快速发展。在此过程中探索大学生到农村创业的新路子。因是由三人组成团队进村创业，故称“联村三人行”。4月28日，首个“联村三人行”试点村在安徽省潜山县潘铺村启动。这一活动受到中宣部等部门单位的肯定，中宣部新闻局专门将其编入《新闻阅评》，报送中央宣传思想工作领导小组成员和中宣部领导。

全国“村长”论坛也在帮扶少数民族村干部成长中做出努力。每年邀请55个少数民族村干部免费参加会议，召开专题讲座，请专家演讲，提升他们的素质。

论坛也会安排相关的学习考察。2013、2014年，中国村社发展促进会和云南省民族事务委员会联手，推动了两批次“少数民族村干部挂职锻炼活动”。每次选拔30位少数民族乡村干部，在全国10个名村，进行为期两个月的挂职学习。通过这种挂职锻炼，期望能够培养出一个好的带头人，有一个好带头人，就可能会有一个肯干事、能干事、会干事的领导班子，这样这个村庄迟早能发展起来，逐步实现小康目标。云南省民族事务委员会认为，借助“村长”论坛平台，与全国名村、强村合作，是促进云南少数民族聚居村发展和基层干部素质提升的路子。这是对全国“村长”论坛的认同，对其工作的肯定。从接受挂职学习的少数民族村干部的反馈来看，他们的确收益良多，有了想法，有了干劲。

三、合作协助

全国“村长”论坛汇聚了各种类型的村庄，其中不乏名村、经济强村，也不乏资源丰富的村庄。经济强村有资金、经营管理等优势，资源丰富村庄有潜在发展机会。为促进村庄间经济的发展，全国“村长”论坛创造合作机会，推动村庄间的合作发展。

首先是推动区域性村庄组织的形成。2008年9月6日，在中国村社发展促进会和论坛的组织下，浙江省的方林村、滕头村、花园村、航民村和上海的九星村成立了中国村企集团五村合作组织。这是第一个跨区域的村企间的合作，它突破了传统的村庄间合作方式。其宗旨是：合作、创新、发展、共赢。五村合作不同于其他形式的合作，是一种互补性合作，完全以市场为导向。这种合作形式主要体现在五村产业资源的有效整合，人才发展的优势互补，资金资源的集聚与投资，市场资源的综合利用，管理经验的借鉴与共享等方面。

2009年9月，中国村社发展促进会又推动了福建闽西五村合作形成（上杭县古田会议会址所在村溪背村、长汀县红军长征第一村中复村、连城县福建省梅花山国家级自然保护区池家山村、连城县中国历史文化名村培田村与龙岩溪南村）。

2010年3月，又推动成立了中国旅游特色村四川五村合作会议（彭州市宝山村、郫县农科村、汶川萝卜寨、理县桃坪羌寨、茂县坪头羌寨）。

其次，推动了村庄间合作项目的进行。结合村庄间的特点，以互补、互利，共同发展、共同富裕为目标，中国村社发展促进会为不同的村庄牵线搭桥，创造合作机会。通过参加论坛，不同区域的村官相识，成为好朋友。他们在深入交往中确定了合作项目的进行。

北京丰台区果园村与辽宁兴城市四家村就是这样，果园村书记陈重才与四家庄书记张文成相互敬重，他们一起推动了兴城大红门物流商贸城的兴建。项目规划总占地48万平方米，总建筑面积31万平方米，计划总投资11.2亿元，将分两期完成建设。这是果园村资金与经验的输出，是兴城潜在地利和发展商机的捕捉利用。该项目地处东北三省交通主干道中枢地段，距京沈高速兴城出口500米，葫芦岛市区10千米，葫芦岛港30千米，锦州港60千米，河北秦皇岛港100千米，建兴高速2千米，具有显著的区位优势，市场效应辐射东北三省及河北、京津塘地区。该项目可谓村庄间投资合作的典型。

四、研究参考

全国“村长”论坛在高层部门领导与基层干部之间搭建了一座沟通桥梁。

2002年11月，在第二届全国“村长”论坛上，时任中央财经领导小组办公室副主任、中央农村工作领导小组办公室主任段应碧参加了论坛。他在论坛召开期间用了三个半天的时间，与东中西部的14个村庄的负责人，就当前农村基层工作的情况和问题，进行了广泛的座谈。这是基层干部直接与上层农村政策制定者进行直接交流和对话。

2005年9月，在第五届全国“村长”论坛上，全国人大农业与农村委员会“农民合作经济组织法”起草小组负责人向与会者介绍了该法的起草过程及起草的指导思想，然后分组进行了热烈的讨论。为了客观、真实地反映农村经济、社会情况，论坛组委会，向与会村官征求了有关《中华人民共和国农民合作经济组织法（草案）》的意见。这是国家法律起草人员与基层干部的直接交流。

2011年，为反映参会代表对“三农”工作的建议，第十一届全国“村长”论坛召开前两个月，组委会发动参会村庄代表提建议，共收集到76人83篇建议案和200余条建议。组委会专门在论坛上安排了建议案提交仪式，将建议案呈交给全国人大代表村官傅企平、张文成和国务院参事刘志仁，转有关部门作为研究制定“三农”工作的相关政策参考。

2012年，中国村社发展促进会在部分村庄进行了农村文化建设问卷调查，形成了近万字的《2012农村文化建设问卷调查报告》，在第十二届全国“村长”论坛上呈递给与会的全国人大代表村官，转决策咨询部门参考。

近年来，中国村社发展促进会组织力量加大了“三农”相关工作的调研，根据实际情况编辑了以下书籍：

2006年：《名村中国》；

2007年：《名村影响力》《中国特色村实践探索》；

2009年：《中国村长手册》《60年东部村庄发展记录》；

2010年：《土地赋能，创造村庄发展新空间》；

2011年：《村庄资源与创新项目——中国农业公园》；

2012年：《村庄经济组织形式创新模式研究》；

2013年：“中国村庄”系列丛书——《农村改革人物》《农民首创精神》《中国美丽乡村》《村域经济发展的商业模式》《农村主动城镇化实践探索》《民主太平——我的村官感悟录》；

2014年：《村庄城镇化的思考》。

第二节　全国“村长”论坛的成果

一、少数民族帮扶

中国村社发展促进会致力于少数民族村庄的发展，自2005年第五届全国“村长”论坛起，开始设法解决必要的经费问题，组织55个少数民族的村官参加全国“村长”论坛，学习先进经验和思想理念。论坛不仅免去他们的参会食宿、资料、参观等费用，还为他们报销往返的路费，每次论坛为此花费五六十万元。在论坛的平台上，少数民族村庄与沿海地区经济发展较快的村庄交流互动，寻求合作项目，争取名村强村的拉动和支持。论坛之外，组委会还组织少数民族村官，到东部或中部地区先进村庄考察学习，进一步拓宽视野，更新观念，寻求民族地区村庄经济发展的新的途径。

2005年9月3日，在新中国建立56周年之际，56个民族村官实现了大聚会。少数民族村官们参与了村官对话和经验交流，听取了著名学者的演讲，参加了“晋中第二届农业名品博览会”，参观了大寨新村和虎头山，考察了晋商文化的发展史。大寨村郭凤莲书记和少数民族村官代表一起在大寨虎头山“团结沟”种植了“民族团结林”。郭书记欣慰地说：“56个民族村官代表在大寨种下56棵团结树，祝贺新中国成立56周年，是大寨的荣耀！大寨愿与全国各兄弟民族村齐头并进、共谋发展！”

2006年，中国村社发展促进会继续筹资邀请少数民族村官参加全国“村长”论坛和相关的考察学习活动。10月14日，55个少数民族村官代表来到了浙江东阳花园村，参加第六届全国“村长”论坛，听取社会主义新农村建设报告会、参观花园村、讨论如何“当好带头人，建设新农村”。论坛结束后，55个少数民族村官代表在中国村社发展促进会的带领下开始了江、浙、沪6个经济发达强村的考察学习之旅。第一站，浙江奉化滕头村；第二站，浙江杭州航民村；第三站，江苏常熟蒋巷村；第四站，江苏江阴华西村；第五站，上海崇明前卫村；第六站，上海闵行九星村。8天的考察让代表们收获了太多意外和惊喜：滕头的绿色生态产业，航民的纺织印染产业，蒋巷的艰苦奋斗历程，华西抢抓机遇的精神，前卫的科学生态体系，九星的市场发展模式。他们说，建设社会主义新农村虽然听过传达、看过文件，但对究竟什么是社会主义新农村，并没有具体的概念和感性的认识，这次他们好好上了一课，真是开阔了眼界，找到了差距，取得了真经，增强了信心，回去之后知道应当怎么干了。

2007年11月3日，少数民族村官代表继续免费参加全国“村长”论坛。他们来到英雄城南昌的进顺村，与各地村官共同参加了农村产权制度改革、东西部村庄对接、进顺管理模式、果蔬特色产业、生态与农家乐旅游合作等活动。在中国村社发展促进会的积极推动下，两个少数民族村和中国蔬菜产业技术标准化基地、蔬菜大棚发源地三元朱村进行了对接。我国两个有影响的农副产品批发市场村——北京新发地村和广州槎龙村为少数民族村提供市场支持。本届少数民族村官提前将本村的招商引资等项目资料进行了精心准备，论坛会刊为这些项目进行了推介，并向一些发达村、先进村做了重点介绍。少数民族代表参观了“八一”起义纪念馆、昌东工业园区和进顺小康家园，实地了解了进顺的发展模式，并和书记罗玉英进行了交流和探讨。11月6日，少数民族村官和革命老区村官来到了井冈山黄洋界。他们在刻着毛泽东的手迹“星星之火，可以燎原”的纪念牌前集体宣誓：“学习先进经验，发展民族地区！”

2008年9月26日，在全国“村长”论坛组委会安排下，55个少数民族村官代表风尘仆仆地来到了向往的首都，在郑各庄村参加第八届全国“村长”论坛。论坛为他们举行了“全国少数民族村庄发展交流会”，重点探讨少数民族村寨的“信息与人才”问题。少数民族村官和华西村党委书记吴协恩等名村官、大学生村官、农村信息界代表、北京10所著名高校的“三农”社团代表进行了充分的交流与探讨。这些社团并在会上和少数民族村进行了一一对接，他们今后将在信息搜集、项目推介、技术支持、实践支教等方面为少数民族村庄服务。

2009年10月13日，来自全国各地的55个少数民族村官代表受邀参加第九届全国“村长”论坛。他们和参会专家学者交流村庄发展经验，探寻“转型崛起、务实惠民”的新农村建设大计。论坛期间，身着鲜艳民族服装的少数民族村官代表积极参与论坛各项议程，踊跃提问、发言，并与汉族名村强村带头人广泛交流经验和信息，成为最亮丽的会议风景，吸引了大量媒体追踪、关注。论坛期间，论坛组委会还特意向少数民族村官代表赠送宣传名村风采、展示各族村庄六十年发展历程的《乡土情·中国结》主题纪念邮册、《康熙字典》、同方笔记本电脑等，并在生活方面给予特殊照顾。

2010年10月，在华西村的支持下，全国55个少数民族的村官代表汇聚华西村，参加全国“村长”论坛，进行学习交流，获益匪浅。论坛结束后，在江苏江阴长江村、上海闵行九星村的支持下，少数民族村官代表又赴两村，学习考察村庄建设发展，他们对长江村的拆船、码头等工业，对九星村的市场建设感触良

第九届全国“村长”论坛上的少数民族村官代表

在第七届全国“村长”论坛上学习交流

在第十三届全国“村长”论坛村官联谊会上表演歌舞

2005年，参加第五届全国“村长”论坛

2010年，赴江苏江阴长江村参观学习

多。长三角区域新农村建设的成果让少数民族村官对农村发展有了坚定的信心。上海九星村出资购买了100多张世博会门票，让来自祖国各地的少数民族村官代表走进了世博会大门。他们参观中国馆，体验各国的优秀文化，感受先进的科技发展，大开眼界。世博会之行在村官们的内心留下深刻印迹，在今后的工作中定有裨益。

2011年10月，第十一届全国“村长”论坛上又见少数民族村官的身影。论坛举行了55个少数民族村与中国特色村经济发展交流会和经营村庄专题讲座，他们在论坛上旁听发展经验，交流发展大计，感受沂蒙精神，激励奋起决心。在组委会安排下，辽宁省沈阳市上岗子村与吉林省安图县万宝镇红旗村（朝鲜族）、山东省临沂市沈泉庄村与新疆察布查尔县乌珠牛录村（锡伯族）、云南省昆明市福保村与云南省元阳县箐口村（哈尼族）签署了合作协议，结成友好村庄，携手共同促进民族地区的经济发展和文化繁荣。论坛期间，少数民族村官代表专门赴九间棚村参观。九间棚村四面悬崖，山高涧陡，自然环境十分恶劣，村民生活十分艰苦。自1984年以来，九间棚村党支部就着手编制架电、修路、整地、栽树的五年规划。自筹资金靠人力完成架电和上山道路铺筑;在治水上，实现了高山水利化，治理山滩2 100亩，整治耕地450亩;栽植水土保持林8万亩，人均果树120余棵。九间棚人从最贫困的起点起步，勒紧腰带搞工程，没有向国家要一分钱，经过6年的奋斗，投资23万元，投工10万个，奇迹般创造出新时期的典范；进入20世纪90年代，九间棚人抓住机遇迅速发展，到1998年全村工农业总产值2 200万元，实现利税240万元。九间棚人在创造这一奇迹的过程中凝聚成了团结奋斗、顽强拼搏、坚韧不拔、艰苦创业的“九间棚精神”，这也是新时代的沂蒙精神写照。少数民族村官代表参观之余，深感震撼。他们的村寨环境有与九间棚相似的地方，在发展上可借鉴的地方也有很多。

2012年9月，55个少数民族村官来到湖北省武当山特区，参加第十二届全国“村长”论坛。他们聆听经济学家厉无畏的发展创意农业的专家见解，交流少数民族村发展文化旅游产业的长短板，感受文化产业在当地发展的现状。他们和汉族村官一起在武当山上共植民族团结林，将从家乡带来的泥土混合在一起，形成五颜六色的“中国泥土”，这些泥土用来培植树木，并被保藏。在论坛组委会安排下，有关单位在论坛上向少数民族村提供了2万元乡村文化建设资助基金。

2013年年底，少数民族村官来到他们耳熟能详的安徽凤阳小岗村，参加第十三届全国“村长”论坛。论坛为他们举行了少数民族村官交流会，让他们自己研讨交流少数民族村庄工作心得。小岗论坛让他们激励起改革的意志，名村的经验激发起他们图强的决心。“弘扬改革精神，建设美丽乡村”正契合他们的实际。他们在论坛举办期间参观了小岗村，近距离地观察、感受，结合对历史的认知，更深刻地认识到农村改革的意义。

网站是村庄连接外界的有效窗口，也是外界认识和了解村庄的便捷平台。对于深处偏远地区交通不便的少数民族村庄来说，村庄网站尤为重要。它可以传播少数民族文化，推介少数民族特色产品，为少数民族村庄引来项目和资金，从而推动少数民族村庄发展。2010年，中国村社发展促进会启动了“联村公益网工程”，鼓励名村为少数民族村庄建立独立域名的网站，让少数民族村庄走出偏僻之地，走入多彩的外部世界。上海杨王村支持15个少数民族村庄建设。2010年11月，云南昆明福保村对口支持云南省勐海县曼根村、富民县南营村、昆明市金钟山村、云县大垭口村、禄劝县普福村等村庄建设网站。2010年7月20日，由广州利湟投资有限公司出资，中国村社发展促进会专业网站制作的程村网站正式推出。该网站宣传程村旅游环境，推荐低碳农产品，从而推动程村的发展与建设，促使程村走进村庄发展的快车道。

二、蔬菜技术培训

三元朱村是冬暖式蔬菜大棚的发祥地。1989年，在党支部、村委会领导下，王乐义等17名党员干部带头实验建起了17个冬暖式蔬菜大棚，并获成功。“冬暖式”蔬菜大棚为群众开辟了一条前景广阔的致富之路，引发了我国北方冬季蔬菜生产的一场变革，掀起了寿光市乃至全国蔬菜产业的绿色革命。2005年4月7日，胡锦涛总书记视察山东省寿光市三元朱村，他对王乐义书记嘱托了两件事：一件是要求王乐义“要把技术一如既往地向全国传授，让更多的农民增收”；第二件是“要注重培养农村人才”。

为协助三元朱村王乐义书记落实胡锦涛总书记的嘱托，帮助各地提升蔬菜产业，向当地农民提供新的致富渠道，探索蔬菜产业发展新模式，中国村社发展促进会自2008年起，联合蔬菜名村山东寿光三元朱村，在上海九星村的大力支持下，携手开展“乐义果菜技术推广发展计划”。计划旨在帮助各地提升蔬菜产业，大力发展无公害蔬菜和绿色食品蔬菜生产，实现树形象、创名牌、引导消费、扩大市场的战略目标，向当地农民提供新的致富渠道。计划主要包括两个方面的内容，一是免费培训蔬菜专业村、专业合作社蔬菜技术骨干和村干部；二是由中国村社发展促进会牵头，组建专家团，奔赴有关地市，开展村庄经济发展与蔬菜产业发展报告会。现已成功举办28期培训班，分赴21个地市成功举办专家报告会，惠及全国27个省、市、自治区的3 000多个村。

2008年3月12日，在中国村社发展促进会组织下，“上海第一村”九星村党委

上海九星控股（集团）有限公司董事长吴恩福与山东三元朱村党支部书记王乐义合影

书记吴恩福与三元朱村党支部书记王乐义共同签下协议书。九星村捐助150万元协助实施“乐义果菜技术推广发展计划”。

2008年5月12日，“乐义果菜技术推广发展计划”培训班在三元朱村国际农业科技培训中心举行第一期开班典礼，共培训学员105名。学员主要来自河北张家口市、山西晋中市、河南漯河市、安徽潜山县和涡阳县。

原国务院农村发展研究中心副主任吴象、中国村社发展促进会副会长兼秘书长余展、山东省寿光市宣传部长刘永辉、山东省寿光市三元朱村党支部书记王乐义、上海市九星村党委副书记赵海田、浙江省航民村党委书记朱重庆、河北康保县副县长辛才等出席了开班仪式。

5月22日，山西晋城，在中国村社发展促进会组织下，十一届全国人大代表、山西省阳城县皇城村党总支书记张家胜与三元朱村党支部书记王乐义签订协议书，皇城村捐助100万元协助实施“乐义果菜技术推广发展计划”。

5月26日，“乐义果菜技术推广发展计划”第二期培训班在三元朱村举行，共培训学员94名。学员主要来自新疆维吾尔自治区阿勒泰、博州、哈密、巴州 4个地州9个县市，多为从事果菜产业发展的农村青年。6月4—9日，“乐义果菜技术推广发展计划”第三期培训班举行，培训人员主要以“大学生村官”为主，来自四川、重庆、山西、江西和贵州等地，共计102名。张家口市康保县北关村党支部副书记徐静婷发表感言说，通过此次赴山东培训，不仅掌握了蔬菜实用栽培技术理论，更重要的是通过学习、观摩开阔了眼界，交流了经验，获得了信息，拓宽了思路。她要进一步借鉴寿光三元朱村的做法，加大农业技术推广力度，用先进的国内外技术嫁接当地产业，提高当地农业尤其是蔬菜产业水平，力争走一条以草养畜、畜肥培菌、菌肥种菜的链式循环经济之路。

2008年7月，中国村社发展促进会改变原有的培训方式，组织专家赴各地进行新农村建设宣讲服务，实地考察蔬菜产业发展潜力，为地方提供特殊指导。

7月5日，首站走进河北张家口市。7—8月，中国村社发展促进会按照“乐义果菜技术推广发展计划”实施要求，特制订八所高校2008 暑期社会实践“乐义果菜技术（九星）服务队、（皇城）服务队”方案，组织高校学生赴各地了解蔬菜产业发展情况，服务当地的蔬菜产业发展。8月12日，中国村社发展促进会“乐义果菜技术推广专家服务团”走进河南省平顶山市。

为加快四川地震灾区重建发展，帮助灾区恢复发展蔬菜产业，中国村社发展促进会联合四川省委农村工作领导小组办公室，将第五期“乐义果菜技术推广发展计划”培训班办在灾区。8月22—24日在彭州市举行。国务院确定的全国部分省（市）对口支援范围内的18个灾区县（市、区）蔬菜产业发展重点村的蔬菜技术骨干、蔬菜种植大户和蔬菜产业部门领导共102人，参加了本期培训班。

为减轻灾区的负担，此次参训学员的食宿培训费用由“乐义果菜技术推广发展计划”专项培训经费支出，并酌情补助学员的往返交通费用。选择20个蔬菜生产专业村的代表到三元朱进行为期一周的蔬菜技术培训，并从三元朱村选派1名技术员常驻四川地震灾区进行技术指导。此次培训，相关新闻媒体也给予了高度关注。新浪网、四川新闻网、成都晚报、广东青年摄影网等媒体，分别以《全国名村对口支援四川受灾村首个项目昨正式启动》《点亮灾区人民重建家园愿望》《全国名村对口支援四川受灾村》等为题，对培训工作进行了专题报道和转载。

2008年9月27—28日，北京市昌平区郑各庄村，汇聚各地名村官的第八届全国“村长”论坛如期召开。论坛专门举行了“中国村庄蔬菜产业发展大会”，各地的“蔬菜第一村”、知名蔬菜批发市场、蔬菜种植技术专家和农业网络服务系统代表共300多人汇集一起，共商村庄蔬菜产业发展大计。“中国村庄蔬菜产业发展大会”构建了技术、市场、基地和信息高层平台。相关平台的有机结合，成为促进蔬菜产业发展的坚实基础。

2010年，新的“乐义果菜技术推广发展计划”开始。九星村党委书记吴恩福代表九星村再次向三元朱村捐助150万元，以推动百家乐义蔬菜基地的建设，至此连续三年共计支持450万元，彰显了“小村庄大情怀”的胸襟。吴恩福书记表示，作为先富起来的村庄，深感村庄发展中的艰辛与磨难，能为全国农业科学技术的推广和发展贡献一点绵薄之力，感到由衷的自豪，也为乐义果菜培训所取得的丰硕成果感到高兴。至岁末，“乐义果菜技术推广发展计划”已经在寿光市三元朱国际农业科技培训中心成功举行了6期培训班，并在北京大兴、平谷，陕西延安、靖边，江苏宿迁等全国5个地市陆续举行了考察活动和名村官与专家报告会。

三、走进地方传经验

2000年12月8—10日，中国村社发展促进会与中国小城镇改革发展中心，在台州市路桥区召开了全国农业农村现代化园区建设研讨会。会议认为园区建设有利于加快农村富余劳动力的转移，促进农业产业化和现代化；有利于启动民间投资，带动最终消费，为经济发展提供新的空间和动力；有利于促进乡镇企业和农村人口的相对集中，提高和改善生活质量，加快城镇化的进程。

2007年3月21—23日，全国“村长”论坛走进上海奉贤。相关专家考察调研了奉贤区现代农业、村镇发展情况，并进行了座谈。考察认为，作为都市型现代农业的雏形——“奉贤模式”，在发展现代农业、服务现代农业方面形成了三大支撑。这三大支撑一是产业体系，二是组织形态，三是政府管理模式。

2007年4月21—22日，全国“村长”论坛走进乐山。活动以台州与乐山的两村友好结对为背景展开，通过东西部村庄对接的方式，开启了村庄之间优势互补、合作互利、协调发展的序幕。

2007年10月18日，全国“村长”论坛走进福建省龙岩市新罗区。来自北京、浙江、福建等地的领导、专家以及名村官和村镇代表就革命老区新罗区的特色村发展与新农村建设展开了研讨。福建省龙岩市地处闽粤赣边交通运输枢纽地，是老区、林区、矿区、侨区和新兴的工业区和旅游区。新罗区西安、溪南、培斜、洋畲获“中国特色村”称号。

2010年10月23日，中国村社发展促进会联合农民日报社、湘西州委州政府共同主办的“中国小康村走进湘西活动”启动仪式在湖南省湘西土家族苗族自治州吉首市举行，来自全国30多个知名小康村的近百名代表参加了启动仪式，9个小康村与湘西8县（市）在启动仪式上签订了对接帮扶合作协议。湘西是1957年国务院批准设立的少数民族自治州，以土家族、苗族为主的少数民族占75.3%，是农业部定点帮扶的国家扶贫开发重点地区，是湖南省唯一进入国家西部大开发范围和国家“十二五”扶贫开发重点地区。如何实现小康村资金、人才、技术与湘西资源、市场、生态的对接，实现优势互补，互利双赢，中国村社发展促进会联合农民日报倡议开展“中国小康村走进湘西活动”。该倡议得到了湘西土家族苗族自治州委州政府的大力支持，也得到全国许多小康村的积极响应。30个小康村代表出席了同期举办的“中国小康村建设报告会暨首届湘西‘村长’论坛”。国务院扶贫办规划财务司司长徐晖认为，组织小康村对接帮扶湘西，是跨区域帮扶的有益尝试，也是我国社会扶贫的一种路径探索和形式创新。湘西土家族苗族自治州委书记何泽中说：“小康村对接帮扶湘西，不仅给我们带来了资金、技术和人才，更重要的是带来了开放的观念、超前的思维和先进的理念！”

2011年6月17—19日，来自全国20个省市的近200名“村长”、大学生“村官”和少数民族村代表聚首贵州省三都水族自治县，参加全国“村长”论坛走进“神秘水族·魅力三都”活动。

2011年11月21日，全国“村长”论坛走进福保——中国（云南）少数民族村文化交流会在昆明举行。来自云南省的25个少数民族村官代表齐聚福保，共同交流村庄文化发展经验。纳西族村官代表、丽江市玉龙县拉市乡南尧村和彩武书记讲述了跟村里的父老乡亲一起争取幸福生活的故事，让所有人备受感动；哈尼族村官代表、红河州元阳县新街镇箐口村李学书记介绍了箐口村现状以及存在的问题，邀请兄弟村官们到箐口村考察，领略元阳梯田风光，感受哈尼人文风情，洽谈合作，共谋发展。中国村社发展促进会联合云南昆明福保村、云南省民族事务

2011年，走进贵州省三都水族自治县鹏城学校

委员会和云南省25个少数民族村官代表在会上达成了“福保共识”：共同支持云南25个民族村的代表免费参加每年一届的全国“村长”论坛；将云南元阳县新街镇箐口村（哈尼族）、云南祥云县大营村（彝族）列为全国55个少数民族村文化大院创建工程的支持单位；帮助云南省25个少数民族村发展文化产业，将条件成熟的少数民族村吸纳为“全国55个少数民族村文化大院创建工程”支持单位；免费为25个少数民族村建“田园乡村博览会”少数民族网络馆，积极向全国推介宣传25个少数民族村的文化建设；择机筹备“云南25个少数民族村发展文化产业战略咨询委员会”，协助少数民族村开展保护与开发民族文化创建工作；初步商定每年在昆明福保村召开一次“云南少数民族村文化交流会”。

2011年12月24—25日，全国“村长”论坛走进上海奉贤杨王村，召开了2011中国幸福村庄交流研讨会。来自全国的名村代表等50多人参加了会议。会议认为，建立和完善幸福村庄指标评价体系，是深入贯彻落实中央关于建设社会主义新农村，实现全面小康的需要，是造福村民，为村民谋福祉，不断满足村民物质文化需求的需要，是提升村庄建设软实力，推动农村经济、政治、文化、生态等全面发展的需要。

2012年6月19日，全国“村长”论坛走进江西金溪县。江苏省盐城市滨海县滨淮镇东罾村党委书记薛正红、福建龙岩新罗区西城街道西安社区居委会总支书记章联生、浙江奉化市滕头村党委副书记刘松江就如何提高自身能力水平、如何当好村干部、如何带领本村群众改变思想观念、如何通过发展创业科学致富的经历和经验在会上做了精彩的讲解。金溪县各乡镇场、县委各部门、县直各单位负责人、全县各村党支部书记等近300人聆听了著名村官们的精彩演讲。

2012年7月22日，全国“村长”论坛走进谢家路暨“党建引领·幸福群众”新时期加强农村基层党组织建设研讨会在浙江余姚谢家路村举行。本次研讨会云集了中共十八大代表，全国人大代表，全国劳模，全国文明村、全国先进基层党组织代表等一批著名专家和村官。在会上，与会专家和村庄代表以谢家路村近几年的成功为实例，就如何在新时期加强农村基层党组织建设展开交流。谢家路村紧靠杭州湾南岸，在村党委的坚强领导下，短短几年时间就甩掉了贫穷帽子，先后获得全国先进基层党组织、全国文明村、全国民主法治示范村、全国优秀小康村等荣誉。代表们参观了谢家路村的党建成果和村容村貌。

2013年3月26日上午，全国“村长”论坛走进长治振兴村——孝文化交流会在振兴举行。亚太环境保护协会执行会长乔惠民，中国村社发展促进会名誉会长余展分别向振兴村赠送了关氏家族楹联，丹东市关心下一代工作委员会副秘书长杨贤堂向振兴村赠送了孝文化书画作品。交流会以不同形式讲解、宣扬了孝文化。

2013年6月18—20日，全国“村长”论坛走进大理活动在洱海边举行。活动围绕“传承民族文化，建设美丽乡村”主题，全国10多位名村强村村官与云南省6州市村官相聚在一起，交流村社发展建设的心得和经验。

四、村庄对接

2002年11月24日，在南京江宁区举办第二届全国“村长”论坛期间，南京夫子庙秦淮风光带与具有“中国最美的农村”之称的江西婺源县、“中国白族第一村”的云南大理周城村相互交流发展旅游经济的经验，互相签订了“对接意向书”。

2006年10月，第六届全国“村长”论坛上，浙江台州河西村和四川省乐山黄天坡村结成“帮扶”对子，河西村向黄天坡村赞助了一笔发展启动资金。

2007年11月，在第七届全国“村长”论坛上，中国蔬菜产业技术标准化基地、蔬菜大棚的发源地三元朱村与我国南北方两个最大农产品批发市场——北京新发地农副产品批发市场、广州槎龙村增槎路农产品批发市场，与8个果菜特色产业村一起发起“乐义果菜合作体”，建立“果菜技术中心＋农产品批发市场＋信息支持单位＋果菜生产专业村”的强强联合，以实现中国果菜产业的整体改造升级。首批参与对接的8个村分别是：山西省洪洞县秦壁村、四川省茂县凤仪镇坪头村、江苏省徐州市贾汪区紫庄镇石庄村、山西省榆次张胡村、山西省晋中市东贾村、辽宁省盘锦市新民村、重庆市大足县雍溪镇石堡村、四川省双流县彭镇羊坪新村。

2010年10月，在“中国小康村走进湘西活动”上，浙江乐清上园村、重庆沙坪坝区新立村、江苏张家港永联村、北京丰台果园村、浙江东阳花园村、陕西宝鸡东岭村、云南昆明福保村、上海闵行九星村、山东寿光三元朱村等知名小康村分别与湘西土家族苗族自治州吉首市、花垣县、泸溪县、永顺县、保靖县、凤凰县、古丈县、龙山县等签订合作协议。

2011年10月，第十一届全国“村长”论坛上，辽宁省沈阳市上岗子村与吉林省安图县万宝镇红旗村（朝鲜族）、山东省临沂市沈泉庄村与新疆察布查尔县乌珠牛录村（锡伯族）、云南省昆明市福保村与云南省元阳县箐口村（哈尼族）分别签署合作协议，结成友好村庄，携手共同促进民族地区的经济发展和文化繁荣。

2012年9月，第十二届全国“村长”论坛上，进行了饮水思源——南水北调工程水源地和受益地友好村庄对接活动。来自北京、天津、河北等受益地区的村庄代表发出倡议书，呼吁受益区村庄积极参与水源区秦巴山片区连片扶贫开发，加

浙江台州河西村和四川省乐山黄天坡村结成“帮扶”对子

强对口帮扶。浙江省奉化市滕头村等11个村分别与武当山特区八仙观村等11个村签订友好村庄合作协议。

2013年6月18—20日，全国“村长”论坛走进大理活动期间，大理市周城村、漾濞彝族自治县光明村分别与浙江省杭州市航民村、东阳市花园村签订帮扶对接协议，结为姊妹村。

2013年12月1日，第十三届全国“村长”论坛上，华西、大寨、花园、滕头、九星等9个经济发展强村与小岗村签署《小岗合作宣言》，对接签约，帮助小岗村共同发展。

五、人才培养

2004年8月13—16日，中国村社发展促进会和中央教育科学研究所、求是杂志评论部、小康杂志社在南京联合举办了全国职业教育发展论坛，关注农民素质提高，农业、科技、教育一体，推动农村职业教育发展。

2005年4月，中国村社发展促进会与中央党校对外培训中心联合举办了第十五期基层领导干部进修班，历时8天。来自广东中山、东莞、惠州，江苏江阴，广西桂林，河北三河、邯郸、内邱，内蒙古赤峰，大连等地的百余名基层领导干部及民营企业家参加了学习。

2009年10月，中国村社发展促进会推出支持“三农”高端人才（博士）培养计划。面向急需人才的村庄，引入“三农”博士，为村庄合理开发调配现有资源和破解发展瓶颈献计献策，建新团队，上新项目，创新发展模式，提高村庄执行力，增强村庄竞争力，推进村庄经济的快速发展。

该计划分批次招纳规模约为10人的“三农”人才，进入相关高校攻读“三农”博士。他们在受资助求学的同时，提供三分之一的时间在所支持村庄实习，围绕村庄特有问题进行调研，直接为村庄服务。以此为基础，组建一支研究村庄问题、提供村庄发展方案的实战队伍。

2009年12月18日，“中国市场第一村”九星村党委书记吴恩福与中国村社发展促进会副会长余展共同签署支持“三农”高端人才协议书，九星出资108万元支持“三农”人才培养。九星村成为中国农村社区发展促进工程首个“博士实践基地”。九星村在新农村建设和发展工作中，极其重视人才的培养，努力形成一支高素质的新型管理队伍。九星村党委书记、九星市场党委书记、九星控股（集团）董事长吴恩福表示，人才是经济增长的动力之源，也是经济发展的后劲所在。扎实推进社会主义新农村建设，夯实“三农”发展基础，培养“三农”高端人才势在必行。

2009年12月26日，中国村社发展促进会副会长余展和北京昌平郑各庄村黄福水书记共同签署了支持“三农”高端人才培养协议，郑各庄村成为“中国农村社区发展促进工程——博士实践基地”。

2010年1月13日，中国村社发展促进会执行秘书长沈泽江和云南昆明福保村杨明书记共同签署了支持“三农”高端人才培养协议，福保村成为“中国农村社区发展促进工程——博士实践基地”。

2010年5月19日，在全国“村长”论坛第六次执委会议上，“三农”高端人才博士培养计划向执委做了汇报。吉林农业大学杨旭，香港中文大学李竣，中国农业大学赵军杰、吴天龙等硕士研究生被选定作为博士培养对象，在执委会上亮相；上海九星村、北京郑各庄村、云南福保村的书记吴恩福、黄福水、杨明在会上接受聘任，成为各位同学的实践导师；各位同学发言，表示不负使命，认真学习，为农村做奉献。

随后几年间，天津玉石庄村、河南干河陈村、广州利湟集团均加入到支持高端人才培养的公益活动中来，为学生学习提供了大量的培养经费。同时，被培养的同学也陆续分别考入中国农业大学、中国人民大学、中国社会科学院、中山大学，入读博士。

六、投资合作

2008年9月6日，在中国村社发展促进会和论坛的组织下，浙江省的方林村、滕头村、花园村、航民村和上海的九星村共同成立了中国村企集团五村合作组织。合作组织成立的目的是通过创建合作平台、资源共享平台、互动交流平台，来推动村级信息与管理人才队伍的建设和共同推进乡村经济和文化产业的发展。在五村合作组织成立后，开展了一系列的对外项目考察行动。筹划建设总部、共同开发酒业、地产、旅游及金融合作项目。

随之，在论坛推动下，部分区域村庄跟进，组成相似的合作模式。2009年9月，福建闽西五村合作成型——上杭县古田会议会址所在村溪背村、长汀县红军长征第一村中复村、连城县福建省梅花山国家级自然保护区池家山村、连城县中国历史文化名村培田村与龙岩溪南村，本着学习、交流、合作、共赢的态度，结成五村合作发展。

2010年3月，中国村社发展促进会联合彭州市宝山村、郫县农科村、汶川萝卜寨、理县桃坪羌寨、茂县坪头羌寨五个四川旅游特色村，共同发起成立中国旅游特色村四川五村合作会议。五村合作会议定位于区域性村庄合作经济组织，是第

“三农”高端人才培养计划招收的博士生合影

一家以探讨创建新型乡村旅游发展模式和乡村旅游产业协作体系为宗旨的村庄之间长期的、彼此互信和互利的合作组织形态。五村合作的示范带动，影响、推动更多的四川旅游村寨完成升级转型，从而打造出著名四川乡村旅游示范带。

2011年4月20日，北京市丰台区南苑乡果园村党委书记、北京鑫福海工贸集团董事长陈重才到辽宁兴城四家村，就四家村企业集团股份制改革和物流中心投资合作项目进行考察。随后双方达成意向，筹建兴城大红门物流商贸城。计划总投资11.2亿元，将分两期完成建设。现已完成三项主体工程建设，初步形成物流商贸基本功能，经营新型建材、电子商务、家具灯饰、特色农副产品加工批发等。该项目是兴城市四家村企业集团与北京鑫福海工贸集团所属的大红门服装商贸城市场中心合作项目，双方合作将发挥自身资本资源和品牌优势，开发建设、经营物流商贸城。完全建成投入运营后，有望打造成辽西地区最大的物流商贸集散地中心。

第三节 全国“村长”论坛的经验

全国“村长”论坛已走过了十四年，成功举办了十三届，论坛带着提供学习交流、帮扶发展、合作协助、研究参考的功能，一路前行，取得了帮扶少数民族村庄发展、蔬菜技术培训、走进地方传经验、村庄对接、人才培养、投资合作等成果与经验。这些经验对未来村庄的发展、村官的进步将发挥更大的作用。

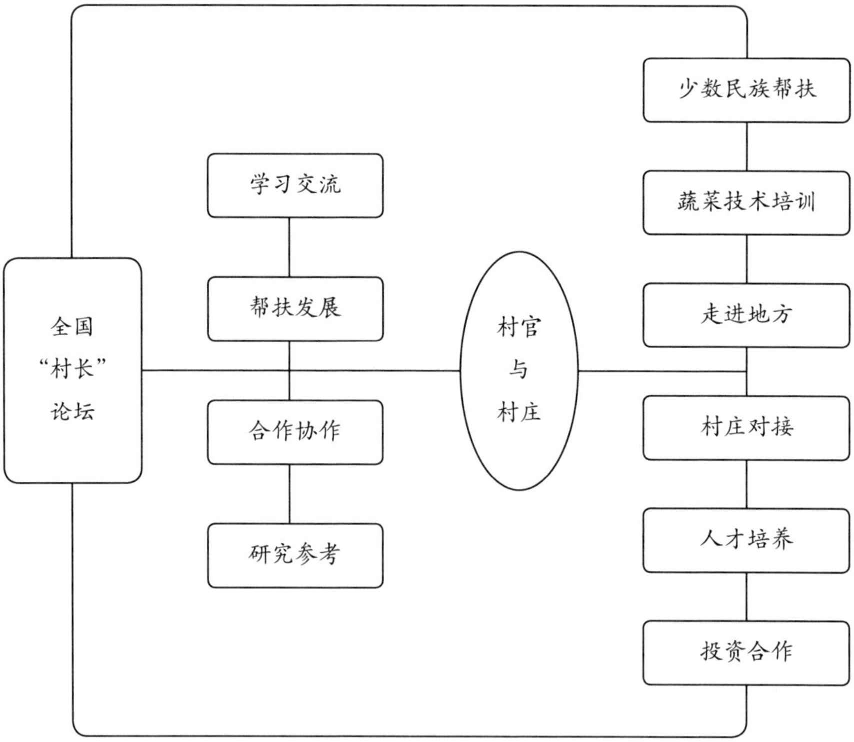

全国“村长”论坛功能与成果图

第五章
未来“村长”论坛的设想

第一节　论坛概述及模式分析

一、论坛概述

每年举行各种规模与形式的论坛不计其数，但归结起来，论坛不外乎实体参与型与网络交流型两种形式。

实体参与型论坛，是指一种高规格、有长期主办组织、多次召开的研讨会议。其特点表现在：具有一定的时间、地点、参与人员的要求。例如：大型峰会论坛、讨论社会问题、专业学术论坛等。我们举办的全国“村长”论坛即属于此类型。

网络交流型论坛，全称为Bulletin Board System（电子公告板）或者Bulletin Board Service（公告板服务），是Internet上的一种电子信息服务系统。它提供一块公共电子白板，每个用户都可以在上面书写，可发布信息或提出看法。它是一种交互性强、内容丰富而及时的Internet电子信息服务系统，用户在BBS站点上可以获得各种信息服务、发布信息、进行讨论、聊天等。

近年来，网络论坛如同雨后春笋般的出现，并迅速发展壮大。论坛几乎涵盖了人们生活的各个方面，几乎每一个人都可以找到自己感兴趣或者需要了解的专题性论坛，而各类综合性门户网站或功能性专题网站也都青睐于开设自己的论坛，以增加互动性，丰富网站的内容，促进网友之间的交流。全国“村长”论坛主体为实体参与型，本论述也主要侧重此类论坛。

其实，纵观各类论坛，其类型主要有以下几种：

一是专业性论坛。这种论坛根据参与者的需求设定专题，根据专题内容来交流探讨，有利于信息的分类整合和搜集。专题性论坛对科研、教学都起到重要的作用，如政府主导类论坛、社团主导类论坛、自由爱好者主导类论坛等，这样的专题性论坛能够在单独的一个领域里进行版块的划分设置，甚至有的论坛把专题性直接做到最细化，这样往往能够取得更好的效果。

二是产品营销型论坛。这类论坛为某一个企业或某一种产品进行宣传推广服务，以一个产品或系列产品为核心，围绕与产品相关联的客户群开展研讨与推广。从2005年起，这种形式的论坛很快地成立起来，但是这样的论坛往往很难具有吸引人的性质，单就其宣传推广的性质，很难有大作为，所以此类论坛寿命经常很短，论坛中的会员多带有目的性而来。

三是交流性论坛。这类论坛是一个广泛的大类，论坛重点在于论坛会员之间的交流和互动，所以内容也较丰富，有供求信息，也有范围较广的信息，有开展专题讨论的，也有指导性的意见信息。这样的论坛是将来论坛发展的大趋势。

不论哪一种类型的论坛，都必须保证主题明确，服务到位，可持续性强，这是一个论坛生存与发展的根本。全国“村长”论坛连续举行了十三届，在不断总结自身经验及汲取其他论坛经验的基础上发展壮大自己，取得了今天的成绩。

二、成功论坛模式

1.达沃斯世界经济论坛

世界经济论坛（World Economic Forum，WEF）是一个非官方的国际组织，总部设在瑞士日内瓦。其前身是现任论坛主席、日内瓦商学院教授克劳斯•施瓦布1971年创建的“欧洲管理论坛”。1987年，“欧洲管理论坛”更名为“世界经济论坛”。论坛因每年年会都在达沃斯召开，故也被称为“达沃斯论坛”。每年在达沃斯召开的论坛年会，一般是在一月下旬，会议持续约一周时间，每年都要确定一个主题，在此基础上安排200多场分论坛讨论。截至2013年共举办了42届年会。每年的世界经济论坛年会均有来自数十个国家的千余位政界、企业界和新闻机构的领袖人物参加。世界经济论坛已经成为世界政要、企业界人士以及民间和社会团体领导人研讨世界经济问题最重要的非官方聚会和进行私人会晤、商务谈判的场所之一。随着国际形势的发展和变化，世界经济论坛所探讨的议题逐渐突破了纯经济领域，许多双边和地区性问题以及世界上发生的重大政治、军事、安全和社会事件等也成为论坛讨论的内容。

论坛组成的核心是其会员和合作伙伴。目前，论坛拥有1 000多个会员，全部是世界知名企业和公司。论坛有选择地与会员建立合作伙伴关系。此外，论坛还有各种性质的会员制组织，涉及政治、经济、文化、宗教、传媒和学术等领域。世界经济论坛每年还与若干国家的政府或企业联合主办各种国际经济讨论会。

达沃斯经济论坛营销的成功主要有以下几点原因：

一是悠久的历史及品牌优势。达沃斯经济论坛有着悠久的历史，到2013年已有42个年头。有着四十年历史的论坛，它的成长是大家有目共睹的。它能在保留自身特点的同时与时俱进，不断丰富和改进会议的内容，由此吸引了各国政界和经济界的高层领导人、企业首脑以及著名专家，所涉及的领域包罗万象。由于悠久的历史和自身品牌的优势，达沃斯经济论坛有很高的知名度，是国际论坛组织的代表。“达沃斯世界经济论坛”这几个字就是其广告，代表了他的权威性。

二是市场定位准确。它是非官方的定期定址的高层国际论坛，20世纪80年代以来，世界经济一直表现为不稳定状态。各地金融危机的爆发使国家、企业、个人都遭受一定的经济损失。世界面临的水资源问题、环境恶化问题等自然问题都是人们密切关注的。行业发展问题，各国的问题相互纠缠，需要一个缓和关系、了解对方发展意向的渠道。正是因为人们有着上述不同的需求和想各自了解对方的目的，而这些达沃斯论坛都可以提供一定的解决办法。它的非官方性，表明了参会主体都是平等的会员关系，他的定期、定址性给参会人员带来了方便，人们可以为会议提前做好相应的准备。

三是市场细分到位。其参会人员具有特殊性，论坛的参与者主要是各国政界和经济界的高层领导人、企业首脑以及著名专家。此外，世界经济论坛还包括其他参与者。这些参与者分属不同的成员组，这些小组把分散的力量聚集了起来，以便在特定的领域内进行全球性的合作。每个小组都是独立的，而且成员名额有限，因此各自都具有鲜明特点。它们大致包括以下几部分：

各行业领袖组：分别由世界主要工业领域内最知名公司的高层管理人员组成；

未来全球领袖组：约有600名成员，年龄在45岁以下，他们是新一代全球性的决策者；

媒体领袖组：包括全球传媒领域内最有影响的人，他们的参与将保证本次活动的可靠性和公正性；

论坛嘉宾组：包括在政治、经济、科学、社会、科技等领域内的知名人士；

政界人士组：包括各国政府领导人以及主要国际组织的领袖人物；

文艺精英组：包括100余名来自文艺领域的知名人士。

未来全球领袖组正努力网罗全球不同背景的年轻杰出人士，建立并发展一个全球性人才网络，以增进他们之间的互相支持，并促进他们就迎接全球性挑战等问题展开对话。

达沃斯论坛满足了各界相互认知的需要，通过会议可以向与自己行业相关、有价值的人物进行咨询。

四是主题鲜明与务实。论坛的宗旨是探讨世界经济领域存在的问题并促进国际经济合作与交流。随着国际形势的变化，论坛所探讨的议题逐渐突破了纯经济领域，许多双边和地区性问题也成为论坛讨论的主要内容。10多年来，世界上发生的重大政治、军事、安全和社会事件多在论坛上得到反映。由于内容的前瞻性、务实性，达沃斯论坛吸引了各界对会议的关注与积极参与的热情。

五是客户服务到位。参会人员都是有地位、有物质基础的各界代表人士。所以需求要严格，因此也不会在乎价格的高低，对于价格要求不高。成功的会议包括很多细节工作，例如：预算，邀请，签到与入住安排，餐饮安排，秘书服务，茶歇，翻译，车辆调度，健康保障，保险知识，礼仪与迎送。只有各个方面都完成好了，才是一个成功的会展。最好的服务莫过于满足参会者的需求。包括企业不断发展的需求，人的交际需求，解决问题的需求，树立国家、企业、个人良好形象的需求等。达沃斯论坛正是通过这些方面为参会人员提供了载体的服务。

达沃斯从一个区域性的研讨会，发展成为一个国际经济非官方最高级别的论坛，一个非营利机构，其年营业额达到1亿美元，并连续多年保持15%以上速度的增长，值得我们沉思。

2.博鳌亚洲论坛模式

2001年2月27日，由菲律宾前总统拉莫斯、澳大利亚前总理霍克及日本前首相细川护熙倡议，26个发起国发起，在中国海南博鳌成立的博鳌亚洲论坛，是一个真正由亚洲人主导，从亚洲的利益和观点出发，专门讨论亚洲事务，增进亚洲各国之间、亚洲各国与世界其他地区之间交流与合作的论坛。2006年，论坛追加新西兰和以色列为发起国。

博鳌亚洲论坛是非官方、非营利性、定期、定址的国际组织。论坛为亚洲以及其他大洲有关国家政府、工商界和学术界领袖就亚洲以及全球重要事务进行对话提供了一个高层次平台。每年4月，在持续4天的年会中，超过2 000位覆盖世界各大洲和各主要经济体的来自产业界、教育与学术界、媒体、政界的人士参与其中，为实现推进“亚洲利益共同体”建设的使命建言献策。

博鳌亚洲论坛运营模式有以下特点：

一是议题设置与品牌塑造独特。博鳌亚洲论坛年会议题，由中国（海南）改革发展研究院组织国内一流经济问题专家，经过讨论提出若干专题和对议题的建议；对这些建议，研究院再听取100多位亚洲问题研究专家的意见，在这个基础上，请28个成员的专家做最后审议。2002年，论坛理事会确定将“亚洲寻求共赢”作为论坛长期主题，并根据每年的热点加上副标题。如2003年的主题为“亚洲寻求共赢，合作促进发展”，2004年为“亚洲寻求共赢，一个对世界开放的亚洲”。这表明了论坛的宗旨和使命，即努力推进亚洲利益共同体发展。历届年会均针对当年的热点，对主题进行精心设置，紧扣时代热点，为促进亚洲的全面发展提供话题。

博鳌亚洲论坛一直坚持“三高”目标打造论坛品牌，即代表高层次、内容高水平、成果高质量。代表高层次：论坛每年会邀请具有极大世界范围影响力的演讲者。内容高水平：论坛议题的设置总是围绕着对亚洲乃至世界有着重大影响的话题展开，涉及经济、社会、环境及其他相关问题。成果高质量：作为论坛成果之一的《亚洲经济一体化报告》，如今已经成为亚洲经济一体化的风向标。

二是组织构架多元化。博鳌亚洲论坛的组织结构包括论坛会员大会、理事会、咨询委员会、秘书处和研究院。论坛会员大会是论坛的最高权力机构，每年举办一次；理事会目前有15名成员，均是政界和商界知名人士，作为论坛会员大会的最高执行机构，负责论坛工作的总体监督和指导，每年举行一次会议；咨询委员会目前由9名具有一定知名度的前政要和企业界人士组成；秘书处是论坛的常设执行机构，下设秘书长办公室及法律财务部、战略发展部、会员服务部、会展部、研究发展部五个部门，负责具体开展论坛的各项活动，秘书长是论坛的首席执行官和秘书处的负责人；研究院成立于2001年，是论坛的重要智力支持机构，负责提出论坛主题和议题、进行经济预测、提供信息、提供智力资源以及人力资源培训等职能。同时，研究院建立了高层次的亚洲域内外经济问题研究专家网络，吸引国际著名专家学者的积极参与。《新兴经济体发展年度报告》《亚洲经济一体化进程年度报告》和《亚洲经济体竞争力年度报告》是研究院每年出版的三份年度研究报告，同时每周还会出版《亚洲经济周报》，为会员和相关合作伙伴提供最新的亚洲域内外的经济信息。

三是组织形式与资金运营关联程度高。博鳌亚洲论坛采取会员制形式，分为发起会员、荣誉会员、钻石会员、白金会员、普通会员和临时会员。目前博鳌亚洲论坛191个正式会员中，中国内地会员达到93个，港澳台24个，共占到总数的61.3%。会员参会费是博鳌亚洲论坛的一大经费来源。2013年论坛年会的参会费在3万～4万元人民币。合作伙伴对论坛的财政收入起着重要的作用，论坛的合作伙伴包括钻石级合作伙伴、白金级合作伙伴、金牌级合作伙伴、银牌级合作伙伴、智力合作伙伴和媒体合作伙伴。目前钻石级和白金级合作伙伴均为4家，都是世界著名公司，如沃尔沃集团、FMG、美银美林等；金牌级合作伙伴7家；银牌级合作伙伴12家；智力支持伙伴为德勤公司和《财经》杂志；媒体合作伙伴有23家，包括国内外的知名媒体，如凤凰卫视、环球时报。

四是服务保障到位，信息公开及时。博鳌亚洲论坛年会的服务保障工作由海南省人民政府全部承担，其责任包括接待中外政要、安全保卫、安全生产、公共卫生、环境整治、宣传推介、后勤保障等。这与论坛的发展背景有关，也与论坛发展初期需要海南的全力支持有关。博鳌亚洲论坛的官方网站上有对论坛的背景、组织结构、会议活动等的介绍，还提供年会报告、年会日程等材料的下载。但论坛与当地民众的关系不够紧密，海南普通民众对论坛的知情权很低。

五是地区联动发展，辐射面宽。除博鳌年会外，博鳌亚洲论坛还在各地召开多样的专题会议。如2002年的桂林博鳌亚洲旅游论坛、2004年的深圳国际物流大会、2005年的北京亚洲教育论坛和西安欧亚经济论坛、2009年的伦敦国际资本峰会、2011年的香港博鳌青年论坛、2012年的孟买亚洲金融合作会议以及2013年6月20日在青岛召开的亚洲自贸协定论坛等，这些专题论坛使论坛的内容更加丰富，同时使论坛走出博鳌，“博鳌”不再局限于海南博鳌，更是一个品牌。

以上两个论坛均属成功举办多次的论坛，但博鳌亚洲论坛由于发展较晚和受背景因素所限，较世界经济论坛而言，还处在学习发展的阶段。博鳌亚洲论坛的政治色彩和不够充分的商业化运作使其氛围无法像达沃斯年会那样轻松；同时，会员发展更是处在亟待拓展的阶段，中国会员比例较大，可能会使其议题导向、研究成果等都偏“中国化”，缺少其他经济体的活力注入。

同时，尽管两个论坛都有专门的智力机构为其提供智力支持，但世界经济论坛更重视对智库的利用，尤其是与世界26所顶尖大学的合作；而博鳌亚洲论坛的重视程度较低，亚洲各国大学和专家学者的参与度并不高，海南当地高校的参与程度也相当低。

从论坛的主题来看，两个论坛都致力于将时代的热点和人们最关心的问题作为讨论对象。如2009年，全球经济危机爆发后，世界经济论坛和博鳌亚洲论坛分别以“构建危机后的世界”和“经济危机与亚洲：挑战与展望”作为年会主题，为被经济危机席卷的世界重新恢复发展出谋划策。

达沃斯与博鳌，都是依托会展兴起的偏远小镇，但在这两地分别举办的世界经济论坛与博鳌亚洲论坛在运营模式上存在着较大的差异。相比于已有43年历史的达沃斯世界经济论坛，博鳌亚洲论坛还处在模仿和学习的阶段。

第二节　“村长”论坛定位的设想

相对于达沃斯论坛与博鳌亚洲经济论坛而言，全国“村长”论坛的主题更具专业性。论坛举办13年来，从一个由社团组织主导，几十个村官聚集在一起的小型交流会发展成为今天1 000多名村官的发声平台，实属不易。历年论坛不论在村里举办，还是在县市举办，均已成为举办地走向开放、融入全国和提升知名度的重要名片。论坛也切切实实给当地带来了新观念和促进了经济的发展，同时也成了中国村庄对外交流的一个窗口。

但是，随着政府政策导向的逐步清晰，市场经济发展的逐步完善，村域经济发展的需求面要拓宽，“村长”论坛在与村庄同步发展的基础上，应当理清思路，重新定位。

一、塑造新观念的传播平台

2011年，我们在多年村庄实践性研究的基础上，在《村庄资源与创新项目——中国农业公园》一书中提出了“一选三不断”观点，即村庄发展的关键是要解决以下几个问题：一是选出一个好的带头人，组建一个懂技术、会经营、善管理、能决策的新型团队，培育和积累更多的人力资本；二是不断地引入新的生产要素和定位准确的新项目，充分发挥土地赋能的作用，为村庄发展创造新的市场空间；三是不断地挖掘可经营的资源资产，将其转化为新的物质资本，并量化到村民；四是不断地探索新的经营组织形式，积极引进社会资本，创建适合村庄发展的新模式。其中，选好一个带头人是村庄发展的关键，而带头人的观念创新是村庄发展的基础。每一个村庄发展观念不同，发展模式也各有差异。如何让带头人在交流中汲取经验，提炼出新观念、新思路，是举办论坛的核心目的之一。

为此，我们将借助论坛的平台，在吸纳名村发展理念的同时，集社会各界的新观念、经济发展过程中政策的新观点、专家提炼的差异性观念于一体，将他们的观念剖析、融合，通过实践认知，提炼出新的理念，让其他村官去理解、去体会、去运用与实践，真正融会贯通，再结合本村实际，指导村庄的发展。

而针对在实际运用中遇到的问题，我们通过论坛的研讨与交流，将这种提炼—观念—实践—形成理论—再实践—获新观念的过程，形成可操作的方法，运用到村庄发展的实际中去，指导更多的村庄发展。

二、打造培育更多村官企业家、村庄带头人的新基地

利用“村长”论坛的平台，不断挖掘更多有代表性的村庄发展带头人、村官企业家和村域致富精英，在总结其发展经验的基础上，指导更多的村庄带头人去带领其他村庄发展。同时，又将成功名村发展经验注入被挖掘的村官和村企理念之中，培育和帮助这些村庄做大做强，形成循环“名村官经验—被挖掘村官经验—引领发展中村庄”链条的培育基地，从而带动更多的村庄发展。

在此，我们认为，浙江省东阳市花园村邵钦祥书记就如何当好带头人，如何带领村民共同致富的经验值得全国村官学习。

（1）农村支部书记要学经济、懂经济、抓经济。农村工作实打实，没有投机取巧的事。千难万难，关键难在经济落后上，村穷民穷，样样是难题，村富民富，事情就容易办。因此，农村党支部书记必须有经济头脑，始终把发展经济作为头等大事来抓。

（2）农村支部书记办事必须公正、公开、公平。当农村支部书记，本身就意味着奉献。农村支部书记不是公务员，没有多大权限，要带领全村村民，坚定不移贯彻执行党的路线、方针、政策，全力建设新农村，没有一种奉献精神是不行的。支部书记不仅要有毅力、能吃苦、讲奉献，而且做事必须公平、公正、公开，听得进批评意见，做得到依靠村民、调动村民积极性。另外，还要讲民主、讲法律，不论办什么事，尤其是关系村民切身利益和行使权利的事，一定要保证村民真正享受到民主权利。

（3）农村支部书记要教育、引导村民更新观念。党员干部不但自己要善于致富，更重要的是要引导、带领群众解放思想、更新观念，共同致富，过上小康生活。带领群众致富不仅要为群众提供信息、搭建平台、拓宽路子，更重要的还在于因势利导，把群众的思想和精力引导到发展经济上来，引导到新农村建设上来，引导到干事创业的氛围上来。

（4）农村支部书记要真为群众办好事、办实事。在一些村庄的发展起步阶段，由于利益问题，村里矛盾不断。作为村干部，就要担当得起，村民的事，要由村干部解决。村干部要担负起为村民服务、解决村民困难与矛盾的责任，要把村民的困难当成是自己的困难，把村民的矛盾当成自己的矛盾。只有这样，村干部才可提升解决问题、化解矛盾的能力。这既是新农村建设中的一项重要工作，也是对村干部是否真心为民的考验，只有帮助村民把问题解决得好，群众才能放下包袱、身心快乐，积极投身新农村建设。

（5）农村支部书记要确保村民得利益、得实惠。农村要和谐，农民要富裕，一靠党的政策和各级党委、政府的支持；二靠支部书记带领村民致富的同时，做好和谐工作。花园村能有今天，离不开党员干部的3句话行动指南引路，即孙中山“天下为公”、毛泽东“全心全意为人民服务”、邓小平“发展才是硬道理”。

说千道万，新农村建设是一项长期、系统的工程，需要辛苦一代人，甚至需要牺牲一些个人利益，作为农村带头人，需要付出更多。邵钦祥书记的这些观点看似简单，但足以引导许许多多村庄发展，特别是为更多大学生村官服务村庄的观念的建立提供参考。

三、搭建投资平台

“村长”论坛以县域为单位，从民俗文化、特色农产品、生态环境等方面，为推动县域的绿色村庄经济带产业发展，设立投资项目，搭建投资平台，让外来资本、企业资本、村域资本、公益基金和政府政策性投资资金等，关注特色县域的村庄经济。

一是民俗文化产业带。以县域的特色村庄民俗文化、古村落文化、非物质文化遗产为核心，以乡村休闲旅游为纽带，形成板块结构的产业带。在产业带范围内，形成特色文化、特色旅游、特色休闲、特色产品于一体的乡村旅游产业，以点带面，带动村域经济发展。

二是特色农产品经济带。以县域范围内的特色农产品为核心，辅以有机农产品基地、地理标志性产品等，形成生产、加工、销售、观光旅游于一体的特色经济带，引领村庄经济的发展。

三是生态养生产业带。以村庄绿色生态为背景，以休闲养生为目的，形成绿色村庄经济带，并延伸相关产业，从而带动此类村庄的发展。

四、拓展平台服务功能

“村长”论坛是一个交流的平台，更是一个信息平台、人才管理的平台和资金运作的平台。我们应当充分利用这一信息聚集优势，不拘泥于简单地交流，应当在服务领域拓展功能。将论坛作为一个信息枢纽，汇集多方面的项目、人才、政策、资金等信息，根据不同的需求，将这些信息分类、分析、补充与完善，释放出去，让信息功能更强大，服务面更广。

第三节　未来“村长”论坛的改革与思考

全国“村长”论坛在多年的举办过程中，虽然积累了丰富的经验、聚集大量的人气，但是，要完善其良好的运营轨道，在辐射范围、资本运营、合作共赢等方面仍需要改革，需要思考。为此，我们依据多年举办的经验，并征求专家、学者、村官代表、媒体代表等人士的意见，特别是中国农业大学卢凤君教授提出的建设性意见，对论坛未来做一下改革设想：

一、论坛的生命力分析

纵观13届全国“村长”论坛，越来越大的召开规模切实证明了论坛已经具备较为强大的生命力，而生命力的核心就在于论坛活动主体有需求、论坛活动举办有特色、论坛活动主题有创新、论坛活动结果有价值，这些元素能够有效支持论坛的不断发展。

1.论坛活动主体有需求，如何满足他们的需要？

在历届论坛举办过程中，我们不能忽视村官的需求，“三农”管理部门的需求，村企的需求，科教机构的需求。

从村官、“三农”管理部门、村企、科教机构等多方主体来看，其对全国“村长”论坛活动的需求是毋庸置疑的，目前存在的主要问题是如何让这种强烈的需求在论坛中表达出来。各届论坛与活动主体的关系就宛若小溪、江河和大海的关系，小溪会汇入江河、江河会流入大海，反过来大海还会哺育小溪，目前论坛能够很好地表现出这种从小到大、从低缓到高潮的需求状态，但对其反向哺育的需求过程却有所忽视。

2.论坛活动举办有特色，但可持续性的特色如何挖掘？

历届论坛举办地点的代表性、举办单位的积极性、举办主体的针对性、参与主体的层次性均十分突出。

但是，论坛的生命力还体现在各界论坛的特色之中，目前全国“村长”论坛已经形成了一种代表性，未来还要继续挖掘“村长”论坛的深刻内涵，层层深入地向公众解释和说明为什么要有“村长”论坛、“村长”论坛与其他论坛的区别等。

3.论坛活动主题有创新，如何实现创新的升级与互联互通?

历届论坛的理念内涵的创新、政策引导的创新、彰显人物的创新、推介模式的创新均十分突出。

经过13届的组织和举办，论坛活动已经有了较为稳定的输入-输出函数，此函数的核心就是创新、创造和创意，输入端和输出端则都相对集中，输入端主要是时代需求、优势特色和政策背景，输出端主要围绕“三农”问题，展示着村官的事、村民的事、村企的事和村集体（包括社区、产业）的事。

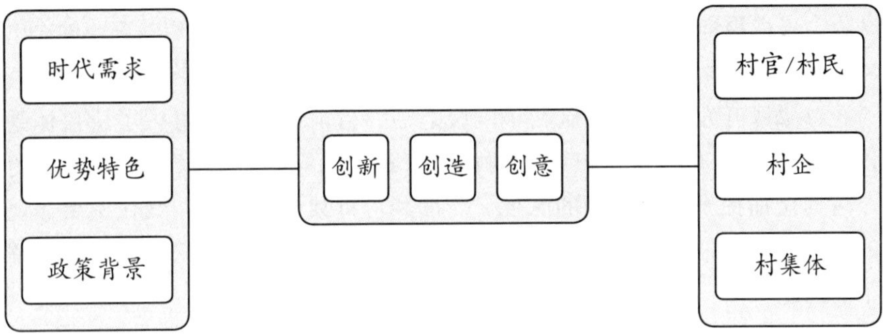

论坛活动的输入—输出函数

在输出端中，村官和村民是最重要的两类主体，因为村官决定着人力资本，发挥着桥梁纽带作用，村民决定着组织资本，发挥着稳定结构的作用，两者的结合则共同决定了村庄与村社的社会资本。这种社会资本，又是将村与村连接起来，将名村、强村与弱村区分开来的最关键要素。

如果将组织创新（农村分散化）视为第一次跨越，那么第二次跨越的标志就应该是组织再创新，也就是重塑社会资本，其对第一次跨越的升华表现在，进入工业化时代以后，通过建立社会资本，既避免了原有农村分散带来流动资本过高问题，又克服了工业化致使人被工具化的问题，还对城镇化导致固定资本过高问题有所抑制，从根本上将人性与效率统一，实现了村庄内部的和谐。

所以，在经济转型、社会转型、制度转型的时代背景下，村庄社区的宗旨就应该是重塑社会资本，即调节桥梁资本与结构资本之间的关系，提高资本的有效性和稳定性，而与之相对应的，全国“村长”论坛也应该对“村庄社会资本形成路径与特色”方面的内容有所补充。

此外，在彰显人物创新方面论坛也是做得较为突出的，充分体现了农村的民俗文化、生态绿色、名村风范等，随着转型时代的到来，下一步论坛还应该突出社会性，同时与原有的经济发展对接，最终体现经济与社会的和谐。

4.论坛活动结果有价值，如何形成关联价值体系?

历届论坛在经验交流出路径、专家讲授出思想、学习帮扶出模式、对接合作出方法方面有一定的探索，但需要进一步深化。

以往的论坛活动逐渐积淀成了论坛文化，形成了论坛价值，原有论坛尤其突出表达了论坛的主题价值和多元价值。但是从系统观来看，主题价值与多元价值关系的表达还存在不足，下一步需要深挖论坛13年生命力的形成、表现，同时引入虚实结合的思想，借助网络联动的手段，将论坛的历史、现在和未来进行时空转换，形成最为贴近现实的多维表达，在已有平面影响力的基础上，创造出立体、连续的论坛影响力。

经过主题开发、长效机制两个阶段之后，目前论坛已经进入了价值体系阶段，在此阶段更要注重论坛文化的传承、论坛品牌的打造以及网络媒体的应用，进而全面提升论坛影响的深度、广度和可持续性；其中，文化主要体现论坛的厚重，品牌能够突显论坛的形式，网络媒体则能帮助论坛解决其自身解决不了的问题。

二、论坛改革的思路

以论坛生命力为核心点，以提升生命力为目的，理清论坛的改革思路。

（1）进一步突出“四有”。即在现有的“有需求，有特色，有创新，有价值”基础上，拓宽需求面，彰显特色，拓展创新领域，构建价值体系。

（2）逐步贯通“三化”。即资源要素化、要素资本化、资本价值化。

全国“村长”论坛所关注、联结的村庄有着诸多的优势特色资源，但是论坛没有对资源进行分类分级，建立资源辨识标准，同时对资源的深度解读也有所不足。论坛可能不能帮助村庄创造资源，但是完全可以告诉社会、告诉公众资源都有什么、应该如何利用，所以完全可以借助论坛，做名村、强村资源的实时状况监测、信息发布、企业对接、资源价值潜力评估、未来开发方向预估等，引导全社会都对这些村庄的资源形成关注，即实现资源要素化。所谓“要素化”其实就是将资源转化为生产函数，有了生产函数，也就等于有了创新源泉。

实现资源要素化之后，还要将要素资本化，很多名村、强村都有自己的资本符号，看到这些符号就能看到他们的强大实力，所以有了资本就等于有了信用，就可以做抵押、谈合作；而资本又是可以跨越空间、自由流动的，所以有了资本，也就有了将有限资源变为无限价值的可能。

资本价值化则是指要注重资源与市场的连通，不同的主体有不同的偏好，所以在要素资本化之后，还要注重客户的细分、市场的细分。结合具体运作来讲，可以邀请专家、企业人士等，在论坛上解读资本价值化，帮助参与主体明确方向、把握重点。

（3）逐步推行“四优”。即优理念、优方式、优平台、优机制。

逐步优化论坛构架平台，共同研究探讨如何以论坛为核心，通过支撑、保障、对接，将平面平台打造成为立体平台。

（4）塑造“五新”。即新农民、新村官、新社区、新集体、新产业。

在农业转型、“三化”协同的时代背景下，培育新农民、新村官、新社区、新集体、新产业等问题至关重要，论坛也要注重帮助总结梳理与此相关的模式和经验，尤其在新集体问题方面，可以深入地揭示村民利益与集体利益不清晰的现状及产生原因，进而探讨如何改变村民权利和集体权利，突破原有集体经济、重构新的集体经济等问题。

此外，在论坛改革方面，还要考虑论坛主题长期化的问题，目前与时代需求、政策背景有关的论坛主题表现活跃，但内在核心价值主题尚未形成、仍需培育，论坛的核心价值主题是整个论坛的“魂”，应该是基本不变的、长期稳定的，变化的只是论坛的表现形式。

三、论坛改革的途径

论坛的改革途径主要突出在四个方面：创新主题开发，建立长效机制，培育价值体系，促进平台联动。创新主题开发是论坛发展的基础，建立长效机制是论坛发展的手段，培育价值体系是论坛发展的核心，促进平台联动能够使论坛增效。

在创新主题开发方面，要考虑深度与活力的结合，深度主要体现论坛的文化能力建设，活力主要体现论坛对时代的对接能力；在建立长效机制方面，要考虑将村庄分成高、中、低等不同的生态位次，建立村庄群落（现在还是村庄群），群落与群的本质不同在于，群落能够有序实现内在共享、外在应对；在培育价值体系方面，要考虑传承与变异的结合，传承是对文化的积淀，变异是对环境的适应；在促进平台联动方面，要考虑不仅要推举有经济实力的村庄代表，还要推举有社会资本的村庄代表，在村庄之间帮助建立互助的内核，促进形成既稳定又活跃，既有公平又有效率的新型村庄。

四、论坛改革的思考

基于卢凤君教授提出的论坛生命力、论坛改革路径等建议，我们将依据不同的主题、不同的内容设立七大版块：

1.主题版块之一：中国村庄投资年会

这种投资平台，除聚集论坛的核心成员外，还要吸纳更多有特色的村庄作为会员。

（1）有资源背景的会员。其中包括有自然生态资源的会员单位，它们可以利用这些环境资源设立项目，吸引投资与开发者；有民俗资源的会员单位，它们可以展示自己的沉淀下来的文化资源，作为投资对象，吸引投资者；有特色农产品的会员单位，它们可以在自身具有特色的基础上，引进投资者，进行产品的生产、加工与销售。

（2）寻找项目资源的村庄或村企。这些村庄在经过多年资本积累的基础上，利用自身村庄发展的经验，寻找产业拓展与扩张的空间，进行有针对性的投入。同时，这些村庄或村企又出于社会责任的驱使，带动有资源背景的村庄发展，实现合作共赢。

（3）其他资本投资者。他们多以投资为目的，在投资其他产业的基础上，拓宽投资领域。特别是涉农的投资项目，是近年来投资热点，许许多多的投资者在关注涉农领域如乡村旅游、有机农产品的基础上，拟投资与村庄发展相关联的健康产业，在确保收益的同时，促使企业的健康发展。

在年会内容方面，建议从五个层面开展活动。

一个主题报告：根据当年或阶段性的政策引领、市场需求、产业走向、村庄发展实情等综合因素，专题制作《村庄投资动向分析报告》，供村企投资和针对村庄发展投资的机构参考。

一个侧重点研讨：针对民俗休闲、特色农产品和生态养生三方面的投资方向，每年选择一个切入点和需求点，集各界人士，发掘投资热点，深入探讨投资。

投资项目的推荐交流：年会召开之前，做好各村庄类型项目的收集与整理工作，年会期间，将这些项目归类推荐，以项目为依托，让投资双方进一步的交流合作，力争实现双赢。

探讨合作开发模式：根据各地、各村、各产业间的合作开发成功项目，探讨不同项目间的开发模式，在总结成功经验的基础上，为后续投资者提供参考。

发布成果：在投资年会上，发布合作成果、项目投资成果、投资模式的研究成果等，在展示投资成果的同时，加大对外宣传力度，促使多方受益。

通过这种投资年会的交流、合作，实现投资者与村庄双赢的局面，形成以文化带项目，以项目拉投资，以投资促发展的村庄经营链条，带动论坛进入良性发展轨道。

2.主题版块之二：村庄决策者会议

广义的村庄决策者是指村庄决策机构（村“两委”或村企）、享有决策权力的人和对决策有较大影响的人；狭义的村庄决策者是指根据法律在村里居决策职位的村“两委”或村企的主要负责人，决策者具有法定制订村庄发展规划的权力，参与制订村庄发展规划的全过程。用村庄决策者的身份参加全国“村长”论坛，目的是促使欠发达地区参会的村官转变观念、转变管理方式，从村庄可持续发展的角度去发展与建设村庄。设定年度会议的主体、探讨方向以及互动平台：

（1）会议的主体。设立会员制（需设立会员章程，界定有关事宜）。

方案一：有级别的会员制，不同级别的会费享受不同的权利。譬如提供高级会员某些信息和本会独家的研究成果、在论坛期间的专属会议等。

方案二：无差别的会员制，享受均等福利。

建立会员制，一方面可以使论坛组委会有固定的会员费收入，另外可以通过针对会员的需求举办某些活动，提高本会的社会影响力。

吸纳战略合作伙伴。通过提供战略合作伙伴论坛期间的产品推介或品牌推广或中国村讯期刊广告等宣传方式，论坛组委会可向其筹集论坛的活动经费。合作周期可以为一年或者多年。关于战略合作伙伴数目，建议以3个为上限，一方面可以促使战略合作伙伴通过竞争去粗取精，另一方面可以保持论坛的公益本质。

吸纳行业合作伙伴。主要针对村域经济中的各个行业开展论坛或讲座等，可以为专业人员，也可以为村企。行业合作伙伴可以挖掘村庄的资源，达成与村庄的合作项目，亦可以向村庄甚至通过论坛的辐射效应向全国推广自己。村庄可以学习各个行业的管理经验、实际操作流程等。

（2）会议探讨方向。根据年度国家出台及侧重的有关农村政策与服务导向，在专家学者分析解读的基础上，决策阶段性、区域性村庄产业发展方向；根据村庄发展过程中的成功经验，与年度政策相结合，分析其最佳运作途径，引导更多的村庄走向成功；将全国“村长”论坛研究中心的年度研究结果进行发布，根据不同村庄发展实际，将研究成果运用于村庄实际发展中去。

（3）会议互动平台

成果展示平台：①村庄展示平台。发展中的村庄以及新的明星村，需要有一个被外界认可的展示平台，加入这个平台意味着能够进入全国名村、强村的行列。随着核心村庄的确立，形成磁铁核心，能够吸引其他在小区域有些影响力的村庄加入。②地方政府的展示平台。地方政府对新农村政绩有着持续的冲动，只要有机会，途径适合，地方政府就有足够的动力参与。县镇地方政府积极参与“村长”论坛，论坛应为其开辟一个展示新经验的平台。

互动交流平台：①村官的交流平台。一方面是名村、强村，形成村庄、村官之间的俱乐部，定期不定期的交流能够增加村官之间的感情，拓展村官的人脉关系。②基层官员的交流平台。基层官员之间，为获取上级政府认可，希望能有更多机会接触上级领导，以会议的形式展现自己，加强与上级领导的联系。

资源交换平台：①资源的集聚与整合。参会的村庄通过这一平台，将获得更多的生产要素和新的生产方式，从而促使村庄与村庄之间的资源有效整合。②拓展新功能。引入新的生产要素（人力、组织形式），开发村庄新的功能体系，创造村庄发展的新空间。

3.版块之三：村企总裁圆桌会议

由若干个村企总裁和涉农企业、投资基金参与，通过小型的圆桌会议，分析确定农业较有特色的行业或投资乡村经济的新领域，促使圆桌会议的参与者达成共识，实现村企投资收益最大化。

设立有产业指导意义的圆桌会议，譬如关于某一产业的主要发展模式和操作流程；有政策指导意义的，譬如邀请国家级的政策研究者或部委办相关官员阐释某些政策。

设立早餐和晚餐的主题。譬如名片早餐和晚宴等，目的是使参与人员能够相互沟通和交流，促使他们达成某些协议或项目。

引入小型的村庄之间以及村庄和企业之间的招商对接圆桌会。

4.版块之四：少数民族村官交流会

引入新的竞争机制，鼓励少数民族的村官提出自己参加论坛的想法和初衷进行比较。筛选好的少数民族村官开展少数民族村庄的推介会，介绍和推广其经验和新项目。同时也欢迎其他少数民族村官自费参会。

5.配套版块：智库建设

建议成立全国"村长"论坛研究中心作为全国"村长"论坛的智库平台。整合村促会相关资源，联合国内"三农"专家学者，开展村庄经济、社会、文化、管理等方面的研究，主要研究方向如下：

①研究全国"村长"论坛自身的改革与发展方向。

②研究村庄与村庄之间的创新交流形式。

③研究村庄转型发展新方向：a.研究加快农业发展方式转型。即传统农业向高效生态现代农业转型：农业生产经营体制的转型；农业基础建设方式的转变；农业产业结构的转型；农业技术路线转型。b.研究加快农村社区经济发展方式的转型：农村社区产业结构的转型升级；农村社区之间跨区域的经济联合与合作；农村社区产权制度的改革。c.研究加快农村社区建设方式的转型。研究城市化和

城乡发展一体化的趋势要求，如何与时俱进地推进农村社区建设方式的转型。d.研究加强党和政府对农村社区转型发展的政策支持。按照农村社区发展建设方式转变的要求，如何制定有利于农村社区加快转型发展的扶持政策。如允许农村社区利用农村集体非农建设用地发展乡村旅游业、民工公寓等物业经济、小城镇房地产业、商留服务业；允许农村社区发展村镇银行和投融资公司，使农村社区的土地资源、风景资源、能人资源优势得到更好发挥。

6.拓展版块：服务合作

（1）*全国“村长”论坛观察联系点*。设立观察联系点，集揽村庄可推广的优势资源，收集农村基层的信息资料，为研究做好基础工作。同时，有重点、有针对性地对部分村庄进行定位服务（探索帮扶与服务村庄发展的新模式）。

（2）*全国“村长”论坛走进基层活动*。结合地方需求，与地方携手，共同组织开展走基层活动，特别是了解政府服务农村的购买服务需求，并为其量身定做“一揽子”服务村庄发展的解决方案，从而阶段性地指导区域内村庄产业发展，协助基层政府一起指导村庄的发展。同时夯实基础提升全国“村长”论坛品牌。

（3）*网络助力论坛品牌传播*

发挥互联网的作用，定点定时举行网络论坛会，用互联网沟通更多的村官，使会员村、战略合作伙伴、区域合作伙伴等从中受益，让村官更加认同论坛。

建立论坛研究团队，完善各种评价指标体系，树立论坛在村庄及相关领域的权威。同时，将研究结果向全国发布，提升论坛的品牌影响力。

建立论坛与著名大学的涉农社团之间的联系，一方面可以扩大论坛的影响力，另一方面可以进行免费的人才储备，同时可以通过学生社团逐步建立与各高校之间的联系。

7.信息版块：论坛事项

（1）*论坛资料*。对于论坛上提供的文字研究材料需针对论坛主题和内容，体现其服务论坛的价值。对于论坛的主要议程做好提前发布工作，便于参会人员决定其行程。论坛之后发布论坛所取得的成果，以期提高论坛在“三农”方面的影响力。

（2）*论坛报道*。进行技术公关，对论坛在门户网站及联村村网站上进行直播报道。在媒体方面，邀请主要媒体和其他网站参与论坛报道。论坛通过创新主题开发，建立长效机制，培育价值体系，促进平台联动，以及七大版块的改革，以期在重塑品牌的基础上，做大、做强、做出效益、做成村域创新联合经济体。

第六章

论 坛 轶 事

风雨论坛路，绵延村官情。

在全国“村长”论坛举办的十多年里，我们不但和举办地、参会村庄加深了合作关系，而且与参会村官们也结下了深厚的情谊。这种情谊似“三农”同仁，似兄弟情谊，似姐妹情怀。在他们帮助、鼓励、激励中，我们与论坛一起在成长壮大，并取得了丰硕的成果。

回顾一切，这期间有探讨，有争论，有艰辛，也有欢笑。这就是论坛轶事：

一、台州路桥筹会费

◇时间：1999年12月上旬

◇地点：浙江台州路桥区委办公室

◇人物：彭克宏、虞选凌、曾渊峰、方中华

离召开首届中国特色经济村年会还有半个月，我在北京接到彭克宏同志（大家都称他彭老）从浙江台州路桥方林村打来的电话。

彭老：“泽江，台州路桥区方面提出年会经费预算超支问题，你看怎么解决。”

我说：“彭老，我建议由你与他们协商解决。”

彭老：“不行啊！已经和他们沟通过，他们的意见是超出原定经费的部分由我们来解决，要么年会就不能按时举行，你明天还是飞到台州路桥商量吧。”

听到这一消息我头都大了。

首届中国特色经济村年会是我们第一次在基层举行的全国性会议。因为之前没有在基层召开会议的经验，负责联系该项工作的中国社会科学院马克思列宁主义研究所副所长彭克宏同志最初与台州路桥区方面协商所需会议经费约20万元，这个数目只是基础性筹备费（由我们监督，台州路桥区筹备组开支），不够部分通过参会人员交纳一定会议费的方式解决。

现在离会期还有半个月的时间，台州路桥区筹备组突然提出资金不够用，建议提高参会代表的收费标准，由原定标准的每人1 600元，提高到每人2 800元的办法解决年会经费不足问题。此时，会议通知已发出，而且从我们办会的角度出发，会议主要是以公益性服务农村社区为主，再补发收费通知有些不妥。为此，我只好受命前往台州路桥区处理这个棘手问题。

在北京飞往路桥的飞机上，我一路在思索解决的办法。作为一个非营利性机构，会议费用的标准朝令夕改将失信于村官朋友，但怎么解决这一难题又能确保会议顺利召开这是关键。

经过思考，我想出了一个方法：既不提高收费标准，又能使对方自愿就地解决经费不足的“两难”选择。

果然，到台州之后，由区委副书记虞选凌主持召开区、街道、村三级部门和村促会相关人员参加的协调会议。

在协调会上，路桥区委办主任曾渊峰给我们介绍了年会的筹备情况并提出了提高收费标准的建议，希望再听听我的意见。

因为参加协调会我是有备而来，为此，我从浙江的经济发展的角度拉开交流话题：虽然浙江经济屈居广东之下，但相对中西部来讲却是处于领先之列。

这一话题果然见效，他们都同意我的看法。此时我又把话一转回到关于年会经费不足问题上，我说：“我们是非营利机构，没有这笔钱开支，解决年会经费超支问题也不能完全让路桥区来承担，应该想个两全其美的办法才行，那就是实事求是。根据这一办法，我同意提高部分收费标准的意见，但我也提出实事求是看参会代表的收入情况，刚才大家都认同我讲的广东、浙江、中西部地区的经济发展状况：沿海地区属发达地区，中西部地区属欠发达地区。

“既然你们都同意我的看法，我看能不能这样收费，以京广线划分，京广线以东属经济发达地区，我们补发通知，提高收费标准，具体收费多少由你们来定；京广线以西属欠发达地区，维持原来的收费标准。”

此言一出，除区委副书记虞选凌外，其他人员都叫好。这时我心里特高兴，因为此方法是一个“两难”选择，是不可能执行的。过了一会，虞选凌副书记发表意见说：“这个主意虽好，但执行起来难度很大，哪有一个会有两种收费制度呢？按这样执行将来参会代表肯定骂我路桥区。”

我说：“一国还有两制么！”

虞选凌副书记补充一句：“那可不一样。”

认识到问题之后，他们当即决定暂时休会商量。

经过几分钟的紧急商议之后，虞选凌副书记回到区委办公室告诉我和彭老，经费不足部分由路桥区自己想办法解决，但他在这里有个要求，指着方中华书记对我说：“往后，方林村的发展你们要多关注、多帮助。”

接着他又说：“现在紧要的是如何将会议开好。”

听到这里，我一颗悬着的心暂时落了下来，同时也一口答应虞书记的要求，并指着彭老说：“如何将会议开好是彭老的事……”

虞选凌副书记确实是个人才，他考虑的问题和其他人员就不一样（后来官职升至厅级干部）。

通过这次的交流，使我认识到对于一个想为民做事的地方政府来说，资金有时并不是问题的关键，关键是会议的内容和取得的会议成果。如果有成效的会议，他们是有办法解决一切困难的。

最终，首届特色经济村年会开得很成功。因于此，第二年，路桥方面又邀请我们帮助他们筹办农业园区研讨会。这是对我们工作的认同。

同时，这个收费标准我们一定就是十三届，即使是物价飞涨，我们也没有改变过。

二、宗申，送每村一辆摩托车

◇时间：2000年9月下旬

◇地点：宗申公司办公室

◇人物：李跃进、左宗申、杨岱南

2000年10月，在重庆巴南区民主村召开第一届全国“村长”论坛，这个村里有著名的摩托车企业——宗申公司，他们支持会议的宣传工作。

当时我想，宗申公司为会议付出了很多，能不能为宗申公司的宣传再加一把火，在全国的村庄中扩大其影响力呢？

经过思考之后，我认为，如果宗申公司在会上向全国的六大区域参会村庄（东北、华北、西北、西南、中南、华东）分别各赠送1辆摩托车，那将会取得双赢的效果。

于是我就找到负责这次会议的宗申公司袁副总，向他说出这个意思，没想到袁副总一口否决了。

我觉得这个创意很好，没有落实下来真的不甘心。

晚上经过再三思量后，我找到民主村村委会主任杨岱南同志，第二天请他帮忙约见一下宗申公司的老总左宗申，并让他转告，只给我三分钟的时间就行。

杨主任很快帮我约好。

下午三点一刻，我到了宗申公司，见到左总。

我首先代表组委会感谢宗申公司对会议的支持。然后话锋一转，说：“宗申为会议做了贡献，作为回报，我们也想为宗申公司做一件有意义的事。那就是组织参会的特色村代表，开展一次‘百名“村长”话宗申品牌活动’，来宣传宗申，推销宗申，毕竟宗申的摩托车未来市场在农村。”

此语一出，左总立即说：“你等一下。”他电话叫来公司策划总监李跃进，对他说：“这里有一个很好的活动创意，你全力配合沈主任落实。”

随后我和李总监到另一边的办公室商谈。

交谈中先提到赞助6辆摩托车一事，李总监立即回答说，袁副总不管此事，

赠送宗申摩托车

“什么六辆，只要对宗申公司的宣传起到作用，每人一辆都行”。

我一愣，以为听错了。就问他：“这个不用向左总汇报？你就能决定？”

“左总是做大事的人，他定了方向，我们执行，我了解他，他会同意的，你给我写一个策划方案。”李总监说。

就这样，我用了一个多小时便将策划方案交给李总监，晚上八点左右李总监来电话说左总已经在策划方案上签字同意了。

一个小创意就能为参会的村庄代表每人争取到一辆摩托车。

第二天，我向会里领导汇报，会里领导考虑到赞助的摩托车不能给个人，应该给村里，算是“为村庄送信息的交通工具”，就调整为参会村庄，每村一台摩托车。这是参会代表从来没有遇到的事，代表很高兴。

同时，我们组织的“百名‘村长’话宗申品牌活动”也做得很出色，双方都满意。

这件事让我明白，对事情要不断思考，找出企业的需求点，企业是乐于做公益的。

三、世博会吉鑫园里的晚会

◇时间：2003年7月26

◇地点：云南省昆明市官渡区

◇人物：杨明、杨昆丽、杨正宽

2003年11月，第三届全国“村长”论坛在昆明官渡区福保村举行，为前期准备工作，我于8月份到了昆明福保村。在与福保村党总支书记兼村委会主任杨明的交流过程中，我问杨明书记：“昆明的民族文化园怎么样？”“还可以，等一会我带你去个地方看看你肯定有感觉。”当我到了世博会吉鑫园后，才知道昆明还有一个非常有特色的民族歌舞表演场所，看了民族歌舞表演，当时有一种震撼之感。我了解，吉鑫园是集餐饮娱乐、大型演艺、会场出租为一体的演艺型公司，拥有能够容纳一千多人同时用餐的金色国宴多功能大厅，豪华的舞台和灯光设备，常年演艺《吉鑫宴舞》，让人既享受云南美食也欣赏了云南26个奇异民族歌舞。《吉鑫宴舞》分为五场演出：“南诏宫宴”“秀色可餐”“花腰风情”“圣洁的祝福”和“七彩云霞”，每一部分都分别以一个云南少数民族歌舞为代表来展示云南。

因为此次经历，我在想，“村长”论坛的晚会要是能在吉鑫园举行，那气势和影响该有多大啊！

论坛召开前半个月，我再次因筹备事宜来到昆明，晚上根据筹备组的安排，由杨昆丽主任陪我去看云南歌舞团的表演，杨昆丽主任告诉我，论坛晚会准备安排到这里看演出。听到此话让我有点失望，但又不好直接说，心想要能改在吉鑫园就好了。

在回到筹备组商量工作时，杨昆丽主任问我看了云南歌舞团的表演怎么样？我没有直接回答她的问题，而是反问了她一句话：“你们觉得这次会议对来自全国各地的参会代表来说，是不是要给他们留下一个好印象？”

她们做了肯定的回答：“一定要留个好印象。”

接着我又说：“若我们能给他们做选择（看民族文化园、云南歌舞团表演、吉鑫园表演），哪个最好？”

她们又做了肯定回答：“肯定是看吉鑫园表演，因吉鑫园表演更有特色。”

“既然你们都同意我的看法，我看这件事情能否这样处理，咱们先将刚才统一的意见报给区领导，由他们决定，你们看如何？”

筹备组的同志都认同我的看法。

第二天，杨昆丽主任告诉我，区领导已同意我们的意见，但要我们做个方案，主要是从节约的角度出发，方案采取不包场，只包些席位的做法。

根据方案他们也调整了思路，向市里提出了不包场，只包席的做法。

市领导看了方案，觉得这不够大气，提出包场才有意义。

因涉及费用问题，他们向市领导提出能否让市政府与吉鑫园协调下。经过协调，吉鑫园从全国村庄的角度考虑，以成本的价格给我们包场。

这样，我们就在吉鑫园举办论坛晚会活动。

晚会，我们又策划了书法拍卖活动，随着特色民族歌舞的演出，期间又请了知名书法家石旭现场写字作画。

第一幅赠送给一到十届全国人大代表申纪兰；

第二幅现场拍卖，支持少数民族村的发展，结果拍出1.5万元；

第三幅现场拍卖，奖励参会的十名优秀村官，结果拍出3.6万元。

这次晚会地点的改变，让举办方和村庄实现了双赢！

这次活动给我感觉到，举办方将最好的一面展示给与会代表，将会收获意想不到的效果。

四、五分钟交流的结果

◇时间：2004年3月下旬

◇地点：晋中市人民政府

◇人物：李峰、王福水

2004年3月下旬，我在北京接到山西省乡镇经济发展促进会秘书长李峰同志的来电，他告诉我，已经约好晋中领导见面，商量大寨举办“村长”论坛一事。请我明天一定赶到太原，再一起到晋中。

我和李峰认识是在昆明福保村举办的第三届全国“村长”论坛上。论坛期间，他提出希望第四届的论坛在山西太原举办。

当时，接下来的两届论坛已经被定下来了。即山东寿光三元朱村和浙江东阳的花园村。看他信心满满，不忍让他失望，更希望扩大论坛的影响。

考虑之后，我告诉他：次年的第四届论坛不好改了，因为是山东省副省长陈延民提议在三元朱村举办，何况举办村的王乐义书记是一位让人敬重的很有影响力的村官，但如果山西提出举办“村长”论坛，由大寨村来承办，考虑大寨村和郭凤莲书记的影响力，我们会做花园村的工作，让大寨举办第五届论坛。

李峰记下此话，回山西后，在太原做了大量的协调与准备工作。

为此，在第二天一早，我乘飞机到达太原，李峰秘书长给我介绍王福水同志（原晋北专员）。我们在去晋中的路上，王福水同志给我介绍了晋中的情况，同时要求我见市领导时，最好能在8分钟之内，将论坛情况介绍清楚。

我当即改变思路，重新思考，用讲亮点的方式跟他们交流。

到了晋中，在晋中领导班子会上，我首先简要介绍了我们中国村社发展促进会里的顾问杜润生老先生，他是我们会的创始元老，也是晋中太谷县人。我们的距离一下子拉近了。

紧接着，我向晋中的领导们提出论坛在大寨举办的五大亮点：

（1）全国“村长”论坛汇聚了来自全国各地的名村，这对于大寨而言，是30年之后又一次全国性的农村会议在大寨举办，它是全国村长近距离看大寨、学大寨的好机会，同时也会给大寨带来一次新的发展机遇和影响力的提升。

（2）论坛汇集了众多的“三农”专家，齐聚晋中，共商“三农”发展之计，这也是晋中对全省乃至全国村庄发展所做的贡献。

（3）论坛在晋中召开，将开展晋中书记、市长与全国名村官对话的专题，能提升双方的影响力。

（4）在国庆56周年之际，首次邀请55个少数民族村官参会，与汉族一起，56个民族村聚会晋中，这是新中国成立以来千载难逢的机会，以后永远不会再有56周年国庆聚集56个民族村庄的事情。

说到这里，还没有说出第五点，晋中市委书记刘俊谦和市长王雅安当即表态说：“这个会我们来办，郭凤莲书记的工作由我们来做。”

我一看，时间才不到5分钟。

就这样，第五届论坛就落地大寨村。

我认为，举办活动要契合当地政府的需求，促进当地村庄和经济的发展，他们将乐见其成。

五、急中生智，晋中筹款

◇时间：2005年7月下旬

◇地点：晋中市人民政府农村工作委员会

◇人物：程锡景、张皆兵

第五届全国“村长”论坛确定邀请55个少数民族村官参加以后，我就做了预算，论坛需要一笔专项经费，解决55个少数民族村官参会的路费和食宿等费用。以每个少数民族村官1万元计，需要经费60万元。

为此，中国村社发展促进会在北京成立了筹划小组，策划了五套方案希望能解决这笔钱：①寻找56家企业各赞助1万元的方式；②中国名村资助形式；③山西省企业家和山西名村赞助方式；④晋中市就地解决方式；⑤回广东老家向老朋友借款解决。

开始我们对这一活动还是很有信心，当初我们的想法有点太天真了，不就是寻找56家企业吗？何况每一个企业才赞助1万元，就能支持一个少数民族村。可是问题没有我们想的那样简单，经过3个月时间，只有6家企业报名。在毫无进展的情况下，我们又采取第二套方案。

第二套方案是寻找名村支持的办法，经过两个月的联络，该工作推进很慢，效果也不显著。此时，我们又同时开展第三套方案。

第三套方案是发函给山西部分企业家和山西名村寻求赞助，可是又过去了两个月也没有信息。眼看离举办论坛时间越来越近了，这笔费用还没有落实，邀请55个少数民族村庄参会将成为一句空话。

离论坛召开只有一个月了。当时，我因筹备事宜再次到了晋中。偶然之间，我与晋中市农村工作委员会科长张皆兵聊起此事，并希望张皆兵能帮我。同时，我也给他介绍了广东开展此类活动的市场运作方式。

他详细地问我广东是怎样做呢？

我告诉他，一般就是找当地的企业直接赞助了。

他说，那要谁出面呢？

我说，能叫程锡景副市长出面就能解决问题。就这样，我给他出了一个方案，由他向程副市长汇报。第二天，张皆兵回话，说程副市长同意召集晋中市相关企业商量此事宜。

结果他们请了当地的煤炭、银行、移动通信、电力等企业，很快就落实了这一事情。经费筹到了100多万元，大大超过了原来的预期。

这次筹款，我要非常感谢张皆兵同志，他是一位执行能力与协调能力非常强的人。

同时，我在感慨之余也认识到，当地领导还是眼光独到，有超前意识。

由于此次工作的基础，为后来开展帮扶55个少数民族的工作奠定了基础，其后每一届论坛关于少数民族村官参会费用，都按惯例由举办单位来解决，就这样约定俗成，形成了惯例。

六、花小钱，办大事，中华百村图出炉

◇时间：2006年8月20

◇地点：浙江东阳市花园村

◇人物：赵耿、邵钦祥

2006年，第六届全国“村长”论坛在浙江东阳花园村召开。当时花园集团是家有实力的企业，经费确保落实到位。花园作为经济强村是毋庸置疑的，但其村庄文化需要进一步的提升，而此次论坛在此地召开是个契机，如何借此机会，为花园村留下有文化独特性纪念，作为村庄文化发展的起点，需要深入的挖掘与思考。

经过反复琢磨，我想能否在我国传统文化上已有的百福图、百寿图、百子图等基础上，集百名参会村官建言，做一个独一无二的“百村图”。

考虑成熟之后，通过他人介绍，我在北京认识了篆刻家赵耿。

首次登门造访，我就问他能否写出一百个不同的“村”字。他说需要查查资料，稍后给我答复。

大约半个月后，我从外地出差回来，再次找到赵耿老师，问查资料的结果如何？他说：“已经写出来了。”并拿出宣纸，只见上面有一百个不同的“村”字，赫然醒目，比我想象的效果要好得多。

论其价格之时，赵耿老师出价三万元，根据当时的市场行情，这个价格并不高。但我觉得，这个“百村图”不仅是花园的文化特色注入，篆刻家赵耿同样受益。

基于此，我对篆刻家赵耿说：“赵老师，这件事要从市场的角度，你出的价格也不高，可是，这样的作品是特定用途的，你应该给我钱才是。”

“为什么？”他很吃惊。

“你看，你写的这些‘村’字搁在你这里无人识，毫无价值，但交给我之后，我要拿去刻在石碑上，供人观瞻，可以流传百世，大家都能识你赵耿老师的手笔。”

他听我这么一说，觉得还有一点道理，便主动提出降低价钱至1.5万元。

我还是不同意他出的价格。

赵老师有点不高兴的样子，对我说：“我辛苦了半个月也应该得到这些报酬吧！”

这是，我给赵老师计算了一个比较值。

“这幅字如果我花1.5万元买了送给你，你会将它挂在客厅吗？不会吧！”

“你写的一百个不同的‘村’，我把它做成‘百村图’，最少也要花几十万！你写的字刻在石碑上，这是永久，给你做宣传就算一天5元钱，10年就超过1.5万元啦！”

接着，赵耿老师说：“你认为值多少？”

我笑着说：“赵老师，你写字辛苦，按半个月时间算，我每天给你泡杯好茶喝怎么样？”

“哈哈哈！”赵老师笑着对我说：“你的歪逻辑还有点道理。这样吧，你看着办！”

最后我只付了2 800元，就算给赵耿老师的茶资。双方都很满意。

后来，由花园村党委书记邵钦祥出资近九十万元建设“百村图”。

现在“百村图”坐落在花园村吉祥湖的北面，背山面湖，大气独特，吸引不少到花园参观旅游者的赞叹与感慨。

中华“百村图”，这是一座为在全国新农村建设中发挥带头和示范作用的中华百村而建造的纪念性建筑。江苏华西村老书记吴仁宝、山西大寨村党总支书记郭凤莲以及花园村党委书记邵钦祥分别题词：“中华百村图”“建设社会主义新农村”和“当好农村基层带头人”。“百村图”正面主图由100个不同字体的“村”字组成一朵牡丹花，四个角落上则刻有“福禄寿喜”图案。牡丹花图案①体现了全国近60万个行政村同心协力参与新农村建设，象征团结、和谐、安康、幸福之意；②100个“村”字组成一朵花，又是圆形的图案，它既是“花”，又是“园”，寓意全国“村长”论坛在花园村召开。“福禄寿喜”图案则渗透着中国传统文化，寓意新农村建设给全国农民带来幸福生活。

“百村图”背面上方题写的是“共抒愿景，百邑同辉”八字，期待着全国农村都能达到自身的愿景，与国家发展同步，与人民生活同步，共同走向无与伦比的辉煌。下方刻录的则是全国100个村庄的名字，以对应正面100个不同字体的“村”字。100个村庄既有中国十大名村的代表，也有中国特色村的代表，还有55个少数民族村的代表，寓意中华民族大团结，56个民族是一家。“百村图”边上一圈，用大理石镌刻了56个民族留给花园村的殷殷祝福，使“百村图”纪念碑寓意更深一层。

现在回想，中华“百村图”是很有意义的事，它已成为花园村文化遗产地标，也是花园一景，对于村庄文化建设来说具有创造性、创新性。

七、51块奥运金牌与51个特色第一村

◇时间：2008年8月

◇地点：北京西四砖塔胡同56号

◇人物：张仕东、董献华、李新生

2008年奥运会在北京举行，这是全国瞩目的事情，大家关注中国获得的金牌数，爱国之心空前高涨。恰好，第八届全国“村长”论坛也在北京郑各庄村举办，而郑各庄村又是本届奥运会国外运动员训练基地。如何将论坛与奥运会关联起来，这是我在思考的问题之一。

2008年8月22日，我在电视上看到中国乒乓球运动员张怡宁获得女子单打冠军，中国金牌总数上升到47块时，我想，金牌有第一，我们农村这条战线也有许多的第一，如“天下第一村”华西村、生态第一村滕头、相府文化第一村皇城村等，如果在全国范围内挑选出不同类型的特色第一村，与奥运金牌数量相对应，应该是一件很有意义的事情，更是振奋人心的事，这对于村庄来说也是一个很好的宣传契机。

第二天，我回到办公室，把这一想法与张仕东沟通，他当即同意我的看法。

我说：“还有两天奥运会就结束了，我们共同来做此事，怎么样？”

李新生问：奥运结束就要赶出来？

我说：“那最迟也要在结束的一周内制作出来，这样才有意义。”

董献华也同意我的意见。

既然要做，我们就要抓紧时间，在最短的时间内，做到最好。

接下来，我们抓紧组建制作团队，多头并举。找图片、查文字，在很短时间内进行策划，对人员做了具体分工。

我和李新生负责图片的收集，张仕东负责文字资料的编写，董献华负责编辑和统稿。

就这样，在大家的努力下，我们只花了一个星期的时间，就把《冠军与第一村》一书编撰完成。

《冠军与第一村》画册一经面世，赞叹声不绝于耳。

画册反映出我国改革开放以来，60多万个村庄中，涌现出了众多辉煌的第一，他们是村庄的骄傲，也是我国改革开放发展所取得的丰硕成果。

《冠军与第一村》画册获得如此的反响，出乎我们的预料。第一次只印刷了一千多本，但很多“第一村”村庄要求加印。我们结合他们对汶川地震的支持与贡献，如航民、进顺、皇城、滕头等村庄，为弘扬他们大爱无边的情怀与奥运精神，第二次印刷一万册，一起进行宣传。

八、挖掘文化，展示中国村庄名片

◇时间：2009年6月

◇地点：北京西四砖塔胡同56号、浙江花园村

◇人物：余展、邵钦祥、李新生

随着新农村建设步伐的加快，农村社区发展呈现新局面。2009年，乡村文化发展受到重视，乡村旅游也逐步兴起。

不同村庄为展示发展成果，推进乡村旅游项目，也多方想办法，找宣传点，挖掘突破口。

基于中国村社发展促进会推进村社发展的服务宗旨，我在综合考虑的基础上认为，要推广村庄文化，应该在现有的60万个村庄中，重点推出那些有特色的村庄。

经过反复思考，我将此设想向余展副会长汇报。

余会长说：“这是一件宣传村庄的好事，但必须考虑两个问题。一是怎样定位筛选特色村庄的问题，要制定一个大家都认可的标准；二是资金问题，怎样筹集这笔资金？”

我对他说：“只要会里同意做这件事，其他的工作由我来做。”

他又说：“先做个方案，下周开一个常务理事会，研究一下。”

就这样，我将方案做好后，在常务理事会上详细汇报，得到与会领导的一致认可。

但以什么作为切入点，是这项工作的关键。

我认为这个切入点应该是一个大众能接受，又能便于宣传的载体，就是传统的中国娱乐文化产品——扑克。

我把此想法与李新生沟通，他赞同我的看法。

我说：“新生啊，那你就要辛苦加班，和我一起干这个活了！”

李新生爽快地答应了。

接着，我对此事进行策划。考虑到中国人喜欢节假日或闲暇时聚在一起，打牌休闲，扑克作为此项内容的载体，如果设定两幅扑克放在一起，就有108张。这是一个吉利的数字，水浒中有108将，那本身就是“杰出人物”。如果选取108个村庄，不也是优秀村庄的108个代表吗？如果将他们村庄的标志印刷在扑克牌上，广泛展示与宣传，这不就成为一张很好的名片吗！

方案不断地完善，下一步涉及的是资金落实问题。

我在想，单纯108张，两副扑克，不足以吸引资助单位赞助这笔经费，如果再找一个载体，丰富项目内容，就能吸引更多的出资者。

而后，我思考了一下，从印章的角度能否将108个村结合进去，做成名村、名村官印章文化。

我将这一想法告知乔惠民院长、杨秋生博士，他们一致认为是一个很好的创意，一旦落实，价值将不可估量。

就这样，我把策划方案做好后，于7月上旬到浙江东阳花园村，找到邵钦祥书记，他是一个干实事的村官，在全国有一定的影响力。

当他听我介绍以后，问：“需要多少经费？”

我说：“整个活动需要150万元，你资助村促会90万元，其他的我再去筹措。”

邵钦祥书记看了方案以后，一口答应出资90万元，启动此项工作。

中国村庄名片活动启动后，我们组织人员赴各地调研，搜集了能代表各个地方或代表不同方面价值的村庄。经过筛选，最终在初步选定的近300个村庄的基础上，确定了中国村庄名片为108个村庄，并依托这些村庄的资源条件，制作出两幅精美的扑克牌。同时，根据村庄名称与村书记的名字，请名师篆刻一套名村名官印章。

2009年9月28日，中国村庄名片启动仪式在浙江东阳花园村举行。

接着在全国部分省份举行中国村庄名片的推广仪式，以及印章的收藏与展示。

该活动在全国村庄中引起极大的反响。这种展示方式内容独特、新颖。索要名片与扑克者络绎不绝，为满足名村的需要，我们多次重印扑克。

这次活动最大意义是在农村改革开放30周年之际，开创了宣传展示村庄的独特模式。

目前，该套印章与中国村庄名片收藏在花园村的中国农村博物馆。

九、皇城村，“康熙皇帝”送字典

◇时间：2009年9月20日

◇地点：山西省阳城县皇城村

◇人物：张家胜、陈金胜

2009年第九届全国“村长”论坛在皇城村召开，皇城村的皇城相府是清文渊阁大学士兼吏部尚书加三级、《康熙字典》总阅官、康熙皇帝35年经筵讲师陈廷敬的故居，现在是国家5A级旅游景区。

相府景点每天有一个开城门仪式，表演迎圣驾，演绎陈廷敬率家人迎接康熙皇帝，欢迎游客共同入城的戏。迎圣驾入城表演让游客亲身体验气势宏大的皇家迎宾仪式。虽然多次到皇城村，但第九届论坛举办之前我只观看过两次。

此次论坛中，推介乡村旅游作为主题之一。当时我想，如果能借助迎圣驾入城表演的形式，在“村长”论坛开幕式前，现场举行推介乡村旅游活动，让“康熙皇帝”送给参加论坛的中国十大名村村官每人一本《康熙字典》，此项活动将不同凡响。

我将此想法说给论坛筹备组负责人和相府景区主管人员听，他们不同意这个建议。理由是开城仪式都是播放事先录好的音带，一分一秒，一板一眼，都有规定，任意穿插内容，将给此项活动带来很大的工作量，得不偿失。

当时，我觉得他们办事有点不灵活，我秉持“克服困难，一切皆有可能”的观点，第二天找皇城村张家胜书记商量。

见到张家胜书记时，我说：“张书记，有件小事想和你沟通一下。”

因为我们两位是老朋友，他笑着说：“秘书长客气了！有什么事直说吧。”

我将迎圣驾入城表演，让“康熙皇帝”给参加论坛的中国十大名村村官每人送一本《康熙字典》一事讲述完。

张书记当即表态说“这是一件好事，我找人给你对接”，接着就给相府景区总经理陈金胜打电话。

下午，我和陈金胜老总商谈。

我说：“‘康熙皇帝’向名村官颁赐字典活动，这是挖掘人们对帝王崇敬的传统心理，在内心深处将对皇城旅游留下烙印。

“我相信这一活动，既对村官是一个激励，又是宣传皇城旅游的新卖点，更是一个双赢的活动。而对于录音等其他事情，可以现场制作与发挥。”

陈金胜老总同意我的看法，很快我们就达成共识。

此后，在最短的时间内录音、排练、制作与彩排。

我们都希望在最短的时间内创造出最好的效果。

论坛开幕这一天，来自全国各地的村官和游客几千人汇聚皇城相府广场，参加开城仪式，这一次的场面比我以前观看的更宏大。

和与往一样，随着音乐的响起，所有人的眼光都在观看着文渊阁大学士陈廷敬迎接“康熙皇帝”场面。

突然，陈廷敬扮演者一改往日说词，说出“皇上，臣向您报告，今天是个好日子，全国‘村长’论坛在本府召开，这些农村带头人集聚在这里交流村庄发展经验，他们来全国各地，还有来自您家乡满族的代表，这些都是您的‘臣民’。”

“康熙皇帝”扮演者听了笑笑点点头，连说：“好！好！好！”

陈廷敬扮演者又说：“皇上，请您向中国十大名村的带头人每人颁赠臣编的《康熙字典》，以作鼓励他们更好地为老百姓服务。”

这时，村官们和游客都大感意外，活动场面人声沸腾，掌声雷动。

当十位知名村官代表走上前从“康熙皇帝”手里接过字典时，感慨万千，并争着与“康熙皇帝”合影。

现在回想起来，当时的场景仍历历在目，感触万千，应该说，感动的不仅是村官、观众，更多的是我自己的感动。我们站在有利于村庄旅游发展的角度，从农民的质朴意愿出发，从服务村民的角度做事，一定会取得连自己都想不到的效果。

在这里，我要说一声：感谢张家胜书记！感谢陈金胜老总和皇城相府全体工作人员给我与参会的全体村官留下一个美好回忆的机会。

十、论道仙山，传播最有价值的村庄经验

◇时间：2012年7月

◇地点：湖北省武当山特区

◇人物：李发平、张仕东、程新华

2012年第十二届全国“村长”论坛在武当山召开，我于6月初去武当山特区考察，与特区工委书记、管委会主任李发平交流，听他介绍当地文化、旅游、农业“三位一体”共同发展的典型经验。

听他介绍的经验，我有耳目一新的感觉。我觉得这种模式很有价值，且具有

独特性，文化、旅游、农业三者结合，互相推动，值得宣传与推广。

我认为，对于武当山而言，虽然是一个县域经济发展模式，但全国类似的村庄也不少，这种特色经验对旅游村庄来说是可以借鉴的：①借鉴它的文化挖掘；②借鉴它的产业融合；③借鉴它的经营管理；④借鉴它的人才培养；⑤借鉴它的为民服务；⑥借鉴它的合作发展。

另外，基于武当山对本届论坛的贡献，更应将借助论坛的平台，将他们的经验整理放大，加大对其推介与宣传力度。

于是，我将此想法与李发平书记沟通，并希望得到他的支持。

李发平书记是一位非常有能力的领导，更是一位想干事的武当人！

他听了我的想法：把武当山的“文旅农”发展模式与村庄的类似发展模式结合起来，编辑成书，并在探讨总结村庄发展旅游经验的基础上，为本届论坛增加一项新成果。

接着我又说：“这也算是论坛送给武当山人民一份特别礼物吧！”

听完介绍后，李发平书记当即表态，决定由其牵头办理此事，我一听心里特别高兴。

此时，李发平书记叫来程新华部长，交代其配合做好这项工作。

回京后，我将任务布置给编辑部副主任张仕东，由他与武当山特区办公室联系，约定时间到武当山特区实地调研，走访座谈，并一起收集写作资料。

经过两个月的努力，一部由李发平书记亲自审稿主编，从武当山“文旅农”发展角度研究，结合村庄旅游发展的《武当之道——武当山旅游经济特区文旅农三位一体化科学发展启示》一书终于完成。

此书在论坛之前正式出版，并在第十二届全国“村长”论坛上首次推出，每位参会代表人手一本。这本书当时就引起参会人员的反响，更给同类型村庄的村官带来了惊喜，也让武当山人自豪了一把，更为后来全国农村城镇化建设的调研工作提供了参考。

十一、35周年，35个村庄陶瓷作品

◇时间：2013年1月

◇地点：北京西四砖塔胡同56号、景德镇

◇人物：牛扎根、吴志辉、蔡小华、陈鸿宽

2013年，是中国农村改革35周年，第十三届全国“村长”论坛将在中国农村改革第一村安徽凤阳小岗村举办。

小岗村因改革而出名，在这个具有历史性、地标性的地方，我们应该做些什么？怎样做才有纪念意义和宣传意义？

经过一段时间的思考，我想在这个历史性、标志性的村庄举办论坛，应该为它留下全国村庄共同的标志，这也是小岗村最希望得到的东西。

为此，经过反复琢磨之后，我认为，现在的社会是藏富于民的年代，收藏品的价值提升最快，也最能表达藏品的意义，如果将村庄发展与藏品相结合，制作成主题性的村庄系列作品留存小岗村，既反映出村民富裕，又展现出农村改革的成就。

农村改革开放35年，成果如何在小岗村展示，同样需要总结、分析。

在最终确定以35周年，选35个有代表性的村庄，采取陶艺作品＋图片展板＋一副对联＋《中国村庄》包括《农村改革人物》《农民首创精神》和《美丽村庄》等系列丛书的形式奉献给小岗村。

当时我考虑，陶艺作品每件六个，多出部分送给曾经支持过村庄发展事业的名村收藏。

虽然我们的想法都很好，但同样遇到一个问题，就是经费问题，这是决定事情成功的关键。为此，我们必须找一个合作单位才行。

2012年11月，我应邀到山西长治县振兴村考察，牛扎根书记接待我。在与其交流时，了解到他是经营煤炭产业发家的，过去赚的钱均拿出来给村民建别墅以及办村里的公共事业，现在想产业转型。这样热心农村公益的村干部，真心为村民办实事的村官，在全国57万个村庄的村官中为数不多。

我们在谈到村庄文化建设时，他说振兴村每年3月都举行“家祖文化节”。

我问他：“你们办这个节要花多少钱？”

他说：“要花300万。”

我说：“花太多钱了！”

他说，明年3月还要办，请我帮他组织策划下。我一口答应牛书记，当即给他一个建设性意见，其听了以后很满意。

牛书记还是一个非常客气的人，一定要我收咨询费。

我说：“牛书记，我们给村庄办事一般是不收费的，你帮我解决来回交通费用就行。”说什么牛书记都不干。

“这样吧，村促会有个纪念农村改革35周年的项目，如果你感兴趣可以参与，但要出一定费用。”

牛书记听了介绍之后，表态积极支持该项目。

这时，我心里觉有一种说不出的感觉，或许是牛书记的“实在”驱使我下意识提出此想法。

为了回报牛书记的支持，我们帮助振兴村建设了一个“中国村志收藏馆”，一个“名村文化展示馆”，这都是后话。

在落实经费后，最大的问题是到景德镇寻找省级大师搞创作。由于本人从来没有接触过这项工作，开始也走了不少弯路。从挑选6位大师到确定吴志辉大师创作就花了3个月的时间。

在这里，我要说一声：感谢景德镇美院艺术馆蔡小华、陈鸿宽，感谢工艺美术大师吴志辉。没有他们的支持这件事情是不可能完成的。因为在景德镇，省级大师的作品一件（注：陶瓷的计量标准）最低也需要100元以上，我们所确定的作品是200件，即价格不能低于2万块钱。按此计算，我们的资金远远达不到，作品无法完成。

最后，我晓之以理，动之以情，从农村改革35周年谈起，从公益胸怀的角度，从为农村发展做贡献的情怀，从作品将放入农村博物馆收藏的角度，从颁发收藏证书与宣传的角度说服蔡小华与吴大师。经过和吴大师推心置腹的交流、交朋友，吴大师终于接受了我的方案，并承担了创作和制作任务。

讲到陶艺，我也是个新手，从未多接触过，加上吴大师对村庄理解的角度不同，开始创作的16件作品都达不到我的要求。经过近2个月的磨合，吴大师最终完成了陶艺作品的创作定位和风格。

这次项目设想、创意、筹款到大师创作，对我而言，是一个全新的学习过程。在此期间，我学了不少陶瓷知识，更理解用小钱办大事的艰辛。

这套纪念品中包含35块展板、一套书、35副对联、35件陶瓷作品，但35个村特色各异，重点突出也各不相同，需要耗费大量的时间和精力来策划、调研、创作与沟通。因为要在短短的几个月的时间内完成，我因过度劳累、体力不支而病例了。但现在回想起来，作为服务村庄与社区发展的工作者，能为村庄的乡土文化建设创造、留存一些有价值的作品，再累也是值得的。

现在，这套纪念农村改革35周年的35件陶艺作品，共有5套，分别留存于小岗农村改革博物馆、花园村中国农村博物馆、振兴村名村文化展示馆。我认为，从收藏价值的角度来讲，这套村庄陶艺作品将会成为收藏馆的重要藏品之一，被永久收藏。

十二、一位有思想境界的村书记

◇时间：2005年至今

◇地点：上海九星村

◇人物：吴恩福

吴恩福曾是上海九星村的书记，他带领九星村走“市场兴村”的路子，通过建设、经营与管理市场来发展村域经济，短短十几年，九星村发展成为上海的亿元村之首，中国市场第一村。现在他担任九星控股（集团）有限公司的董事长，仍在为村域经济的发展尽心尽力。

我和他的相识已有十年，并成为很好的朋友，对他比较了解，我很佩服他的工作能力与独到的见解，最让我感动的是他的社会公益之心。

2007年冬，我到山东寿光三元朱村调研，在与王乐义书记聊天中听他说，胡锦涛总书记2005年4月7日到三元朱村考察时，曾向他提出“要把技术一如既往地向全国传授，让更多的农民增收”，还要“注重培养农村人才”。胡总书记的嘱托他一直记挂于心，但要在全国推行，觉得自己能力有限，难有作为。听了他的话，我觉得自己应该帮助他完成胡总书记的嘱托。

这时我想到了九星村，在九星市场上经商、有千万元以上资产的商户不下千个，如果能开展一个公益活动，动员一百个千万元的商户每户出一万元，就就能集一百万元的公益资金。于是，我到九星村和吴恩福书记见面，向他表示，想借他的宝地，在市场里搞一次公益活动，向商户募资。

一提到三元朱村，吴书记就感慨地说：“是王乐义书记与三元朱村创造了冬暖式大棚，才解决了我国北方地区百姓冬天吃菜难问题，也让南方地区冬天有蔬菜调剂，全国人民都应该感谢王乐义书记”。并当即表示不必借助商户，他与九星村愿意为这个公益活动出一份力，帮助三元朱村完成胡总书记的嘱托。

当我在电话里告诉王乐义书记这一情况时，王书记开始有点不太相信，随后很激动地说：“非常感谢吴恩福书记与九星村的支持！”

2008年5月，由九星出资、三元朱村负责提供技术与培训、中国村社发展促进会组织实施的“乐义果菜技术推广发展计划”得以正式开展，九星村前后三年共投入了450万元资金，与三元朱村举办了28期培训班和21场不同地区专家报告会，惠及全国27个省市自治区的3000多个蔬菜专业村，近万名蔬菜种植能手。

全国“村长”论坛在发展中也同样得到了吴恩福书记的帮助和支持，作为论坛里的重要角色，除非工作脱不开身，他一般都会参加每届论坛和村促会举办的相关活动。

2005年5月，我们推行“‘村长’论坛‘村长’办”原则，让村官做论坛执委，第一次的论坛执委会，就是在九星村召开的。

2012年的6月，又是九星村召开了论坛第八次执委会。一个村举办两次全国“村长”论坛执委会议的，只有九星村，也只有吴书记能做到。

话又说回2005年，村促会创办了《中国村讯》杂志作为会刊，杂志初创，作为公益性刊物，免费向各地村庄发放，资金缺口较大。又是吴书记开启了“向村庄送信息”的公益活动序幕。

2006年，第六次全国“村长”论坛召开后，我们组织了少数民族村官进行苏浙沪名村考察，九星村是最后一站。在九星村，这些少数民族村官参观九星市场，在九星栽种友谊树，并召开了座谈会，畅谈一路上的学习感受和收获，他们对吴恩福书记的“种砖头”理论佩服至极，九星村的经验大大鼓舞了他们。

全国“村长”论坛参会的村庄中有很多是市场村，通过发展市场、经营市场而致富，他们之间渴望相互交流和学习。吴恩福书记看到这一点，他牵头召集全国的市场村，举办“中国市场村年会”，将各地的市场村联合起来，推动了市场村的共同进步与发展。

2009年10月，村促会推出了支持"三农"高端人才（博士）培养计划。吴恩福书记高度评价了这一计划，认为咱们村庄迫切需要各种人才，为此他给予了大力支持培养3名博士人才，并推动了这一计划的实施。

2010年上海世博会召开，身处上海的九星村心怀各地村庄，想他村之所想，提出了一个令人吃惊的计划——为中西部村庄提供世博会门票。这一活动经由村促会帮助组织开展，共发放了近万张门票，很多中西部的农村基层干部得以走出农村，来到上海参观世博会，他们的眼界开阔了，文化认知水平提高了，还有的村庄通过参观学习发现了商机。

一件件公益活动的背后，都有吴恩福书记的帮助与支持。吴恩福书记满怀公益心，在自己村庄实现了致富梦想后，不忘那些处于贫困境地的村庄，尽其所能，竭力帮扶。

在全国“村长”论坛的平台上，正是因为有了像他这样的一批杰出村官参与，才彰显出村官的高尚而重要。

“把关爱注入大地，把责任写上天空”，这就是吴恩福书记的思想境界。

他是位朴素、厚道之人，不追求个人的享受，而心怀农村和农民；

他敢闯敢干，才走出“市场兴村”的不同社会主义新农村发展道路；

他善于思考，提出了让人受益匪浅的“种砖头”理论（提高土地的利用价值和效率）；

他勇于拼搏，不断地为九星市场的提升发展尝试选择；

他不断追求，向着村庄发展的更高目标迈进……

他就是这么一个敢想敢干的、具有远见卓识的村庄带头人。

吴恩福书记，一个让我敬佩的人！

十三、农林厅长与论坛情怀

◇时间：2002年

◇地点：江苏南京

◇人物：刘立仁

从举办论坛活动以来，我认识了很多人，也结识了许多朋友。

最让我感动的是江苏省农林厅原厅长刘立仁，他当时虽然是厅长，但对“村长”论坛的情怀是其他为官之人无法比拟的。

刘厅长是我2002年参加第二届全国“村长”论坛时认识的。在此次论坛上，他提出了“‘牛奶加鸡蛋’早餐革命”理念，以期改变国人的观念，从农产品角度拉动内需。当时，作为厅长的他，提出这种理论确实让大家耳目一新，这一提法也在后来农产品的深加工发展中得到验证。

此后他担任江苏省政府参事、中华农业科教基金会理事长，不管职务有什么变化，仍多次参加我们的论坛。他乐于做村庄发展研究，是个学者型的领导。每次论坛他都自己找题目，提出一个全新的观点，这些观点离不开村庄发展话题：如“大力推进民间资本、工商资本、外来资本投资开发农业”“早餐吃什么？牛奶加鸡蛋——推进中国人的早餐革命”“农业要入世，农产品先进超市”“现代‘三农’看华西”“‘二次飞跃’看名村”“优秀名村要做农民合作经济的典范”“千千万万名村、推动乡村复兴”等演讲都非常精彩，令人耳目一新，更让参加会议的村官代表受益匪浅。

通过与刘厅长的接触，和我在村促会工作期间与许许多多地方主管领导的交流，我体会到，村庄发展离不开主管部门领导的重视。为什么中国的名村最多出现在江苏，而不是广东？这与主管部门有很大的关系。苏南村庄好，苏北的好村庄也不少。它们在发展中除了自身的努力之外，还有一个原因就是与一个好厅长的帮助是分不开的。

同时，刘厅长也从其工作性质出发，在历年的论坛期间，为我们推荐了许许多多的江苏名村做论坛执委和参加论坛的交流。他还从不同的角度总结名村的发展经验，在论坛上推广，供其他村庄学习与交流，为论坛的发展做出了突出贡献。

在此，我希望能有更多的农业战线上的领导干部像刘厅长一样，支持、参与、辅助论坛各项工作的开展，实实在在地融入到农村基层发展的工作中来，服务更多的村庄社区发展。

第七章

第十四届全国“村长”论坛举办地
干河陈村城镇化经验

2012年，干河陈村申请举办第十四届全国“村长”论坛。这意味着全国唯一一个农村基层干部相互交流与合作的全国性平台首次进入农业大省——河南省。“村长”论坛作为全国村庄的盛会，从山西大寨村到江苏华西村再到安徽小岗村承办的论坛来看，他们的发展经验都得到参会代表的认可。而将第十四届全国“村长”论坛放在干河陈村，也代表着全国村官对干河陈村发展经验与成果的认可。

干河陈村位于河南省漯河市城郊西南部，2000年以前，这里与市区仅一路之隔，是一个典型的城市近郊村。当时，全村有4 000多口人，村庄占地740亩、耕地930亩，人均年收入2 500元左右。自1998年开始，在上级党委、政府的大力支持下，村集体领导通过考察学习全国先进村发展经验，开始实施旧村改造，通过十余年的不懈发展，走出了一条城市近郊村主动城镇化的创新发展之路。2013年，开源集团完成营业收入6.1亿元，实现收益7 800万元，缴纳税金4 171万元。村民人均年收入达到2.5万元。

第一节　发展历程

作为一个典型的近郊村，人均0.2亩地，受自然资源的限制，从1993年开始，在多年积累的基础上，干河陈村2000年开始实行全面的村庄改造。中国社会科学院的李竣博士在干河陈村调研时，将干河陈村的城镇化历程归为三个阶段：

一、筹备阶段

在漯河市1986年升为地级市之后，随着漯河市城市建设和发展，干河陈村逐渐成为典型的城郊村：湘江路以北，街道宽敞，高楼林立；过了湘江路，往南就算走进了城郊村——民房陈旧，污水横流，垃圾遍地。在1993年10月前，村里靠卖地款办了7家小厂，集体投资，个人经营，集体资产流失严重。1993年10月起，村"两委"制定出了"追缴欠款，明晰资产，实行一企一策"的管理方案，逐步将7个小企业全部收归村里统一管理，建立健全财务制度，选贤任能，1994年实现集体收益32万元，至1998年村集体年收益达153万元。

二、起步阶段

随着城市化进程的加快，从1998年起，干河陈村确定了"转化一产、优化二产、大力发展三产，以路兴商、以园兴居、以业兴村"的发展思路，开始了由耕耘土地向经营土地的转变，成立了开源实业集团有限责任公司。1999年，干河陈村"两委"在上级党委、政府的支持帮助下，勾勒出以"以干河陈村为中心、占地2平方千米"的开源新区建设蓝图。修筑道路与城区对接、拆迁旧村庄、建设新社区需要一大笔资金，当时村里总资金不到百万元。为解决资金瓶颈，村"两委"成员带头，并号召党员、干部、村民代表入股200多万元，为企业经营奠定了基础。当年，干河陈村的集体收入达到了史无前例的180万元。2000年5月，干河陈村连接市区的第一条道路（五一路南段）开始拆迁，拉开了干河陈村新型城镇化建设的序幕。

三、加速阶段

凭着优越的地理位置和良好的建筑质量，2001年，开源新区一投放市场就实现销售收入2 480万元。此后的6年时间里，干河陈村以开源集团为投资开发主体，通过对接6条11千米长的城市道路，全面推进新农村建设，建成开源森林庄园等7个住宅小区，总建筑面积超过46.65万平方米。2004年1月31日，集团公司签订曙光医疗器械有限公司资产出让合同书，标志开源集团退出工业生产领域。开源集团按照“共同富裕、激励贡献”的分配原则，经过2005年、2008年两次股份制改造，成为一家以干河陈村全体村民持股为主、以骨干员工入股为辅的有限责任公司。2010年以来，开源旅游文化产业园区被省发改委确定为全省30个服务业特色园区之一，开源特色商业区被省发改委批准为河南省特色商业区，开源集团被省文化厅命名为河南省文化企业50强，逐步形成“房地产+建筑+物业+租赁业产业链”“旅游+旅游产品销售+酒店+餐饮旅游休闲产业链”和“生态农业+连锁超市+物流业产业链”三条产业链。

可以说，正是通过一步步的规划、改进，干河陈村才能实现如今农村变社区、社区变景区、农民变市民、市民更幸福的大好局面。

第二节　以村集体企业为核心的城镇化模式——开源模式

干河陈村在分析自身条件的基础上，面对着城市的快速扩张，干河陈村打破卖地进城，发展工业、依赖政府的传统发展模式，按照“退一产、转二产、兴三产”的发展思路，承接城市功能和产业转移，主动融入全市的整体规划。建成占地近3平方千米的开源社区（改造后的干河陈村），顺利地解决了2 600多名村民市民化的问题，吸引了各类商户1 000多家，解决3万余人就业。

一、村集体企业为主导，自主推进城镇化

中国村社发展促进会的班钢在横向比较国内另外两个成功的城郊村改造案例（深圳市上步村、济南市盖家沟村）过程中，发现在不少地区，村集体企业强大与否，是主导城郊村城镇化成功的关键。所谓村集体企业，是在社会主义市场经济条件下，在一个村的社区范围内，农民群众以共同致富为目的，在自愿互利的基础上，将全村土地、资金、劳动力等生产要素有效地结合起来，按照市场需求进行商品生产或者提供商业服务的过程（黄中廷，2014）。从所有制结构来看，村集体企业都是集体股份制公司；从业务范围看，城郊村村集体企业从事的多是非农产业，是为市场提供服务的工业、建筑业、运输业、商业、服务业等第二、三产业。多数地区的村集体企业以其盈利为本村改造、村民福利等提供支持。

干河陈村同样是以村集体企业为依托，以房地产开发与社区服务为切入点，在解决与城市对接交通问题的基础上，通过拆迁、搬迁、改造与新建，历经10年时间，于2010年完成了城中村的整体改造。为了使村民真正变为市民，他们持续提高村民福利，创新社区管理模式，按照“统一规划、统一拆迁、统一建设、统一安置、统一分配”原则，建成高档住宅小区10多个共100多万平方米，实现了水电气等公共设施与主城区系统并网，配套建设了学校、医院、菜市场、超市、便民服务点等基础设施，安装了高清摄像装置，实现了社区监控全覆盖，推行了城区精细化管理。完成了由“乡”到“城”的根本性转。

二、抓住机遇，创新“小城镇资源整合型城镇化”模式

与其他村集体企业主导村庄城镇化有所不同的是，干河陈村走出了一条“小城镇资源整合的开源模式”。中国农业大学杨旭博士调研后认为，这种开源模式在运作中有三个特点：

1.选择了恰当的改造时机

1998年国务院的23号文件《国务院关于进一步深化城镇住房制度改革加快住房建设的通知》告别了中国人福利分房的时代，1998下半年国家停止住房实物分配，逐步实行住房制度货币化，可以说真正意义上市场化运作房地产市场开始起步。就在这一时期，干河陈村成立了自己的房地产企业——开源实业集团有限责任公司，这先人一步的做法，为以后的改造创造了条件。

2006年《漯河市城中村改造规定（试行）》推出， 2008年《漯河市城中村改造规定》正式印发。也就是说，漯河市关于城中村改造的政府法规最早也是在2006年才被提上正式日程。2006年之前，政府对于解决“城中村”改造问题并没有明确的指导意见，在财政支出方面必然缺少相应的资金。并且，《漯河市城市总体规划（2001年—2020年）》指出，漯河城市向南发展空间有限，向东向北将成为发展的重心。所以直到2012年政府才有了向南发展的规划。这些都为干河陈村自主“城中村”改造提供了一定的制度空间。在当时的法律框架下，房地产企业得以主导城中村改造，边建设边完善手续成为可能。从而衍生出了干河陈村发达的第三产业。

2.弱化了阻力，强化了利益

小城镇尤其是农村人员居住分散，土地归集体所有，通过国家征用转变为国有建设用地的工作量和难度很大，触碰了农民的实际利益。而采取村镇集体主导，农民自主流转的方式，保证集体利益不溢出，农民的生存条件及发展需求均有保障。开源集团采取一系列的措施将政府、企业与个人复杂的关系简化为村集体成员与村级组织之间的关系，通过农民参股、成立合伙公司、共同开发等市场手段，为民众提供良好的生存环境和可持续生活来源，减少了改造的阻力，突出保障集体的利益，让民众享受到改造的成果。

干河陈村的城中村改造，同样面临了拆迁建设资金问题、临街房屋出租户的利益问题。面对困难，他们的解决方式比起政府与其他房地产企业来讲，更为温和与有效。比如：村“两委”班子逐户走访、召开全村发展动员会、“千名村民对话会”，印发了《告全体村民书》；村“两委”班子成员带头拆掉自家祖屋、带头筹措资金入股……既化解了矛盾，又坚定了他们发展集体经济、实现共同富裕的信心和决心。

3.形成一种“共生”的良性循环机制。

在某种程度上，开源集团被形容为“受政府委托从事新区资源经营运作的经济实体”。开源集团以新区建设项目为融资主体，以集体积累资金为切入点，以村域资源及资产相应产生的现金流和未来时期的稳定收益为担保，争取政府扶持。开源集团以城中村五一路段的改造为起点，形成了“融资—投入—收益—再融资—再投入—再收益”的运营机制，实现新区建设的良性循环和滚动发展。

建设资金缺乏是各级政府面对的共同难题，新区的建设更是如此。干河陈村的改造突出的特点是基础设施建设由集团独立完成并且负责维护。在改造初期，政府赋予了开源集团公共服务事业收费权，虽然为集团的运营带来了一定的负担，但基本保证了硬件设施建设与维护的收支平衡。这样做还有另外一个优点：开源集团掌握了基础设施建设的主动权，有利于产业的集聚与基础设施建设的配套发展，为房产项目和旅游项目的开发提供了便利。

随着新区建设向外延伸，开源集团与政府达成合作协议进行周边城中村改造。通过为政府提供拆迁补偿和安置资金，获得改造后国有土地的开发权。政府通过未来的税收和政策优惠返还弥补建设资金的缺口。考虑到房地产项目“投入—产出”周期问题，其他企业是难以实现的。

开源模式的成功，让我们从微观的角度，对小城镇或者说新区的开发，有了一个全新的认识。也让我们看到，村域房地产企业作为市场的主体带动新型城镇化存在操作的可行性。在完成城中村的改造过程中，村域房地产企业与政府合作共同参与制订发展规划是城镇化建设的发展趋势。

第三节　发展定位与创新路径

干河陈村的发展是主动城镇化的结果。中国农业大学赵军洁、刘晴博士分析认为，这种城镇化是落实“五位一体（经济建设、政治建设、文化建设、社会建设、生态文明建设）”总体布局的重要选择，是推动“四化同步（工业化、信息化、城镇化、农业现代化）”战略部署的必然要求，是加快“三链融合（创新链、产业链、资金链）”发展支撑的有力载体。在漯河市源汇区乃至河南省城镇化战略中扮演着重要的角色，主要表现在以下几个方面：

（1）落实“五位一体”总体布局的先行者。通过传承创新和有效实干，干河陈村在政治、经济和社会方面取得了长足进展，第十四届全国“村长”论坛的主办和河上街文化商业街的打造，拓展了文化建设的内涵和外延；国家AAAA旅游景区和儿童乐园建设，为城市居民提供了放松休憩的生态绿洲，大力推动本社区及周边地区生态文明建设，是以村为单位先行先试、落实国家“五位一体”总体布局的重要探索。

（2）推动“四化同步”战略部署的实践者。经过十余年的发展，干河陈村在工业化、信息化、城镇化方面取得了重大突破，但农业现代化仍然存在短板，目前正在积极探索“飞地农业”的发展方式，将周边优势产区的农产品基地纳为本村的生态绿色有机农业基地，为保障本社区和周边居民的食品安全提供“菜篮子”。

（3）加快“三链融合”发展支撑的推动者。干河陈村以现代服务业为核心的地产、旅游和商业三大服务产业链融合，依靠产业支撑助推了城镇化的发展，有效实现了产城互促、产城融合。

干河陈村在主动融入城市化的过程中，探索出了“五位一体”“四化同步”“三链融合”的创新道路，初步总结为“十化”经验：

（1）产权清晰化。在新班子上任后，面对管理混乱的企业，烧了“三把火”：第一把火是把当时村里的7个小企业全部收归村里统一管理；第二把火是加强对企业的监管，所有企业建立健全财务制度；第三把火是让懂管理、会经营的人管理企业。企业的产权关系理顺了，多年拖欠集体的承包费上交了，企业走向了正规化道路。

（2）产业服务化。为了寻求适合干河陈村的发展模式，村"两委"成员几乎跑遍了全国先进村庄，最终确定了发展思路。初步走出了一条城市近郊村城镇化发展路子，形成了房地产业（房产、建筑、物业、园林）、旅游业（景区、酒店、餐饮、旅游产品）、商业（大卖场超市、社区超市、百货、商业租赁）三大产业链，建成了国家AAAA级旅游景区全国最大的鸟文化主题公园——神州鸟园、展销全国特色旅游产品博物馆小镇——河上街古镇、全省最大的儿童乐园——童话世界，投资建设了淘宝街、儿童玩具街、婚庆街、家用艺术陶瓷街、名品步行街、名吃街等特色商业街区，形成了第三产业服务群体。

（3）村庄城市化。在开源社区的规划建设方面，村"两委"按照"五统一"的原则，推动干河陈村由落后、弱小的村庄转变为富裕、和谐的开源社区。另外，多方筹措资金修建主干道，配套水电气等公共设施与主城区并网，完善配套居民入学、就医、购物等便民公共服务基础设施，实现了村庄与城市的无缝对接。

（4）居住社区化。如今社区安装了高清智能化安防系统，创建了安全、文明、和谐社区，真正实现了"生产发展、生活宽裕、乡风文明、村容整洁、管理民主"的新农村建设标准。干河陈村党委先后荣获"全国先进基层党组织""全国创先争优先进基层党组织""全国文明村""中国特色村""中国幸福村""河南省文明村""河南省特色文化产业村"等多项国家级和省级荣誉。

（5）村民市民化。开源集团通过市场化的运作方式，不但增强了村集体经济实力，在"政府不投入、村民不花钱"的情况下快速推进城镇化，还间接解决了2 600多名居民的就业问题，实现了"就业在城区、生活在社区"的发展模式。另外，村集体积极引导村民创办企业发家致富。村民就业、养老、就医全覆盖，过上了比城里人还幸福的小康生活。

（6）生态文明化。干河陈村在特色商业街区建设上，充分挖掘资源禀赋和比较优势，突出特色、提升品质，推动开源景区成为文、旅、商相结合的4A级旅游景区，打造全国特色旅游产品集散地——河上街古镇，推出淘宝街、陶瓷街、生态休闲商业步行街、中华名吃休闲街等多个主题，展现了干河陈村丰厚的文化底蕴。

（7）经营企业化。干河陈村发展初期，依据村民自治章程，推进村庄治理，同时，开始融入企业管理制度，成立企业管理机构；后期，经过村"两委"反复讨论，决定采取村干部、党员带头，村民自愿入股的形式，组建村集体企业开源集团，以此承接城市功能转移。开源集团的成立和发展，使村里积累了一定经济基础，通过修筑道路对接市区、沿街开发房产等，逐步使村庄城镇化。

（8）管理规范化。村领导共同制定出台了一系列关于推进城镇化的制度，比如房屋拆迁制度、安置补助制度、村民就业制度、分房制度等；依据公司法，不断完善企业管理，建立了以董事会、监事会、总经理班子三大机构为主的企业管理框架，形成了股东大会制度下的立制、执行、监督集体经济治理框架；制定了《企业干部管理细则》《内部审计制度》《涉亲登记制度》《吃请报告、受礼登记制度》等一系列涉及企业经营管理的制度，规范企业管理层的从业行为，从源头上预防腐败发生。

（9）分配薪酬化。在制定利益分配制度时，干河陈村领导团队按照“共同富裕、激励贡献”的分配原则，和“为客户创造价值、为员工提供平台、为股东带来回报、为社会做出奉献”的企业宗旨，逐步提高员工工资，缩小收入差距，向共同富裕方向迈进，最大限度地让发展成果惠及村民和员工。

（10）领导团队化。在村“两委”的带领下，村干部以身作则，发挥党员、村组干部的积极性，推行村务、财务公开，大事集体讨论等措施，强化党员干部的责任意识、自律意识、形象意识，调动村民群众支持村“两委”工作的积极性。

“十化”之间的内在关系如下图所示。

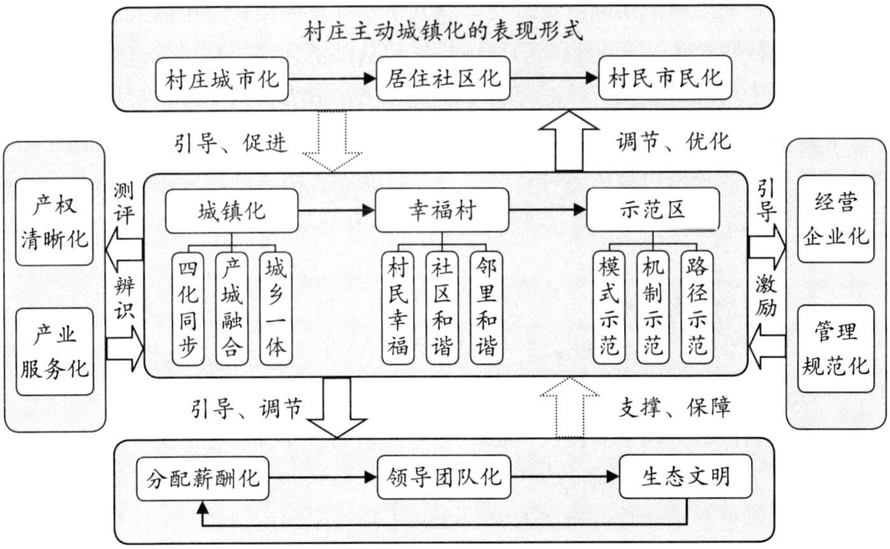

干河陈村主动城镇化的路径模式图

第四节 经验和启示

为何干河陈村能够从众多城郊村中脱颖而出，取得如此大的成绩？它的成功对其他相似村庄有何借鉴意义？

2011年，沈泽江在《村庄资源与创新项目——中国农业公园》一书中提出了“一选三不断”观点。既村庄发展的关键是要解决以下几个问题：①选出一个好的带头人，组建一个懂技术、会经营、善管理、能决策的新型团队，培育和积累更多的人力资本；②不断地引入新的生产要素和定位准确的新项目，充分发挥土地赋能的作用，为村庄发展创造新的市场空间；③不断地挖掘可经营的资源资产，将其转化为新的物质资本，并量化到村民；④不断地探索新的经营组织形式，积极引进社会资本，创建适合村庄发展的新模式。

立足于干河陈村的实际情况，结合它几十年的发展路径，中国人民大学刘同山博士认为，除改革开放和我国的城镇化进程从外部为村庄发展带来的政策和经济红利外，干河陈村能从万千城郊村中脱颖而出，成为中原地区农村城市化的典型，其成功的密码可以归结为以下五点：选择一个好的带头人并组建一个高效的核心团队、有效管理村里的各种资源资产、以企业化的现代理念经营村庄、注重村民福利和多元化的产业布局。下面，我们对其具体论述。

一、优秀的领导团队

在1993年之前，与大部分城乡结合部相似，干河村不仅房屋破败、街道窄小、垃圾随处可见，集体资产的收益长期得不到保证，群众颇有怨言。1993年，新班子逐步到位，带领全体村民，把外包的村办小企业收归村里统一经营，强化资产管理，并通过完善村集体财务制度，让懂管理、会经营的人管理村里的企业。1993年村里的集体收益为12万元，1994年进一步增加到40万元。随着经营效益不断好转，短短几年时间，村办企业就把拖欠村集体多年的承包费交上了，村里也开始利用富裕的资金为村民提供各种福利。这一时期的成功，为干河陈村的快步城镇化提供了组织自信。1995年，在“两委”班子共同努力下，干河陈村民摒弃杂念、鼓足干劲，村里创业再出发的氛围形成了。

二、资源资产的统一经营

20世纪末，随着我国经济的快速发展，城市化步伐也不断加快。与其他地方一样，漯河市区也迅速向外扩展，城郊的土地价格不断攀升。很多城乡结合部的村集体招商卖地、村民乱搭乱建是这一时期的主流。但是，干河陈村对城市化有着自己的思考。经过一番调查论证，干河陈村选择了与大部分城郊村不同的道路。由于村里的几个工厂的经营效益持续增加，已经有了较多的集体资产的干河陈村有更宏大想法。1999年，干河陈村确定了“以干河陈村为中心、占地2平方千米”的开源新区建设蓝图，建设新社区不仅需要土地，更需要整齐划一的规划和全体村民的配合。为此，村里决定统一经营村庄的土地资源。2000年，村里开始拆迁旧村庄、修筑新社区，修建对接城区的主干道。从目前来看，干河陈村最重要的土地资源和最重要的集体资产仍然都是由村里统一经营管理。有效的集体行动，打破了土地资源和集体资产的低效率利用。在很多城郊村都已经无地可卖、后续发展乏力的今天，对资源资产的统一经营，无疑是干河陈村成为中原农村城市化明星的基本前提。

三、村庄的企业化管理

刘同山在《村域经济发展的商业模式》一书中总结了村庄经济发展需要行之有效的商业模式，以求把村域范围内的各种资源、资产转换成市场需要的高附加值商品，并销售出去。根据以往村里的经商经验，干河陈村“两委”认识到，现代的企业化管理是经营干河陈村的土地资源和其他集体资产的最佳模式，因此，在1999年，干河陈村的党员、干部、村民代表等带头入股200多万元，成立了股份制村办企业——“开源集团”，为村庄的企业化经营奠定了基础。集团成立当年，干河陈村的集体收入显著上升，有效打消了部分村民的疑虑。此后，开源集团开始成为干河陈村经济发展的主体和村民赖以生存的根基。2000年，开源集团共拆迁村民的住宅1 830户、大小企业24家，把周围2平方千米的区域建成了与市区融为一体，设施齐全、功能完善、管理到位、环境优美、生态宜居的开源社区。除按照现代企业管理制度治理企业、培育现代企业文化外，开源集团还注重提高村民股东、企业管理层和技术员工的工资待遇，奖励有贡献的员工和管理人员。为了保障失去土地的干河陈村民的生活和全面实现村庄的企业化管理，2008年，开源集团董事会决定：所有50岁以上干河陈村村民，全部无条件成为开源集团内部退休员工，并按照年龄给予不同的退休工资待遇。村庄与企业的一体化，让全体村民共享村庄城镇化发展带来的好处，成为村民生活幸福、企业发展稳定的有力保障。

四、注重村民福利

对于村企一体的村庄而言，村集体企业发展的最终目的在于增加本村全体村民的福利。在2000年以前，与普通农村一样，干河陈村的村民没有任何社会保障和福利，村民们看不起病、吃不起药、住不起院。2000年以来，开源集团不断增加村民福利。现如今，干河陈村早已成为远近闻名的福利村：村民们全部住进了宽敞明亮、环境优美的小区；村民靠年终分红、工资、门面房出租、社会保障等，人均年收入约2.5万元。其中，50岁以上者每月发退养金1200元，60岁以上每月1 400元,70岁以上每月1 600元，残疾人享受60岁以上村民待遇。村里还为村民统一办理了新农合，村民因病住院，国家报销后余额由公司全额报销，报销率达100%。村民社会保障覆盖面达100%。“俺村的政策好，看病花恁多钱全都报了!”干河陈村村民在话家常时总会流露出感激之情。49岁以下村民在开源集团持有分配给自己的股份，2013年每人分红利5 000元。村里还坚持为60岁以上老人过寿，给60岁以上老人发放春节福利，并设立残疾人扶持资金和困难救助资金，积极引导村民创办企业发家致富。此外，随着越来越多的外来居民进入干河陈村定居生活，村里还建立了社区贫困救助体系，对“新村民”贫困家庭采取困难补助、捐资捐物等方式予以帮扶。如今的干河陈村，已实现了老有所养、壮有所为、少有所教、病有所医、闲有所乐的和谐发展局面。可以想象，这许多福利带来的村民团结一心，为干河陈村和开源集团快速发展奠定了基础。

五、多元化产业布局

毋庸置疑，干河陈村的成功得益于十多年来房地产业的迅猛发展。2013年，干河陈村的集体收益达到7.8亿元，其中80%来自房地产业。但是，老百姓明白，“不能把鸡蛋都放进同一个篮子里”。近年来，干河陈村不断优化村庄的产业构成，发展第二产业，布局第三产业，完善开源集团的发展战略。从2008年起，开源集团开始大力发展餐饮、超市、物业、旅游等第三产业。

首先，做好做大两个产业链。其中之一是房地产－建筑装饰－园林工程-物业管理产业，大幅度提高市场占有率，增加收入，富民强村；另外就是连锁超市－生态农业产业，以7家开源连锁超市为终端销售平台，成立开源农牧业有限公司，征租土地建立生态农业园，打造生态农产品基地，所有产品全部直供超市。

其次，大力打造河上街旅游景观带，多点建设开源景区。干河陈村以神州鸟园（原开源森林公园）为中心，以泰山路南段中华名吃休闲街、河上街古镇为主线，完善了硬件设施和软件建设，促进了旅游、观光、休闲、美食和购物协调发展。泰山路南段还投资建设了10 000平方米的生态大酒店。在神州鸟园内建设2万平方米的鸟雨林，引进上千种鸟类，规划建设以鸟类为主的动物标本馆。干河陈村还规划建设旅游广场、旅游产品一条街，成立了旅游服务公司、旅行社，促进旅游事业快速发展。总之，经过近二十年的快速发展，如今的干河陈村正在形成“以房地产业（房产、建筑、物业、租赁）为主体，以旅游业（景区、酒店、餐饮、旅游商贸、园林、展馆）和商业（百货、卖场、超市）为两翼”的整体发展格局。多样化的产业布局，显然降低了经营风险，为干河陈村健康发展提供了持久动力。

第五节 未来思考

未来十年，农村城镇化是我国村庄发展的主要目标之一。从目前城郊村城镇化发展情况来看，突出表现存在三个方面问题：

一、如何界定和管理城郊村社区

在新型城镇化过程，“农民变市民”是村庄转变的主要形式之一。但农民身份向市民身份的转变，并不仅仅是村组变成社区那么简单。对干河陈村而言，在变村庄为社区之后，由于配套改革、传统管理方式等因素的影响，失去了农业经营的生产资料、改变了居民的户籍身份的社区在很大程度上依然沿用过去的治理结构和运行机制。这样一种具有过渡性的现象打破了传统的城乡二元结构，但又与两者有许多不同，有学者把这种现象命名为“边缘治理”（李意，2011）。这样的村庄在形式上甚至内容上已经接近于城市社区，但却享受不到城市社区的很多政策，新型村庄在定位和发展方向上面临困境。比如干河陈村的医保基本还是依据新农合，政府也并没有为干河陈村社区公共空间的水电、卫生等公益性支出买单，事实上已经实现村民转居民的干河陈村居民也没有享受到“市民”应有的福利保障待遇。

干河陈村在村庄治理上还是沿用过去的村庄治理方法，即村民自治。干河陈村以《村规民约》这一具有浓厚中国传统色彩的乡村制度形式，作为村领导与村民的日常行为规范。

二、村企与村庄治理之间的关系

其实不管是城郊村的城镇化还是一般村庄的城镇化，“村庄型企业”都是经济发展最重要的载体。在发展之初，这样的企业形式的确能够调动村庄共同体的积极性，加强共同体的凝聚力。在开始阶段，村集体负责企业的创办或者关闭，对于村庄资源如土地、劳动力等也是按照村集体利益最大化原则在农业和其他产业之间进行统一分配，而企业的利润也是由村集体分配，这样企业就能够以自己的盈利来促进村集体的发展。但是随着村庄型企业规模的不断扩大，企业慢慢超出村庄的范围，“村企合一”模式就难以为继。

目前干河陈村正在积极推行村企分离，村集体由放弃股份开始，逐步从企业中脱离出来，村民现在不通过村集体直接占有开源集团的股份。这一股权改革有助于增强企业的灵活性和运转效率。然而村庄毕竟是法定意义上的基层行政单位，如果村企完全分离，村庄建设可能会面临资金等各个方面的问题，虽然现在干河陈村的建设、改造都是由开源集团统筹规划、出资，但是这样的运作方式从长远来看可能具有不稳定性。一方面，本该由村社区集体经济做支撑的村庄公共支出和社会保障费用现在由企业支出；另一方面村庄型企业又在不断地与村集体相分离，这样就会使得没有经济保障的村集体失去行动力而名存实亡。

三、在推进城镇化的过程中保持村庄的自然属性和文化属性

在2014年中央城镇化工作会议上，中央倡导“让城市融入大自然。让居民望得见山、看得见水、记得住乡愁”。在中央的表述中，乡愁这一带文化色彩的词格外引人注目。在城郊村积极融入城市的过程中，如何保存乡村文化至关重要。

对于乡村文化不能一味保存而不发扬。在如何把传统文化与城镇化融为一体方面，干河陈村提供了丰富的经验。干河陈村附近有两条美丽的河流：沙河和澧河。干河陈村围绕着河流发展旅游，“干河陈”这一名字的由来就与“河”息息相关，2014年刚刚开放的河上街古镇表现了干河陈人民开发“河”的智慧。步入景区，沿着蜿蜒曲折的石板路，一步一景，漯河的历史文化在沿河而立的栏杆上清晰地展现出来，传统与现代在这里巧妙地交融在一起。在儿童乐园——精灵王国二期项目策划中，干河陈村专门设置了农业体验式教育区。园区设计了种植区、农村生活体验区、养殖区等实践和教育项目，既使小朋友们在游乐中体会劳动的艰辛，又在不知不觉中推广了传统农耕文化。

在城镇化的过程中，许多农村风俗习惯依然面临着消失的危险。在传统农村，村庄共同体多基于血缘和地缘而形成，宗族和伦理关系是维持村庄日常运转的重要因素，乡村居民往往在共同的劳动和社会仪式中获得集体认同。然而当村组转变成社区，村民脱离了农业生产之后，各个农村家庭越来越像城市社区一样变成了分离的个体。城郊村在迈向城镇化的过程中，村集体要思考在传统生活方式不存在的情况下，如何去维系村庄共同体，毕竟这一共同体是使村庄不同于城市以及村庄风俗文化得以维系和传承的根基。

针对城郊村城镇化中可能出现的这些问题，需要从多个层面来进行改进。

首先，从宏观层面上，城郊村社区的界定和管理需要国家政策的支持。城郊村社区既然已经被纳入到城市范围，就理应遵循城市社区管理原则和城市社会保障体系。但这个问题一定要做多方面考虑而不能被简单地归入到城市治理问题。城郊村社区作为存在，其本身具有牢固的乡村属性，乡村的凝聚力和文化属性往往也是村庄能够迅速发展的关键因素。比如城镇化建设最核心的用地问题，对于城郊村来说并不是像普通城市改造那样是单纯的商业行为，村领导就常会利用宗

族关系和村庄中长期保留的伦理秩序来处理用地矛盾，这些因素在城郊村城镇化过程中要得到体现。

其次，村企要改变单一的经济增长模式，力求拓宽发展渠道以规避可能遇到的风险。还是以干河陈村为例，中国村社发展促进会乐冬在分析干河陈村的人口结构后，对干河陈村的未来发展提出一些建议：①提高社区服务能力，培育区域产业活力。干河陈村以社区服务为突破口，大力挖掘本地4万居民及周边数万居民的消费需求，提高区域经济活力，发展诸如快递物流、社区内生活服务设施和区域消费娱乐设施等与社区相关的服务产业。②开发商业地产，打造城市综合体。未来干河陈村要想实现经济上的大跨越，单靠住宅地产或商业地产都很难做到，而必须是两者之间的一个结合，以住宅地产积累人气，以商业地产提升区域价值。提高区域城镇化水平，从而带动更多的住宅及高端住宅需求，汇聚更多的人口，进而又对商业、旅游产生更大的需求，最终进入到一个螺旋上升的良性循环阶段，最终形成一个环境优美、居住舒适、商业发达的城市综合体。

最后，村庄城镇化可持续发展的保障措施要到位。刘晴认为，为了进一步提升干河陈村主动城镇化的影响和效果，进一步巩固干河陈村庄改革与发展的成果，还需要从以下方面考虑村庄发展与持续运营的关系：

借政府之势，降低社区日常运营和维修成本。积极对接漯河市新型城镇化建设试点区的相关政策，申报河南省新型城镇化试点项目，在规划、资金、土地和体制方面探索尝试、力求创新突破，将城镇化建设所需的基础设施纳入省、市财政支持的内容，最大限度降低企业对社区公共设施和服务设施的建设与维护成本，提高企业作为市场主体的商业化运营效果。

用论坛之力，扩大干河陈品牌影响力。第十四届全国“村长”论坛在干河陈村的举办，将开创河南省、漯河市举办全国性农村基层干部交流的先河，也代表了“人多地少”的中原经济区在探索村庄主动城镇化道路的方向，需要通过大力发展“后论坛经济”，提高干河陈村、开源集团和开源社区的知名度，展示漯河市新型城镇化的成果，提高漯河乃至河南的综合影响力。

筑平台之场，建设人才和模式孵化器。以“村长”论坛举办为契机，搭建村庄主动城镇化的模式示范平台，让不同类型的村庄来学习和考察干河陈村主动城镇化的经验，同时将“开源模式”传播到类似区域，力争做成城镇化模式与复合型人才的孵化企业，推动“开源”模式在更广的范围推广和复制。同时，也借此平台，汲取更多的发展经验，促进干河陈村发展再上一个新台阶，打造更有前景的“城镇化，幸福村”。